COFINS

A958c   Ávila, René Bergmann
         COFINS / René Bergmann Ávila, Éderson Garin Porto.
         — Porto Alegre: Livraria do Advogado Ed., 2005.
         253 p.; 16 x 23 cm.

         ISBN 85-7348-344-X

             1. COFINS. 2. Contribuição social. I. Porto, Éderson Garin.
         II. Título

                                             CDU - 336.241.4

             Índices para o catálogo sistemático:
         COFINS
         Contribuição social

         (Bibliotecária responsável: Marta Roberto, CRB-10/652)

René Bergmann Ávila
Éderson Garin Porto

COFINS

livraria
DO ADVOGADO
editora

Porto Alegre, 2005

© René Bergmann Ávila
Éderson Garin Porto
2005

Capa, projeto gráfico e diagramação de
Livraria do Advogado Editora

Revisão
Rosane Marques Borba

Direitos desta edição reservados por
Livraria do Advogado Editora Ltda.
Rua Riachuelo, 1338
90010-273 Porto Alegre RS
Fone/fax: 0800-51-7522
livraria@doadvogado.com.br
www.doadvogado.com.br

Impresso no Brasil / Printed in Brazil

Nota dos Autores

Esta obra pretende dar ao operador do direito uma noção geral sobre a contribuição social que hoje tem a maior carga tributária. A Contribuição para o Financiamento da Seguridade Social – COFINS – é enfocada desde a sua gênese, quando se constituía em tributo de simples aferição, até sua mais nova feição de tributo complexo.

Durante a exposição, ficará claro que a contribuição, criada em 1991 e que veio a ser cobrada em 1992, passou por diversas "fases" relativas à hipótese de incidência, ao fato gerador, à base de cálculo, às alíquotas, aos contribuintes e ao sistema de cobrança.

As alterações introduzidas nem sempre foram baseadas em normas constitucionais permissivas, o que gerou inconstitucionalidades tanto de ordem formal, como de natureza material. Algumas modificações tiveram suporte constitucional, outras precederam alterações no texto da Constituição, e uma terceira categoria foi precedida por tais alterações.

A própria Constituição Federal, no que concerne à COFINS, foi alterada em diversos dispositivos, em momentos nem sempre concomitantes. Essas inúmeras e sistemáticas alterações trazem enorme confusão para a compreensão da contribuição, tornando-se essencial ao leitor precisar, no tempo, o fato gerador que está sob análise, pois a cobrança válida num período não o será necessariamente válida em outro, e vice-versa.

Recomendamos, por isso, que a obra seja lida integralmente, sob pena de que a leitura isolada possa trazer equívocos de interpretação e compreensão. Adicionalmente, é essencial que, a cada caso analisado, seja verificada a legislação atualizada, pois as alterações estão sendo cada vez mais freqüentes, gerando muita insegurança para quem, por dever de ofício, deve aplicá-la.

Sumário

Lista de abreviaturas 11
1. Origem constitucional 13
2. Origem legal – a LC 70/91 17
3. O STF e as normas sobre a COFINS 18
4. Alteração da Lei Complementar por medida provisória ou lei ordinária 27
5. Princípio da anterioridade nonagesimal, ou mitigada, previsto no § 6º do art. 195 da CF/88 29
6. Sujeito ativo 32
7. Sujeito passivo 33
   7.1. Contribuintes 33
      7.1.1. Empresas sem empregados 34
      7.1.2. Grupos de Sociedades 36
      7.1.3. Consórcios de Pessoas Jurídicas e Sociedades de Propósito Específico 37
      7.1.4. Sociedades em conta de Participação 41
      7.1.5. Cooperativas 45
      7.1.6. Empresas de fomento mercantil – *Factoring* ... 56
   7.2. Imunidade das entidades de educação e de assistência social 63
      7.2.1. A "isenção" prevista na legislação ordinária ... 69
      7.2.2. A restrição da não-incidência a determinada "classe" de receitas 69
   7.3. Isenção das sociedades civis de profissão regulamentada 71
      7.3.1. Isenção e a restrição por instrução normativa .. 71
      7.3.2. Súmula 276 do STJ 72
      7.3.3. Revogação da Isenção 73
   7.4. Isenção da Itaipu Binacional 86
   7.5. Suspensão da COFINS em vendas para empresas exportadoras 86
   7.6. "Instituições Financeiras" e a COFINS 87
   7.7. Regime especial: Incorporações imobiliárias após a Lei 10.931, de 2004 ... 90
   7.8. Mercado Atacadista de Energia Elétrica 91
   7.9. Demais sujeitos passivos 91
8. Hipótese de incidência 92
   8.1. Primeira fase: faturamento 93
      8.1.1. Considerações gerais 93
      8.1.2. Inclusão do ICMS da própria operação 94
      8.1.3. Exclusão do ICMS substituição tributária 96
      8.1.4. Não-inclusão do IPI 99
      8.1.5. Vendas canceladas 102

8.1.6. Descontos Incondicionais 103
8.1.7. Saída de bens/serviços sem contrapartida 106
8.1.8. Incidência sobre locação de bens móveis e imóveis 106
8.1.9. A COFINS e as Variações cambiais 110
8.2. Transição da primeira para a segunda fase: Edição da EC 20/98, Lei nº 9.718/98 e MP 135/03 113
8.3. Segunda fase: Receita 135
8.4. Transição da Segunda Fase para a Terceira Fase 135
8.5. Terceira fase: receita e base não-cumulatividade 137
9. Alíquotas 149
  9.1. Primeira fase: 2% 149
  9.2. Segunda fase: 3% 149
  9.3. Terceira fase: 3%, 7,6% e outras alíquotas 151
  9.4. Alíquota Zero: Alterações recentes 154
  9.5. Alterações de alíquota e fato gerador: vendas realizadas antes da alteração e receitas vinculadas a exercícios futuros 156
10. Método de arrecadação 158
  10.1. Primeira fase: pagamento pelo contribuinte 158
  10.2. Segunda fase: pagamento pelo contribuinte e retenção por entidades de direito público 158
  10.3. Terceira fase: pagamento pelo contribuinte e retenção por entidades de direito público e tomadores de serviço em geral 158
  10.4. COFINS substituição tributária 159
    10.4.1. Constitucionalidade 159
    10.4.2. Fabricantes de cigarros 160
    10.4.3. Refinarias de petróleo 161
    10.4.4. Distribuidoras de álcool para fins carburantes 163
    10.4.5. Distribuidoras de combustíveis de petróleo 163
    10.4.6. Veículos automotores 164
    10.4.7. Devolução dos valores pagos a maior ou indevidamente 164
11. Decadência do direito de lançar 169
  11.1. Distinção básica 169
  11.2. Prazo qüinqüenal 169
  11.3. Termo Inicial do Prazo qüinqüenal 170
  11.4. O lançamento preventivo da decadência na vigência de medida liminar ou após depósito judicial 172
12. Prescrição do direito de cobrar 175
  12.1. Prazo Qüinqüenal 175
  12.2. Possibilidade de interrupção ou suspensão 181
  12.3. Interpretação sistemática e Prescrição intercorrente 182
13. Pagamento indevido e restituição 185
  13.1. Prescrição do direito à restituição do indébito. 187
  13.2. Irrelevância da prova de transferência de encargos 193
  13.3. Compensação 193
14. Temas polêmicos 197
  14.1. COFINS na compra e venda de imóveis 197
  14.2. Isenção nas exportações 207

14.3. Isenção nas vendas destinadas à zona franca de Manaus 209
14.4. Isenção nas vendas destinadas à Amazônia Ocidental 213
14.5. Repasse ou transferência de valores a terceiros 214
    14.5.1. A questão dos valores transferidos a outras pessoas jurídicas 215
    14.5.2. Incidência sobre o valor total da nota nos casos de trabalho
    temporário 223
    14.5.3. Agências de Publicidade e Propaganda 228
14.6. Imunidade dos combustíveis, energia e telecomunicações à COFINS
(CF/88: art. 155, § 3º) 229
14.7. Imunidade de papel e livros (CF/88: art. 150, inciso VI, "d") 231
14.8. Não incidência da COFINS nas indenizações 232
15. COFINS sobre importações 239
    15.1. Criação e constitucionalidade formal 239
    15.2. Sujeito Ativo e Sujeito Passivo 240
    15.3. Regras processuais aplicáveis 240
    15.4. Base de Cálculo 241
    15.5. Aspecto Temporal 243
    15.6. Regime cumulativo e COFINS-Importação 244
Bibliografia 247
Legislação sobre COFINS 252

Lista de abreviaturas

AC	Ação Cautelar
AC	Apelação Cível
ADC	Ação Declaratória de Constitucionalidade
ADCT	Ato das Disposições Constitucionais Transitórias
ADI / ADIn	Ação Declaratória de Inconstitucionalidade
ADN	Ato Declaratório Normativo
AgRg	Agravo Regimental
AI	Agravo de Instrumento
AMS	Apelação em Mandado de Segurança
ANEEL	Agência Nacional de Energia Elétrica
ART.	artigo
BTN	Bônus do Tesouro Nacional
CC	Conselho de Contribuintes
CF	Constituição Federal
Cf.	conferir
COFINS	Contribuição para o Financiamento da Seguridade Social
COSIT	Coordenação-Geral de Tributação
CSLL	Contribuição Social sobre o Lucro Líquido
CSRF	Câmara Superior de Recursos Fiscais
CST	Coordenação-Geral de Tributação
CTN	Código Tributário Nacional
DARF	Documento de Arrecadação de Receitas Federais
DISIT	Divisão de tributação
DL	Decreto-lei
DNRC	Departamento Nacional de Registro do Comércio
Des. Fed.	Desembargador Federal
DJ / DJU	Diário de Justiça da União
DOU	Diário Oficial da União
DRF	Departamento da Receita Federal
EC	Emenda Constitucional
Edcl	Embargos de Declaração
Eg.	Egrégio
EResp	Embargos de Divergência no Recurso Especiall
FINSOCIAL	Fundo de Investimento Social
GATT	*General Agreement on Trade and Taxation* – Acordo Geral sobre Tarifas e Comércio
IN	Instrução Normativa
INPC	Índice Nacional de Preços ao Consumidor
IPC	Índice de Preços ao Consumidor
IPI	Imposto sobre Produto Industrializado
IR	Imposto de Renda

IRPJ	Imposto de Renda de Pessoa Jurídica
J.	julgado em
LC	lei complementar
MC	Medida Cautelar
MIN.	Ministro(a)
MP	Medida Provisória
NCM	Nomenclatura Comum do Mercosul
P.	página
PASEP	Programa de formação do Patrimônio do Servidor Público
PIS	Programa de Integração Social
PP	páginas
Proc.	Processo
QO	Questão de ordem
RDDT	Revista Dialética de Direito Tributário
RE	Recurso Extraordinário
Rec	Recurso
REL.	relator(a)
RESP	Recurso Especial
RET	Revista de Estudos Tributários
RIPI	Regulamento do IPI
RIR	Regulamento do Imposto de Renda
RISTF	Regimento Interno do Supremo Tribunal Federal
RTJ	Revista
S.A.	Sociedade Anônima
SCP	Sociedade em conta de participação
SELIC	Sistema Especial de liquidação e custódia
SPE	Sociedade de Propósito Específico
SRF	Secretaria da Receita Federal
STF	Supremo Tribunal Federal
T.	Turma
TRF	Tribunal Regional Federal
VOL	volume
UFIR	Unidade Fiscal de referência
ZFM	Zona Franca de Manaus

1. Origem constitucional

A COFINS teve sua origem na Constituição Federal de 1988, cujo artigo 195, I, em sua redação original, previu a cobrança de *contribuição social*[1] sobre o faturamento, em substituição ao tributo, de mesma destinação constitucional, denominado FINSOCIAL. Esta exação perdurou até o início da cobrança da COFINS, nos termos do artigo 56 do Ato das Disposições Constitucionais Transitórias – ADCT.[2]

Dizia, então, o inciso I do art. 195 que:

> Art. 195. A seguridade social será financiada por toda a sociedade, de forma direta e indireta, nos termos da lei, mediante recursos provenientes dos orçamentos da União, dos Estados, do Distrito Federal e dos Municípios, e das seguintes contribuições sociais:
> I – dos empregadores, incidente sobre a folha de salários, o faturamento e o lucro (...).

Sem prejuízo das demais contribuições (sobre a folha de salários e o lucro), essa redação original permitiu a cobrança de contribuição social sobre o faturamento, conceito mais estrito que o de receita.

Esse esclarecimento preliminar é importantíssimo para a compreensão das diversas fases ou etapas da base de cálculo da contribuição que, apesar do mesmo *nomen juris*, perdeu a sua feição inicial de contribuição sobre o faturamento, para, num segundo momento, passar a incidir sobre a receita, e, mais recentemente, sobre uma terceira base de cálculo (receita menos alguns valores), em face da não-cumulatividade, que primeiro abrangeu o PIS e, pouco tempo após, a COFINS. Essa terceira base de cálculo – ressalte-se também desde logo – não abrange todas as pessoas jurídicas, mas apenas um determinado grupo delas; dessa forma, em verdade, hoje coexistem duas bases de cálculo da contribuição que mantém pouco de sua feição inicial: o nome.

---

[1] O STF, em decisão plenária, classificou a COFINS como subespécie das contribuições sociais.

[2] ADCT: "Art. 56. Até que a lei disponha sobre o artigo 195, I, a arrecadação decorrente de, no mínimo, cinco dos seis décimos percentuais correspondentes à alíquota da contribuição de que trata o Decreto-Lei nº 1.940, de 25 de maio de 1982, alterada pelo Decreto-Lei nº 2.049, de 1º de agosto de 1983, pelo Decreto nº 91.236, de 8 de maio de 1985, e pela Lei nº 7.611, de 8 de julho de 1987, passa a integrar a receita da seguridade social, ressalvados, exclusivamente no exercício de 1988, os compromissos assumidos com programas e projetos em andamento."

As alterações constitucionais sucessivas, ocorridas após a criação da COFINS em 1991, são de leitura obrigatória para quem deseja apurar a validade constitucional das inúmeras modificações legais nos seus diversos aspectos (base de cálculo, sujeitos passivos, isenções, etc.).

É também cogente a leitura dos precedentes do Supremo Tribunal Federal e do Superior Tribunal de Justiça, citados no decorrer desse trabalho em seus trechos pertinentes.

Aqui, reproduzimos a seqüência de alterações no texto constitucional relativo à COFINS.

A primeira delas veio com a Emenda Constitucional nº 20, publicada no Diário Oficial da União de 16 de dezembro de 1998, que deu ao inciso I do artigo 195 a seguinte redação:

I – do empregador, da empresa e da entidade a ela equiparada na forma da lei, incidentes sobre:
a) a folha de salários e demais rendimentos do trabalho pagos ou creditados, a qualquer título, à pessoa física que lhe preste serviço, mesmo sem vínculo empregatício;
b) a receita ou o faturamento;
c) o lucro.

Nessa mesma emenda, foi adicionado ao art. 195 o seguinte parágrafo:

§ 9º. As contribuições sociais previstas no inciso I deste artigo poderão ter alíquotas ou bases de cálculo diferenciadas, em razão da atividade econômica ou da utilização intensiva de mão-de-obra.

Mais recentemente, além da COFINS – importação, institui-se a possibilidade de convivência entre duas formas de cobrança (a cumulativa e a não-cumulativa), foi editada a Emenda Constitucional nº 42, de 19 de dezembro de 2003, publicada no Diário Oficial da União de 31 de dezembro de 2003, que adicionou ao art. 195 o inciso IV e os §§ 12 e 13:

Art. 195. (...)
IV – do importador de bens ou serviços do exterior, ou de quem a lei a ele equiparar.
(...)
§ 12. A lei definirá os setores de atividade econômica para os quais as contribuições incidentes na forma dos incisos I, b; e IV do caput, serão não-cumulativas.
§ 13. Aplica-se o disposto no § 12 inclusive na hipótese de substituição gradual, total ou parcial, da contribuição incidente na forma do inciso I, a, pela incidente sobre a receita ou o faturamento.

Antes de passarmos à análise dos fundamentos legais da COFINS, cabe-nos destacar questão que merece atenção ao se tratar dos aspectos constitucionais da COFINS: a destinação da arrecadação como requisito constitucional de validação da contribuição, vale dizer, em forma de questionamento: as verbas arrecadadas que sejam desviadas da Seguridade Social para o caixa único do governo podem ser declaradas inválidas? Questiona-se a validade das contribuições quando publicamente é divulgado para a população que o produto da arrecadação não cumpre a função para que foi instituído o tributo.

Sabe-se que a instituição de contribuições, de uma forma genérica, deve estar vinculada a uma finalidade constitucional. De fato, a COFINS, segundo norma expressa e como denota a sua própria denominação, destina o produto da sua arrecadação ao orçamento da Seguridade Social.[3] Cumpre em tese, portanto, exigência do artigo 149 da Constituição,[4] o qual impõe que as contribuições devem funcionar "como instrumento de sua atuação nas respectivas áreas". Acrescente-se a determinação da Carta Magna para disponibilização do orçamento da seguridade social na lei orçamentária anual (artigo 165, § 5º, III da CF).[5]

A posição manifestada pelo Supremo Tribunal Federal vai no sentido de deslocar o debate para o campo do Direito Financeiro, Direito Administrativo e/ou do Direito Penal. É sustentado que a regra contida no artigo 165, § 5º, é de Direito Financeiro, não podendo ser argüido descumprimento do dispositivo legal para ilidir o pagamento do tributo. Acaso as verbas não tenham sido direcionadas para a finalidade a que foi instituída a contribuição, deve-se apurar a responsabilidade dos administradores e eventualmente puni-los quando assim for o caso. Em voto da lavra do Ministro Carlos Velloso é afirmado que basta, para instituição da contribuição, que a verba seja destinada para a Seguridade Social, mesmo que seja pública a efetiva destinação dos recursos ao orçamento fiscal da União.[6]

---

[3] LC 70/91: "Art. 10. O produto da arrecadação da contribuição social sobre o faturamento, instituída por esta lei complementar, observado o disposto na segunda parte do art. 33 da Lei nº 8.212, de 24 de julho de 1991, integrará o Orçamento da Seguridade Social".

[4] "Art. 149. Compete exclusivamente à União instituir contribuições sociais, de intervenção no domínio econômico e de interesse das categorias profissionais ou econômicas, como instrumento de sua atuação nas respectivas áreas, observado o disposto nos arts. 146, III, e 150, I e III, e sem prejuízo do previsto no art. 195, § 6º, relativamente às contribuições a que alude o dispositivo".

[5] "Art. 165. Leis de iniciativa do Poder Executivo estabelecerão: (...) § 5º – A lei orçamentária anual compreenderá: I – o orçamento fiscal referente aos Poderes da União, seus fundos, órgãos e entidades da administração direta e indireta, inclusive fundações instituídas e mantidas pelo Poder Público; II – o orçamento de investimento das empresas em que a União, direta ou indiretamente, detenha a maioria do capital social com direito a voto; III – o orçamento da seguridade social, abrangendo todas as entidades e órgãos a ela vinculados, da administração direta ou indireta, bem como os fundos e fundações instituídos e mantidos pelo Poder Público".

[6] "CONSTITUCIONAL. TRIBUTÁRIO. CONTRIBUIÇÕES SOCIAIS. CONTRIBUIÇÕES INCIDENTES SOBRE O LUCRO DAS PESSOAS JURÍDICAS. Lei nº 7.689, de 15.12.88. I. – Contribuições parafiscais: contribuições sociais, contribuições de intervenção e contribuições corporativas. C.F., art. 149. Contribuições sociais de seguridade social. C.F., arts. 149 e 195. As diversas espécies de contribuições sociais. II. – A contribuição da Lei 7.689, de 15.12.88, e uma contribuição social instituída com base no art. 195, I, da Constituição. As contribuições do art. 195, I, II, III, da Constituição, não exigem, para a sua instituição, lei complementar. Apenas a contribuição do parag. 4. do mesmo art. 195 e que exige, para a sua instituição, lei complementar, dado que essa instituição devera observar a técnica da competência residual da União (C.F., art. 195, § 4º; C.F., art. 154, I). Posto estarem sujeitas a lei complementar do art. 146, III, da Constituição, porque não são impostos, não ha necessidade de

Muito embora seja respeitável a posição do Excelso Pretório, a posição aqui adotada vai no sentido contrário. A Constituição é expressa ao referir que as contribuições são instituídas para atender uma finalidade, e o produto da sua arrecadação é vinculado.[7] No caso da COFINS, a finalidade está em custear a seguridade social (artigo 195, *caput*, da CF). Logo a não-implementação correta do meio para atingir o fim colimado é causa suficiente para que seja questionada a validade de sua cobrança. O não-atendimento a um requisito constitucional de validade das contribuições é sim assunto atinente ao Direito Tributário, merecendo, pois, o seu exame quando submetido ao crivo do Judiciário.

---

que a lei complementar defina o seu fato gerador, base de calculo e contribuintes (C.F., art. 146, III, *a*). III. – Adicional ao imposto de renda: classificação desarrazoada. IV. – Irrelevância do fato de a receita integrar o orçamento fiscal da União. O que importa e que ela se destina ao financiamento da seguridade social (Lei 7.689/88, art. 1º). V. – Inconstitucionalidade do art. 8º, da Lei 7.689/88, por ofender o principio da irretroatividade (C.F., art, 150, III, *a*) qualificado pela inexigibilidade da contribuição dentro no prazo de noventa dias da publicação da lei (C.F., art. 195, § 6º). Vigência e eficácia da lei: distinção. VI. – Recurso Extraordinário conhecido, mas improvido, declarada a inconstitucionalidade apenas do artigo 8. da Lei 7.689, de 1988". (RE 138.284/CE – Rel. Min. Carlos Velloso – j. 01.07.1992 – Tribunal Pleno – DJ 28.08.1992, p.-13456 – RTJ v. – 143-01 p. 313)

[7] A vinculação da receita das contribuições é admitida pelo Supremo Tribunal Federal nos seguintes arestos: ADC 8 MC/DF – Rel. Min. Celso de Mello – j. 13.10.1999 – Tribunal Pleno – DJ 04.04.2003 p. 38; ADI 2.010 MC/DF – Rel. Min. Celso de Mello – j. 30.09.1999 – Tribunal Pleno DJ 12.04.02, p. 51.

2. Origem legal – a LC 70/91

Foi com base na redação original do art. 195, I, que foi editada a *Lei Complementar n° 70*, de 30 de dezembro de 1991, publicada no Diário Oficial da União em 31 de dezembro de 1991. Devido ao princípio constitucional da anterioridade mitigada ou nonagesimal,[8] a cobrança do novo tributo passou a ser feita a partir de 1º de abril de 1992.

O Plenário do STF já julgou as principais objeções feitas pelos contribuintes à referida lei "complementar". A análise da validade das normas infraconstitucionais editadas pressupõe o conhecimento da interpretação do Supremo Tribunal Federal sobre o que está dito na Constituição Federal; em outras palavras, é preciso verificar na doutrina da Corte Constitucional a real abrangência dos conceitos jurídicos relevantes para o tema, para, somente após, fazer a análise da sucessão de normas legais e administrativas sobre a COFINS.

É *importantíssimo* destacar, porém, que o Congresso Nacional aprovou, ao longo do tempo (principalmente após as primeiras decisões do STF sobre o tema), diversas alterações no texto constitucional. Essa ressalva é feita porque diversas normas legais, que na redação atual da CF possam parecer constitucionais, estão viciadas pela mácula da inconstitucionalidade. Adiante, procuraremos, pontualmente, apontar essas alterações operadas no texto da Constituição e a sua influência nas normas legais editadas.

---

[8] CF/88, art. 195: "§ 6º. As contribuições sociais de que trata este artigo só poderão ser exigidas após decorridos noventa dias da data da publicação da lei que as houver instituído ou modificado, não se lhes aplicando o disposto no artigo 150, III, *b*".

3. O STF e as normas sobre a COFINS

Objetivaremos, neste capítulo, ressaltar a disciplina do Supremo Tribunal Federal sobre os diversos aspectos constitucionais concernentes ao tributo em exame, analisando os principais precedentes (*leading cases*) pertinentes às matérias relevantes.[9]

O primeiro julgamento do Plenário do STF sobre a inserção da COFINS dentro do sistema jurídico tributário constitucional veio com o RE 138.284-8/CE,[10] no qual o Min. Carlos Velloso classificou a COFINS (prevista no inciso I do art. 195 da CF/88) no gênero *contribuições*, espécie *contribuições sociais*, e subespécie *de seguridade social*. No mesmo voto, o Min. Relator esclarece que "*Isto não quer dizer que a instituição dessas contribuições exige lei complementar*"(fl. 455, p. 9 do voto).[11] Mais adiante, acrescenta que "a Constituição, ao estabelecer a medida provisória como espécie de ato normativo primário, não impôs qualquer restrição no que toca à matéria" (fl. 456, p. 10 do voto).[12] Nesse julgamento, declarou o STF incidentalmente a constitucionalidade da lei ordinária que criou outra contribuição prevista no inciso I do art. 195 da CF: a contribuição social sobre o lucro líquido. Em outro julgamento, no RE 150.764-1/PE (Plenário, j.

---

[9] Esclarece-se, desde logo, que nem sempre os julgamentos destacados dizem respeito à COFINS, mas abordam matérias constitucionais essenciais ao entendimento dos aspectos relevantes da mesma.

[10] RE 138.284/CE – Rel. Min. Carlos Velloso – j. 01.07.1992 – Tribunal Pleno – DJ 28.08.1992, p. 13456 – RTJ 143-01/313.

[11] Em outro trecho, o Min. Carlos Velloso esclarece: "As contribuições de seguridade social que exigem, para a sua instituição, lei complementar, são as denominadas "outras de seguridade social", previstas no § 4º do art. 195 da Constituição Federal, cuja criação está condicionada à observância da técnica da competência residual da União (C.F., art. 154, I, *ex vi* do § 4º do art. 195)." (RE 138.284/CE, fl. 457, p. 11 do voto)

[12] No mesmo sentido, o Tribunal Pleno decidiu: "1. Medida Provisória. Impropriedade, na fase de julgamento cautelar da aferição do pressuposto de urgência que envolve, em ultima analise, a afirmação de abuso de poder discricionário, na sua edição. 2. Legitimidade, ao primeiro exame, da instituição de tributos por medida provisória com força de lei, e, ainda, do cometimento da fiscalização de contribuições previdenciárias a Secretaria da Receita Federal. 3. Identidade de fato gerador. Argüição que perde relevo perante o art. 154, I, referente a exações não previstas na Constituição, ao passo que cuida ela do chamado PIS/PASEP no art. 239, alem de autorizar, no art. 195, I, a cobrança de contribuições sociais da espécie da conhecida como pela sigla COFINS. 4. Liminar concedida, em parte, para suspender o efeito retroativo imprimido, a cobrança, pelas expressões contidas no art. 17 da M.P. no 1.325-96." (STF – ADIMC 1.417/DF – Plenário – Rel. Min. Octavio Gallotti – j. 07.03.1996 – DJ 24.05.1996, p. 17412)

16.12.92, Rel. Min. Marco Aurélio, por maioria – RTJ 147/1024), foi corroborada a interpretação de que as alterações de lei que trate das contribuições previstas no inciso I do art. 195 da CF/88 podem ser feitas por lei ordinária.[13] O RE 146.733-9/SP (j. 29.06.1992, Rel. Min. Moreira Alves, DJU 06.11.1992), foi o segundo julgamento unânime do STF pertinente à matéria, onde foi confirmada a desnecessidade de lei complementar para a instituição de contribuição prevista no inciso I do art. 195 da CF/88. É o que consta no voto do relator:

> Note-se, ademais, que, com relação aos fatos geradores, bases de cálculo e contribuintes, o próprio artigo 146, III, só exige que estejam previstos na lei complementar de normas gerais quando relativos aos impostos discriminados na Constituição, o que não abrange as contribuições sociais, inclusive as destinadas ao financiamento da seguridade social, por não configurarem impostos.
> Assim sendo, por não haver necessidade, para a instituição da contribuição social destinada ao financiamento da seguridade social com base no inciso I do artigo 195 – já devidamente definida em suas linhas estruturais na própria Constituição – da lei complementar tributária de normas gerais, não será necessária, por via de conseqüência, que essa instituição se faça por lei complementar que supriria aquela, se indispensável. Exceto na hipótese prevista no § 4º (a instituição de outras fontes destinadas a garantir a manutenção ou expansão da seguridade social), hipótese que não ocorre no caso, o artigo 195 não exige lei complementar para as instituições dessas contribuições sociais, inclusive a prevista no seu § 1º, como resulta dos termos do § 6º desse mesmo dispositivo constitucional. (fl. 403, p. 18 do voto).

Veio então a julgamento da Ação Direta de Constitucionalidade nº 1/DF (STF, Plenário, j. 10.12.92, e 16.12.1992, Rel. Min. Moreira Alves, DJU 16.06.95). Ao contrário dos acórdãos anteriores, que tratavam de outras contribuições sociais, a ADC 1 tratou especificamente da constitucionalidade da COFINS, estando assim ementada:

AÇÃO DECLARATÓRIA DE CONSTITUCIONALIDADE. ARTIGOS 1º, 2º, 9º (EM PARTE), 10 E 13 (EM PARTE) DA LEI COMPLEMENTAR Nº 70, DE 30.12.91. COFINS. – A DELIMITAÇÃO DO OBJETO DA AÇÃO DECLARATÓRIA DE CONSTITUCIONALIDADE NÃO SE ADSTRINGE AOS LIMITES DO OBJETO FIXADO PELO AUTOR, MAS ESTES ESTÃO SUJEITOS AOS LINDES DA CONTROVÉRSIA JUDICIAL QUE O AUTOR TEM QUE DEMONSTRAR. – Improcedência das alegações de inconstitucionalidade da contribuição social instituída pela lei complementar nº 70/91 (COFINS). Ação que se conhece em parte, e nela se julga procedente, para declarar-se, com os efeitos previstos no § 2º do artigo 102 da Constituição Federal, na

---

[13] Vide, neste sentido, o item 67 do Voto do Min. Relator desse acórdão: "É claro, no entanto, que a constitucionalidade da lei ordinária que instituiu a contribuição – o art. 9º da L. 7.689/88 –, induz, pelas mesmas razões, à validez das leis ulteriores, que somente lhe aumentaram a alíquota, subordinada, apenas, a incidência de cada uma delas, ao intervalo trimestral entre a respectiva publicação e o fato gerador, por força do art. 195, § 6º, CF, com a inteligência que lhe deu o Tribunal (cf. RE 146.733 e RE 138.284 cits.)."

redação da Emenda Constitucional nº 3, de 1993, a constitucionalidade dos artigos 1º, 2º e 10, bem como das expressões "a contribuição social sobre o faturamento de que trata esta lei não extingue as atuais fontes de custeio da seguridade social" contidas no artigo 9º, e das expressões "esta lei complementar entra em vigor na data de sua publicação, produzindo efeitos a partir do primeiro dia do mês seguinte nos noventa dias posteriores, aquela publicação,..." constantes do artigo 13, todos da Lei Complementar nº 70, de 30 de dezembro de 1991.

Esse o acórdão de maior importância, pois trata especificamente da COFINS. Os princípios firmados nos acórdãos precedentes, porém, são os mesmos. Com efeito, o Min. Moreira Alves, em seu voto (item 4), assim se pronunciou:

> 4. Esta Corte, ao julgar o RE 146.733, de que fui relator, e que dizia respeito à contribuição social sobre o lucro das pessoas jurídicas instituída pela Lei 7.689/88, firmou orientação no sentido de que as contribuições sociais destinadas ao financiamento da seguridade social têm natureza tributária, embora não se enquadrem entre os impostos.
> No voto que então proferi, assim me pronunciei sobre a natureza tributária dessas contribuições:
> Perante a Constituição de 1988, não tenho dúvida em manifestar-me afirmativamente. De efeito, a par das três modalidades de tributos (os impostos, as taxas e as contribuições de melhoria) a que se refere o artigo 145 para declarar que são competentes para instituí-los a União, os Estados, o Distrito Federal e os Municípios, os artigos 148 e 149 aludem a duas outras modalidades tributárias, para cuja instituição só a União é competente: o empréstimo compulsório e as contribuições sociais, inclusive as de intervenção no domínio econômico e de interesse das categorias profissionais ou econômicas. No tocante às contribuições sociais, – que dessas duas modalidades tributárias é a que interessa para este julgamento –, não só as referidas no artigo 149 – que se subordina ao capítulo concernente ao sistema tributário nacional – têm natureza tributária, como resulta, igualmente, da observância que devem ao disposto nos artigos 146, III, e 150, I e III, mas também as relativas à seguridade social previstas no artigo 195, que pertence ao título "Da ordem Social". Por terem esta natureza tributária é que o artigo 149, que determina que as contribuições sociais observem o inciso III do artigo 150 (cuja letra b consagra o princípio da anterioridade), exclui dessa observância as contribuições para a seguridade social previstas no artigo 195, em conformidade com o disposto no § 6º deste dispositivo, que, aliás, em seu § 4º, ao admitir a instituição de outras fontes destinadas a garantir a manutenção ou expansão da seguridade social, determina se obedeça ao disposto no art. 154, I, norma tributária, o que reforça o entendimento favorável à natureza tributária dessas contribuições sociais.
> Ora, o artigo 1º da Lei Complementar n. 70/91, institui contribuição social para financiamento da Seguridade Social, nos termos do inciso I do artigo 195 da Constituição Federal, devida pelas pessoas jurídicas inclusive as a ela equiparadas pela legislação do imposto de renda, destinada exclusivamente às despesas com atividades-fins das áreas de saúde, previdência e assistência social, contribuição essa que, pelo artigo 2º da mesma lei, incide sobre o faturamento mensal.

Trata-se, pois, de contribuição social prevista no inciso I do artigo 195 da Constituição Federal que se refere ao financiamento da seguridade social mediante contribuições sociais dos empregadores, incidente sobre a folha de salários, o faturamento e o lucro. Nota-se que a Lei complementar n. 70/91, ao considerar o faturamento como a *"a receita bruta das vendas de mercadorias, de mercadorias e serviços e de serviços de qualquer natureza"* nada mais fez do que lhe dar a conceituação de faturamento para efeitos fiscais, como bem assinalou o eminente Ministro ILMAR GALVÃO, no voto que proferiu no RE 150.764, ao acentuar que o conceito de receita bruta das vendas de mercadorias e de mercadorias e serviços *"coincide com o de faturamento, que, para efeitos fiscais, foi sempre entendido como o produto de todas as vendas, e não apenas das vendas acompanhadas de fatura, formalidade exigida tão-somente nas vendas mercantis a prazo (art. 1º da Lei 187/36)*.

Nem se descaracteriza a COFINS como contribuição social destinada ao financiamento da seguridade social, com base no inciso I do artigo 195 da Carta Magna, a circunstância de o artigo 1º da Lei complementar n. 70/91, depois de no seu *caput* dispor que "o produto da arrecadação da contribuição social sobre o faturamento, instituída por esta lei complementar, observando o disposto na segunda parte do art. 33 da Lei n. 8.212, de 24 de julho de 1991, integrará o Orçamento da Seguridade Social", estabeleça, em seu parágrafo único, que "à contribuição referida neste artigo aplicam-se as normas relativas ao processo administrativo fiscal de determinação e exigência de créditos tributários federais, bem como, subsidiariamente e no que couber, as disposições referentes aos imposto de renda, especialmente quanto a atraso de pagamento e quanto a penalidade". Alegação análoga a essa se fez com relação à contribuição social instituída pela Lei 7.689/88, e esta Corte a repeliu sob o fundamento de que, para que fosse inconstitucional a atribuição à União das funções de arrecadar e fiscalizar a contribuição social, necessário seria que a Constituição tivesse criado um sistema de seguridade social cuja realização, em todas as suas etapas, tivesse de ser da competência exclusiva de um órgão autônomo de seguridade social, o que não resulta dos textos constitucionais concernentes à seguridade social. Naquele julgamento, transcrevi em meu voto passagem do voto proferido pelo sr. Juiz Fleury Pires quando do julgamento, pelo Plenário do TRF da 3ª Região, da argüição de inconstitucionalidade, sob esse aspecto, da contribuição social instituída pela Lei 7689/88, do qual destaco, agora, por sua pertinência ao caso presente, se mesmas passagens transcritas pelo parecer da Procuradoria-Geral da República:

(...) nos termos em que delineados os contornos da Seguridade Social com a simples aproximação das ações de saúde, de assistência e de previdência e com a manutenção de variadas fontes de custeio, direto e indireto, não há como vislumbrar na Constituição proibição a que a União institua e arrecada contribuição social expressamente prevista no art. 195, I, incidente sobre o lucro dos empregadores, desde que destine os recursos exclusivamente à Seguridade Social;

e, mais adiante, citando Wladimir Novaes Martins:

A idéia de que, aproximando uma das outras, normativamente, as ações de saúde, os serviços assistenciais, o custeio e as prestações previdenciárias, a Constituição pretende criar – sem ter criado – a seguridade social, e mais uma vez confirmada com a disposição do art. 195, § 1º: "A proposta de orçamento da seguridade social será elaborada de forma integrada pelos órgãos responsáveis pela saúde, assistência e previdência social, tendo em vista as metas e prioridades estabelecidas na lei de diretrizes orçamentárias, assegurada a cada área a gestão de seus recursos". O orçamento será, senão único, pelo menos unificado ou integrado, mas não será da seguridade social, já que a essa técnica não corresponde ainda um ministério ou órgão centralizador e sim o de cada uma das três medidas que a compõem, cada uma das áreas administrará o seu próprio orçamento, que será elaborado integrado, propiciando no futuro a decisão político-administrativa de um único e gigantesco órgão controlador das três ações.

Em síntese, como salientou o Ministro CARLOS VELLOSO, na qualidade de relator do RE 138.284, quando esta Corte reiterou o entendimento já expedido por ocasião do julgamento do RE 146.733, o que importa perquirir não é o fato de a União arrecadar a contribuição, mas se o produto da arrecadação é destinado ao financiamento da seguridade social (CF, art. 195, I).

E, em se tratando de contribuição social instituída pela Lei Complementar n. 70/91, ele o é, como dispõe seu artigo 1º.

5. De outra parte, sendo a COFINS contribuição social instituída com base no inciso I do artigo 195 da Constituição Federal, e tendo ela natureza tributária diversa da do imposto, as alegações de que ela fere o princípio constitucional da não-cumulatividade dos impostos da União e resulta em bitributação por incidir sobre a mesma base de cálculo do PIS/PASEP só teriam sentido se se tratasse de contribuição social nova, não enquadrável no inciso I do artigo 195, hipótese em que se lhe aplicaria o disposto no § 4º desse mesmo artigo 195 (*A lei poderá instituir outras fontes destinadas a garantir a manutenção ou expansão da seguridade social, obedecido o disposto no art. 154, I*), que determina a observância do inciso I do artigo 154 que estabelece que a União poderá instituir *I – mediante lei complementar, impostos não previstos no artigo anterior, desde que sejam não-cumulativos e não tenham fato gerador ou base de cálculo próprios dos discriminados nesta Constituição.*

Sucede, porém, que a contribuição social em causa, incidente sobre o faturamento dos empregadores, é admitida expressamente pelo inciso I do artigo 195 da Carta Magna, não se podendo pretender, portanto, que a Lei Complementar nº 70/91 tenha criado outra fonte de renda destinada a garantir a manutenção ou expansão da seguridade social.

Por isso mesmo, essa contribuição poderia ser instituída por Lei ordinária. A circunstância de ter sido instituída por lei formalmente complementar – a Lei Complementar n. 70/91 – não lhe dá, evidentemente a natureza de contribuição social nova, a que se aplicaria o disposto no § 4º do artigo 195 da Constituição, porquanto essa lei, com relação aos dispositivos concernentes à contribuição social por ela instituída – que são o objeto desta ação –, é materialmente ordinária, por não se tratar, nesse particular, de matéria reservada, por texto expresso da Constituição, à lei complementar. A jurisprudência desta Corte, sob o império da Emenda Constitucional n. 1/69 – e a Constituição atual não alterou esse sistema –, se firmou no sentido de que só se exige lei complementar para as matérias cuja disciplina a Constituição expressamente faz tal exigência, e, se porventura a matéria, disciplinada por lei cujo processo legislativo observado tenha sido o de lei complementar, não seja daquelas para que a Carta Magna exige essa modalidade legislativa, os dispositivos que tratam dela se têm como dispositivos de lei ordinária.

Não estando, portanto, a COFINS sujeita às proibições do inciso I do artigo 154 pela remissão que a ele faz o § 4º do artigo 195, ambos da Constituição Federal, não há que se pretender que seja ela inconstitucional por ter base de cálculo própria de impostos discriminados na Carta Magna ou igual à do PIS/PASEP (que, por força da destinação previdenciária que lhe deu o artigo 239 da Constituição, lhe atribui a natureza de contribuição social), nem por não atender ela eventualmente à técnica da não-cumulatividade.

Ademais, no tocante ao PIS/PASEP, é a própria Constituição Federal que admite que o faturamento do empregador seja base de cálculo para essa contribuição social e outra, como, no caso, é a COFINS. De efeito, se o PIS/PASEP, que foi caracterizado, pelo artigo 239 da Constituição, como contribuição social por lhe haver dado esse dispositivo constitucional permanente destinação previdenciária, houvesse exaurido a possibilidade de instituição, por lei, de outra contribuição social incidente sobre o faturamento dos empregadores, essa base de cálculo, por já ter sido utilizada, não estaria referida no inciso I do artigo 195 que é o dispositivo da Constituição que disciplina, genericamente, as contribuições sociais, e que permite que, nos termos da lei (e, portanto, de lei ordinária), seja a seguridade social financiada por contribuição social incidente sobre o faturamento dos empregadores.

6. Resta, por fim, examinar a alegação de que o artigo 13 da Lei Complementar nº 70/91 teria violado o princípio constitucional da anterioridade (art. 150, III, *b*, da Constituição Federal), uma vez que o Diário Oficial, de 31.12.91, só circulou no dia 02.01.92.

Também essa alegação é improcedente.

Com efeito, já tendo sido demonstrado nesse voto que a contribuição em causa se funda no artigo 195, I, da Carta Magna, a ele se aplica o disposto no § 6º desse mesmo artigo, o qual afasta expressamente, com relação a contribuição dessa natureza, a aplicação do princípio da anterioridade previsto no artigo 150, III, *b*, da Constituição. Reza esse § 6º: "As contribuições sociais de que trata este artigo só poderão ser exigidas após decorridos noventa dias da data da publicação da lei que as houver instituído ou modificado, não se lhes aplicando o disposto no art. 150, III, *b*."

Em observância à norma acima transcrita, o artigo 13 da Lei Complementar nº 70/91 assim dispôs: "Art. 13 – Esta lei complementar entra em vigor na data de sua publicação, produzindo efeitos a partir do primeiro dia útil do mês seguinte aos noventa dias posteriores, àquela publicação...".

7. Em face do exposto, conheço, em parte, da presente ação, e nela a julgo procedente, para declarar, com os efeitos previstos no § 2º do artigo 102 da Constituição Federal, na redação da Emenda Constitucional nº 3, de 1993, a constitucionalidade dos artigos 1º, 2º e 10, bem como das expressões "A contribuição social sobre o faturamento de que trata esta lei não extingue as atuais fontes de custeio da Seguridade Social" contidas no artigo 9º, e das expressões "Esta lei complementar entra em vigor na data da sua publicação, produzindo efeitos a partir do primeiro dia do mês seguinte nos noventa dias posteriores, àquela publicação..." constantes do artigo 13, todos da Lei Complementar nº 70, de 30 de dezembro de 1991.

Em seu voto, o Min. Ilmar Galvão resume os princípios já firmados pelo Plenário nas decisões anteriores:

As objeções, de ordem constitucional, que se poderiam alinhar contra o artigo 2º são aquelas mesmas que foram deduzidas nos RREE 146.733, 150.764 e 150.755, em que se impugnou a constitucionalidade da Lei nº 7.689/88, todas elas rechaçadas pelo STF: a) a alíquota não poderia ter sido fixada por meio de lei ordinária; b) a contribuição tem base de cálculo idêntica à do ICMS e à da contribuição PIS/PASEP; c) é cumulativa; e, finalmente, d) ao definir a respectiva base de cálculo como "a receita bruta das vendas de mercadorias, de mercadorias e serviços e de serviço de qualquer natureza", distanciou-se da norma do art. 195, I, da CF, que refere faturamento e não receita.

Cuida-se de alegações de todo improcedentes, como afirmado no precedente acima referido. Na verdade, no que tange à base de cálculo, as vedações constitucionais são circunscritas às hipóteses de taxas relativamente aos impostos (art. 145, § 2º) e de impostos de competência residual da União, no que diz respeito aos demais impostos, federais, estaduais ou municipais (art. 154, I).

Não referem, pois, as contribuições sociais, como as de que se trata, em relação as quais, se limitou, no art. 149, a declarar sujeitas às normas dos arts. 146, III, e 150, I e III, além do disposto no art. 195, § 6º.

A primeira delas diz com que a existência de lei complementar definidora dos tributos e de suas espécies, bem como dos respectivos fatos geradores, bases de cálculo e contribuintes.

Veja-se, no que tange à ausência de lei complementar definidora da contribuição em tela, bem como dos respectivos fatos geradores, bases de cálculo e contribuintes, que não constitui ela óbice à sua exigibilidade, em face da norma do art. 34, § 3º, do ADCT/88, que, no prol de suprir eventuais omissões do legislador complementar, autorizou não apenas a União, mas também os Estados, o Distrito Federal e os Municípios, a editarem leis necessária à aplicação do novel sistema tributário nela previsto.

Ademais, no que toca às contribuições sociais do art. 195, I da Constituição Federal, no RE 146.733, já mencionado, assentou o STF orientação no sentido de que, havendo o mencionado dispositivo definido, em relação a eles, todos os elementos enumerados no artigo 146, III (tributo, contribuinte e base de cálculo), tornou dispensável à sua instituição o aguardo lei complementar nele referida.

Já no que tange às normas do art. 150, I e III, que entendem com o princípio da legalidade, da irretroatividade e da anterioridade da Lei, este sob o tratamento mitigado do art. 196 [sic] § 6º, foram elas rigorosamente obedecidas pela malsinada LC 70/91, já que se trata de lei do Congresso, voltada, com exclusividade, para fatos geradores supervenientes à sua edição, mais precisamente, para os verificamos "a partir do primeiro dia do mês seguinte aos noventa dias posteriores". A sua publicação, como determinado no mencionado § 6º do art. 195.

Assim, não há que se falar em inconstitucionalidade de aludida contribuição, que não é imposto, por incidir sobre a mesma base de cálculo do ICMS.

Do mesmo modo, como já se ressaltou também não é inválida a circunstância de também o PIS/PASEP ter como base de cálculo o faturamento dos empregadores, à ausência de norma que o impeça.

Acrescenta-se, a esse respeito, que a existência de duas contribuições sobre o faturamento está prevista na própria Carta (art. 195, I e 239), motivo suficiente não apenas para que não se possa falar em inconstitucionalidade, mas também para afastar eventual ilação de que, diante da contribuição do art. 239, e da malsinada LC 70/91, incide em *bis in idem*, configurando cumulação, constitucionalmente proibida, de tributos.

O julgamento da Ação Direta de Constitucionalidade foi unânime, sendo que os votos que se seguiram apenas acrescentaram algumas questões antes não debatidas. O Ministro Carlos Velloso, por seu turno, ao enfrentar a questão da bitributação, acrescenta que:

Não há, na verdade, vedação constitucional no fato de a contribuição ter fato gerador e base de cálculo idênticos ao do Imposto de Renda e do PIS. Reitero que, nos acórdãos dos citados RREE 146.733-SP e 138.284-CE estão os fundamentos que embasam a afirmativa.

Adiante, ao examinar a alegação de desrespeito ao princípio da anualidade, afirma categoricamente:

O princípio da anualidade, deduzem os ilustres tributaristas, existe em razão de disposições orçamentárias inscritas na Constituição, que estabelecem que a lei orçamentária deverá incluir as receitas e as despesas, vale dizer, receitas e despesas devem constar do orçamento (C.F., artigos 165 e seguintes). Ora, isto não poderia deixar de acontecer, já que é elementar que o orçamento contém receitas e despesas. Esse fato, entretanto, não cria para o contribuinte uma garantia, a garantia do princípio da anualidade. É que este, o princípio da anualidade, compreende o princípio da anterioridade e mais um *plus*, a autorização orçamentária. Ora, se fosse possível deduzir da Lei de Diretrizes Orçamentárias a existência, na ordem jurídica brasileira, do princípio da anualidade como garantia do contribuinte, então teríamos que admitir que seria absolutamente inócua a disposição inscrita no art. 150, III, *b*, da Constituição, que institui, como garantia do contribuinte, o princípio da anterioridade. Noutras palavras, seria inócua, seria inútil, seria desnecessária, a disposição inscrita no art. 150, III, *b*.

O Ministro Paulo Brossard, em seu voto, destaca três pontos:

(...) a contribuição social é uma modalidade tributária, é uma espécie de tributo. Divergem alguns autores se se trata de imposto, taxa ou imposto especial, mas os melhores tratadistas concordam na natureza tributária da contribuição social; o segundo ponto diz respeito à destinação da receita. O fato de ser destinada ao serviço de seguridade social, não me impressiona. Em tempos idos, era um expediente empregado para burlar a Constituição, sob o rótulo de taxa, instituía-se imposto fora da competência tributária do órgão que instituía-se o tributo com nome de taxa. O Código Tributário, art. 4º, inciso II, deu contribuição valiosa, ao prescrever que para a caracterização da natureza jurídica específica do tributo é irrelevante a destinação legal do produto da sua arrecadação; esse o segundo ponto. O terceiro, talvez o mais delicado, pelo menos tenho grande preocupações a esse respeito, é que me parece que não se pode, por ser contribuição social, utilizar a mesma base de cálculo de outros tributos que não sejam federais. Entendo que a regra constante do § 2º do artigo 145, segundo a qual taxa e imposto não podem ter a mesma base de cálculo, é princípio de ordem geral que se aplica a todo tributo. Foi a emenda nº 18 que introduziu este preceito, que, penso, eu, representou importante progresso no Direito Constitucional Tributário. Não fora assim, mediante a denominação de contribuição social poder-se-ia subverter por inteiro o sistema tributário, que é uma das coisas mais importantes em uma Constituição, especialmente num País que se diz federativo.

Por fim, o Ministro Sydney Sanches enfrenta a tormentosa questão da instituição da contribuição por lei complementar, referindo:

Sr. Presidente, como salientou o eminente Relator, a contribuição questionada foi instituída por lei complementar, quando poderia ter sido por lei ordinária. Na verdade, a lei formalmente é complementar mas substancialmente ordinária.

Da leitura dos votos acima reproduzidos, em seus trechos relevantes, a conseqüência de maior importância é a definição pelo STF da natureza jurídica dos dispositivos da lei complementar nº 70/91, qual seja, "se porventura a matéria, disciplinada por Lei cujo processo legislativo observado tenha sido a Lei Complementar, não seja daquelas para que a Carta Magna exige essa modalidade legislativa, os dispositivos que tratam dela se têm como dispositivos de Lei ordinária" (cf. voto do Min. Moreira Alves).

4. Alteração da Lei Complementar por medida provisória ou lei ordinária

Uma das conseqüências do princípio firmado pelo STF relativamente à LC 70/91 ser materialmente lei ordinária é a possibilidade de a mesma ser alterada, em todos os seus aspectos, por medida provisória e lei ordinária.[14] Utilizando-se esse princípio, correta é a jurisprudência dos tribunais regionais federais validando tais alterações.[15]

---

[14] "MANDADO DE SEGURANÇA – CONSTITUCIONAL – TRIBUTÁRIO – SOCIEDADE CIVIL DE PRESTAÇÃO DE SERVIÇOS PROFISSIONAIS – COFINS – ISENÇÃO – ART. 6º, II, LC 70/91 – REVOGAÇÃO – ART. 56, LEI Nº 9.430/96 – LEGITIMIDADE – AUSÊNCIA DE HIERARQUIA ENTRE LEI COMPLEMENTAR E ORDINÁRIA – PRECEDENTES – STF – 1. Dispensável a Lei Complementar para veicular a instituição da COFINS conforme assentado na ADC 1/DF, Rel. Min. Moreira Alves, j. 1º.12.1993). 2. A isenção conferida pelo art. 6º da LC 70/91 pode, validamente, ser revogada, como o foi, pelo art. 56 da Lei nº 9.430/96, independentemente de ofensa aos princípios constitucionais, vez que ausente hierarquia entre Lei Complementar e lei ordinária, atuando, tais espécies normativas em âmbitos diversos. Precedentes. 3. Apelação improvida". (TRF 3ª R. – AMS 190460 – (1999.03.99.045529-9) – SP – 4ª T. – Rel. Desa. Fed. Salette Nascimento – DJU 11.04.2003 – p. 362).

[15] "TRIBUTÁRIO – COFINS – SOCIEDADES CIVIS PRESTADORAS DE SERVIÇOS PROFISSIONAIS REGULAMENTADOS EM LEI – ISENÇÃO PREVISTA NA LEI COMPLEMENTAR Nº 70/91 – REVOGAÇÃO PELA LEI ORDINÁRIA – POSSIBILIDADE – AUSÊNCIA DE RESSALVAS NO ART. 56 DA LEI Nº 9.430/96 – 1. A Lei Complementar nº 70/91, ao regulamentar a COFINS, tratou de fonte de custeio da seguridade social prevista no art. 195, inciso I, da Constituição Federal vigente, para cuja disciplina basta o processo legislativo da lei ordinária. Neste contexto, consoante já assentou o c. Supremo Tribunal Federal por ocasião do julgamento da ADC 1/DF, aquela lei, não obstante se apresente formalmente como Lei Complementar, é, materialmente, lei ordinária, em função da matéria de que se ocupa. 2. Não há ferimento à hierarquia das leis ou invasão de matéria reservada à Lei Complementar, portanto, quando a Lei nº 9.430/96, em seu art. 56, procede à alteração daquela Lei Complementar pela revogação da isenção no recolhimento da COFINS, até então concedida às sociedades civis prestadoras de serviços profissionais no art. 6º, inciso II. 3. As sociedades civis que preencham os requisitos previstos no art. 1º do Decreto-Lei nº 2397/87 são isentas da COFINS até o advento da Lei nº 9.430/96, cujo art. 56 estabeleceu, sem ressalvas, a obrigatoriedade do recolhimento da COFINS na forma das disposições da lei complementar". (TRF 4ª R. – AMS 2001.70.00.034493-5 – PR – 1ª T. – Rel. Des. Fed. Wellington M. de Almeida – DJU 11.06.2003 – p. 499). "CONSTITUCIONAL E TRIBUTÁRIO – PIS – ALTERAÇÃO DA LC Nº 07/70 POR LEI ORDINÁRIA – POSSIBILIDADE – 1. As alterações feitas na Lei Complementar nº 70/91 pela Lei nº 10.637/2002, são plenamente possíveis, pois o primeiro diploma legal mencionado cuida, na verdade, de matéria a ser disciplinada ordinariamente, podendo, assim, ser modificado por uma simples Lei ordinária, a teor da interpretação albergada pela Corte Constitucional quando do julgamento da ADC 1 – 1 – DF. 2. Agravo regimental improvido". (TRF 5ª R. – AGTR 47368 – (2003.05.00.000701-0) – CE – 4ª T. – Rel. p/o Ac. Des. Fed. Luiz Alberto Gurgel – DOU 17.06.2003 – p. 488).

Questão conexa, que interfere nessa possibilidade, refere-se à utilização da medida provisória, em especial após a alteração[16] do *caput* do art. 195 da CF pela Emenda Constitucional nº 20 de 1998. Ocorre que, por expressa disposição constitucional,[17] as matérias disciplinadas por Emenda Constitucional não podem ser objeto de medida provisória. Com efeito, pela redação atual do dispositivo constitucional, o artigo 195 teve seu texto alterado por meio de Emenda Constitucional em 1998, data situada no lapso temporal iniciado em 01.01.1995 e terminado em 12.09.2001. Assim, temos que, por expressa aplicação de ambas as redações do art. 246 da Constituição Federal, não poderá ser objeto de medida provisória para tratar de contribuição cujo fato gerador está no *caput* do art. 195 da Constituição Federal de 1988, que alterou de *faturamento* para *receita* a permissão de cobrança da COFINS.[18] O ilustre tributarista Geraldo Bemfica Teixeira,[19] em estudo sobre a constitucionalidade da Lei nº 9.718, de 1998, corrobora nosso entendimento.

---

[16] Antes dessa Emenda Constitucional, o *caput* do art. 195 não havia sido objeto de emenda, razão pela qual, até então, não se pode argüir infração à vedação do uso de medidas provisórias.

[17] A vedação consta no art. 246 da CF, acrescentado pelas Emendas Constitucionais nºs 06/95 e 07/95, que tinha, no seu nascedouro, a seguinte redação original: "Art. 246. É vedada a adoção de medida provisória na regulamentação de artigo da Constituição cuja redação tenha sido alterada por meio de emenda promulgada a partir de 1995". Posteriormente, em 11.09.2001 (DOU 12.09.2001), a Emenda Constitucional nº 32, deu-lhe a seguinte redação: "Art. 246. É vedada a adoção de medida provisória na regulamentação de artigo da Constituição cuja redação tenha sido alterada por meio de emenda promulgada entre 1º de janeiro de 1995 até a promulgação desta emenda, inclusive".

[18] Note-se que não se aplica ao caso da COFINS (cujo fato gerador foi alterado de forma a não mais limitar-se ao *faturamento* e a permitir a cobrança sobre a *receita*, e essa alteração foi introduzida por emenda constitucional publicada em 1998).

[19] CONSIDERAÇÕES SOBRE AS ALTERAÇÕES DO PIS E DA COFINS INTRODUZIDAS PELA LEI Nº 9.718/98, publicado na Revista de Estudos Tributários nº 08 – JUL-AGO/1999, p. 124.

5. Princípio da anterioridade nonagesimal, ou mitigada, previsto no § 6º do art. 195 da CF/88

A COFINS está sujeita ao prazo previsto no artigo 195 da Constituição Federal de 1988, que dispõe em seu § 6º que:

> As contribuições sociais de que trata este artigo só poderão ser exigidas após decorridos noventa dias da data da publicação da lei que as houver instituído ou modificado, não se lhes aplicando o disposto no artigo 150, III, b.

Discutiu-se doutrinária e judicialmente sobre a contagem desse prazo, em especial diante das reedições historicamente reiteradas de medidas provisórias sobre o tema das contribuições sociais, dentre as quais a COFINS. Três posições foram postas: o prazo inicia-se somente a partir da publicação (1ª) da lei que resulta da conversão das medidas provisórias reeditadas; (2ª) da última medida provisória antes da conversão em lei;[20] (3ª) da primeira medida provisória, de uma séria, sem alteração de texto.

O Supremo Tribunal Federal,[21] ao versar sobre o tema, concluiu por adotar a terceira corrente, ou seja, declarou que o prazo de noventa dias se

---

[20] Marco Aurélio Greco, sobre o princípio da anterioridade mitigada, assevera, sustentando essa corrente: "Diante desse quadro, pode-se afirmar, então que, havendo reedição de medidas provisórias, sem alteração de texto e, depois de sucessivas MPs, sobrevindo sua conversão em lei, o prazo de 90 dias deve ser contado a partir da *primeira* MP? Não me parece que esta seja a conclusão mais consentânea com a Constituição. O § 6º do artigo 195, quando determina que a contribuição de seguridade social só poderá ser exigida 'após decorridos 90 dias', está impondo um *vacatio legis* por imperativo constitucional. Diante desta *vacatio*, que implica haver diferimento da eficácia da lei que instituir contribuição para data posterior à sua publicação, põe-se a questão de saber qual a eficácia da MP nestes casos". Mais adiante, conclui: "Portanto, entendo que a reedição de MPs em matéria de contribuição de seguridade social apresenta esta peculiaridade. Só a última MP (a que vier a ser convertida) é que irá, definitivamente, (pois não perdeu a eficácia), deflagrar o prazo de 90 dias previsto no § 6º do artigo 195 da CF-88. As MPs anteriores, ao serem editadas, deflagraram o prazo, mas esta deflagração perdeu eficácia juntamente com as próprias MPs quando não foram convertidas no prazo de 30 dias do parágrafo único do artigo 62." (*Contribuições (uma figura "sui generis")*, São Paulo: Dialética, 2000, p. 177-178 e 179).

[21] "CONTRIBUIÇÃO SOCIAL PIS-PASEP – PRINCÍPIO DA ANTERIORIDADE EM SE TRATANDO DE MEDIDA PROVISÓRIA – O PLENÁRIO DESTA CORTE, AO JULGAR O RE 232.896, QUE VERSA CASO ANÁLOGO AO PRESENTE, ASSIM DECIDIU: "CONSTITUCIONAL – TRIBUTÁRIO – CONSTRIBUIÇÃO SOCIAL – PIS-PASEP – PRINCÍPIO DA ANTERIORIDADE NONAGESIMAL – MEDIDA PROVISÓRIA – REEDIÇÃO – I – Princípio da anterioridade nonagesimal: CF,

inicia da publicação da primeira medida provisória (abrangendo todo o período até a conversão em lei e, obviamente, desde que haja a conversão).[22] A alteração da redação original[23] do artigo 62 da Constituição Federal mudou o tratamento do tema, a partir da nova[24] redação dada pela Emenda

---

art. 195, § 6º: contagem do prazo de noventa dias, medida provisória convertida em lei: conta-se o prazo de noventa dias a partir da veiculação da primeira medida provisória. II – Inconstitucionalidade da disposição inscrita no art. 15 da Med. Prov. 1.212, de 28.11.1995 – 'aplicando-se aos fatos geradores ocorridos a partir de 1º de outubro de 1995' – e de igual disposição inscrita nas medidas provisórias reeditadas e na Lei nº 9.715, de 25.11.1998, artigo 18. III – Não perde eficácia a medida provisória, com força de Lei, não apreciada pelo Congresso Nacional, mas reeditada, por meio de nova medida provisória, dentro de seu prazo de validade de trinta dias. IV – Precedentes do STF: ADIn 1.617-MS, Ministro Octavio Gallotti, DJ de 15.08.1997; ADIn 1610-DF, Ministro Sydney Sanches; RE nº 221.856-PE, Ministro Carlos Velloso, 2ª T., 25.05.1998. V – R.E. conhecido e provido, em parte". – Dessa orientação divergiu o acórdão recorrido. Recurso extraordinário conhecido e provido. (STF – RE 354.211/MG – 1ª T. – Rel. Min. Moreira Alves – DJU 22.11.2002 – p. 69); "CONTRIBUIÇÃO SOCIAL – PIS/PASEP – PRINCÍPIO DA ANTERIORIDADE NONAGESIMAL – MEDIDA PROVISÓRIA – REEDIÇÃO – I – Princípio da anterioridade nonagesimal: CF, art. 195, § 6º: contagem do prazo de noventa dias, medida provisória convertida em lei: conta-se o prazo de noventa dias a partir da veiculação da primeira medida provisória. II – Inconstitucionalidade da disposição inscrita no art. 15 da Medida Provisória nº 1.212, de 28.11.1995 – aplicando-se aos fatos geradores ocorridos a partir de 1º de outubro de 1995 – e de igual disposição inscrita nas medidas provisórias reeditadas e na Lei nº 9.715, de 25.11.1998, art. 18. III – Não perde eficácia a medida provisória, com força de lei, não apreciada pelo Congresso Nacional, mas reeditada, por meio de nova medida provisória, dentro de seu prazo de validade de trinta dias. IV – Precedentes do STF: ADIn 1.617/MS, Ministro Octávio Gallotti, DJU de 15.08.1997; ADIn 1.610/DF, Ministro Sydney Sanches; RE 221.856/PE, Ministro Carlos Velloso, 2ª T., 25.05.1998. V – RE conhecido e provido, em parte." (STF – RE 232.896-3/ PA – Rel. Min. Carlos Velloso – DJU 01.10.1999 – p. 52) (RET 10/95).

[22] Sobre o tema das medidas provisórias, suas reedições, aconselha-se a leitura da Decisão do Min. Celso de Mello (STF – RE 239.286-6 – PR – Rel. Min. Celso de Mello – DJU 18.11.1999 – p. 51).

[23] Redação original do art. 62: "Art. 62. Em caso de relevância e urgência, o Presidente da República poderá adotar medidas provisórias, com força de lei, devendo submetê-las de imediato ao Congresso Nacional, que, estando em recesso, será convocado extraordinariamente para se reunir no prazo de cinco dias. Parágrafo único. As medidas provisórias perderão eficácia, desde a edição, se não forem convertidas em lei no prazo de trinta dias, a partir de sua publicação, devendo o Congresso Nacional disciplinar as relações jurídicas delas decorrentes."

[24] Redação dada ao art. 62 pela EC 32/01: "Art. 62. Em caso de relevância e urgência, o Presidente da República poderá adotar medidas provisórias, com força de lei, devendo submetê-las de imediato ao Congresso Nacional. § 1º É vedada a edição de medidas provisórias sobre matéria: I – relativa a: a) nacionalidade, cidadania, direitos políticos, partidos políticos e direito eleitoral; b) direito penal, processual penal e processual civil; c) organização do Poder Judiciário e do Ministério Público, a carreira e a garantia de seus membros; d) planos plurianuais, diretrizes orçamentárias, orçamento e créditos adicionais e suplementares, ressalvado o previsto no art. 167, § 3º; II – que vise a detenção ou seqüestro de bens, de poupança popular ou qualquer outro ativo financeiro; III – reservada a lei complementar; IV – já disciplinada em projeto de lei aprovado pelo Congresso Nacional e pendente de sanção ou veto do Presidente da República. § 2º Medida provisória que implique instituição ou majoração de impostos, exceto os previstos nos arts. 153, I, II, IV, V, e 154, II, só produzirá efeitos no exercício financeiro seguinte se houver sido convertida em lei até o último dia daquele em que foi editada. § 3º As medidas provisórias, ressalvado o disposto nos §§ 11 e 12 perderão eficácia, desde a edição, se não forem convertidas em lei no prazo de sessenta dias, prorrogável, nos termos do § 7º, uma vez por igual período, devendo o Congresso Nacional disciplinar, por decreto legislativo, as relações jurídicas delas decorrentes. § 4º O prazo a que se refere o § 3º contar-se-á da publicação da medida provisória, suspendendo-se durante os períodos de recesso do Congresso Nacional. § 5º A deliberação de cada uma das Casas do Congresso Nacional sobre o mérito das medidas provisórias dependerá de juízo prévio sobre o atendimento de seus pressupostos constitucionais. § 6º Se a medida provisória não for apreciada em até quarenta e cinco dias contados de sua publicação, entrará em regime de urgência, subseqüentemente,

Constitucional nº 32, sem prejuízo do disposto na Súmula 651 do STF, que reza: "A medida provisória não apreciada pelo Congresso Nacional podia, até a EC 32/98, ser reeditada dentro do seu prazo de eficácia de trinta dias, mantidos os efeitos de lei desde a primeira edição".

---

em cada uma das Casas do Congresso Nacional, ficando sobrestadas, até que se ultime a votação, todas as demais deliberações legislativas da Casa em que estiver tramitando. § 7º Prorrogar-se-á uma única vez por igual período a vigência de medida provisória que, no prazo de sessenta dias, contado de sua publicação, não tiver a sua votação encerrada nas duas Casas do Congresso Nacional. § 8º As medidas provisórias terão sua votação iniciada na Câmara dos Deputados. § 9º Caberá à comissão mista de Deputados e Senadores examinar as medidas provisórias e sobre elas emitir parecer, antes de serem apreciadas, em sessão separada, pelo plenário de cada uma das Casas do Congresso Nacional. § 10. É vedada a reedição, na mesma sessão legislativa, de medida provisória que tenha sido rejeitada ou que tenha perdido sua eficácia por decurso de prazo. § 11. Não editado o decreto legislativo a que se refere o § 3º até sessenta dias após a rejeição ou perda de eficácia de medida provisória, as relações jurídicas constituídas e decorrentes de atos praticados durante sua vigência conservar-se-ão por ela regidas. § 12. Aprovado projeto de lei de conversão alterando o texto original da medida provisória, esta manter-se-á integralmente em vigor até que seja sancionado ou vetado o projeto."

6. Sujeito ativo

O sujeito ativo da COFINS é a União Federal, cabendo à Secretaria da Receita Federal a cobrança do tributo. O entendimento jurisprudencial majoritário é de que a União Federal pode ser o sujeito ativo da COFINS, em que pese a posição contrária de alguns julgadores,[25] sob o fundamento de que o sujeito ativo de contribuição social somente poderia ser a Autarquia gestora do orçamento veiculado pelo artigo 165, § 5º, item II, da Constituição Federal.[26]

---

[25] "CONSTITUCIONAL E TRIBUTÁRIO – COFINS – LC 70/91 – A exigência da contribuição social, instituída pela Lei Complementar nº 70/91, não agride a Constituição. Ressalva do ponto de vista do relator, segundo o qual inexiste contribuição para a seguridade social tendo como sujeito ativo a própria União Federal. Apelação improvida". (TRF 5ª R. – AMS 28.112 – PE – 1ª T. – Rel. Juiz Hugo Machado – j. 25.11.1993).

[26] Neste sentido, veja-se: TRF 5ª R. – AMS 00501774 – (05029889) – CE – 2ª T. – Rel. Juiz José Delgado – DJU 07.06.1991 – p. 13081; STF – ADIn 1.417/DF – Rel. Min. Octavio Gallotti – Tribunal Pleno – j. 02.08.1999 – DJ 23.03.2001, p. 85.

7. Sujeito passivo

O art. 121 do CTN dispõe que:

Art. 121. Sujeito passivo da obrigação principal é a pessoa obrigada ao pagamento de tributo ou penalidade pecuniária. Parágrafo único. O sujeito passivo da obrigação principal diz-se:
I – contribuinte, quando tenha relação pessoal e direta com a situação que constitua o respectivo fato gerador;
II – responsável, quando, sem revestir a condição de contribuinte, sua obrigação decorra de disposição expressa de lei.

O Sujeito Passivo da relação jurídico-tributária, portanto, pode ser o próprio contribuinte ou alguém a ele equiparado por lei, neste caso, denominado responsável. Em se tratando de COFINS, não se foge à regra. Tem-se que o sujeito passivo da contribuição será o contribuinte ou responsável tributário nos termos previstos nos artigos 128 a 135 do Código Tributário Nacional.

7.1. Contribuintes

Contribuintes da COFINS são as pessoas jurídicas de direito privado, inclusive as a elas equiparadas pela legislação do imposto de renda, conforme previu inicialmente o art. 1º da Lei Complementar nº 70/91 e a legislação posterior.

Abordaremos, a seguir, os casos mais controvertidos, pontualmente.

São contribuintes da COFINS, segundo dicção do artigo 1º da Lei complementar nº 70, toda pessoa jurídica, ou outra entidade a ela equiparada pela legislação do imposto de renda, que aufira "receita"[27] através da venda de mercadorias, mercadorias e serviços ou serviços de qualquer natureza (artigo 2º da LC nº 70/91).

A legislação esparsa estabelece certas peculiaridades, excluindo ou incluindo determinadas pessoas jurídicas em razão de circunstâncias que serão examinadas a seguir separadamente.

---

[27] Utilizamos aqui este termo não para equiparar o conceito de faturamento ao conceito de receita bruta, mas, ao contrário, para incluir *faturamento* dentro do gênero *receita*. Adiante nesta exposição ficará clara a distinção.

7.1.1. Empresas sem empregados

Na redação original do inciso I do art. 195 da CF/88, constava que a seguridade social seria financiada por contribuições sociais:

I – dos *empregadores*, incidente sobre a folha de salários, o faturamento e o lucro.

Após a alteração introduzida pela Emenda Constitucional nº 20, de 1998, publicada no DOU de 16.12.1998, a redação foi alterada, para passar a dizer:

I – do empregador, da empresa e da entidade a ela equiparada na forma da lei, (...).

É clara a alteração que visou a ampliar o rol de contribuintes, que deixaram de ser apenas os empregadores (aqueles que têm empregados), para abranger empresas e entidades a elas equiparadas na forma da lei.

A alteração fez-se necessária em virtude da irresignação de pessoas jurídicas não-empregadoras, que desde a instituição da COFINS argüiram, a nosso ver com razão, a impossibilidade de cobrança face à inconstitucionalidade que nos parece flagrante.

A evidência de inconstitucionalidade decorre da doutrina do STF sobre a interpretação rigorosamente técnica das expressões contidas na Constituição Federal, de forma que somente poderiam ser contribuintes da COFINS aquelas empresas que fossem empregadoras.

Diante da alteração constitucional antes mencionada, há dois períodos distintos no que tange a esse tema: (a) anterior à vigência da EC 20/98; (b) a partir da vigência. Nesse último caso, discute-se também a possibilidade ou não[28] de "recepção" do texto da lei instituidora da COFINS, para fins de validação "automática" da cobrança a partir de então. Neste particular, dependendo da posição adotada, haveria a necessidade de edição de lei posteriormente à EC 20/98 prevendo a incidência sobre pessoas jurídicas não-empregadoras.

Quanto ao primeiro período, reproduzimos[29] dois acórdãos do Tribunal Regional Federal da 4ª Região que bem apreenderam o debate:

TRIBUTÁRIO – COFINS E CSL – EMPRESA SEM EMPREGADOS – PERÍODO ANTERIOR À EC 20/98 – INEXIGIBILIDADE – No período anterior ao advento da Emenda Constitucional nº 20, de 15 de dezembro de 1998, o inciso I do art. 195, estabelecia que a Seguridade Social seria custeada, entre outras fontes, por contri-

---

[28] A posição aqui defendida vai no sentido de não admitir "recepção" de legislação que tenha sido editada anteriormente à alteração da redação do texto constitucional.

[29] A título exemplificativo, pois há outras decisões no mesmo sentido: "TRIBUTÁRIO – ART. 195, I DA CF/88 – EMPRESA SEM EMPREGADOS – CSSL – EC 20/98 – 1. Inexigível, por empresa sem empregado, a contribuição social sobre o lucro, por ausência da qualidade de 'empregadora' conceito que não se confunde com o de 'empresa'. 2. Com a alteração do artigo 195 da Constituição efetuada pela EC 20, de 16.12.1998, as empresas sem empregados passam a contribuir para a Seguridade Social". (TRF 4ª R. – AP-MS 2000.04.01.060986-6 – 1ª T. – Rel. Juiz Sérgio Renato Tejada Garcia – DOU 14.05.2003 – p. 789)

buições arcadas por empregadores, conceito este que não permitia abarcar empresas sem empregados, em razão de seu conteúdo semântico estrito. (TRF 4ª R. – AC 2002.04.01.022313-4 – PR – 1ª T. – Rel. Juiz Leandro Paulsen – DJU 12.11.2003 – p. 434); TRIBUTÁRIO – COFINS E CSL – EMPRESA SEM EMPREGADOS – PERÍODO ANTERIOR À EC 20/98 – INEXIGIBILIDADE – DECADÊNCIA – COMPENSAÇÃO – CORREÇÃO MONETÁRIA – SELIC – 1. Nos tributos sujeito a lançamento por homologação, o prazo para se pleitear a restituição/compensação do indébito tributário é de dez anos contados do fato gerador (art. 168, I, c/c art. 150, § 4º, do CTN). 2. No período anterior ao advento da Emenda Constitucional nº 20, de 15 de dezembro de 1998, o inciso I do art. 195, estabelecia que a Seguridade Social seria custeada, entre outras fontes, por contribuições arcadas por empregadores, conceito este que não permitia abarcar empresas sem empregados, em razão de seu conteúdo semântico estrito. 3. O indébito da CSSL e da COFINS pode ser compensado com parcelas dessas exações. Nada, porém, impede, venha a parte autora a se utilizar da prerrogativa introduzida pela Lei nº 10.637/2002, que veio a autorizar a compensação, mesmo no regime do lançamento por homologação, de quaisquer tributos administrados pela SRF. 4. Sobre o montante do indébito aplica-se BTN, INPC no período de março a dezembro/1991, UFIR entre janeiro de 1992 e dezembro de 1995 e, a partir de janeiro de 1996, tão-somente a Taxa SELIC, além dos índices de IPC previstos na Súmula 37 desta Corte. (TRF 4ª R. – AC 2000.70.09.001946-7 – PR – 1ª T. – Rel. Juiz Leandro Paulsen – DJU 12.11.2003 – p. 433).

À jurisprudência acima, que entendemos correta, contrapôs-se a orientação do Tribunal Regional Federal da 1ª Região, que entendeu como válida a cobrança, eis que toda pessoa jurídica seria "potencialmente empregadora".[30]

Quanto ao segundo período, entendemos que somente nova lei editada após o início da vigência da EC 20/98 pode validamente[31] incluir não empregadores na condição de contribuintes da COFINS, não podendo ser considerada como recepcionada a lei anterior maculada pelo vício da inconstitucionalidade. Também aqui entendemos acertada a orientação[32] da 1ª Turma do TRF da 4ª Região, exemplificada no seguinte acórdão:

---

[30] "TRIBUTÁRIO – COFINS – EMPRESA SEM EMPREGADOS NOS SEUS QUADROS – SUJEIÇÃO AO PAGAMENTO DA EXAÇÃO – LC 70/91 – CONSTITUCIONALIDADE – ART. 195, I, CF/88 – A constitucionalidade da COFINS – Contribuição Social para o Financiamento da Seguridade Social, instituída pela LC nº 70/91, foi reconhecida pelo egrégio Supremo Tribunal Federal (ADCon nº 1-1/DF). Precedente da Corte Constitucional a que se vincula este órgão julgador em observância ao § 2º do art. 102 da Constituição Federal. Pessoa Jurídica potencialmente empregadora, em face das atividades que exerce na economia brasileira, embora não possua ocasionalmente tal qualificação, está sujeita ao pagamento da COFINS. Exigência tributária alicerçada no caput do art. 195 da CF/88, que teve sua instituição estabelecida pela LC 70/91. Apelo improvido". (TRF 1ª R. – AMS 01000303254 – MA – 4ª T. – Rel. Des. Fed. Hilton Queiroz – DJU 12.02.2003 – p. 74); "TRIBUTÁRIO – CONTRIBUIÇÕES SOCIAIS – CONTRIBUINTES SEM EMPREGADOS – 1. A expressão 'empregadores' constante do inciso I do art. 195 da Constituição, equivale a empresas ou pessoas jurídicas de forma geral, e não apenas aquelas que tomem serviços de forma subordinada. 2. Provimento do agravo de instrumento". (TRF 1ª R. – AG 01000532773 – MG – 3ª T. – Rel. Juiz Olindo Menezes – DJU 21.05.1999 – p. 144)

[31] Com base na nova redação do inciso I do art. 195 da CF/88.

[32] No que se refere à COFINS.

TRIBUTÁRIO – CSSL – LEI Nº 7.689/88 – COFINS – LC 70/91 – ART. 195, I, DA CF/88 – INEXIGIBILIDADE DE EMPRESA SEM EMPREGADOS – EC 20/98 – PIS – ART. 239 DA CF/88 – 1. O art. 195, I, da CF/88, com redação anterior à vigência da EC 20/98, elegeu o "empregador" como sujeito passivo das contribuições para seguridade social, de sorte que a pessoa jurídica não-empregadora, consoante definição da legislação trabalhista, esta infensa à exigibilidade da CSSL – Contribuição social sobre o lucro e sobre o faturamento. 2. A edição da EC 20/98 não alterou a situação de impossibilidade de exigência da COFINS e da CSSL de empresas que não ostentem a condição de empregadoras, uma vez que, para tanto, necessário seria a edição de nova legislação infraconstitucional regulamentadora. 3. Tendo sido a Lei Complementar nº 7/70, instituidora do PIS, recepcionada pelo art. 239, e não pelo art. 195, inc. I, da CF, irrelevante o fato de possuir a autora empregados ou não para estar sujeita à referida exação. 4. Apelação parcialmente provida. (TRF 4ª R. – AMS 2001.72.01.003007-3 – SC – 1ª T. – Rel. Des. Fed. Luiz Carlos de Castro Lugon – DJU 30.04.2003 – p. 660)

Destarte, opinamos pela validade da cobrança de *não-empregadoras* somente após a edição de lei posterior à EC 20/98, prevendo-as como contribuintes.[33]

7.1.2. Grupos de Sociedades

As novas conjunturas econômicas conduziram o Direito Societário Brasileiro para a incorporação da técnica empresarial norte-americana das *Joint Ventures*, entendidas estas como a união de sociedades distintas para a consecução de um objetivo comum. Face às necessidades do mercado, as sociedades viram-se obrigadas a compor associações com outras companhias. Como refere Rubens Requião:

A conjuntura social e econômica moderna está demonstrando que a tendência é o agrupamento permanente das empresas, através dos "conglomerados" e outras formas de agrupamento empresarial, que permanecem, sem que sejam levados à incorporação ou fusão.[34]

Esta tendência foi disciplinada pela Lei das Sociedades Anônimas – Lei nº 6.404, de 1976. Em seu artigo 265 encontra-se a forma e objeto do referido grupo de sociedades, quando estatui que:

Art. 265. A sociedade controladora e suas controladas podem constituir, nos termos deste Capítulo, grupo de sociedades, mediante convenção pela qual se obriguem a combinar recursos ou esforços para a realização dos respectivos objetos, ou a participar de atividades ou empreendimentos comuns.

---

[33] Às mesmas conclusões chegou Adonilson Franco: "Assim, por qualquer ângulo que se aprecie, constitucionalmente inacolhível exigência dessas três contribuições sociais de empresa que não tenha empregados". (Empresas sem Empregados – Indevida Contribuição ao PIS, COFINS e CSLL. RDDT 52/7-18).

[34] REQUIÃO, Rubens. *Curso de Direito Comercial*. v. II, 22ª ed. p. 264.

Este tipo associativo não possui personalidade jurídica, consoante alerta de Rubens Requião:

> O grupo, como se vê, não adquire personalidade jurídica, não se constituindo numa "supersociedade"; por isso mesmo mantém, depois de constituída, a forma de grupo, ligado apenas por uma "convenção de grupo", que lhe dá tão-só um ordenamento geral sem comprometimento da identidade de cada sociedade. Constitui, enfim, bem poderíamos explicar, um "arranjo de administração comum", seguindo uma diretiva política de sociedade líder ou de comando.[35]

A administração do grupo pode ser confiada a um conselho ou direção, conforme constar da previsão na Convenção instituidora do grupo. As obrigações perante terceiros são assumidas, caso não exista previsão na convenção, por administradores de cada sociedade participante – artigo 272 da Lei nº 6.404.[36]

Nesta linha, não há como se falar em sujeição passiva do grupo de sociedades a qualquer tipo de obrigação tributária, de modo que as resultados eventualmente sujeitos à tributação serão considerados individualmente, de acordo com os balanços de cada sociedade componente do grupo.[37]

7.1.3. Consórcios de Pessoas Jurídicas e Sociedades de Propósito Específico

A necessidade crescente da união de sociedades com o objetivo de somar força econômica para desenvolver determinado projeto decretaram o surgimento do consorciamento de sociedades muito antes da existência de lei específica.

Com efeito, a regulação dos *consórcios* de sociedades somente veio a ocorrer com a edição da Lei das SAs – Lei nº 6.404/76 – que, em seu artigo 278, lançou o conceito de consórcio, tratando-se da união de companhias e quaisquer outras sociedades, não importando se sob o mesmo controle ou

---

[35] REQUIÃO, *op. cit.*, p. 264.

[36] Art. 272. A convenção deve definir a estrutura administrativa do grupo de sociedades, podendo criar órgãos de deliberação colegiada e cargos de direção-geral. Parágrafo único. A representação das sociedades perante terceiros, salvo disposição expressa na convenção do grupo, arquivada no registro do comércio e publicada, caberá exclusivamente aos administradores de cada sociedade, de acordo com os respectivos estatutos ou contratos sociais.

[37] A Lei das Sociedades Anônimas dispõe sobre a demonstração financeira dos grupos, deixando clara a contabilização individual de cada empresa: "Art. 275. O grupo de sociedades publicará, além das demonstrações financeiras referentes a cada uma das companhias que o compõem, demonstrações consolidadas, compreendendo todas as sociedades do grupo, elaboradas com observância do disposto no artigo 250. § 1º. As demonstrações consolidadas do grupo serão publicadas juntamente com as da sociedade de comando. § 2º. A sociedade de comando deverá publicar demonstrações financeiras nos termos desta Lei, ainda que não tenha a forma de companhia. § 3º. As companhias filiadas indicarão, em nota às suas demonstrações financeiras publicadas, o órgão que publicou a última demonstração consolidada do grupo a que pertencer. § 4º. As demonstrações consolidadas de grupo de sociedades que inclua companhia aberta serão obrigatoriamente auditadas por auditores independentes registrados na Comissão de Valores Mobiliários, e observarão as normas expedidas por essa Comissão".

não, *finalisticamente* para executar determinado empreendimento empresarial e, formalmente, constituído mediante contrato.[38]

A formação do consórcio é disciplinada pelo artigo 274 da Lei das SAs, que fixa algumas formalidades para a sua instituição, deixando expressa a necessidade de arquivamento do contrato na Junta Comercial.[39] Da mesma forma, a Instrução Normativa DNRC nº 74, de 28 de dezembro de 1998, traça os requisitos para a constituição de consórcio e dispõe também sobre o arquivamento do contrato na Junta Comercial.

O consórcio não adquire personalidade jurídica própria, visto que as consorciadas mantêm as suas personalidades jurídicas independentes e "somente obrigam-se nas condições previstas no respectivo contrato, respondendo cada uma por suas obrigações, sem presunção de solidariedade" (art. 278, §1º). Destarte, a responsabilidade do consórcio perante terceiros, e isto inclui o Fisco,[40] deve estar prevista no respectivo contrato de constituição.

O DL. 2.300/86 tratava do consórcio no art. 26 e exigia a indicação de uma empresa líder, o que conduziria para a conclusão de que esta sociedade seria responsável pelo consórcio. No entanto, a Lei das SAs silencia a esse respeito, frisando que não há presença de solidariedade quanto às obrigações assumidas pelo consórcio. Portanto, cada sociedade consorciada responde por sua obrigação seja qual for a natureza. Não resta dúvida de que as obrigações tributárias, são, por decorrência lógica, imponíveis para cada consorciada de forma individualizada, e não considera-se o consórcio como uma nova sociedade.

Na realidade, o Consórcio representa um centro autônomo de relações jurídicas internas, entre as sociedades consorciadas, e externas do consórcio com terceiros.

---

[38] É importante ressaltar que, no Brasil, o vocábulo *consórcio* também é utilizado para designar formas associativas ou fundos mútuos, formados com o objetivo de coletar poupanças para aquisição de bens de qualquer natureza, tema que não se inclui nessa abordagem. Promulgam-se nesse contexto diversos textos legais prevendo a utilização do consórcio, sem definição do instituto de qualquer espécie. No que tange ao tema merecem destaque: Lei nº 4.728/65 (consórcios formados por instituições financeiras para colocação de valores mobiliários no mercado); Lei nº 5.025/66 (consórcios de exportação); Decreto-Lei 32/66 (contratos entre exploradores de serviços aéreos regulares), Decreto-Lei 73/66 (seguros) e Dec. 64.345/69 (consórcios entre empresas estrangeiras e nacionais para transferência de tecnologia) e Dec. 73.140/73 (participações em licitações públicas).

[39] "Art. 279. O consórcio será constituído mediante contrato aprovado pelo órgão da sociedade competente para autorizar a alienação de bens do ativo permanente, do qual constarão: I – a designação do consórcio, se houver; II – o empreendimento que constitua o objeto do consórcio; III – a duração, endereço e foro; IV – a definição das obrigações e responsabilidade de cada sociedade consorciada, e das prestações específicas; V – normas sobre recebimento de receitas e partilha de resultados; VI – normas sobre administração do consórcio, contabilização, representação das sociedades consorciadas e taxa de administração, se houver; VII – forma de deliberação sobre assuntos de interesse comum, com o número de votos que cabe a cada consorciado; VIII – contribuição de cada consorciado para as despesas comuns, se houver. Parágrafo único. O contrato de consórcio e suas alterações serão arquivados no registro do comércio do lugar da sua sede, devendo a certidão do arquivamento ser publicada".

[40] O aspecto relevante no contrato de consórcio, para efeito de incidência da COFINS, é a participação de cada empresa nas receitas oriundas do empreendimento. Essa participação determinará qual empresa será tributada e qual será o montante oferecido à tributação pela COFINS.

No Consórcio, as prestações de cada consorciada não se fundem nem se confundem. Estarão sempre destacadas as contribuições em recursos e em aptidões de cada uma das contratantes. Os demonstrativos para efeito de rateio das despesas e receitas, e outras demonstrações, são elaborados com o propósito de manter o controle entre as consorciadas.

O simples registro do instrumento de constituição no órgão competente somente tem o efeito que lhe é próprio, isto é, conservação e validade do ato constitutivo contra terceiros, mas não o de conferir personalidade jurídica comercial.

Dessa forma, os Consórcios constituídos a fim de concorrer em licitações para contratação ou execução de obras e serviços, para os efeitos fiscais, não se caracterizam como pessoas jurídicas nem a elas se equiparam. Assim sendo, considerada a forma complexa de apuração do lucro tributável, deve cada uma das pessoas jurídicas, apropriando individualmente suas receitas e despesas, apresentar sua declaração de rendimentos como contribuinte do imposto de renda.

Nessa linha, não sendo os consórcios pessoas jurídicas,[41] e nem a elas equiparadas, não há como lhes imputar a condição de contribuintes da COFINS; *in casu*, contribuintes são individualmente as empresas consorciadas, proporcionalmente à sua participação.

De seu turno, a sociedade de propósito específico – SPE – consubstancia a possibilidade de o *consorciamento de empresas* revestir-se formalmente de personalidade jurídica. A forma de SPE é hoje adotada largamente para contratar obras, serviços, fornecimentos e concessões do poder público. Verifica-se, muitas vezes, um *iter* na constituição da sociedade, quando: primeiro forma-se um consórcio para participar da licitação que, uma vez vencedor, extinguir-se-á para, em seu lugar, constituir-se uma SPE, cujo capital é formado pelas mesmas sociedades anteriormente consorciadas. Cumpre registrar que tanto a Lei nº 8.987, de 1995 quanto a Lei nº 9.074 de 1995, que estabelecem as regras das concessões e permissões, não impõem o cumprimento do processo acima mencionado.[42] É possível, contu-

---

[41] João Luiz Coelho da Rocha destaca a irrelevância do fato de os consórcios terem CNPJ próprio: "Assim, se duas ou mais empresas celebram consórcio para um certo empreendimento, ainda que exigível a inscrição no CNPJ do consórcio, não incide a COFINS sobre as receitas alocáveis à consorciação, e sim sobre os resultados brutos desse consórcio atribuíveis a cada consorciado". (COFINS, Contribuintes, Cumulatividade – Elisão Lícita. RDDT 88/49)

[42] A classificação é meramente doutrinária, consoante escólio de Modesto Carvalhosa: "Como referido, a prática tem distinguido os consórcios em operacionais e instrumentais. Operacionais são aqueles formados para a execução de um empreendimento empresarial comum, através da somatória de aptidões e de recursos das consorciadas, mediante o desenvolvimento de um projeto próprio, que é a específica finalidade desse negócio associativo. Já o consórcio instrumental é aquele formado por duas ou mais sociedades, visando a contratar com terceiros a execução de determinado serviço, concessão ou obra (pública ou privada). Nesse caso, o consórcio constitui um meio de adjudicar a obra licitada e em seguida contratá-la. A vocação atual desses consórcios instrumentais é convolar-se um uma nova sociedade com propósito específico ou único (SPE), que contratará os serviços ou obras com terceiros. Nesse caso, o consórcio instrumental extingue-se, ou pela constituição de uma nova sociedade que

do, verificar casuisticamente, nas normas que regulam cada concessão, a preferência pela forma associativa da Sociedade de Propósito Específico. Dessa forma, a SPE estará habilitada a celebrar o contrato com o órgão público.

Assim, a SPE constitui um consórcio societário, com personalidade jurídica, que tem o seu objeto social, em razão do contrato público de obras, serviços ou concessão que celebra.

Com efeito, por se tratar de pessoa jurídica distinta dos sócios que a componham, necessária a escrituração contábil própria, diferentemente do consórcio e da sociedade em conta de participação.

No tocante à SPE, tem-se uma nova empresa, com aporte de recursos das consorciadas e que irão administrar o projeto em comum. Conseqüentemente, uma nova contabilidade e todos os demais encargos inerentes. Dessa forma, as sociedades de propósito específico são contribuintes da COFINS, ao contrário dos consórcios.[43]

---

absorve os seus objetivos contratuais (SPE), ou não sendo vencedor do certame, por perda da finalidade". MODESTO CARVALHOSA. *Comentários à Lei de Sociedades Anônimas*. V. 4, t. II, São Paulo: Saraiva, 1998, p. 345-346. Assim, as sociedades de propósito específico – SPE – são espécies societárias que congregam outras pessoas jurídicas com seus respectivos recursos financeiros, humanos e tecnológicos para a consecução de objetivos específicos e determinados. Apesar de parte da doutrina identificar o parágrafo único do artigo 981 do Código Civil como permissivo legal de constituição das sociedades de propósito específico, tal espécie societária não restou tipificada na legislação pátria até o presente momento, de modo que se faz necessária a adequação das SPEs às formalidades legais das sociedades limitadas ou das sociedades anônimas.

[43] Cabe, finalmente, estabelecer um paralelo entre consórcios e SPEs, ressaltando, primeiramente, que a constituição de uma SPE é mais interessante para o Poder Público, pois (i) facilita a fiscalização e (ii) no caso de concessões, tendo em vista o seu longo prazo e a complexidade das relações das consorciadas com o Poder Público. No Consórcio, o seu objetivo visará sempre a benefícios individuais para as sociedades consorciadas, mantendo estas total autonomia quanto à administração de seus negócios e obrigando-se nos estritos limites previstos no respectivo contrato social (Geralmente os Editais estabelecem responsabilidade solidária para as consorciadas). As prestações de cada consorciada não se fundem nem se confundem. Estarão sempre destacadas as contribuições em recursos e em aptidões de cada uma das contratantes. A administração pode ser efetuada pela consorciada líder, que administrará o consórcio, elaborando demonstrativos e enviando cópia dos documentos para a outra consorciada, para apropriação na sua contabilidade das despesas rateadas e emissão de fatura. A fatura será enviada à consorciada líder que as remeterá ao Órgão Público. Dessa forma, no caso de consórcio, teoricamente, há uma simplificação na parte documental e escritural. Cada consorciada efetuará os respectivos lançamentos. Advogando a tese da não-tributação dos consórcios, João Luiz Coelho da Rocha assevera: "30. No caso de um consórcio de empresas, que também é uma sociedade 'despersonalizada', a situação é diversa. A Lei Complementar 70 só define, compreende e abarca como contribuintes da COFINS as pessoas jurídicas e aqueles entes a elas equiparados pela legislação do imposto de renda. 31. Ora, o consórcio não sofre equiparação a pessoa jurídica pela legislação fiscal. 31. E, paradoxalmente, sua inscrição no CNPJ (art. 215 do RIR) é mandatória, se bem que se admite tal registro seja exigido apenas para fins de controle de fluxo de receitas dos consorciados. 33. Assim, se duas ou mais empresas celebram consórcio para um certo empreendimento, ainda que exigível a inscrição no CNPJ do consórcio para um certo empreendimento, ainda que exigível a inscrição no CNPJ do consórcio, não incide a COFINS sobre as receitas alocáveis à consorciação, e sim sobre os resultados brutos desse consórcio atribuíveis a cada consorciado. 34. Pois, assim não sendo o consórcio contribuinte da COFINS, há hipóteses em que essa incidência sucessiva, em cascata, dessa contribuição social pode ser evitada". ROCHA, João Luiz Coelho da. *COFINS, Contribuintes, cumulatividade – Elisão lícita. In:* Revista Dialética de Direito Tributário n. 88, p. 49.

Para efeitos tributários, destarte, optando-se pelo consórcio, cada consorciada deverá apurar o seu lucro tributável, apropriando-se individualmente suas receitas e despesas; no caso de SPE, por se constituir numa empresa, está deverá apurar o lucro em função da exploração da obra ou serviço contratado, em nome próprio, distribuindo eventuais lucros às suas sócias.

A distinção é bem explicitada[44] no seguinte acórdão do Conselho de Contribuintes, revelando que a opção pela forma é essencial ao tratamento tributário, distinto em cada caso:

> PROCESSO ADMINISTRATIVO FISCAL – PEDIDO DE PERÍCIA – De acordo com o art. 16, § 1º, do Decreto nº 70.235/72, deve ser considerado como não formulado o pedido de perícia em desacordo com o inciso IV desse mesmo artigo. COFINS – EMPRESA CONSTITUÍDA PARA EXECUTAR, COMO SUBEMPREITEIRA, OS SERVIÇOS DE CONSÓRCIO VENCEDOR DE LICITAÇÃO PARA CONSTRUIR USINA HIDRELÉTRICA – As empresas integrantes de um consórcio, *ao constituir uma sociedade por quotas de responsabilidade limitada para a execução dos serviços que cabiam ao consórcio, não podem dar o mesmo tratamento tributário que o consórcio teria*. A empresa tem personalidade jurídica própria distinta de suas sócias, é contribuinte da COFINS. Assim, os valores cobrados pela execução dos serviços, como subempreiteira, constituem receita bruta sua, e não podem ser classificados como ressarcimento de custos. Recurso negado. (2º CC – Ac. 203-03.707 – Rel. Francisco Sergio Nalini – j. 20.11.1997) (grifamos).

No voto do Conselheiro Francisco Sergio Nalini, ficou destacado que a constituição, por parte do consórcio, de sociedade comercial importa em assumir os ônus e conseqüências daí advindos, "entre os quais o fato de que tal sociedade tem personalidade jurídica própria e é conceituada como sujeito passivo das contribuições para a COFINS, entre outros". Arremata no seu voto, dizendo:

> Não podem as empresas integrantes do consórcio querer que seja dado o mesmo tratamento tributário, caso executassem os serviços diretamente, e no caso de execução desses mesmos serviços por uma empresa formalmente constituída como subcontratada. 'Os rendimentos decorrentes das atividades desses consórcios devem ser computados nos resultados das empresas consorciadas, proporcionalmente à participação de cada um no empreendimento', conforme esclarece o ADN nº 21/84 (DOU de 12/11/84). Isso porque os consórcios não se caracterizam, para efeitos da legislação tributária, como pessoas jurídicas, nem a elas se equiparam para efeitos fiscais (PN CST nº 5/76. DOU de 19/02/79).

7.1.4. Sociedades em conta de Participação

As Sociedades em Conta de Participação – SCP – têm como traço distintivo dos demais tipos societários a participação de um sócio *ostensivo* que assume perante terceiros toda a responsabilidade, respondendo pelos

---

[44] Embora não se refira à SPE, refere-se à sociedade com personalidade jurídica própria, como é o caso da sociedade por quotas de responsabilidade limitada.

negócios da sociedade em nome próprio.[45] Participam da sociedade outros sócios, denominados *ocultos*, que contribuem com ingresso de capital, mas não assumem qualquer tipo de responsabilidade.[46]

Trata-se de uma sociedade regular que, no entanto, não possui personalidade jurídica, de modo que pouco importa o registro de contrato social em órgão registral. A jurisprudência firmou entendimento no mesmo sentido, esposando a idéia de que o contrato social tem, tão-somente, a função de disciplinar a relação entre os próprios sócios.[47] Figura no Código Civil vigente como sociedade não personificada com regramento próprio nos artigos 991 ao 996.[48] Antes da entrada em vigor do Código Civil de 2002,

---

[45] A questão da responsabilidade do sócio ostensivo foi assim decidida pelo Superior Tribunal de Justiça: "COMERCIAL. SOCIEDADE EM CONTA DE PARTICIPAÇÃO. RESPONSABILIDADE PARA COM TERCEIROS. SÓCIO OSTENSIVO. Na sociedade em conta de participação o sócio ostensivo é quem se obriga para com terceiros pelos resultados das transações e das obrigações sociais, realizadas ou empreendidas em decorrência da sociedade, nunca o sócio participante ou oculto que nem é conhecido dos terceiros nem com estes nada trata. Hipótese de exploração de flat em condomínio. Recurso conhecido e provido". (STJ – Resp 168.028/SP – 4ª Turma – Rel. Min. César Asfor Rocha – j. 07.08.2001)

[46] Nelson Nery Júnior oferece o seguinte conceito para Sociedade em Conta de Participação: "É sociedade regular, sem personalidade jurídica, formada com dois tipos de sócios (sócio ostensivo e sócio oculto). O sócio ostensivo assume os negócios com terceiros, em seu nome individual e com sua inteira responsabilidade; o sócio oculto (ou participante) participa com o capital, colhendo os resultados e participando das perdas do negócio. O sócio ostensivo pode ser sociedade comercial ou comerciante individual (Requião, Curso, v. 1, n. 236, p. 374). A característica marcante da sociedade em conta de participação é o fato do sócio ostensivo assumir todo o negócio em seu nome individual, obrigando-se, sozinho, perante terceiros". NERY JUNIOR, Nelson e NERY, Rosa Maria de Andrade. *Novo Código Civil*. p. 350.

[47] Assim já decidiu o Supremo Tribunal Federal: "Sociedade em conta de participação. Sociedade de fato. Firma em nome individual. Contrato não registrado não prova sociedade em conta de participação mas, apenas as relações contratuais dos próprios sócios. Inclusão de sócio oculto na falência. Apreciação de prova. Agravo desprovido". (AI 27243 / Rel. Min. Gonçalves de Oliveira j. 25.06.1962. – 1ª Turma – DJ 16.11.62 p. 670 DJ 18.10.62 p. 3009 RTJ 23-01/196); "Recurso extraordinário; dele não se conhece, quando a decisão recorrida se limita a interpretar razoavelmente a lei, para aplicá-la ao caso concreto, em face da prova de fatos. A existência de sociedade em conta participação não depende de contrato escrito e pode ser provada por qualquer meio admitido em direito". (RE 18.832/PR – Rel. Min. Nelson Hungria – j. 06.08.1951 1ª Turma – DJ 13.07.1953).

[48] "Art. 991. Na sociedade em conta de participação, a atividade constitutiva do objeto social é exercida unicamente pelo sócio ostensivo, em seu nome individual e sob sua própria e exclusiva responsabilidade, participando os demais dos resultados correspondentes. Parágrafo único. Obriga-se perante terceiro tão-somente o sócio ostensivo; e, exclusivamente perante este, o sócio participante, nos termos do contrato social". "Art. 992. A constituição da sociedade em conta de participação independe de qualquer formalidade e pode provar-se por todos os meios de direito". "Art. 993. O contrato social produz efeito somente entre os sócios, e eventual inscrição de seu instrumento em qualquer registro não confere personalidade jurídica à sociedade. Parágrafo único. Sem prejuízo do direito de fiscalizar a gestão dos negócios sociais, o sócio participante não pode tomar parte nas relações do sócio ostensivo com terceiros, sob pena de responder solidariamente com este pelas obrigações em que intervier". "Art. 994. A contribuição do sócio participante constitui, com a do sócio ostensivo, patrimônio especial, objeto da conta de participação relativa aos negócios sociais. § 1º A especialização patrimonial somente produz efeitos em relação aos sócios. § 2º A falência do sócio ostensivo acarreta a dissolução da sociedade e a liquidação da respectiva conta, cujo saldo constituirá crédito quirografário. § 3º Falindo o sócio participante, o contrato social fica sujeito às normas que regulam os efeitos da falência nos contratos bilaterais do falido". "Art. 995. Salvo estipulação em contrário, o sócio ostensivo não pode admitir novo sócio sem o consentimento expresso dos demais". "Art. 996. Aplica-se à sociedade em conta de participação, subsidiariamente e no que com ela for compatível, o disposto para a sociedade simples, e a sua liquidação rege-se pelas normas relativas à prestação de contas, na forma da lei

as sociedades em conta de participação eram regidas pelos artigos 325 ao 328 do Código Comercial.[49]

De acordo com o artigo 994 do Código Civil de 2002,[50] as contribuições do sócio ostensivo e do sócio oculto constituem patrimônio especial, objeto da conta de participação relativa aos negócios sociais.

No âmbito do Direito Tributário, questão infensa a esta obra, as sociedades em conta de participação gozaram durante muito tempo de não-incidência da tributação. Esta situação foi confirmada em arestos do Superior Tribunal de Justiça[51] e do Tribunal Regional Federal da 4ª Região.[52] Segundo voto da lavra do então Juiz Federal Gilson Dipp:

---

processual. Parágrafo único. Havendo mais de um sócio ostensivo, as respectivas contas serão prestadas e julgadas no mesmo processo".

[49] "Art. 325 – Quando duas ou mais pessoas, sendo ao menos uma comerciante, se reúnem, sem firma social, para lucro comum, em uma ou mais operações de comércio determinadas, trabalhando um, alguns ou todos, em seu nome individual para o fim social, a associação toma o nome de sociedade em conta de participação, acidental, momentânea ou anônima; esta sociedade não está sujeita às formalidades prescritas para a formação das outras sociedades, e pode provar-se por todo o gênero de provas admitidas nos contratos comerciais (artigo nº. 122)". "Art. 326 – Na sociedade em conta de participação, o sócio ostensivo é o único que se obriga para com terceiro; os outros sócios ficam unicamente obrigados para com o mesmo sócio por todos os resultados das transações e obrigações sociais empreendidas nos termos precisos do contrato". "Art. 327 – Na mesma sociedade o sócio-gerente responsabiliza todos os fundos sociais, ainda mesmo que seja por obrigações pessoais, se o terceiro com quem tratou ignorava a existência da sociedade; salvo o direito dos sócios prejudicados contra o sócio-gerente". "Art. 328 – No caso de quebrar ou falir o sócio-gerente, é lícito ao terceiro com quem houver tratado saldar todas as contas que com ele tiver, posto que abertas sejam debaixo de distintas designações, com os fundos pertencentes a quaisquer das mesmas contas; ainda que os outros sócios mostrem que esses fundos lhes pertencem, uma vez que não provem que o dito terceiro tinha conhecimento, antes da quebra, da existência da sociedade em conta de participação".

[50] Vide Nota 53.

[51] "TRIBUTÁRIO – IMPOSTO DE RENDA – SOCIEDADE EM CONTA DE PARTICIPAÇÃO – AUSÊNCIA DE CAPACIDADE TRIBUTÁRIA PASSIVA À ÉPOCA DA EXIGÊNCIA DO TRIBUTO – ALEGADA TRANSFERÊNCIA DO RESULTADO DA SÓCIA OSTENSIVA PARA A SÓCIA OCULTA – CORTE DE ORIGEM QUE AFIRMA QUE ESSA PARTICULARIDADE NÃO FOI COMPROVADA PELO FISCO – RECURSO ESPECIAL NÃO CONHECIDO. – Ancorados em doutos ensinamentos doutrinários, resta evidente que os argumentos expendidos pela União Federal não possuem a força de abalar os fundamentos do r. voto condutor, uma vez que até o advento do Decreto-lei n. 2.303, de 1986, a sociedade em conta de participação não era equiparada, para fins tributários, à pessoa jurídica. Dessa forma, se o tributo em discussão data de 1981, a sociedade em conta de participação não possuía capacidade tributária passiva. – No pertinente a ter havido, ou não, transferência do resultado que se pretende tributar, constata-se que a Corte ordinária, embasada no conjunto probatório encartado nos autos, consignou que 'o fisco não logrou demonstrar ter havido efetiva transferência de resultado da sócia ostensiva para a sócia participante, em razão do contrato social, no período-base de 1981, exercício de 1982, a que alude o auto de infração' (fl. 172). Sobreleva notar, que o exame dessa inferência obriga esta instância especial a revolver os elementos probatórios insertos nos autos e, por conseguinte, afrontar a jurisprudência sedimentada por meio da Súmula n. 7 deste Sodalício a qual estabelece que 'a pretensão de simples reexame de prova não enseja recurso especial'. – Recurso especial não conhecido". (STJ – Resp 193.690/PR – 2ª Turma – Rel. Min. Franciulli Netto – j. 04.06.2001)

[52] "TRIBUTÁRIO. IMPOSTO DE RENDA. SOCIEDADE EM CONTA DE PARTICIPAÇÃO. A sociedade em conta de participação não tem capacidade tributária passiva. Pretensão repetitória não acolhida por falta de prova de recolhimento indevido. As disposições dos ART-10, INC-1 e INC-2, do DEL-1598 /77 E ART-280 DO RIR-80, atentam contra o ART-43 do CTN-66, na medida em que fazem presumir disponibilidade patrimonial". (TRF 4ª Região – AC nº 9104041917/PR – 1ª Turma – Rel. J. Gilson Dipp – j. 17.06.1997)

a sociedade em conta de participação não é pessoa jurídica, nem mantém relações jurídicas com terceiros. Nessas condições, não tem capacidade tributária passiva (CTN, art. 126, inc. III). Os sócios é que são, pessoalmente, credores ou devedores de terceiros. Daí não se poder cogitar de solidariedade (CTN, art. 124), nem de responsabilidade subsidiária e solidária, antes da liquidação (CTN, art. 134, inc. VII).[53]

A situação alterou-se em 1986 por conta da edição do Decreto-Lei nº 2.303, que passou a equiparar a sociedade em conta de participação aos demais tipos societários para efeitos de tributação, como refere o Min. Franciulli Netto:

> As características da sobredita sociedade comercial repercutiam no Direito Tributário, de modo que gozava de uma situação menos onerosa quando da exploração das atividades pelas quais eram formadas. Deixaram, contudo, de usufruir dessa situação com o advento do Decreto-Lei n. 2.303, de 21.11.86, quando a sociedade em conta de participação, para efeito tributário, foi equiparada à pessoa jurídica, ou seja, para fins tributários a sociedade passou a ser focada como detentora de personalidade jurídica.[54]

Com efeito, assim dispõe o Decreto-Lei nº 2.303, de 21 de novembro de 1986:

> Art 7º Equiparam-se a pessoas jurídicas, para os efeitos da legislação do imposto de renda, as sociedades em conta de participação. Parágrafo único. Na apuração dos resultados dessas sociedades, assim como na tributação dos lucros apurados e dos distribuídos, serão observadas as normas aplicáveis às demais pessoas jurídicas.

Na mesma linha, há decisões dos Conselhos de Contribuintes.[55]

---

[53] TRF 4ª Região – AC nº 9104041917/PR – 1ª Turma – Rel. J. Gilson Dipp – j. 17.06.1997.

[54] STJ, REsp n. 193.690/PR, 2ª Turma, Rel. Min. Franciulli Netto, j. 04/06/2001. A doutrina bem situa a matéria: "A sociedade em conta de participação constitui moderno instrumento de captação de recursos financeiros para o desenvolvimento econômico, tendo, além disso, amplas e úteis aplicações, dentro do moderno campo do direito comercial. Essa simplicidade da sociedade em conta de participação veio a ser praticamente extinta pelo Decreto-Lei n. 2.303, de 21 de novembro de 1986, que alterou a legislação tributária, ferindo a fundo essa sociedade. O art. 7º desse diploma tributário determinou que equiparam-se à pessoa jurídica, para efeitos da legislação do Imposto de Renda, as sociedades em conta de participação. O parágrafo único ainda determina que, na apuração dos resultados dessas sociedades assim como na tributação dos lucros apurados e dos distribuídos, serão observadas as normas aplicáveis às demais pessoas jurídicas". (REQUIÃO, Rubens. *Curso de Direito Comercial*. 22 ed., p. 300). Na mesma linha, é o escólio de Fabio Ulhoa Coelho: "este tipo societário, até recentemente, permitia aos empresários a exploração em sociedade de determinada atividade, com uma situação menos onerosa, sob o ponto de vista do direito tributário, em relação aos demais tipos. Isto porque sua renda não sofria tributação por força da despersonalização que a caracteriza. Em 1986, contudo, por legislação específica, o direito tributário passou a equipará-la aos demais tipos societários, no que diz respeito ao imposto de renda. A sua natureza despersonalizada, contudo, permanece íntegra, para os efeitos de direito comercial, vale dizer, para a disciplina das relações jurídicas entre os sócios e seus credores cíveis". (COELHO, Fabio Ulhoa. *Manual de Direito Comercial*. 9ª ed. p. 138/139)

[55] "I.R.P.J. – SOCIEDADE EM CONTA DE PARTICIPAÇÃO – Provado nos autos: I) que no contrato celebrado entre as partes constam elementos que caracterizam a sociedade em conta de participação; II) que o sócio oculto reconheceu o resultado obtido em sua declaração de rendimentos; III) deve ser reconhecido o direito do sócio ostensivo excluir da incidência do imposto a parcela de lucros atribuída aquele sócio. Recurso provido". (1º CC – Ac. nº 107-06.374 – Rel. Edwal Gonçalves dos Santos – j. 22.08.2001); "IRPJ – CSLL – SOCIEDADE EM CONTA DE PARTICIPAÇÃO – Compete ao sócio ostensivo, a responsabilidade pela apuração dos resultados, apresentação da declaração de rendimentos

Enquadram-se, portanto, na norma constante no artigo 1º da Lei Complementar nº 70, vez que são contribuintes da COFINS, "as pessoas jurídicas, inclusive as a elas equiparadas pela legislação do imposto de renda". A equiparação pela legislação do Imposto de Renda tem o condão de atrair a tributação da COFINS às Sociedades em Conta de Participação. Os resultados da Sociedade em Conta de Participação deverão ser apurados em separado daqueles verificados em cada sócia, incidindo a COFINS sobre a receita exclusiva da SCP.

7.1.5. Cooperativas

Dentre os tipos associativos vigentes na legislação brasileira, destaca-se o cooperativo em razão das peculiaridades que lhes são atinentes. João Bellini Júnior, ao caracterizar as sociedades cooperativas, aponta como traço marcante a prestação de serviços aos associados.[56] Pontes de Miranda refere que "a sociedade cooperativa é sociedade em que a pessoa do sócio passa à frente do elemento econômico e as conseqüências da pessoalidade da participação são profundas, a ponto de torná-las espécie de sociedade".[57]

Após superado um vacilo inicial quanto à classificação das cooperativas, a doutrina passou a posicioná-las na categoria sociedades, tendo em vista o caráter econômico que as move.[58] Dessarte, a cooperativa, enquanto sociedade, representa a união de pessoas com interesses próprios de natureza econômica, em torno de uma pessoa jurídica com regime e princípios próprios.

A doutrina é profícua na conceituação deste tipo societário. Renato Lopes Becho, por seu turno, assevera:

> Definimos a cooperativa como sendo a sociedade de pessoas, de cunho econômico, sem fins lucrativos, criada para prestar serviços aos sócios, de acordo com princípios jurídicos próprios e mantendo seus traços distintivos intactos.[59]

---

e recolhimento do imposto devido pela sociedade em conta de participação. O lucro distribuído ao sócio não pode ser deduzido da base de cálculo do IRPJ e da CSLL. PRETERIÇÃO DO DIREITO DE DEFESA – O indeferimento motivado de realização de perícia não acarreta cerceamento do direito de defesa da parte, com a conseqüente nulidade do julgado. Preliminar rejeitada. Recurso negado" (1º CC – Ac. nº 108-06207 – Rel. Ivete Malaquias Pessoa Monteiro – j. 17.08.2000). "(...) SOCIEDADE EM CONTA DE PARTICIPAÇÃO – Os resultados da sociedade em conta de participação devem ser apurados em separado dos da própria pessoa jurídica que é o sócio ostensivo. (...)" (1º CC – Ac. nº 108-06.134 – Rel. Tânia Koetz Moreira – j. 07.06.2000)

[56] BELLINI JÚNIOR, João. *Sociedades Cooperativas. Regime Jurídico e Aspectos Tributários. In:* Revista de Estudos Tributários n. 4, p. 9.

[57] PONTES DE MIRANDA. *Tratado de Direito Privado.* t. XLIX, p. 429.

[58] Nesse sentido conclui Renato Lopes Becho: "O substrato econômico passa a diferenciar associações de sociedades, definindo melhor seus contornos. Por certo que as cooperativas, pelo menos em sua maioria, visam uma atividade econômica, e serão classificadas, por isso, como sociedades". BECHO, Renato Lopes. *Elementos de Direito Cooperativo.* São Paulo: Dialética, 2002, p. 46.

[59] BECHO, *op. cit.,* p. 22.

A Constituição Federal de 1988 deixou explícita em várias passagens a simpatia pelo sistema cooperativo de associação comercial. São exemplos o artigo 5º, inciso XVIII,[60] que libertou as cooperativas do dirigismo estatal até então vigente; o artigo 146, inciso III, alínea "c",[61] que determina a instituição de Lei complementar para o tratamento tributário adequado das sociedades cooperativas; o artigo 174, § 2º,[62] que se consubstancia numa exortação ao legislador ordinário para criar estímulos ao cooperativismo, além dos artigos 174, § 3º, e 192 *caput*.[63]

Anteriormente à Constituição Federal de 1988, o legislador já havia conferido disciplina jurídica às sociedades cooperativas através da Lei nº 5.764, de 1971. Neste diploma legal, foi criado o regime jurídico das cooperativas, assim como foi definida a Política Nacional de Cooperativismo.

Com a edição do Código Civil de 2002, as sociedades cooperativas passaram a fazer parte do Código nos artigos 1093 a 1096. Foram incorporadas pelo atual Código Civil as características que a Lei nº 5.764 já estatuía, consoante dicção do novo Código.[64]

No âmbito tributário, a Constituição Federal de 1988 prevê tratamento *adequado* às cooperativas. O que é adequado tem gerado longas discussões

---

[60] "Art. 5º, XVIII – a criação de associações e, na forma da lei, a de cooperativas independem de autorização, sendo vedada a interferência estatal em seu funcionamento";

[61] "Art. 146. Cabe à lei complementar: (...) III – estabelecer normas gerais em matéria de legislação tributária, especialmente sobre: (...) c) adequado tratamento tributário ao ato cooperativo praticado pelas sociedades cooperativas".

[62] "Art. 174. Como agente normativo e regulador da atividade econômica, o Estado exercerá, na forma da lei, as funções de fiscalização, incentivo e planejamento, sendo este determinante para o setor público e indicativo para o setor privado. (...) 2º – A lei apoiará e estimulará o cooperativismo e outras formas de associativismo. § 3º – O Estado favorecerá a organização da atividade garimpeira em cooperativas, levando em conta a proteção do meio ambiente e a promoção econômico-social dos garimpeiros".

[63] "Art. 192. O sistema financeiro nacional, estruturado de forma a promover o desenvolvimento equilibrado do País e a servir aos interesses da coletividade, em todas as partes que o compõem, abrangendo as cooperativas de crédito, será regulado por leis complementares que disporão, inclusive, sobre a participação do capital estrangeiro nas instituições que o integram".

[64] Consta no novo Código Civil: "Art. 1.094. São características da sociedade cooperativa: I – variabilidade, ou dispensa do capital social; II – concurso de sócios em número mínimo necessário a compor a administração da sociedade, sem limitação de número máximo; III – limitação do valor da soma de quotas do capital social que cada sócio poderá tomar; IV – intransferibilidade das quotas do capital a terceiros estranhos à sociedade, ainda que por herança; V – *quorum*, para a assembléia geral funcionar e deliberar, fundado no número de sócios presentes à reunião, e não no capital social representado; VI – direito de cada sócio a um só voto nas deliberações, tenha ou não capital a sociedade, e qualquer que seja o valor de sua participação; II – distribuição dos resultados, proporcionalmente ao valor das operações efetuadas pelo sócio com a sociedade, podendo ser atribuído juro fixo ao capital realizado; VIII – indivisibilidade do fundo de reserva entre os sócios, ainda que em caso de dissolução da sociedade". A responsabilidade das sociedades cooperativas foi repetida pelo Código Civil nos mesmos termos da lei anterior, possibilitando a eleição da responsabilidade ilimitada ou limitada ao valor das quotas do sócio através do contrato social, conforme artigo 1.095 do CC. Neste caso, tratar-se-ia de escolha dos cooperados quando da constituição da mesma, podendo optar pela forma de responsabilidade da sociedade.

acadêmicas e jurisprudenciais, firmando a Fazenda Pública de todas as esferas a convicção de que adequado não significa *favorecido* em sentido fiscal. Há decisão do Supremo Tribunal Federal no sentido de que "tratamento adequado não significa necessariamente privilegiado" e que "esse dispositivo constitucional não concedeu às cooperativas imunidade tributária".[65]

Na sua gênese, a COFINS não atingiu as cooperativas, favorecendo-as. Dentre as isenções arroladas pelo artigo 6°, constam "as sociedades cooperativas que observarem ao disposto na legislação específica, quanto aos atos cooperativos próprios de suas atividades".

Num primeiro momento, o debate circunscreveu-se à abrangência da isenção, em especial na delimitação do que sejam *atos cooperativos próprios*. Posteriormente, com a revogação da isenção pela Medida Provisória n° 1.858-7 e reedições posteriores, surgiu o segundo debate, relativo à constitucionalidade da supressão da isenção antes prevista na lei complementar. Analisemos separadamente, a começar pelo que seja *ato cooperativo próprio*.

A doutrina passou a buscar subsídios para classificar os atos praticados pelas sociedades cooperativas com o objetivo de definir o âmbito de incidência dos tributos, no caso em comento, a COFINS. O primeiro critério diferenciador é ofertado pelo artigo 79 da Lei n° 5.764/71, que prescreve:

> Art. 79. Denominam-se atos cooperativos os praticados entre as cooperativas e seus associados, entre estes e aquelas e pelas cooperativas entre si quando associados, para a consecução dos objetivos sociais. Parágrafo único. O ato cooperativo não implica operação de mercado, nem contrato de compra e venda de produto ou mercadoria.

A jurisprudência do Superior Tribunal de Justiça claramente divisa os atos praticados pelas sociedades cooperativas em atos cooperativos e não-cooperativos. Resulta que as práticas previstas no dispositivo legal supra-referido, reconhecidamente cooperativas, não sofrem incidência. De outro lado, aqueles atos considerados não-cooperativos estariam sujeitos à inci-

---

[65] "ICMS. Cooperativas de consumo. – Falta de preqüestionamento da questão concernente ao artigo 5°, *caput*, da Constituição Federal (súmulas 282 e 356). – A alegada ofensa ao artigo 150, I, da Carta Magna é indireta ou reflexa, não dando margem, assim, ao cabimento do recurso extraordinário. – Inexiste, no caso, ofensa ao artigo 146, III, *c*, da Constituição, porquanto esse dispositivo constitucional não concedeu às cooperativas imunidade tributária, razão por que, enquanto não for promulgada a lei complementar a que ele alude, não se pode pretender que, com base na legislação local mencionada no aresto recorrido, não possa o Estado-membro, que tem competência concorrente em se tratando de direito tributário (artigo 24, I e § 3°, da Carta Magna), dar às Cooperativas o tratamento que julgar adequado, até porque tratamento adequado não significa necessariamente tratamento privilegiado. Recurso extraordinário não conhecido". (STF – RE 141.800/SP – 1ª Turma – Rel. Min. Moreira Alves – j. 01.04.1997 – DJU 03.10.1997, p. 49239)

dência da tributação.[66] Refere o Ministro Castro Meira em voto recente que:[67]

> O ato cooperativo, por expressa dicção do parágrafo único do art. 79 da Lei nº 5.764/71, não implica operação de mercado ou contrato de compra e venda de mercadoria. A sociedade cooperativa, quando pratica atos que lhe são inerentes, não aufere lucro. Tanto as despesas como o resultado positivo do exercício são partilhados, proporcionalmente, entre aqueles que fazem parte da cooperativa. O ato cooperativo não gera faturamento ou receita para a sociedade. O resultado positivo decorrente desses atos pertence, proporcionalmente, a cada um dos cooperados. Inexiste, portanto, faturamento ou receita resultante de atos cooperativos que possa ser titularizado pela sociedade. Dessarte, não há base imponível para PIS.

Conclui o ilustre Ministro Castro Meira, dizendo:

> Em resumo: os atos cooperativos não geram receita nem faturamento para a sociedade cooperativa. Portanto, o resultado financeiro deles decorrente não está sujeito à incidência do PIS. Cuida-se de uma NÃO-INCIDÊNCIA PURA E SIMPLES, e não de uma norma de isenção. Já os atos não cooperativos, aqueles praticados com não associados, geram receita à sociedade, devendo o resultado do exercício ser levado à conta específica para que possa servir de base à tributação.

O problema é que a linha divisória entre as duas espécies de atos cooperativos é muito tênue. Existem atos que por se situarem na zona limítrofe dificultam a identificação da sua espécie. Ao apreciar matéria correlata, o Superior Tribunal de Justiça, em voto do Ministro Demócrito

---

[66] "TRIBUTÁRIO. SOCIEDADES COOPERATIVAS. PIS. ATOS COOPERATIVOS. NÃO-INCIDÊNCIA. 1. O ato cooperativo não gera faturamento ou receita para a sociedade cooperativa. Inexistência de base imponível para o PIS. Não-incidência pura e simples. 2. Os atos não cooperativos se revestem de nítida feição mercantil, gerando receita à sociedade. Existência de base imponível à tributação. 3. Relativamente às cooperativas de crédito, toda a movimentação financeira da sociedade constitui ato cooperativo. 4. Recurso especial provido". (STJ, Resp 573393/RS, 2ª Turma, Rel. Min. Castro Meira, DJ. 28/06/2004); "TRIBUTÁRIO. COOPERATIVA. IMPOSTOS E CONTRIBUIÇÕES FEDERAIS. INCIDÊNCIA. ATOS NÃO-COOPERATIVOS. ART. 79, PARÁGRAFO ÚNICO, DA LEI Nº 5.764/71. REEXAME DO CONJUNTO FÁTICO-PROBATÓRIO. SÚMULA Nº 07/STJ. I – Incidem os impostos e contribuições federais sobre os atos não-cooperativos praticados pela cooperativa, eis que estes geram lucro e são estranhos a seu objeto social, não se beneficiando tais atos da imunidade tributária, em respeito ao princípio da legalidade. II – A afirmativa da agravante, no sentido de que os atos praticados por ela se caracterizam como não cooperativos, não se enquadrando como operações de mercado ou de compra e venda para consumidores, vai de encontro ao que decidiu o acórdão recorrido, baseando-se em parecer do Parquet Federal, quando entendera que tais atos são não-cooperativos. III – Infirmar tal posicionamento, levaria esta Corte a ter de apreciar o conjunto fático-probatório contido nos autos, o que é incabível, ante a Súmula nº 07/STJ. IV – Agravo regimental improvido". (STJ – ADRESP 512876/DF – 1ª Turma – Rel. Min. Francisco Falcão – DJ 31.05.2004); "TRIBUTÁRIO – IMPOSTO SOBRE COMBUSTÍVEIS – IVVC – COOPERATIVA. 1. A cooperativa, pela Lei 5.764/71, tem isenção de tributos quanto aos atos cooperativos, entendendo-se como tais os praticados com vista à sua finalidade. 2. A venda de insumo pela cooperativa a seus associados não se caracteriza como ato cooperativo, incidindo os tributos normalmente. 3. Não há isenção na venda de combustível feita pela cooperativa aos associados. 4. Recurso especial improvido". (STJ – RESP 460.222/PR – 2ª Turma – Min. Eliana Calmon – DJ 15.03.2004, p. 231).

[67] STJ – Resp 573.393/RS – 2ª Turma – Rel. Min. Castro Meira – DJ. 28.06.2004.

Reinaldo,[68] dividiu os atos praticados pelas cooperativas em cinco grupos. Esta divisão gozou de elevado caráter didático, simplificando a distinção.

Destaca, em primeiro lugar, os atos cooperativos, também chamados de "negócio-fim, negócio cooperativo ou ainda negócio interno", que, nas palavras do Ministro Demócrito, "é o ato cooperativo básico, fundamental".[69] [70]

Num segundo grupo, enquadrar-se-iam os atos praticados pelas cooperativas que são necessários para a obtenção do fim almejado pela Sociedade. Refere o Ministro que:

> esses atos são atos derivados do ato cooperativo, são decorrentes da função específica das cooperativas, e por isso, normalmente, estão de fora da incidência do Imposto de Renda. Ainda na classificação do Superior Tribunal de Justiça, haveria um terceiro grupo que abarcaria todos aqueles atos ditos como "acessórios ou auxiliares para a boa administração da cooperativa: contratar empregados, alugar salas, vender imóveis, vender máquinas velhas, vender resíduos de beneficiamento, ou produtos estragados, e outras alienações eventuais.

---

[68] "Tributário. Repetição de indébito. Cooperativa. Aplicações de sobras de caixa no mercado financeiro. Negócio jurídico que extrapola a finalidade básica dos atos cooperativos. Imposto de renda. Incidência. I – A atividade desenvolvida junto ao mercado de risco não é inerente a finalidade a que se destinam as cooperativas. A especulação financeira, como forma de obtenção do crescimento da entidade, não configura ato cooperativo e extrapola dos seus objetivos institucionais. II – As aplicações de sobra de caixa no mercado financeiro, efetuadas pelas cooperativas, por não constituírem negócios jurídicos vinculados a finalidade básica dos atos cooperativos, sujeitam-se a incidência do imposto de renda. III – Recurso provido. Decisão por maioria". (STJ – RESP 109.711/RS – 1ª Turma – Rel. Min. Demócrito Reinaldo – DJ 26.05.1997, p. 22480, RDDT 23/147).

[69] "IRPJ E CSL – SOCIEDADES COOPERATIVAS – APLICAÇÕES FINANCEIRAS – COOPERATIVA DE CRÉDITO – Os atos praticados entre cooperativas associadas, para consecução de seus objetivos sociais, são atos cooperados. Aplicações financeiras realizadas por cooperativa de crédito junto a outra cooperativa de crédito, que atua como centralizadora, são atos cooperados e o seu resultado escapa à incidência tributária. As aplicações financeiras realizadas junto a outras instituições financeiras, não cooperativas, não se caracterizam como atos cooperados, sujeitando-se à incidência da norma tributária o resultado positivo nelas obtido. Incabível a exigência do imposto sobre a totalidade dos rendimentos produzidos pelas aplicações. PIS – DECADÊNCIA – A revisão do lançamento, para alterar enquadramento legal, base de cálculo e alíquota, só pode ser feita enquanto não esgotado o prazo decadencial. Não estando incluído entre as contribuições para a seguridade social tratadas na Lei nº 8.212/91, a cobrança do PIS não se sujeita às normas ali estabelecidas. Tratando-se de lançamento por homologação, a regra geral prevista no Código Tributário Nacional é de que a decadência se produz em cinco anos contados da ocorrência do fato gerador. FINSOCIAL – As sociedades cooperativas eram isentas da contribuição ao Finsocial em relação aos atos cooperativos próprios das suas finalidades. (RECOFIS, art. 5º). COFINS – As pessoas jurídicas elencadas no art. 23, § 1º, da Lei nº 8.212/91 não estavam sujeitas, no período abrangido pela autuação, ao pagamento da COFINS – Recurso provido". (1º CC – Ac. 108-05.891 – 8ª C. – Rel. Tânia Koetz Moreira – DJU 14.12.1999 – p. 8)

[70] Há recente decisão do Superior Tribunal de Justiça, noticiada no Informativo nº 211, de 4 de junho de 2004, nos seguintes termos: "ATOS COOPERATIVOS. NÃO INCIDÊNCIA. COFINS. A Turma deu provimento ao recurso, entendendo que não incide a COFINS sobre o resultado financeiro positivo decorrente da prática de atos cooperativos (art. 79 da Lei n. 5.764/1971) pelas sociedades cooperativas; uma vez que não há receita ou faturamento. O resultado positivo dos atos cooperativos pertence, proporcionalmente, a cada um dos associados". (REsp 389.282-SC, Rel. Min. Castro Meira, julgado em 1º/6/2004.

Estes atos estariam fora do campo de incidência das regras de tributação. No quarto grupo, encontram-se os atos conhecidos como vinculados a sua finalidade. Segundo o Ministro Demócrito:

> Serão os negócios com não associados, são autorizados pela Lei das Cooperativas nos artigos 85, 86 e 88. São os negócios com os não associados ou os investimentos em sociedades não cooperativas. Esta é uma abertura que a lei deu, para que as cooperativas tenham condições de melhor funcionamento, porque poderão aproveitar uma capacidade ociosa na sua maquinaria, ou terão possibilidades de aplicar o dinheiro em investimentos, em vez de deixar o dinheiro parado.

Estes atos, segundo posição jurisprudencial iterativa, estão sujeitos à tributação.[71]

Por fim, no último grupo identificado pelo aresto da lavra do Min. Demócrito Reinaldo, estão aqueles atos praticados ao arrepio da legislação brasileira. No voto consta:

> Parece claro que, praticando negócios ilegais, a cooperativa deixa de atuar como sociedades como sociedade cooperativa, ou seja, como aquela associação que visa apenas a melhorar as condições econômicas dos associados.

Exsurge que, nestes casos, vingará a norma de tributação.

Como se depreende da classificação dos atos cooperativos, as soluções pela tributação ou não dependerão da análise de cada caso concreto e dos fatos pertinentes.

Como antes anunciado, há ainda um segundo e acalorado debate que surgiu após a revogação da isenção outorgada às cooperativas pela Lei Complementar nº 70/91, concernente à possibilidade de revogação, não somente pela "suposta"[72] hierarquia das leis, mas também e principalmente

---

[71] "COMPETÊNCIA DO PRIMEIRO CONSELHO DE CONTRIBUINTES – CONTRIBUIÇÃO PARA O FINANCIAMENTO DA SEGURIDADE SOCIAL – COFINS – Tratando-se de exigência lastreada nos mesmos fatos cuja apuração serviu para determinar a prática de infração a dispositivos do Imposto de Renda, a competência para julgamento do Recurso Voluntário permanece no Primeiro Conselho de Contribuintes. CONTRIBUIÇÃO PARA O FINANCIAMENTO DA SEGURIDADE SOCIAL – COFINS – SOCIEDADES COOPERATIVAS – COOPERATIVA DE SERVIÇOS MÉDICOS – DESCARACTERIZAÇÃO – A prática, mesmo habitual, de atos não cooperativos diferentes daqueles previstos nos artigos 85, 86 e 88 da Lei n 5.764/71 não autoriza a descaracterização da sociedade cooperativa. As sociedades cooperativas são isentas da contribuição, quanto aos atos cooperativos próprios de sua finalidade (Lei Complementar nº 70/91, art. 6º, Inc. I). Os demais, estejam eles elencados ou não nos artigos 85 a 88 da Lei n 5.764/71, submetem-se à tributação normal. Não tendo o fisco demonstrado, a partir da contabilidade mantida pela cooperativa, a parcela efetivamente sujeita à tributação, não pode prosperar o lançamento. Recurso provido. Por unanimidade de votos, DAR provimento ao recurso". (1º CC – Proc. 10435.000233/99-23 – Rec. 131.220 – (Ac. 108-07.205) – 8ª C. – Rel. Tânia Koetz Moreira – DOU 30.04.2003 – p. 40/41)

[72] Como se sabe, há divergência de interpretação entre o Superior Tribunal de Justiça e o Supremo Tribunal Federal: o primeiro entende existente e aplicável o princípio da hierarquia das leis no "conflito" entre a lei ordinária e a lei complementar; o último, que não há hierarquia, mas competência material, e que, se a lei complementar trata de matéria não prevista constitucionalmente para ser disciplinada por lei complementar, a lei complementar, nesse particular, será materialmente lei ordinária, e, como tal, poderá ser alterada por outra lei ordinária. Nesse sentido, em estudo específico sobre a matéria, leciona Flávio Augusto Dumond Prado: "Não pretendemos defender a bandeira de que lei

em razão do disposto na letra *c* do inciso III do art. 146 da Constituição Federal de 1988, que atribui competência à lei complementar para *estabelecer normas gerais em matéria de legislação tributária, especialmente sobre adequado tratamento ao ato cooperativo praticado pelas sociedades cooperativas.*

Destacamos, primeiramente, que os Tribunais Regionais Federais têm decidido, majoritariamente, no sentido da inexistência de inconstitucionalidade,[73] tanto por um quanto pelo outro fundamento:

---

ordinária não pode revogar isenção prevista em lei complementar. Tampouco entendemos que as regras de apuração da COFINS só podem ser veiculadas por lei complementar. Apenas pretendemos que as matérias de competência exclusiva de lei complementar sejam apenas por esta tratadas, sobre pena de esvaziar, por completo, o objetivo constitucional dos dois diplomas legais". (*Da Inconstitucional Exigência do PIS e da COFINS das Cooperativas de Crédito*, RDDT 58/77)

[73] "TRIBUTÁRIO – COFINS – SOCIEDADES COOPERATIVAS – CONSTITUCIONALIDADE – ART. 6°, I, LC 70/91 – ISENÇÃO – MP 1.858/99 – REVOGAÇÃO – POSSIBILIDADE – 1. A Constituição Federal de 1988, por meio dos arts. 146, III, c, e 174, pretendeu conferir tratamento privilegiado, inclusive em matéria tributária, às cooperativas. Ocorre que do texto constitucional a única conclusão invencível é que os atos cooperativos não tipificam certas hipóteses de tributos, como aqueles que incidem sobre o lucro; todavia, não estão protegidos por norma constitucional que impeça sua tributação, sob o benefício da imunidade ou isenção. 2. No tocante, especificamente, à COFINS, não há falar em impossibilidade material de sua incidência, haja vista que faturamento ou receita não seriam características dos atos cooperativos; auferindo receita a entidade, isso é suficiente à incidência da exação. 3. A Lei Complementar n° 70, de 1991, porém, instituiu isenção da COFINS para 'as sociedades cooperativas que observarem ao disposto na legislação específica, quanto aos atos cooperativos próprios de suas finalidades', benefício que restou validamente revogado pelo art. 25, II, a, da Medida Provisória n° 1.858-6, de 1999 (atualmente art. 93, II, a, da MP n° 2.158-35, de 24 de agosto de 2001). 4. Tal instrumento, em realidade, simplesmente reduziu o favor legal dado às cooperativas, já que permitiu que efetuassem diversas exclusões da base de cálculo da COFINS devida, não contendo eiva de inconstitucionalidade. Precedente da Corte Especial deste Tribunal." (Argüição de Inconstitucionalidade na AMS n° 1999.70.05.003502-0/PR – Rel. para o Acórdão Des. Fed. Fábio Rosa – j. 28.11.2001). TRF 4ª R. – AMS 1999.70.00.030835-1 – PR – 2ª T. – Rel. Des. Fed. Dirceu de Almeida Soares – DJU 24.04.2002 – p. 959; "TRIBUTÁRIO – COFINS/PIS – SOCIEDADES COOPERATIVAS – CONSTITUCIONALIDADE – ART. 6°, I, LC 70/91 – ISENÇÃO – MP 1.858/99 – REVOGAÇÃO – POSSIBILIDADE – LEI N° 9.718/98 – CONSTITUCIONALIDADE – 1. A Constituição Federal de 1988, por meio dos arts. 146, III, *c*, e 174, pretendeu conferir tratamento privilegiado, inclusive em matéria tributária, às cooperativas. Ocorre que do texto constitucional a única conclusão invencível é que os atos cooperativos não tipificam certas hipóteses de tributos, como aqueles que incidem sobre o lucro; todavia, não estão protegidos por norma constitucional que impeça sua tributação, sob o benefício da imunidade ou isenção. 2. No tocante, especificamente, à COFINS e, por conseqüência, à contribuição ao PIS, não há falar em impossibilidade material de sua incidência, haja vista que faturamento ou receita não seriam características dos atos cooperativos; auferindo receita a entidade, isso é suficiente à incidência da exação. 3. A Lei Complementar n° 70, de 1991, porém, instituiu isenção da COFINS para 'as sociedades cooperativas que observarem ao disposto na legislação específica, quanto aos atos cooperativos próprios de suas finalidades', benefício que restou validamente revogado pelo art. 25, II, a, da Medida Provisória n° 1.858-6, de 1999 (atualmente art. 93, II, a, da MP 2.158-35, de 24 de agosto de 2001). 4. Tal instrumento, em realidade, simplesmente reduziu o favor legal dado às cooperativas, já que permitiu que efetuassem diversas exclusões da base de cálculo da COFINS devida, não contendo eiva de inconstitucionalidade. Precedente da Corte Especial deste Tribunal (Argüição de Inconstitucionalidade na Apelação em Mandado de Segurança n° 1999.70.05.003502-0/PR, Rel. para o Acórdão Des. Fed. Fábio Rosa, j. 28.11.2001). 5. O Plenário deste Tribunal, na Argüição de Inconstitucionalidade na Apelação em Mandado de Segurança n° 1999.04.01.080274-1 (Rel. para o Acórdão a Juíza Virgínia Scheibe, j. 29.03.2000, DJ 31.05.2000), considerou que o texto constitucional deixou a cargo do legislador ordinário a providência de conceituar 'faturamento', não tendo havido, pela Lei n° 9.718/98, a criação de nova fonte de custeio, mas somente

CONSTITUCIONAL – TRIBUTÁRIO – COFINS – MEDIDA PROVISÓRIA Nº 1.858/99 E REEDIÇÕES – COOPERATIVAS – POSSIBILIDADE – ISENÇÃO REVOGADA – LEI Nº 9.718/98 – BASE DE CÁLCULO – FATURAMENTO – RECEITA BRUTA – ANTERIORIDADE NONAGESIMAL – CONSTITUCIONALIDADE – DEPÓSITO JUDICIAL – 1. A Medida Provisória nº 1.858/99 e reedições, ao revogar a isenção concedida pelo art. 6º, I, da Lei Complementar nº 70/91, às sociedades cooperativas, quanto aos atos cooperativos próprios de suas finalidades, não implicou em ofensa a nenhum dispositivo constitucional. 2. A medida provisória constitui instrumento idôneo para a instituição, majoração ou extinção de tributo, tendo em vista que a Constituição Federal, ao estabelecê-la como ato normativo primário, não fez nenhuma restrição em relação à matéria (precedentes do eg. Supremo Tribunal Federal, CF. ADIn nº 1.005-1 e ADIn nº 1.417-0). 3. O art. 146, III, "c", da Constituição Federal, ao estabelecer que deveria ser dado adequado tratamento tributário ao ato cooperativo praticado pelas sociedades cooperativas, não implicou em concessão de imunidade tributária às sociedades cooperativas. 4. As contribuições destinadas ao custeio da seguridade social podem ser instituídas por Lei ordinária, quando compreendidas nas hipóteses do art. 195, inciso I, da Constituição Federal, como é o caso dos autos. Não se faz mister, para tanto, a edição de Lei Complementar, que somente se faz necessária nas hipóteses do art. 195, § 4º, da Constituição Federal, quando se tratar instituição de novas fontes para o custeio da seguridade social (RE nº 146733, Plenário, Relator Ministro Moreira Alves, publicado no DJ de 06.11.1992, pág. 20110; RE nº 138284, Plenário, Relator Ministro Carlos Velloso, publicado no DJ de 28.08.1992, pág. 13456 e RE nº 150755/PE, Plenário, Relator para acórdão Ministro Sepúlveda Pertence, publicado no DJ de 20.08.93, pág. 16322). 5. Na hipótese em que uma matéria, que não é de regulamentação privativa por Lei Complementar, venha a ser por ela regulamentada, esta Lei Complementar, no que pertine à matéria por ela disciplinada, é materialmente ordinária, podendo, conseqüentemente, ser alterada por intermédio de Lei ordinária, ou medida provisória (ADC nº 1-1/DF, relator Ministro Moreira Alves). 6. Para fins de tributação, o termo faturamento corresponde à receita da empresa, conforme entendimento do eg. Supremo Tribunal Federal expresso no RE nº 150755/PE, Relator para o acórdão o em. Ministro Sepúlveda Pertence. 7. Precedente da Corte Especial deste Tribunal Regional Federal, que em sessão de 31.05.2001, por maioria, rejeitou a argüição de inconstitucionalidade suscitada por ocasião do julgamento da AMS nº 1999.01.00.096053-2/MG, Relator o alargamento do espectro abrangência do conceito, sem extravasar o permissivo constitucional". (TRF 4ª R. – AMS 2000.71.02.000690-5 – RS – 2ª T. – Rel. Des. Fed. Dirceu de Almeida Soares – DJU 24.04.2002 – p. 964); LIMINAR EM MANDADO DE SEGURANÇA – COFINS SOBRE ATOS COOPERATIVOS PRÓPRIOS – REVOGAÇÃO ART. 6º, I, DA LEI COMPLEMENTAR Nº 70/91 PELA MEDIDA PROVISÓRIA Nº 1.858-10 E REEDIÇÕES – PRESUNÇÃO DE CONSTITUCIONALIDADE – 1. Em juízo de cognição sumária, não se deve afastar a aplicação de norma legal por suposto vício de inconstitucionalidade, em homenagem à presunção de compatibilidade com a ordem constitucional que milita em favor da lei. 2. É possível a alteração de lei complementar através de norma com força de lei ordinária, desde que não se trate de matéria constitucionalmente reservada à primeira. 3. A Medida Provisória nº 1.858-10 não disciplinou o adequado tratamento ao ato cooperativo, não regulamentou dispositivo constitucional alterado por Emenda à Constituição ou instituiu nova base de cálculo para a COFINS, pois tem por objeto apenas alterar a isenção tributária estabelecida pelo art. 6º, I, da lei Complementar nº 70/91. 4. Agravo de instrumento improvido. (TRF 4ª R. – AI 2000.04.01.012531-0 – RS – 1ª T. – Rel. Juíza Ellen Gracie Northfleet – DJU 22.11.2000 – p. 140).

Juiz Hilton Queiroz. 8. Não demonstrada a ocorrência de inconstitucionalidade a atingir a cobrança das contribuições da COFINS, na forma em que prevista na Lei nº 9.718/98 e pela Medida Provisória nº 1.858/99 e reedições. 9. O Plenário do eg. Supremo Tribunal Federal, no julgamento do RE 232896/PA, Relator Ministro Carlos Velloso, firmou posicionamento no sentido de que a contagem do prazo nonagesimal tem início a partir da publicação da primeira medida provisória. 10. É facultado ao contribuinte efetuar o depósito judicial do crédito tributário discutido em sede de mandado de segurança, nos termos do art. 151, inciso IV, do Código Tributário Nacional. Precedentes deste Tribunal Regional Federal da 1ª Região. 11. Apelação da impetrante improvida. (TRF 1ª R. – AMS 38000024788 – MG – 4ª T. – Rel. Des. Fed. Ítalo Fioravanti Sabo Mendes – DJU 25.04.2003 – p. 116);
CONSTITUCIONAL – TRIBUTÁRIO – COOPERATIVA DE TRABALHO – LEI Nº 9.718 – ISENÇÃO – Ação objetivando a suspensão do pagamento da COFINS, nos termos da Lei nº 9718/98, sobre receitas decorrentes de atividade de cooperativa. Quando da vigência da Lei nº 9.718, já estava em vigor a Emenda Constitucional nº 20, que alterou a redação do artigo 195 da CF, incluindo todas as receitas como fonte de custeio da seguridade social. Sendo a Lei nº 9.718 compatível com a Emenda Constitucional nº 20, inexiste a alegada inconstitucionalidade. A isenção prevista no artigo 6º, I, da Lei Complementar 70/91 atingia, apenas, aqueles atos cooperativos próprios de suas finalidades. Sendo as cooperativas equiparadas às empresas, na forma do artigo 195, caput da CF, devem pagar contribuição previdenciária sobre os valores por ele pagos a terceiros que lhes prestem serviços. Há de ser paga, também, a referida exação, quanto aos serviços prestados pelos cooperados às pessoas jurídicas, estranhas ao quadro das cooperados. Ato cooperado, nos termos do artigo 79, par. único da Lei nº 5674, é apenas aquele praticado entre as cooperativas e seus associados, não envolvendo terceiros. O artigo 17 da Lei nº 9718 dispõe expressamente que as alterações na tributação da COFINS só vigorariam a partir de 01.02.1999, inocorrendo a retroatividade da exação em tela. Legítima a utilização de medida provisória para instituir tributo: ADIn 1417. (TRF 2ª R. – AP-MS 2000.02.01.035008-8 – (34778) – 2ª T. – Rel. Des. Fed. Paulo Espírito Santo – DOU 17.06.2003 – p. 107);
I – CONSTITUCIONAL – TRIBUTÁRIO – COFINS INCIDENTE SOBRE RECEITAS DECORRENTES DE ATOS COOPERATIVOS PRÓPRIOS – LEI Nº 9.718/98 – CONSTITUCIONALIDADE DO ART. 3º DECLARADA PELO PLENO DESTA CORTE (ARG – INC. NA AMS 1999.02.050299-6) – O art. 146, III, "c", da CF/88 é norma de eficácia limitada e não impede a existência de tributação. Lei formalmente complementar pode ser alterada por Lei ordinária. Descabe ao judiciário estender eventuais benefícios concedidos a terceiros, pois não atua como legislador. II – Recurso de apelação e remessa conhecidos e providos. (TRF 2ª R. – AMS 2000.02.01.065535-5 – ES – 4ª T. – Rel. Juiz Jose Antonio Neiva – DJU 12.07.2002);
TRIBUTÁRIO – COFINS – SOCIEDADES COOPERATIVAS – CONSTITUCIONALIDADE – ART. 6º, I, LC 70/91 – ISENÇÃO – MP 1.858/99 – REVOGAÇÃO – POSSIBILIDADE – MEDIDA PROVISÓRIA – REEDIÇÃO – EFICÁCIA – VERBA HONORÁRIA – 1. A Constituição Federal de 1988, por meio dos arts. 146, III, c, e 174, pretendeu conferir tratamento privilegiado, inclusive em matéria tributária, às cooperativas. Ocorre que do texto constitucional a única conclusão invencível é que os atos cooperativos não tipificam certas hipóteses de tributos, como aqueles que incidem sobre o lucro; todavia, não estão protegidos por norma constitucional que impeça sua tributação, sob

o benefício da imunidade ou isenção. 2. No tocante, especificamente, à COFINS e, por conseqüência, à contribuição ao PIS, não há falar em impossibilidade material de sua incidência à causa de que faturamento ou receita não seriam características dos atos cooperativos; auferindo receita a entidade, isso é suficiente à incidência da exação. 3. A Lei Complementar nº 70, de 1991, porém, instituiu isenção da COFINS para "as sociedades cooperativas que observarem ao disposto na legislação específica, quanto aos atos cooperativos próprios de suas finalidades", benefício que restou validamente revogado pelo art. 25, II, a, da Medida Provisória nº 1.858-6, de 1999 (atualmente art. 93, II, a, da MP nº 2.158-35, de 24 de agosto de 2001). 4. Tal instrumento, em realidade, simplesmente reduziu o favor legal dado às cooperativas, já que permitiu que efetuassem diversas exclusões da base de cálculo da COFINS devida, não contendo eiva de inconstitucionalidade. Precedente da Corte Especial deste Tribunal (Argüição de Inconstitucionalidade na Apelação em Mandado de Segurança nº 1999.70.05.003502-0/PR, Rel. Para o Acórdão Des. Federal Fábio Rosa, j. 28.11.2001). 5. As medidas provisórias constituem a via adequada para a instituição e isenção de tributos porque possuem força de Lei, conforme reiterados precedentes do STF e a nova redação do artigo 62 da CF/88, oriunda da EC 32/2001. 6. Não perde a eficácia a medida provisória que embora não convertida em Lei, tenha sido reeditada. 7. O prazo de 30 dias previsto na Constituição Federal anteriormente à edição da EC 32/2001, para a conversão em Lei das medidas provisórias, restou entendido pela doutrina e jurisprudência como aplicável também à sua reedição quando não convertidas em Lei. 8. As medidas provisórias reeditadas sem solução de descontinuidade não perdem sua eficácia. 9. A fixação da verba honorária, quando calculada com base no § 4º do art. 20 do CPC, não necessita enquadrar-se nos limites percentuais do § 3º do referido artigo, mas atende os mesmos critérios para apreciação, enumerados nas alíneas do § 3º. (TRF 4ª R. – AC 2000.71.00.016180-2 – RS – 2ª T. – Rel. Des. Fed. Dirceu de Almeida Soares – DOU 21.05.2003 – p. 493); TRIBUTÁRIO – ART. 69, LEI Nº 9.532/97 – COOPERATIVAS DE CONSUMO – CONSTITUCIONALIDADE – 1. A Corte Especial deste Tribunal, no incidente de Argüição de Inconstitucionalidade na Apelação em Mandado de Segurança nº 1999.70.05.003502-0/PR, julgado em 28 de novembro de 2001, examinando a matéria referente à disciplina estabelecida no tocante às cooperativas pela Medida Provisória nº 1.858, de 1999, reconheceu que o Texto Maior, por meio dessas disposições, pretendeu conferir tratamento privilegiado, em matéria tributária, às cooperativas. No entanto, não impediu que se tributasse o ato cooperativo. 2. Não suficiente, ao incluir no seu objetivo social atos comerciais relativos a terceiros, não cooperativados, a impetrante estaria praticando ato diverso dos atos cooperativos típicos, de acordo com o que dispõe o art. 79 da Lei nº 5.764/71. 3. Quanto à validade da derrogação do art. 6º da Lei Complementar nº 70, de 1991, que instituiu isenção da COFINS para "as sociedades cooperativas que observarem ao disposto na legislação específica, quanto aos atos cooperativos próprios de suas finalidades", é mister referir que a disciplina das isenções está prevista no Código Tributário Nacional nos arts. 176 a 179, dos quais se observa, bem como do art. 97, que é imprescindível previsão legal a fim de que seja instituído tal favor, sendo desnecessário que tenha a apontada lei status complementar. (TRF 4ª R. – AMS 1999.04.01.005626-5 – SC – 2ª T. – Rel. Des. Fed. Dirceu de Almeida Soares – DJU 24.04.2002 – p. 958).

A Doutrina, contudo, tem afirmado o contrário, em especial pelo segundo fundamento, ao entenderem alguns autores que é privativo de lei complementar o tratamento tributário adequado das cooperativas, e que a isenção concedida pela Lei Complementar constitui-se justamente neste tratamento, o que leva necessariamente à conclusão de que o dispositivo isencional é formal e materialmente lei complementar, que só pode ser alterado por outra lei complementar.[74]

---

[74] Flávio Augusto Dumond Prazo opina neste sentido: "Assim, considerando que o art. 6º da Lei Complementar nº 70/91, ao isentar as cooperativas do recolhimento da COFINS, estava cumprindo a expressa competência que lhe foi outorgada pelo art. 146, III, *a* da CF/88, não há como se admitir como constitucional as exigências constantes dos autuais arts. 15 e 35, II, *a* da MP 1991-14/00 (atual reedição da MP nº 1.858-7/99". (*Da Inconstitucional Exigência do PIS e da COFINS das Cooperativas de Crédito*, RDDT 58/77). Em sentido contrário, opinião manifestada consulta exarada pela Receita Federal: SOLUÇÃO DE CONSULTA Nº 57 (6ª Região Fiscal), DE 8 DE ABRIL DE 2003 Assunto: (...) Assunto: Contribuição para o Financiamento da Seguridade Social – COFINS. Ementa: COOPERATIVAS DE SERVIÇOS A Medida Provisória nº 1.858-6, de 29 de junho de 1999, revogou a isenção da COFINS prevista na LC nº 70, de 1991, para as sociedades cooperativas que observassem o disposto na legislação específica, quanto aos atos cooperativos próprios de suas finalidades. Assim, a partir de 30/06/1999, as sociedades cooperativas passaram a pagar a COFINS também com base nas receitas provenientes de operações com associados. Dispositivos Legais: Lei nº 9.715, de 1998, arts. 1º e 2º; Ato Declaratório SRF nº 70, de 30 de julho de 1999; Lei nº 9.718, de 1998, arts. 2º e 3º; Medida Provisória nº 1.858-6, de 1999; Medida Provisória nº 1.858-7, de 1999; Medida Provisória nº 1.858-9, de 1999. (DT 6ª RF – Francisco Pawlow – Chefe – DOU 09.05.2003 – p. 34); DECISÃO Nº 318 (8ª Região Fiscal), DE 20 DE DEZEMBRO DE 2000 Assunto: Contribuição para o Financiamento da Seguridade Social – COFINS. Ementa: BASE DE CÁLCULO – SOCIEDADES COOPERATIVAS A partir de 1º de fevereiro de 1999, as sociedades cooperativas estão sujeitas à incidência da COFINS tendo por base de cálculo seu faturamento mensal, conforme definido na Lei nº 9.718/1998, arts. 2º e 3º, correspondendo à sua receita bruta mensal, assim entendida a totalidade das receitas por elas auferidas, da qual podem ser excluídos os valores legalmente autorizados, ora consolidados nos arts. 3º e 6º da Instrução Normativa SRF nº 145, de 9 de dezembro de 1999. No período entre 1º de fevereiro de 1999 e 29 de junho de 1999 estavam isentas da COFINS, com base no art. 6º, inciso I, da Lei Complementar nº 70/1991, as receitas provenientes dos atos cooperativos praticados pelas referidas sociedades, próprios de suas finalidades, isenção esta revogada a partir de 30 de junho de 1999, pelo art. 23, inciso II, alínea a da Medida Provisória nº 1.858-6, de 28 de junho de 1999. Este entendimento não se aplica às sociedades cooperativas de consumo, que tenham por objeto a compra e fornecimento de bens aos consumidores, as quais, de acordo com o art. 69 da Lei nº 9.532/1997, se sujeitam às mesmas regras de incidência de impostos e contribuições de competência da União aplicáveis às demais pessoas jurídicas. Dispositivos Legais: Lei nº 9.718/1998, arts. 2º e 3º; Lei Complementar nº 70/1991, art. 6º, I; Medida Provisória nº 1.858-6/1999, art. 23, II, *a*; Medidas Provisórias nº 1.858-7 e 1.858-9/1999 e reedições, art. 15. (...) (DT 8ª RF – Paulo Jackson S. Lucas – Chefe – DOU 20.03.2001 – p. 16); DECISÃO Nº 324 (8ª Região Fiscal), DE 22 DE DEZEMBRO DE 2000 Assunto: Contribuição para o Financiamento da Seguridade Social – COFINS. Ementa: BASE DE CÁLCULO – SOCIEDADES COOPERATIVAS A partir de 1º de fevereiro de 1999, as sociedades cooperativas estão sujeitas à incidência da COFINS tendo por base de cálculo seu faturamento mensal, conforme definido na Lei nº 9.718/1998, arts. 2º e 3º, §1º, correspondendo à sua receita bruta mensal, assim entendida a totalidade das receitas por elas auferidas, da qual podem ser excluídos os valores legalmente autorizados, ora consolidados nos arts. 3º e 6º da Instrução Normativa SRF nº 145, de 9 de dezembro de 1999. No período entre 1º de fevereiro de 1999 e 29 de junho de 1999 estavam isentas da COFINS, com base no art. 6º, inciso I, da Lei Complementar nº 70/1991, as receitas provenientes dos atos cooperativos praticados pelas referidas sociedades, próprios de suas finalidades, isenção esta revogada a partir de 30 de junho de 1999, pelo art. 23, inciso II, alínea *a*, da Medida Provisória nº 1.858-6, de 28 de junho de 1999. Dispositivos Legais: Lei nº 9.718/1998, arts. 2º e 3º; Lei Complementar nº 70/1991, art. 6º, I; Medida Provisória nº 1.858-6/1999, art. 23, II, *a*; Medidas Provisórias nº 1.858-7 e 1.858-9/1999 e reedições, art. 15. (DT 8ª RF – Paulo Jackson S. Lucas – Chefe – DOU 20.03.2001 – p. 16).

Há, finalmente, um terceiro argumento, que impediria, segundo a Doutrina, a cobrança de COFINS contra as cooperativas: a ausência de *capacidade contributiva*. Segundo se alega, mesmo que superada a "preliminar" da inconstitucionalidade da revogação da isenção, estaria impedida a cobrança pela aplicação do princípio constitucional da capacidade contributiva, segundo o qual o tributo deve respeitar as características pessoais do contribuinte, não podendo ser excessivamente alto em respeito ao princípio do não confisco e não podendo ofender ao mínimo vital em homenagem à dignidade da pessoa humana.

A Constituição Federal refere que "sempre que possível, os impostos terão caráter pessoal e serão graduados segundo a capacidade econômica do contribuinte, facultado à administração tributária, especialmente para conferir efetividade a esses objetivos, identificar, respeitados os direitos individuais e nos termos da lei, o patrimônio, os rendimentos e as atividades econômicas do contribuinte" (artigo 145, § 2º da CF). Muito embora o texto da Constituição refira-se a impostos, a norma encerra mandamentos de otimização aplicáveis a todos os tributos como medida de respeitar os direitos fundamentais dos contribuintes.

Ambos os debates estão sendo objeto de julgamento pela Primeira Seção do STJ, com votos favoráveis e contrários às cooperativas, em decorrência de questão de ordem noticiada no Informativo nº 208, de 10 a 14 de maio de 2004, nos seguintes termos:

> QUESTÃO DE ORDEM. COFINS. COOPERATIVAS. LC N. 70/1991. ISENÇÃO. MP N. 1.858. REVOGAÇÃO. Em questão de ordem, a Turma resolveu submeter à apreciação da Primeira Seção vários questionamentos sobre a exação tributária com relação às cooperativas. Em princípio, impõe-se distinguir os atos cooperativos dos atos não cooperativos. Ainda deverá se esclarecer se os atos cooperativos estão ou não sujeitos à incidência da COFINS, ante o art. 79 da Lei n. 5.764/1971 (Lei das Sociedades Cooperativas), que dispõe que o ato cooperativo não implica operação de mercado, nem contrato de compra e venda de produto ou mercadoria. E ainda: se a citada lei faz essa afirmativa e não está revogada, a revogação do inciso I do art. 6º da LC n. 70/1991 em nada alteraria a não incidência da COFINS sobre os atos cooperativos? Como ficaria essa revogação ante o posicionamento da jurisprudência, com fulcro no princípio da hierarquia das leis, no sentido que a lei ordinária não pode revogar determinação conferida pela LC n. 70/1991? REsp 616.219-MG, Rel. Min. Luiz Fux, julgado em 11/5/2004.

7.1.6. *Empresas de fomento mercantil – Factoring*

As empresas de fomento mercantil, mais conhecidas como *factoring* ainda não alcançaram unanimidade com relação ao seu tratamento legal no Brasil. Durante muitos anos as empresas de faturização atuaram à margem da lei, sujeitando-se inclusive a sanções penais.

Ocorre que, atualmente, este tipo de atividade é tão usual que não se discute mais a incidência de determinados tributos. Inclusive a Administração Federal preocupou-se em editar Atos Declaratórios para espancar as dúvidas existentes acerca da tributação da COFINS nas operações de compra de direito creditório.

A título de registro histórico, convém mencionar que as *factoring* desembarcaram no Brasil na década de 70, muito embora o mercado internacional já se valesse do desconto bancário.[75] O passar dos anos ainda não foi capaz de suavizar a concepção brasileira sobre a faturização, conquanto nesse período a legislação reguladora da atividade ainda não foi produzida, tampouco as empresas envolvidas com as referidas operações tenham conseguido deixar o obscurantismo.

De outra banda, a legislação tributária a respeito evoluiu e muito, sempre no sentido de ampliar as competências constitucionalmente instituídas. Exatamente é o que ocorre na incidência da COFINS sobre a compra de direitos creditórios.

Entretanto, curial que se forneça, mesmo que em breves linhas, a noção do que vem a ser *factoring* e como se dá a operação. O contrato de *factoring* consiste basicamente na venda de títulos por um comerciante à empresa de fomento, por um preço com deságio, o que se consubstancia o ganho. Assim, o proveito econômico da *factoring* está em comprar um título de crédito ainda não vencido de algum comerciante por quantia inferior ao seu valor de face, de modo que no adimplemento do título pelo devedor na sua integralidade, a empresa de fomento perceberá a diferença. Não obstante, o comerciante proprietário do crédito também se beneficia, porquanto converte a incerteza e o prazo no recebimento do crédito em obtenção imediata de capital de giro para o seu negócio.

A legislação pátria somente em 1995 disciplinou o assunto, pondo fim a um vácuo de longos anos na legislação empresarial e tributária.

Para fins de imposto de renda, a Lei nº 8.981, de 1995, pioneiramente, ofereceu tratamento legal, estabelecendo que o pagamento mensal do imposto de renda pelas *factorings* seria feito mediante a aplicação do percentual de 30% sobre a receita bruta:[76]

---

[75] VILLELA, Gilberto Etchaluz. A incidência da COFINS nas operações de compra e venda de direitos creditórios pelas empresas de fomento mercantil ou de faturização (factoring). *In: Juris Síntese* nº 20, nov/dez de 1999.

[76] O mesmo tratamento legal foi dispensado pela Lei nº 9.249, de 1995, que refere: "Art. 15. A base de cálculo do imposto, em cada mês, será determinada mediante a aplicação do percentual de oito por cento sobre a receita bruta auferida mensalmente, observado o disposto nos arts. 30 a 35 da Lei nº 8.981, de 20 de janeiro de 1995. § 1º Nas seguintes atividades, o percentual de que trata este artigo será de: (...) III – trinta e dois por cento, para as atividades de: (...) d) prestação cumulativa e contínua de serviços de assessoria creditícia, mercadológica, gestão de crédito, seleção de riscos, administração de contas a pagar e a receber, compra de direitos creditórios resultantes de vendas mercantis a prazo ou de prestação de serviços (*factoring*)".

Art. 28. A base de cálculo do imposto, em cada mês, será determinada mediante a aplicação do percentual de cinco por cento sobre a receita bruta registrada na escrituração auferida na atividade.
§ 1º – Nas seguintes atividades o percentual de que trata este artigo será de (...) c) trinta por cento sobre a receita bruta auferida com a atividades de: (...) c.4) – prestação cumulativa e contínua de serviços de assessoria creditícia, mercadológica, gestão de crédito, seleção e riscos, administração de contas a pagar e a receber, compras de direitos creditórios resultantes de vendas mercantis a prazo ou de prestação de serviços (*factoring*)

Na mesma Lei nº 8.981/95, artigo 36, estavam relacionadas as pessoas jurídicas obrigadas à apuração do imposto de renda pelo lucro real. Na redação original, não constavam as empresas de fomento. Sua inclusão nesse rol somente foi feita pela Lei nº 9.430, de 1996, que introduziu o inciso XV ao artigo 36 da Lei nº 8.981:

Art. 58. Fica incluído no art. 36 da Lei nº 8.981, de 20 de janeiro de 1995, com as alterações da Lei nº 9.065, de 20 de junho de 1995, o seguinte inciso XV:
Art. 36. ...
XV – que explorem as atividades de prestação cumulativa e contínua de serviços de assessoria creditícia, mercadológica, gestão de crédito, seleção e riscos, administração de contas a pagar e a receber, compras de direitos creditórios resultantes de vendas mercantis a prazo ou de prestação de serviços (*factoring*).

A mesma obrigatoriedade de tributação pelo lucro real foi mantida pela Lei nº 9.718, de 1998:

Art. 14. Estão obrigadas à apuração do lucro real as pessoas jurídicas: (...)
VI – que explorem as atividades de prestação cumulativa e contínua de serviços de assessoria creditícia, mercadológica, gestão de crédito, seleção e riscos, administração de contas a pagar e a receber, compras de direitos creditórios resultantes de vendas mercantis a prazo ou de prestação de serviços (*factoring*).

A obrigatoriedade de tributação pelo lucro real traz conseqüências importantes para essa espécie de pessoa jurídica, no que toca ao pagamento da contribuição social.

A primeira delas é a impossibilidade de adoção do regime de caixa no pagamento da COFINS, este que só é permitido às empresas tributadas pelo lucro presumido (que adotem o regime de caixa para o pagamento do imposto de renda e da contribuição social sobre o lucro).[77] Essa impossibilidade já foi objeto de Solução de Consulta por parte da SRF.[78]

[77] Conforme dispõe o art. 20 da Medida Provisória nº 2.158-35, de 24.08.2001 (resultante de uma série de MPs: "Art. 20. As pessoas jurídicas submetidas ao regime de tributação com base no lucro presumido somente poderão adotar o regime de caixa, para fins da incidência da contribuição para o PIS/PASEP e COFINS, na hipótese de adotar o mesmo critério em relação ao imposto de renda das pessoas jurídicas e da CSLL."
[78] "SOLUÇÃO DE CONSULTA Nº 30 (9ª Região Fiscal), DE 17 DE FEVEREIRO DE 2003 Assunto: Contribuição para o PIS/Pasep. Ementa: REGIME DE APURAÇÃO Permite-se às empresas de fomento

A segunda diz respeito à *terceira fase* da cobrança da COFINS, na qual coexistem duas modalidades (cumulativa, com alíquota de 3%, e não-cumulativa, com alíquota de 7,6%), e diz respeito à impossibilidade de adoção pelas empresas de fomento do regime cumulativo, impondo-lhes elevada carga tributária.

Feitas essas considerações preliminares, passamos aos aspectos mais polêmicos da tributação das empresas de fomento.

Inicialmente, é importante esclarecer o que são as receitas dessas empresas,[79] que diz respeito à primeira discussão, para, após, entrar no segundo debate, circunscrito à possibilidade, ou não, de sua tributação pela COFINS.

O conceito de *receita* para fins de tributação das empresas de faturização já foi delimitado pela Secretaria da Receita Federal, em normas complementares à lei. Especificamente, foram expedidos diversos Atos Declaratórios Normativos para solver o impasse. O primeiro deles, circunscrito ao *imposto de renda*, assim se regrou a matéria (no inciso II):

Ato Declaratório Normativo COSIT nº 51, de 28.12.1994.

O Coordenador-Geral do Sistema de Tributação, no uso de suas atribuições, e com base no que dispõe os artigos 226 e 242 do Regulamento do Imposto de Renda aprovado pelo Decreto nº 1.041, de 11 de janeiro de 1994,

DECLARA, em caráter normativo, às Superintendências Regionais da Receita Federal e aos demais interessados que:

I – a diferença entre o valor de face e o valor de venda oriunda da alienação de duplicata a empresa de fomento comercial (*factoring*), será computada como despesa operacional, na data da transação;

II – a receita obtida pelas empresas de *factoring*, representada pela diferença entre a garantia expressa no título de crédito adquirido e o valor pago, deverá ser reconhecida, para efeito de apuração do lucro líquido no período-base, da data da operação.

No que respeita à COFINS, a mesma Coordenação-Geral do Sistema de Tributação – COSIT –, tratou do tema em outro ADN, nesta feita distinguindo as várias atividades geralmente desenvolvidas por essa espécie de

---

comercial (*factoring*) adotar o regime de caixa para determinar a base de cálculo do imposto de renda, da contribuição social sobre o lucro líquido, da contribuição para o PIS/PASEP e da COFINS, incidentes sobre a receita financeira resultante da variação monetária dos direitos de crédito em função da taxa de câmbio, não se aplicando a exceção caso a variação monetária se verifique em função de lei ou de contrato. Dispositivos Legais: Medida Provisória nº 2.158-35/01, art. 30, *caput* e § 1º; Lei nº 9.718/98, art. 9º; Lei de Introdução ao Código Civil Brasileiro, art. 2º, §§ 1º e 2º". (DT 9ª RF – Marco Antônio Ferreira Possetti – Chefe – DOU 10.03.2003)

[79] Merece especial atenção à última atividade referida: "VI – compra e venda de direitos creditórios resultantes de vendas mercantis a prazo ou prestações de serviços". Refere, a respeito do tema, Gilberto Etchaluz Villela: "Como, entretanto, as *factoring* realmente existem para a compra de direitos creditórios – sua principal e, na maior parte das vezes, exclusiva atividade – não fazer incidir a contribuição sobre as receitas daí provenientes é, na prática, sem lei específica a propósito, isentar a empresa da exação" (VILLELA, Gilberto Etchaluz. *A incidência da COFINS nas operações de compra e venda de direitos creditórios pelas empresas de fomento mercantil ou de faturização (factoring)*. In: Juris Síntese nº 20, nov/dez de 1999).

pessoa jurídica,[80] e, no que toca à sua principal atividade (aquisição de direitos creditórios), fixa a orientação oficial de que *o valor da receita a ser computado é a diferença entre o valor de aquisição e o valor de face do título adquirido:*[81]

ATO DECLARATÓRIO (NORMATIVO) CST/COSIT Nº 31, DE 24 DE DEZEMBRO DE 1997 (DOU 29.12.1997)

O COORDENADOR-GERAL DO SISTEMA DE TRIBUTAÇÃO, no uso das atribuições que lhe confere o item II da Instrução Normativa nº 34, de 18 de setembro de 1974, tendo em vista o disposto na Lei Complementar nº 70, de 30 de dezembro de 1991, nos arts. 28, § 1º, alínea *c-4* e 36, inciso XV, da Lei nº 8.981, de 20 de janeiro de 1995, com as alterações introduzidas pela Lei nº 9.065, de 20 de junho de 1995, e pelo art. 58 da Lei nº 9.430, de 27 de dezembro de 1996,

DECLARA, em caráter normativo, às Superintendências Regionais da Receita Federal, às Delegacias da Receita Federal de Julgamento e aos demais interessados que

I – a base de cálculo da Contribuição para o Financiamento da Seguridade Social – COFINS, das empresas de fomento comercial (*Factoring*) é o valor do faturamento mensal, assim entendido, a receita bruta auferida com a prestação cumulativa e contínua de serviços

a) de assessoria creditícia, mercadológica, gestão de créditos, seleção de riscos

b) de administração de contas a pagar e a receber, e

c) de aquisição de direitos creditórios resultantes de vendas mercantis a prazo ou de prestação de serviços.

II – na hipótese da alínea *c* do inciso anterior, o valor da receita a ser computado é o valor da diferença entre o valor de aquisição e o valor de face do título adquirido.

---

[80] É importante destacar que as hipóteses versadas nas letras "a" e "b" do item I do ADN consistem em serviços, e, aí, não há que se debater a possibilidade ou não de incidência da COFINS, o que, a nosso ver, é possível, desde que haja serviço. A letra "c" do mesmo item I é substancialmente diferente, pois não envolve serviço, mas aquisição de direitos, e, nesse caso, não há *serviço*, no sentido técnico que lhe foi atribuído nos precedentes do Supremo Tribunal Federal relativos ao imposto sobre serviços, de que tratamos com mais atenção no capítulo pertinente à locação de bens. Há jurisprudência, contudo, em sentido contrário: "TRIBUTÁRIO – COFINS – EMPRESA DE FACTORING – COMPRA DE DIREITOS CREDITÓRIOS – INCIDÊNCIA – 1. O fato gerador da COFINS é o faturamento mensal, nos termos da Lei Complementar nº 70/91. 2. Tendo a empresa de factoring como uma de suas atribuições a compra de direitos de créditos (art. 15, § 1º, III, *d*, da Lei nº 9.249/95), a referida atividade encontra-se englobada na prestação final dos seus serviços e, por conseqüência, em sua receita bruta, ensejando a cobrança da referida exação. 3. O Ato Declaratório nº 31/97, reproduzido atualmente pelo Ato Declaratório nº 009/00, dispôs em parágrafos diversos, os mesmos serviços previstos na Lei nº 9.249/95, não se verificando, portanto, qualquer ilegalidade. 4. Apelação improvida". (TRF 5ª R. – AMS 68085 – (99.05.39922-4) – PE – 4ª T. – Rel. Des. Fed. Luiz Alberto Gurgel de Faria – DJU 13.06.2002 – p. 932)

[81] Com base no registrado Ato Declaratório veio a Decisão nº 1 da Superintendência Regional da Receita Federal da 3ª Região Fiscal, que, em 27.05.1997 (publicação no DOU de 28.08.1997) dispôs: "Decisão nº 1, de 27. 05.1997 ASSUNTO: Incidência da COFINS na aquisição de título por empresa de fomento comercial (*factoring*) EMENTA: *FACTORING* – Constitui receita operacional a diferença entre o valor de face e o valor de aquisição do direito (título de crédito), acrescido de outras receitas inerentes à transação. Ambas são base de cálculo para a incidência da Contribuição para Financiamento da Seguridade Social – COFINS. DISPOSITIVOS LEGAIS: Lei Complementar nº 70, de 30.12.1991; Ato Declaratório Normativo COSIT nº 51, de 28 de setembro de 1994."

Posteriormente, houve revogação do ADN 31/97 pelo inciso I do art. 108 da IN SRF 247/2002, cujo artigo 10 dispôs, em seu § 3º, o seguinte:

§ 3º Nas aquisições de direitos creditórios, resultantes de vendas mercantis a prazo ou de prestação de serviços, efetuadas por empresas de fomento comercial (*Factoring*), a receita bruta corresponde à diferença verificada entre o valor de aquisição e o valor de face do título ou direito creditório adquirido.

Diante das regras acima reproduzidas, não resta dúvida, no âmbito da administração tributária, sobre o que seja receita das empresas de fomento para fins de tributação da COFINS.[82]

Não temos, em princípio, reparo à orientação fiscal. Contudo, o fato de ser delimitado o que seja *receita* das empresas de fomento não significa admitir, como corolário incontestável, a possibilidade de tributação. Esse, como antes destacado, é o segundo debate.[83]

O cerne da controvérsia é depreendido das posições adotadas. De um lado, a Fazenda Nacional sustenta a inexistência de norma a isentar tais operações e, de outro, os contribuintes sustentam a não-incidência da norma instituidora da COFINS.

Mais uma vez, retornamos a discussão da dimensão semântica dos termos "prestação de serviços" e "venda de mercadorias" que uma vez erigidos ao patamar constitucional, não são suscetíveis de alteração pelo legislador tributário em face do artigo 110 do Código Tributário Nacional.[84] Se a lei tributária não pode assim dispor, muito menos poderá um ato declaratório da Receita Federal, Instrução Normativa ou qualquer ato equivalente. Se admitirmos – como fez o Supremo Tribunal Federal – que os conceitos de *prestação de serviço* e de *faturamento* atingiram o *status* constitucional, não poderá a legislação tributária alterá-los.

Considerando que a mesma controvérsia voltará a se tratada com mais vagar nesta obra, permitimo-nos apenas resumir que, em nossa opinião, não pode haver cobrança da COFINS sobre a *aquisição de direitos creditórios* no período em que a incidência se deu com base no *faturamento*, porquanto

---

[82] Na parte final do ADN editado para fins de imposto de renda consta que a receita, para fins de imposto de renda, deveria ser computada na "data da operação", referindo-se à operação de aquisição pela empresa de fomento do direito creditório. Temos, num primeiro exame, restrição quanto ao aspecto temporal, em especial no que diz respeito à contribuição social de que tratamos. Entendemos, à primeira vista, que somente ocorrerá o fato gerador quando do vencimento do título, pois, somente nesta data (futura em relação à aquisição do direito creditório), será transformada a expectativa da cobrança na exigibilidade da mesma. Esse elemento da tributação, portanto, não deve ser ignorado.

[83] O debate está limitado ao período em que a COFINS é cobrada sobre o *faturamento*, não sendo aplicável ao período ("terceira fase") em que o tributo passa a incidir sobre a *receita*.

[84] "Art. 110. A lei tributária não pode alterar a definição, o conteúdo e o alcance de institutos, conceitos e formas de direito privado, utilizados, expressa ou implicitamente, pela Constituição Federal, pelas Constituições dos Estados, ou pelas Leis Orgânicas do Distrito Federal ou dos Municípios, para definir ou limitar competências tributárias".

as operações envolvendo a venda de créditos não podem ser enquadradas como prestação de serviço, tampouco como venda de mercadorias.[85]

A posição dos Conselhos dos Contribuintes vai exatamente no sentido contrário à nossa opinião, concluindo ser possível, mesmo antes da alteração na base de cálculo,[86] a inclusão das receitas decorrentes da compra de direitos creditórios (diferença entre valor pago e valor de face) na base de cálculo da COFINS:

> COFINS – RECEITAS DE *FACTORING* – Integram a base de cálculo da COFINS as receitas auferidas pelas empresas de fomento comercial (*factoring*), no que diz respeito às aquisições de direitos creditórios, devendo ser considerada a diferença entre o valor de face do título ou direito adquirido e o valor de aquisição. Recurso negado. Por unanimidade de votos, negou-se provimento ao recurso. (2º CC – Proc. 11080.004094/97-84 – Rec. 120521 – (Ac. 201-77251) – 1ª C. – Rel. Adriana Gomes Rêgo Galvão – DOU 01.03.2004 – p. 10);
>
> COFINS – EMPRESAS DE *FACTORING* – INCIDÊNCIA – A receita obtida pelas empresas de *factoring*, representada pela diferença entre a quantia expressa no título de crédito e o valor pago ao alienante, constitui receita de serviços e integra o faturamento mensal, devendo compor a base de cálculo da COFINS (art. 2º da Lei Complementar nº 70/91, art. 226 do RIPI/94 e ADN COSIT nº 51/94). Precedentes jurisprudenciais. Recurso negado. Por unanimidade de votos, negou-se provimento ao recurso. (2º CC – Proc. 10680.002902/97-65 – Rec. 119224 – (Ac. 201-76684) – 1ª C. – Rel. Serafim Fernandes Corrêa – DOU 24.06.2003 – p. 125).

A posição externada pelos Tribunais Regionais Federais em nada difere do entendimento da Receita Federal:

> CONSTITUCIONAL E TRIBUTÁRIO – COFINS – INCIDÊNCIA NA AQUISIÇÃO DE DIREITOS CREDITÓRIOS – LEI COMPLEMENTAR 70, DE 30 DE DEZEMBRO DE 1991, ART. 2º – LEGALIDADE DO ATO DECLARATÓRIO NORMATIVO 31, DE 24 DE DEZEMBRO DE 1997 – I. A Constituição, enquanto âmbito de distribuição de competência tributária no Estado Federal, não se constitui em instrumento de exercício da competência tributária, cabendo, assim, ao constituinte tão-somente estabelecer objetos de tributação. II. O Ato Declaratório Normativo 31, de 24 de dezembro de 1997, não é ilegal pelo fato de ter estabelecido que a base de cálculo da COFINS, no que diz respeito às empresas de factoring, é o valor do faturamento mensal, assim entendido a receita bruta auferida com a prestação de serviços, bem como que, no caso da aquisição de direitos creditórios, o valor da receita a ser computado corresponde à diferença entre o valor da aquisição e o valor de face do título ou direito adquirido. III. Apelação provida. Remessa oficial prejudicada. (TRF 1ª R. – AMS

---

[85] Ousamos divergir da posição esposada por Gilberto Villela, quanto à alegada inexistência de norma isentiva. A uma porque a não-cobrança da COFINS sobre tais atividades não configura isenção, mas sim não-incidência, pois como anteriormente alertamos, o debate é travado na delimitação do alcance da hipótese de incidência criada pela Lei Complementar nº 70. A duas, porque o legislador ordinário, por força do artigo 110 do CTN, não pode estender ou modificar conceitos erigidos ao nível constitucional.

[86] Os processos são anteriores até a Lei nº 9.718/98.

199901000384105 – GO – 2ª T.S. – Rel. Juíza Conv. Vera Carla Nelson de Oliveira Cruz – DJU 22.01.2002 – p. 22); TRIBUTÁRIO – COFINS – EMPRESA DE *FACTORING* – COMPRA DE DIREITOS CREDITÓRIOS – INCIDÊNCIA – 1. O fato gerador da COFINS é o faturamento mensal, nos termos da Lei Complementar nº 70/91. 2. Tendo a empresa de *factoring* como uma de suas atribuições a compra de direitos de créditos (art. 15, § 1º, III, *d*, da Lei nº 9.249/95), a referida atividade encontra-se englobada na prestação final dos seus serviços e, por conseqüência, em sua receita bruta, ensejando a cobrança da referida exação. 3. O Ato Declaratório nº 31/97, reproduzido atualmente pelo Ato Declaratório nº 009/00, dispôs em parágrafos diversos, os mesmos serviços previstos na Lei nº 9.249/95, não se verificando, portanto, qualquer ilegalidade. 4. Apelação improvida. (TRF 5ª R. – AMS 68085 – (99.05.39922-4) – PE – 4ª T. – Rel. Des. Fed. Luiz Alberto Gurgel de Faria – DJU 13.06.2002 – p. 932); TRIBUTÁRIO – AGRAVO DE INSTRUMENTO – EMPRESA DE FACTORING – Incidência da COFINS sobre a compra de direito creditório. Art. 58 da Lei nº 9.430/96. Possibilidade. 1. A Lei nº 9.430/96, em art. 58, inclui, no rol das atividades que caracterizam as empresas de *factoring*, a compra de direito creditório. 2. *In casu*, verificando-se que a COFINS incide na prestação dos serviços oferecidos pelas empresas, a mesma deve recair, igualmente, na compra de direitos creditórios, vez que tal transação implica na totalidade de seus serviços. 3. Agravo improvido. (TRF 5ª R. – AG 0518566 – (9805219224) – CE – 2ª T. – Rel. Juiz Petrúcio Ferreira – DJU 26.03.1999 – p. 1138).

Não há, contudo, posição definitiva dos tribunais superiores sobre o tema.

7.2. Imunidade das entidades de educação e de assistência social[87]

A Constituição Federal prevê, em seu artigo 150, inciso VI, letra "c", a imunidade das instituições de educação e de assistência social a quaisquer impostos,[88] enquanto o § 7º do seu art. 195 prevê a imunidade das entidades beneficentes de assistência social que atendam às exigências estabelecidas em lei. Interessa-nos, para efeitos de COFINS, apenas o § 7º do art. 195. Nesse dispositivo, não há qualquer referência à natureza das receitas per-

---

[87] Sobre o tema, sugerimos a leitura dos seguintes estudos: Brito, Edvaldo. A "isenção" das Contribuições de Seguridade Social e Entidades Beneficentes de Assistência social: uma interpretação do art. 195 da Constituição Federal, *in Contribuições Previdenciárias, Questões Atuais, Dialética*, p. 21/71; TROIANELLI, Gabriel Lacerda. A imunidade das entidades beneficentes de assistência social prevista no artigo 195 § 7º da Constituição Federal e da Lei Complementar nº 84/96, *in Contribuições Previdenciárias, Questões Atuais*, Dialética, p. 75/90; MELO, José Eduardo Soares. A imunidade das entidades beneficentes às contribuições à seguridade social, *in Contribuições Previdenciárias, Questões Atuais*, Dialética, p. 133/152; BALERA, Wagner. A imunidade das entidades beneficentes de assistência social, *in Contribuições Previdenciárias, Questões Atuais*, Dialética, p. 219/234.

[88] A COFINS já foi definida como contribuição social, razão pela qual à mesma não se aplica o disposto no art. 150, VI, "c", mas, apenas, o § 7º do art. 195.

cebidas, e nem tampouco permissão à legislação complementar ou à legislação ordinária para estabelecer limitação da imunidade a apenas parcelas de determinadas receitas de determinadas entidades e, mediante essa limitação, conferir competência tributária não atribuída na Constituição Federal.

As condições, para o gozo do direito subjetivo à imunidade, advêm do dispositivo constitucional e abrangem todas as entidades, dedicadas à educação, que sejam definidas como de assistência social, e para tal devem preencher os requisitos enumerados no Código Tributário Nacional.

O artigo 9° dispunha, inicialmente, ser:

Vedado à União, aos Estados, ao Distrito Federal e aos Municípios (...)
IV – cobrar imposto sobre: (...)
c) o patrimônio, a renda ou serviços de partidos políticos e de instituições de educação ou de assistência social, observados os requisitos fixados na Seção II deste Capítulo.

A partir da alteração introduzida na alínea "c" pela Lei Complementar n° 104, de 10.01.2001 (DOU 11.01.2001), a regra passou a ser a seguinte:

É vedado à União, aos Estados, ao Distrito Federal e aos Municípios (...)
IV – cobrar imposto sobre: (...)
c) o patrimônio, a renda ou serviços dos partidos políticos, inclusive suas fundações, das entidades sindicais dos trabalhadores, das *instituições de educação* e de assistência social, sem fins lucrativos, observados os requisitos fixados na Seção II deste Capítulo.

Lendo-se a Seção II,[89] referida no art. 9°, temos também duas redações, diferentes em função da LC 104/01, para o artigo 14. Na primeira, os requisitos para o gozo da imunidade eram:

I – não distribuírem qualquer parcela de seu patrimônio ou de suas rendas, a título de lucro ou participação no seu resultado;
II – aplicarem integralmente, no País, os seus recursos na manutenção dos seus objetivos institucionais;
III – manterem escrituração de suas receitas e despesas em livros revestidos de formalidades capazes de assegurar sua exatidão.

Após a vigência da LC 104/01, os requisitos passaram a ser os seguintes, com alteração do inciso I:

---

[89] Que, além do art. 14, reproduzido acima, têm também os seguintes artigos, relevantes para a análise: "Art. 12. O disposto na alínea a do inciso IV do artigo 9°, observado o disposto nos seus §§ 1° e 2°, é extensivo às autarquias criadas pela União, pelos Estados, pelo Distrito Federal, ou pelos Municípios, tão-somente no que se refere ao patrimônio, à renda ou aos serviços vinculados às suas finalidades essenciais, ou delas decorrentes. Art. 13. O disposto na alínea a do inciso IV do artigo 9° não se aplica aos serviços públicos concedidos, cujo tratamento tributário é estabelecido pelo poder concedente, no que se refere aos tributos de sua competência, ressalvado o que dispõe o parágrafo único. Parágrafo único. Mediante lei especial e tendo em vista o interesse comum, a União pode instituir isenção de tributos federais, estaduais e municipais para os serviços públicos que conceder, observado o disposto no § 1° do artigo 9°."

I – não distribuírem qualquer parcela de seu patrimônio ou de suas rendas, a qualquer título;

II – aplicarem integralmente, no País, os seus recursos na manutenção dos seus objetivos institucionais;

III – manterem escrituração de suas receitas e despesas em livros revestidos de formalidades capazes de assegurar sua exatidão.

Adicionalmente ao referido nos incisos, dispõe o § 2º:

Os serviços a que se refere a alínea c do inciso IV do artigo 9º são exclusivamente os diretamente relacionados com os objetivos institucionais das entidades de que trata este artigo, previsto nos respectivos estatutos ou atos constitutivos.

Ocorre que o legislador ordinário, em diversas oportunidades, tentou alterar e aumentar o rol de requisitos para gozo da imunidade;[90] noutras oportunidades, a autoridade administrativa tratou de criar restrições sem base legal.[91] Todas essas tentativas fiscalistas foram objeto de manifestações doutrinárias e de apreciação pelo Poder Judiciário.

O debate passou a ser o seguinte: *de um lado,* a administração tributária pleiteando a validade de imposição de novas restrições[92] por meio de lei ordinária ou medida provisória, ao que insiste em denominar de *isenção;*[93] e, *de outro lado,* as entidades argüindo a necessidade de lei complementar para tal finalidade, e, por conseguinte, a inconstitucionalidade e a ilegalidade das restrições criadas por legislação de hierarquia inferior (legislação ordinária e normas complementares).[94]

---

[90] Dispositivos Legais: Lei nº 9.718/98, arts. 2º e 3º; Lei nº 9.532/1997, arts. 12 e 15; Lei nº 8.212/1991, art. 55; Lei Complementar nº 70/1991, art. 6º; Lei nº 8.742/1993, arts. 1º, 2º, 3º, 4º, 9º, 18; MP nº 2.037-23, arts. 13, 14 e 17.

[91] IN SRF nº 113/1998, arts 1º e 2º;

[92] Em alguns casos, inclusive, a alegação é de que "As instituições de educação são prestadoras de serviço e, quando recebem a correspondente contraprestação não se encontram abrangidas pelo conceito de assistência social". (Decisão nº 226, DRJ/Campinas, de 20.02.2001, DOU 14.05.2001, p. 154)

[93] Já existem diversas decisões do 2º Conselho de Contribuintes declarando inequivocamente que a não-incidência prevista no § 7º do art. 195 é imunidade: "COFINS – IMUNIDADE DE ENTIDADES BENEFICENTES DE ASSISTÊNCIA SOCIAL – A isenção prevista no art. 195, § 7º, da Constituição Federal, tem a natureza de imunidade. Tendo a empresa aplicado seus recursos unicamente na consecução de seus objetivos, não distribuindo lucros para seus diretores, esta é passiva da imunidade albergada constitucionalmente. Recurso provido. Por unanimidade de votos, deu-se provimento ao recurso. O Conselheiro Jorge Freire apresentou declaração de voto". (2º CC – Proc. 10860.001774/99-95 – Rec. 115076 – (Ac. 201-76075) – 1ª C. – Rel. Antônio Mário de Abreu Pinto – DOU 14.05.2003 – p. 23)

[94] CTN: "Art. 100. São normas complementares das leis, dos tratados e das convenções internacionais e dos decretos: I – os atos normativos expedidos pelas autoridades administrativas; II – as decisões dos órgãos singulares ou coletivos de jurisdição administrativa, a que a lei atribua eficácia normativa; III – as práticas, reiteradamente observadas pelas autoridades administrativas; IV – os convênios que entre si celebrem a União, os Estados, o Distrito Federal e os Municípios. Parágrafo único. A observância das normas referidas neste artigo exclui a imposição de penalidades, a cobrança de juros de mora e a atualização do valor monetário da base de cálculo do tributo."

O Supremo Tribunal Federal, na Ação Direta de Inconstitucionalidade 1.802-3,[95] com efeitos *erga omnes*, decidiu, o seguinte:

I. Ação direta de inconstitucionalidade: Confederação Nacional de Saúde: qualificação reconhecida, uma vez adaptados os seus estatutos ao molde legal das confederações sindicais; pertinência temática concorrente no caso, uma vez que a categoria econômica representada pela autora abrange entidades de fins não lucrativos, pois sua característica não é a ausência de atividade econômica, mas o fato de não destinarem os seus resultados positivos à distribuição de lucros.
II. Imunidade tributária (CF, art. 150, VI, *c*, e 146, II): "instituições de educação e de assistência social, sem fins lucrativos, atendidos os requisitos da lei": delimitação dos âmbitos da matéria reservada, no ponto, à intermediação da lei complementar e da lei ordinária: análise, a partir daí, dos preceitos impugnados (L. 9.532/97, arts. 12 a 14): cautelar parcialmente deferida.
1. Conforme precedente no STF (RE 93.770, Muñoz, RTJ 102/304) e na linha da melhor doutrina, o que a Constituição remete à lei ordinária, no tocante à imunidade tributária considerada, é a fixação de normas sobre a constituição e o funcionamento da entidade educacional ou assistencial imune; não, o que diga respeito aos lindes da imunidade, que, quando susceptíveis de disciplina infraconstitucional, ficou reservado à lei complementar.
2. À luz desse critério distintivo, parece ficarem incólumes à eiva da inconstitucionalidade formal argüida os arts. 12 e §§ 2º (salvo a alínea *f*) e 3º, assim como o parág. único do art. 13; ao contrário, é densa a plausibilidade da alegação de invalidez dos arts. 12, § 2º, *f*; 13, *caput*, e 14 e, finalmente, se afigura chapada a inconstitucionalidade não só formal mas também material do § 1º do art. 12, da lei questionada.
3. Reserva à decisão definitiva de controvérsias acerca do conceito da entidade de assistência social, para o fim da declaração da imunidade discutida – como as relativas à exigência ou não da gratuidade dos serviços prestados ou à compreensão ou não das instituições beneficentes de clientelas restritas e das organizações de previdência privada: matérias que, embora não suscitadas pela requerente, dizem com a validade do art. 12, *caput*, da L. 9.532/97 e, por isso, devem ser consideradas na decisão definitiva, mas cuja delibação não é necessária à decisão cautelar da ação

---

[95] A decisão foi noticiada da seguinte forma: "IMUNIDADE TRIBUTÁRIA – Prosseguindo no julgamento da ação direta acima mencionada, o Tribunal deferiu a suspensão cautelar de eficácia dos seguintes dispositivos da Lei 9.532/97: a) § 1º do art. 12, que retira das instituições de educação ou de assistência social a imunidade com relação aos rendimentos e ganhos de capital auferidos em aplicações financeiras de renda fixa ou de renda variável; h) alínea f do § 2º do art. 12, que estabelece, como condição do gozo da imunidade pelas instituições, a obrigatoriedade do recolhimento de tributos retidos sobre os rendimentos por elas pagos ou creditados; e c) artigos 13, *caput*, e 14, que prevêem a suspensão do gozo da imunidade tributária como forma de penalidade por ato que constitua infração à legislação tributária. À primeira vista, reconheceu-se a inconstitucionalidade formal dessas normas, sob o entendimento de que o art. 150, VI, c, da CF ("...atendidos os requisitos da lei;") remete à lei ordinária a competência para estipular requisitos que digam respeito apenas à constituição e ao funcionamento das entidades imunes, e que qualquer limitação ao poder de tributar, como previsto no art. 146, II, da CF, só pode ocorrer mediante lei complementar. Considerou-se que a discussão sobre se o conceito de instituição de assistência social (CF, art. 150, VI, c) abrange ou não as instituições de previdência social, as de saúde e as de assistência social propriamente ditas será apreciada no julgamento de mérito da ação. Precedente citado: RE 93.770-RJ (RTJ 102/304)". (STF – ADInMC 1.802 – DF – Rel. Min. Sepúlveda Pertence – J. 27.08.1998 – Informativo nº 120 – 02.09.1998 – p. 01)

direta. (STF – ADInMC 1.802 – DF – Rel. Min. Sepúlveda Pertence – J. 27.08.1998 – RDDT 103/199)

O Supremo Tribunal Federal, em outra Ação Direta, com efeitos *erga omnes*, decidiu,[96] em acórdão unânime do Plenário do STF:

AÇÃO DIRETA DE INCONSTITUCIONALIDADE. ART. 1º, NA PARTE EM QUE ALTEROU A REDAÇÃO DO ARTIGO 55, III, DA LEI 8.212/91 E ACRESCENTOU-LHE OS §§ 3º, 4º E 5º, E DOS ARTIGOS 4º, 5º E 7º, TODOS DA LEI 9.732, DE 11 DE DEZEMBRO DE 1998.

– Preliminar de mérito que se ultrapassa porque o conceito mais lato de assistência social – e que é admitido pela Constituição – é o que parece deva ser adotado para a caracterização da assistência prestada por entidades beneficentes, tendo em vista o cunho nitidamente social da Carta Magna.

– De há muito se firmou a jurisprudência desta Corte no sentido de que só é exigível lei complementar quando a Constituição expressamente a ela faz alusão com referência a determinada matéria, o que implica dizer que quando a Carta Magna alude genericamente a "lei" para estabelecer princípio de reserva legal, essa expressão compreende tanto a legislação ordinária, nas suas diferentes modalidades, quanto a legislação complementar.

– No caso, o artigo 195, § 7º, da Carta Magna, com relação a matéria específica (as exigências a que devem atender as entidades beneficentes de assistência social para gozarem da imunidade aí prevista), determina apenas que essas exigências sejam estabelecidas em lei. Portanto, em face da referida jurisprudência desta Corte, em lei ordinária.

– É certo, porém, que há forte corrente doutrinária que entende que, sendo a imunidade uma limitação constitucional ao poder de tributar, embora o § 7º do artigo 195 só se refira a "lei" sem qualificá-la como complementar – e o mesmo ocorre quanto ao artigo 150, VI, "c", da Carta Magna –, essa expressão, ao invés de ser entendida como exceção ao princípio geral que se encontra no artigo 146, II ("Cabe à lei complementar: .... II – regular as limitações constitucionais ao poder de tributar"), deve

---

[96] Noticiou o Informativo STF (grifamos): "ENTIDADE BENEFICENTE DE ASSISTÊNCIA SOCIAL – O Tribunal referendou decisão proferida pelo Min. Marco Aurélio que, no exercício da Presidência (RISTF, art. 37, I), deferiu pedido de medida liminar em ação direta de inconstitucionalidade ajuizada pela Confederação Nacional da Saúde, Hospitais, Estabelecimentos e Serviços – CNS contra o art. 1º, na parte em que alterou a redação do art. 55, III, da Lei nº 8.212/91, e acrescentou-lhe os §§ 3º, 4º e 5º, bem como dos arts. 4º, 5º e 7º, da Lei nº 9.732/98, que alterou o conceito de entidade beneficente de assistência social para concessão da imunidade prevista no art. 195, § 7º, da CF. Examinando preliminar de mérito suscitada pelo Min. Moreira Alves, relator, o Tribunal entendeu que *entidade beneficente, para efeito da imunidade prevista no § 7º do art. 195 da CF, abrange não só as de assistência social que tenham por objetivo qualquer daqueles enumerados no art. 203 da CF, como também as entidades beneficentes de saúde e educação, tendo em vista que entidade de assistência social é toda aquela destinada a assegurar os meios de vida aos carentes*. Em seguida, o Tribunal entendeu, à primeira vista, haver relevância na tese sustentada pelo autor, em que se alegava a inconstitucionalidade dos dispositivos impugnados, tendo em vista que eles não se limitaram em estabelecer os requisitos a serem observados pelas entidades beneficentes de assistência social para gozarem da imunidade prevista no § 7º do art. 195 da CF, mas estabeleceram requisitos que modificaram o conceito constitucional de entidade beneficente de assistência social, limitando a própria extensão da imunidade." (STF – ADI-MC 2.028 – DF – Rel. Min. Moreira Alves – DJU 11.11.1999 – Informativo nº 170 – 17.11.1999 – p. 1)

ser interpretada em conjugação com esse princípio para se exigir lei complementar para o estabelecimento dos requisitos a ser observados pelas entidades em causa.

– A essa fundamentação jurídica, em si mesma, não se pode negar relevância, embora, no caso, se acolhida, e, em conseqüência, suspensa provisoriamente a eficácia dos dispositivos impugnados, voltará a vigorar a redação originária do artigo 55 da Lei 8.212/91, que, também por ser lei ordinária, não poderia regular essa limitação constitucional ao poder de tributar, e que, apesar disso, não foi atacada, subsidiariamente, como inconstitucional nesta ação direta, o que levaria ao não-conhecimento desta para se possibilitar que outra pudesse ser proposta sem essa deficiência.

– Em se tratando, porém, de pedido de liminar, e sendo igualmente relevante a tese contrária – a de que, no que diz respeito a requisitos a serem observados por entidades para que possam gozar da imunidade, os dispositivos específicos, ao exigirem apenas lei, constituem exceção ao princípio geral –, não me parece que a primeira, no tocante à relevância, se sobreponha à segunda de tal modo que permita a concessão da liminar que não poderia dar-se por não ter sido atacado também o artigo 55 da Lei 8.212/91 que voltaria a vigorar integralmente em sua redação originária, deficiência essa da inicial que levaria, de pronto, ao não-conhecimento da presente ação direta. Entendo que, em casos como o presente, em que há, pelo menos num primeiro exame, equivalência de relevâncias, e em que não se alega contra os dispositivos impugnados apenas inconstitucionalidade formal, mas também inconstitucionalidade material, se deva, nessa fase da tramitação da ação, trancá-la com o seu não-conhecimento, questão cujo exame será remetido para o momento do julgamento final do feito.

– Embora relevante a tese de que, não obstante o § 7º do artigo 195 só se refira a "lei", sendo a imunidade uma limitação constitucional ao poder de tributar, é de se exigir lei complementar para o estabelecimento dos requisitos a ser observados pelas entidades em causa, no caso, porém, dada a relevância das duas teses opostas, e sendo certo que, se concedida a liminar, revigorar-se-ia legislação ordinária anterior que não foi atacada, não deve ser concedida a liminar pleiteada.

– É relevante o fundamento da inconstitucionalidade material sustentada nos autos (o de que os dispositivos ora impugnados – o que não poderia ser feito sequer por lei complementar – estabeleceram requisitos que desvirtuam o próprio conceito constitucional de entidade beneficente de assistência social, bem como limitaram a própria extensão da imunidade). Existência, também, do *periculum in mora*. Referendou-se o despacho que concedeu a liminar para suspender a eficácia dos dispositivos impugnados nesta ação direta.

Em nossa opinião:[97]

a) é acertada a decisão do STF quando declara que "entidade beneficente, para efeito da imunidade prevista no § 7º do art. 195 da CF, abrange não só as de assistência social que tenham por objetivo qualquer daqueles enumerados no art. 203 da CF, como também as entidades beneficentes de saúde e educação";[98]

---

[97] As íntegras dos acórdãos estão reproduzidas na RDDT 103/199 e 60/169.

[98] Consta no Voto do Min. Moreira Alves (Relator) (RDDT 60/177): "Note-se, ademais, que, regulamentando as exigências necessárias para o gozo da imunidade prevista no artigo 195, § 7º, da Consti-

b) há necessidade de lei complementar, por exigência do art. 146, II, da CF/88, conforme decidido na ADIn 1.802-3 ("não, o que diga respeito aos lindes da imunidade, que, quando susceptíveis de disciplina infraconstitucional, ficou reservado à lei complementar");

c) são inconstitucionais as limitações instituídas por lei ordinária, medida provisória, e ilegais e inconstitucionais aquelas criadas por atos administrativos integrantes da categoria de normas complementares.

7.2.1. A "isenção" prevista na legislação ordinária

A legislação infraconstitucional sempre considerou as entidades de educação como não sujeitas ao pagamento da COFINS. Inicialmente, previu o artigo 6º, III, da Lei Complementar nº 70/91, que *são "isentas" da contribuição as entidades beneficentes de assistência social que atendam às exigências estabelecidas em lei.*

A situação não foi alterada (e nem poderia ser!, pois se trata de *imunidade*, e não de *isenção*), após a revogação deste dispositivo por uma seqüência de reedições de uma medida provisória. Na edição de 26/10/2000, a Medida Provisória que trata da matéria, a de nº 2.037-23, revoga expressamente os incisos I e III da Lei Complementar nº 70/91, e o seu artigo 14, *caput*, dispõe que, a partir de 01/02/1999, *são "isentas" da COFINS as receitas relativas às atividades próprias das entidades a que se refere o seu art. 13, dentre as quais as instituições de educação e de assistência social a que se refere o art. 12 da Lei nº 9.532, de 10 de dezembro de 1997.*

Esse esclarecimento é essencial para que não seja confundida a imunidade de que são titulares essas entidades, com as isenções e não-incidências contidas em outros dispositivos da legislação ordinária. É certo que todas as hipóteses previstas no art. 14 são de não-incidência, mas é equivocada a interpretação segundo a qual sejam todas isenções, na medida em que há hipóteses de imunidade, de não-incidência e de isenção.

7.2.2. A restrição da não-incidência a determinada "classe" de receitas

Não merece prosperar o argumento (que pressupõe admitir tratar-se de simples *isenção*) frágil, que pretende classificar as receitas das entidades

---

tuição, não teria sentido pretendesse essa lei, no mesmo dispositivo regulamentador da imunidade, fazer a distinção entre entidades beneficentes de assistência social e entidade beneficentes educacionais ou de saúde, para estabelecer, sem declará-lo expressamente, que aquelas teriam direito à imunidade, ao passo que a estas se concedia apenas isenção." Mais adiante, no mesmo Voto: "Aliás, esta Corte tem entendido que a entidade beneficente de assistência social, a que alude o § 7º do artigo 195 da Constituição, abarca a entidade beneficente de assistência educacional (assim, no ROMS 22.192, relator Ministro Celso de Mello, no ROMS 22.360, relator Ministro Ilmar Galvão, e, anteriormente, no MI 232 de que fui relator, os dois primeiros relativos à Associação Paulista da Igreja Adventista do Sétimo Dia que presta assistência educacional, e o último com referência ao Centro de Cultura Prof. Luiz Freire)."

filantrópicas em diversas categorias ou espécies, e restringir a isenção apenas a uma ou mais dessas categorias ou espécies.[99]

Primeiro, porque não se trata de isenção, mas, sim, de imunidade, e este gênero de não-incidência, constitucional, não admite qualquer restrição desta natureza, conforme a jurisprudência pacífica do STF acolhida pelo Conselho de Contribuintes:[100]

> COFINS – IMUNIDADE – O conceito de assistência social vincula-se à finalidade em si que as instituições assistenciais buscam cumprir, qual seja, a realização desinteressada de uma obra social de caráter altruístico, com sentido de colaboração à causa do interesse coletivo, do progresso e do bem geral. Não importa para tanto, se a assistência se dá na área da educação. No entanto, para o gozo da imunidade prevista no § 7º do artigo 195, se faz necessário a demonstração de que a entidade é realmente de assistência social. (...) (2º CC – Ac. 203-08173 – 3ª C. – Rel. Maria Teresa Martínez López – DOU 03.12.2002 – p. 23)

Segundo, porque todas as receitas dessas entidades são afeitas (porque destinadas) às suas atividades próprias, e são essenciais para que seja possível a filantropia. Assim, desinteressa a denominação ou a classificação contábil das receitas:[101] todos os recursos recebidos propiciam o custeio das suas atividades essenciais.

---

[99] As Superintendências da Receita Federal têm acolhido a impossibilidade de cobrança, conforme visto nas seguintes decisões, proferidas em resposta a consultas feitas por instituições de educação e assistência social, porém sempre partindo da premissa de que se trataria de caso de *isenção*: DECISÃO Nº 40 (3ª Região Fiscal), DE 09 DE DEZEMBRO DE 1999 Assunto: Contribuição para o Financiamento da Seguridade Social – COFINS. Ementa: INSTITUIÇÕES DE EDUCAÇÃO E DE ASSISTÊNCIA SOCIAL – RECEITAS DA ATIVIDADE – ISENÇÃO São isentas da COFINS as receitas próprias da atividade das instituições de educação e de assistência social, sem fins lucrativos, a que se refere o art. 12 da Lei nº 9.532/1997, desde que atendam às exigências previstas em lei. Dispositivos legais: Lei Complementar nº 70/1991, art. 6º, inc. III; Medida Provisória nº 1.858-6/1999, arts. 13 e 14; Lei nº 9.718/1998, arts. 2º e 3º e §§; Lei nº 9.532/1997, art. 12 e Lei nº 8.212/1991, art. 55 e §§. (Nadja Rodrigues Romero – Superintendente – DOU 31.01.2000 – p. 6); DECISÃO Nº 72 (9ª Região Fiscal), DE 05 DE JULHO DE 1999 Assunto: Contribuição para o Financiamento da Seguridade Social – COFINS. Ementa: ISENÇÃO – ASSISTÊNCIA SOCIAL. A partir de 01.02.1999, são isentas da COFINS as receitas relativas às atividades próprias das entidades beneficentes de assistência social, atendidos os requisitos de lei. Dispositivos legais: CF/88, art. 195, § 7º; MP nº 1.858-6/99, arts. 14, X, e 15; Lei nº 8.212/91, art. 55; Lei nº 9.732/98. (Marco Aurélio Chichorro Falavinha – Chefe da Divisão – DOU 03.08.1999 – p. 03) Mais recentemente, outras decisões das Superintendências da Receita Federal têm sido publicadas no mesmo sentido, embora relativas a fatos geradores posteriores àqueles objeto do presente recurso: SOLUÇÃO DE CONSULTA Nº 50 (1ª Região Fiscal), DE 7 DE AGOSTO DE 2002 (DT 1ª RF – Nadja Rodrigues Romero – Superintendente – DOU 29.08.2002); SOLUÇÃO DE CONSULTA Nº 32 (5ª Região Fiscal), DE 12 DE DEZEMBRO DE 2001 (DT 5ª RF – Adalto Lacerda da Silva – Superintendente – DOU 07.01.2002)

[100] E pela Câmara Superior de Recursos Fiscais: "COFINS – ISENÇÃO – As instituições de educação sem fins lucrativos enquadradas como entidades beneficentes de assistência social, que atendem a todos os requisitos estabelecidos no art. 55 da Lei nº 8.212/91, estão isentas do recolhimento da COFINS. – Recurso Especial da Fazenda Nacional negado". (CSRF – Proc. 13888.000185/98-34 – Rec. 202-111503 – (Ac. 02-01.197) – 2ª T. – Rel. Otacílio Dantas Cartaxo – DOU 06.08.2003 – p. 32)

[101] SOLUÇÃO DE CONSULTA Nº 182 (6ª Região Fiscal), DE 8 DE OUTUBRO DE 2003 Assunto: Contribuição para o Financiamento da Seguridade Social – COFINS. Ementa: RECEITAS DAS ATIVIDADES PRÓPRIAS – ISENÇÃO Não estão sujeitas à COFINS as receitas relativas às atividades próprias das instituições de educação e de assistência social que preencham as condições e requisitos

Diante disso, é também viciada e equivocada a interpretação dada por algumas autoridades administrativas sobre o conceito de receitas próprias. Receitas próprias são todas as que têm como titular (recebedor) a entidade e que se destinem à manutenção de suas atividades, independentemente de as receitas serem oriundas de contribuições e doações, sem caráter "contraprestacional", ou de eventualmente terem esse caráter.

O que resta de todo o exposto é que a entidade será imune quando preencher os requisitos previstos no art. 14 do CTN, para os efeitos da imunidade prevista no art. 150, VI, "c", e no art. 195, § 7°, ambos da CF/88, explicitada nos arts. 9° e 14 do CTN, quais sejam: (I) não distribuir qualquer parcela de seu patrimônio ou de suas rendas, a título de lucro ou participação no seu resultado; (II) aplicar integralmente, no País, os seus recursos na manutenção dos seus objetivos institucionais; e (III) manter escrituração de suas receitas e despesas em livros revestidos de formalidades capazes de assegurar sua exatidão.

7.3. Isenção das sociedades civis de profissão regulamentada

De abril de 1992, quando foi iniciada a sua cobrança, até março de 1997, as sociedades civis de prestação de serviços de profissão legalmente regulamentada não estavam obrigadas ao pagamento da COFINS, em virtude da isenção constante do inciso II do art. 6° da lei Complementar n° 70, de 1991, que teve a seguinte redação original:

Art. 6º. São isentas da contribuição: (...)
II – as sociedades civis de que trata o art. 1º do Decreto-Lei nº 2.397, de 21 de dezembro de 1987; (...)

A edição de algumas normas (a primeira infralegal, e a segunda, legal), fez surgir duas discussões, adiante analisadas: (a) a primeira, relativa à abrangência da isenção prevista no dispositivo acima; (b) a segunda, à validade constitucional da revogação dessa isenção.

7.3.1. Isenção e a restrição por instrução normativa

A Receita Federal, não obstante a clareza do dispositivo complementar, abrangendo toda e qualquer sociedade civil de profissão regulamentada,

---

do art. 15 da Lei n° 9.532, de 1997. Retifica a Decisão DISIT/6ª RF n° 292/2000. Dispositivos Legais: Lei n° 9.718/98, arts. 2° e 3°; MP n° 2.1358-35, de 2001, arts. 13 e 14; IN SRF 247, de 2002, arts. 9° e 47; IN SRF 230, de 2002, art. 14, § 6°. (Disit 6ª RF – Francisco Pawlow – Chefe – DOU 05.12.2003 – p. 42) DECISÃO N° 170 (6ª Região Fiscal), DE 28 DE JUNHO DE 2000 Assunto: Contribuição para o Financiamento da Seguridade Social – COFINS. Ementa: IMUNIDADE Não estão sujeitas à COFINS as receitas relativas às atividades próprias das instituições de educação e de assistência social caracterizadas como imunes. Dispositivos Legais: Lei n° 9.718/1998, arts. 2°. e 3°; Lei n° 9.532/1997, art. 15; Lei n° 8.212/1991, art. 55; MP n° 1.991-18, arts. 13, 14 e 17 (DOU 10.06.2000 – edição extra). (DT 6ª RF – Cibele Margarida de Paula – Chefe – DOU 22.02.2001 – p. 19)

editou o Parecer Normativo n° 3/94,[102] da Coordenadoria-Geral do Sistema de Tributação, e a Instrução Normativa DRF n° 21/92,[103] instituindo requisito não previsto na lei para gozo da isenção. O requisito exigido seria a opção pela tributação na forma prevista naquele Decreto-Lei. Em virtude desse entendimento, as sociedades optantes pela tributação com base no lucro presumido ou pelo lucro real do imposto de renda estariam obrigadas ao pagamento da contribuição.

A matéria foi levada aos tribunais,[104]e, após longo debate, foi editada a seguinte Súmula pelo Superior Tribunal de Justiça, fulminando definitivamente as pretensões da Secretaria da Receita Federal.

7.3.2. Súmula 276 do STJ

Em decorrência do litígio estabelecido em face da restrição administrativa descrita no item precedente, o STJ sumulou a matéria nos seguintes termos:

> 276 – As sociedades civis de prestação de serviços profissionais são isentas da COFINS, irrelevante o regime tributário adotado.[105]

Ficou pacificado, com a súmula acima, que a restrição administrativa não era válida.

---

[102] "PARECER NORMATIVO N° 3 DE 25.03.1994 COORDENAÇÃO-GERAL DO SISTEMA DE TRIBUTAÇÃO – COSIT PUBLICADO NO DOU NA PAG. 4443 EM 28/03/1994 Contribuição Social para Financiamento da Seguridade Social – COFINS – A sociedade civil que abdicar do regime de tributação previsto no art. 1° do Decreto-lei n° 2.397/87 e optar pelo lucro real ou presumido, sujeita-se à contribuição sobre o faturamento de que trata a Lei Complementar n° 70/91".

[103] "INSTRUÇÃO NORMATIVA DRF N° 21 DE 26.02.1992 (DOU 27.02.1992, p. 2653): (...) SOCIEDADES CIVIS (...) Art. 33. As atividades civis de prestação de serviços profissionais relativos ao exercício de profissão legalmente regulamentada, que optarem pela tributação com base no lucro presumido, pagarão o imposto e a contribuição social, e distribuirão os rendimentos aos sócios, na forma desta Instrução Normativa. Parágrafo único. A opção mencionada neste artigo exclui a aplicação do regime de tributação próprio às sociedades civis, instituído pelo Decreto-lei n° 2.397, de 21 de dezembro de 1987, no mesmo ano-calendário. Art. 34. A opção da sociedade civil pela tributação com base no lucro presumido, a partir do ano-calendário de 1992, não prejudica o pagamento do imposto devido por seus sócios, nos termos da legislação específica (Decreto-lei n° 2.397, de 1987), relativo ao ano-calendário precedente àquele em que for feita a opção".

[104] A 2ª Seção do TRF da 3ª Região decidiu, com acerto – depois confirmado pela Súmula 276 do STJ – que: "(...) a simples opção pelo regime de tributação em outra exação, no caso o imposto sobre a renda, com base no lucro presumido, em detrimento ao regime estabelecido pelo D.L. n° 2.397/87, acarrete a perda da referida isenção, nos termos do Parecer Normativo n° 3/94, do CGST e do art. 33, parágrafo único, da IN DRF n° 21/92. (...)".

[105] Referência: LC n° 70, de 30.12.1991, art. 6°, II. Lei n° 8.541, de 23.12.1992, arts. 1° e 2°. Lei n° 9.430, de 27.12.1996, que revoga os arts. 1° e 2° do Decreto-Lei n° 2.397, de 21.12.1987. REsp 227.939-SC (1ª T 19.10.2000 – DJ 12.03.2001). REsp 260.960-RS (1ª T 13.02.2001 – DJ 26.03.2001). AgRg no REsp 297.461-PR (1ª T 03.04.2001 – DJ 03.09.2001). AgRg no REsp 422.741-MG (1ª T 18.06.2002 – DJ 09.09.2002). AgRg no REsp 422.342-RS (1ª T 15.08.2002 – DJ 30.09.2002). REsp 221.710-RJ (2ª T 04.10.2001 – DJ 18.02.2002). AgRg no REesp 226.386-PR (2ª T 13.08.2002 – DJ 09.09.2002). (DJU 02.06.2003)

A edição da Súmula, contudo, gerou muita confusão, em especial porque, antes da sua edição, outra discussão paralela foi levada ao STJ.[106] Ocorre que grande parcela dos operadores do direito entenderam que a Súmula abrangia também definição do STJ sobre a validade da revogação da isenção (objeto do item 7.3.3 desta obra). A leitura atenta dos acórdãos[107] que geraram a Súmula torna claro que não é o caso: a súmula é restrita à análise dos requisitos da isenção desde a sua edição até a sua revogação, mas não a apreciação da validade ou invalidade da revogação propriamente dita.

7.3.3. Revogação da Isenção

Em 27 de dezembro de 1996 foi editada a Lei nº 9.430, que, revogou a isenção, no seguinte dispositivo:

> Art. 56. As sociedades civis de prestação de serviços de profissão legalmente regulamentada passam a contribuir para a seguridade social com base na receita bruta da prestação de serviços, observadas as normas da Lei Complementar nº 70, de 30 de dezembro de 1991.
> Parágrafo único. Para efeito da incidência da contribuição de que trata este artigo serão consideradas as receitas auferidas a partir do mês de abril de 1997.

Iniciou-se, então, outro debate, agora restrito à validade constitucional da alteração através de lei ordinária, tendo em vista, especialmente, se a matéria é ou não reservada à lei complementar.

O art. 146, III, *a,* da CF/88, dispõe que cabe à lei complementar estabelecer normas gerais em matéria tributária, especialmente sobre definição de tributos e de suas espécies, bem como, em relação aos impostos discriminados na Constituição, a dos respectivos fatos geradores, bases de cálculo e contribuintes:

> Art. 146 Cabe à lei complementar: (...) III – estabelecer normas gerais em matéria de legislação tributária, especialmente sobre: a) definição de tributos e suas espécies, bem como, em relação aos impostos discriminados nesta Constituição, a dos respectivos fatos geradores, bases de cálculo e contribuintes; (...)

A leitura do dispositivo torna claro que, somente em relação aos impostos discriminados na Constituição, a competência para determinar o fato gerador, a base de cálculo e os contribuintes é da lei complementar.

Já foi decidido pelo Supremo Tribunal Federal, em sessão Plenária, no julgamento do RE 138.284-CE (RT) 143/313), por unanimidade, que as contribuições sociais não são impostos.[108] Não sendo impostos, não lhes é

---

[106] A Súmula nº 276 do STJ foi publicada em 02.06.2003. A isenção, revogada em 27.12.1996.

[107] Para facilitar a compreensão da abrangência da Súmula apenas ao tema da restrição à isenção até sua revogação, sugerimos a leitura das íntegras dos acórdãos de referência.

[108] "CONSTITUCIONAL. TRIBUTÁRIO. CONTRIBUIÇÕES SOCIAIS. CONTRIBUIÇÕES INCIDENTES SOBRE O LUCRO DAS PESSOAS JURÍDICAS. Lei nº 7.689, de 15.12.1988. I – Contribuições parafiscais: contribuições sociais, contribuições de intervenção e contribuições corporativas.

aplicável a exigência de lei complementar para dispor sobre seus fatos geradores, bases de cálculo e contribuintes. Essa também a conclusão a que chegou a 2ª Turma do Tribunal do Regional Federal da 5ª Região, ao julgar a AMS 90.0501681/CE.[109]

Por outro lado, em diversos acórdãos, o Supremo Tribunal Federal já declarou que a criação de contribuições sociais somente exige lei complementar no caso de contribuição prevista no § 4º do art. 195 da Constituição Federal: às contribuições previstas nos incisos do *caput* desse mesmo dispositivo, a matéria é de lei ordinária. E a lei complementar, por tratar de matéria de lei ordinária, embora formalmente seja lei complementar, materialmente é lei ordinária.

Dessa lógica desenvolvida pelo STF, chega-se à conclusão de que a Lei Complementar nº 70/91 é materialmente[110] lei ordinária, e, por isso, pode ser alterada por outra lei ordinária; no caso, a Lei nº 9.430/96, que revogou a isenção anteriormente concedida pela Lei Complementar nº 70/91.[111]

No Supremo Tribunal Federal, a matéria não foi levada a julgamento. Há decisões monocráticas negando seguimento aos recursos interpostos por contribuintes, em que se pretende o reexame do tema pelo prisma constitucional, por fundamentos processuais:

CF, art. 149. Contribuições sociais de seguridade social. CF, arts. 149 e 195. As diversas espécies de contribuições sociais. II – A contribuição da Lei nº 7.689, de 15.12.1988, é uma contribuição social instituída com base no art. 195, I, da Constituição. As contribuições do art. 195, I, II, III, da Constituição, não exigem, para sua instituição, lei complementar. Apenas a contribuição do § 4º, do mesmo art. 195 é que exige, para a sua instituição, lei complementar, dado que essa instituição deverá observar a técnica da competência residual da União (CF, art. 195, § 4º; CF, 154, I). Posto estarem sujeitas à lei complementar do art. 146, III, da Constituição, porque não são impostos, não há necessidade de que a lei complementar defina o seu fato gerador, base de cálculo e contribuintes (CF art. 146, III, a). III – Adicional ao imposto de renda: classificação desarrazoada. IV – Irrelevância do fato de a receita integrar o orçamento fiscal da União. O que importa é que ela se destina ao financiamento da seguridade social (Lei nº 7.689/88, art. 1º). V – Inconstitucionalidade do art. 8º, da Lei nº 7.689/88, por ofender o princípio da irretroatividade (CF, art. 150, III, a) qualificado pela inexigibilidade da contribuição dentro do prazo de noventa dias da publicação da lei (CF, art. 195, § 6º). Vigência e eficácia da lei: distinção. VI – Recurso extraordinário conhecido, mas improvido, declarada a inconstitucionalidade apenas do art. 8º, da Lei nº 7.689, de 1988".

[109] Rel. Juiz José Delgado, DJ 07.06.1991, p. 13081. No trecho relevante da ementa, consta: "3. A exigência constitucional de que só por lei complementar podem ser definidos fato gerador, base de cálculo e contribuintes só se aplica aos impostos denominados de discriminados ou nominados. No caso aqui examinado, se está cuidando de contribuições sociais que, ao lodo dos empréstimos compulsórios e dos impostos residuais, não são impostos discriminados, pois, a rigor, só possuem essa característica os dos artigos 153, 155 e 156 da Constituição Federal (...)".

[110] Do que decorre não existir no Sistema Tributário Constitucional hierarquia entre lei ordinária e lei complementar, mas apenas matérias reservadas a lei complementar e outras matérias tratáveis por meio de lei ordinária.

[111] Conclusão semelhante é compartilhada por Marcondes Witt que afirma: "portanto, está demonstrado que as sociedades de advogados não fazem jus à isenção da COFINS, mesmo que prevaleça a interpretação dada pelo STJ à revogação pretendida pelo artigo 56 da Lei nº 9.430/96, que teria ofendido o princípio da hierarquia das leis, não podendo produzir efeitos". WITT, Marcondes. *A COFINS e as Sociedades de Advogados. In:* RDDT 96/42.

DECISÃO: RECURSO EXTRAORDINÁRIO – MATÉRIA LEGAL – IMPROPRIEDADE – AGRAVO DESPROVIDO. 1. O Superior Tribunal de Justiça negou acolhida a pedido formulado em agravo, ante fundamentos assim sintetizados (folha 310): PROCESSUAL CIVIL E TRIBUTÁRIO. AGRAVO REGIMENTAL. COFINS. ISENÇÃO. SOCIEDADES CIVIS PRESTADORAS DE SERVIÇOS. PRECEDENTES. 1. Agravo Regimental interposto contra decisão que, com base no art. 557, § 1º, do CPC, deu provimento ao recurso especial ofertado pela parte agravada. 2. A Lei Complementar nº 70/91, de 30/12/1991, em seu art. 6º, II, isentou, expressamente, da contribuição da COFINS, as sociedades civis de que trata o art. 1º, do Decreto-Lei nº 2.397, de 22/12/1987, sem exigir qualquer outra condição senão as decorrentes da natureza jurídica das mencionadas entidades. 3. Em conseqüência da mensagem concessiva de isenção contida no art. 6º, II, da LC nº 70/91, fixa-se o entendimento de que a interpretação do referido comando posto em Lei Complementar, conseqüentemente, com potencialidade hierárquica em patamar superior à legislação ordinária, revela que serão abrangidas pela isenção da COFINS as sociedades civis que, cumulativamente, apresentem os seguintes requisitos: – sejam sociedades constituídas exclusivamente por pessoas físicas domiciliadas no Brasil; – tenham por objetivo a prestação de serviços profissionais relativos ao exercício de profissão legalmente regulamentada; e – estejam registradas no Registro Civil das Pessoas Jurídicas. 4. Outra condição não foi considerada pela Lei Complementar, no seu art. 6º, II, para o gozo da isenção, especialmente, o tipo de regime tributário adotado para fins de incidência ou não de Imposto de Renda. 5. Posto tal panorama, não há suporte jurídico para se acolher a tese da Fazenda Nacional de que há, também, ao lado dos requisitos acima elencados, um último, o do tipo de regime tributário adotado pela sociedade. A Lei Complementar não faz tal exigência, pelo que não cabe ao intérprete criá-la. 6. É irrelevante o fato de a recorrente ter optado pela tributação dos seus resultados com base no lucro presumido, conforme lhe permite o art. 71, da Lei nº 8.383/91 e os arts. 1º e 2º, da Lei nº 8.541/92. Essa opção terá reflexos para fins de pagamento do Imposto de Renda. Não afeta, porém, a isenção concedida pelo art. 6º, II, da Lei Complementar nº 70/91, haja vista que esta, repita-se, não colocou como pressuposto para o gozo da isenção o tipo de regime tributário seguido pela sociedade civil. 7. A revogação da isenção pela Lei nº 9.430/96 fere, frontalmente, o princípio da hierarquia das leis, visto que tal revogação só poderia ter sido veiculada por outra lei complementar. 8. Agravo regimental não provido. No extraordinário de folha 313 a 323, cujo trânsito busca alcançar e interposto com alegada base nas alíneas "a" e "b" do permissivo constitucional, a União articula com a transgressão aos artigos 5º, inciso II, 97, 102, inciso II e § 2º, 105, inciso III, 150, inciso I, e 195, inciso I, da Carta Política da República. Aponta que a Corte de origem, ao deixar de aplicar a Lei nº 9.430/96, ofendeu o princípio da reserva de plenário, uma vez ausentes as hipóteses que dispensam o procedimento previsto nos artigos 480 a 482 do Código de Processo Civil. Argúi a nulidade do julgado por violação ao artigo 97 do Diploma Maior. Transcreve lição de Alexandre de Morais. Assevera que a revogação da isenção concedida pela Lei Complementar nº 70/91 visa a efetivar o estabelecido no artigo 195 da Constituição. Salienta que a Corte de origem, ao desconsiderar o determinado pela Lei nº 9.430/96, "acabou agindo como legislador positivo, ofendendo frontal e diretamente os artigos 5º, inciso II, e 150, I, da Constituição Federal" (folha 320). Consigna que, na decisão recorrida, em que apreciado recurso a veicular tema constitucional, adentrou-se a competência do Supremo Tribunal Federal. Entende malferido ainda o § 2º do artigo 102 da Constituição da República, porquanto esta Suprema Corte já decidira, na Ação Declaratória de Constitucionalidade nº 1/DF, que a Lei Complementar nº 70/91 é materialmente de natureza ordinária, pelo que poderia ser alterada por norma de idêntica estatura. O Juízo primeiro de admissibilidade assentou que a controvérsia foi apreciada à luz de dispositivos infraconstitucionais (folhas 331 e 332). Na minuta de folha 2 a 8, reiteram-se os argumentos expendidos no extraordinário. Ressalta-se a existência de ofensa frontal a preceito da Constituição da República. Na contraminuta de folhas 338 e 339, o agravado afirma ser o recurso protelatório. 2. Na interposição deste agravo, foram observados os pressupostos de recorribilidade que lhe são inerentes. A agravante providenciou o traslado das peças obrigatórias e respeitou o prazo legal a que tem jus. A decisão atacada restou publicada no Diário de 6 de maio de 2003, terça-feira (folha 333), vindo à balha a manifestação do inconformismo em 22 subseqüente, quinta-feira (folha 2). A peça está subscrita por Procuradores da Fazenda Nacional. Na espécie, o Superior Tribunal de Justiça limitou-se a examinar o enquadramento do recurso especial no permissivo que lhe é próprio. Então, endossou ato de relator praticado no recurso especial sobre o alcance da Lei Complementar nº 70/91. Em momento algum, emitiu entendimento sobre dispositivo constitucional, mesmo porque, em tal fase, a da admissibilidade do recurso especial, não lhe incumbia fazê-lo. Cumpre atentar para a circunstância de a Constituição Federal haver afastado a unirrecorribilidade. Se constar de acórdão fundamentação legal e constitucional, cabe a interposição simultânea do especial e do extraordinário. Protocolado apenas o primeiro, não há campo para, na fase de admissibilidade, adentrar-se o tema constitucional. 3. Conheço do pedido formulado neste agravo, mas a ele nego acolhida. 4. Publique-se. Brasília, 6 de fevereiro de 2004. Ministro MARCO AURÉLIO Relator. (STF – AI 474.284/PR – Rel. Min. Marco Aurélio – j. 06.02.2004 – DJU 18.03.2004)

DESPACHO: Trata-se de Reclamação proposta pela União em face de decisão proferida pela Primeira Turma do Superior Tribunal de Justiça, no julgamento do AG nº 490.277, que desproveu agravo regimental nos seguintes termos: "TRIBUTÁRIO. AGRAVO REGIMENTAL. AGRAVO DE INSTRUMENTO. COFINS. ISENÇÃO. SOCIEDADES CIVIS PRESTADORAS DE SERVIÇOS (ART. 6º, II, DA LC Nº 70/91). PRECEDENTES. VIOLAÇÃO A PRECEITOS CONSTITUCIONAIS. ANÁLISE. IMPOSSIBILIDADE. Nega-se provimento ao agravo regimental, em face das razões que sustentam a decisão recorrida, sendo certo que a jurisprudência desta Corte é pacífica no sentido de que as sociedades civis prestadoras de serviços são isentas da COFINS, nos termos do artigo 6º, inciso II, da Lei Complementar nº 70/91. Ressalte-se, ainda, que a revogação do benefício em tela só poderia ter sido veiculada por outra lei complementar, sob pena de violação ao princípio da hierarquia das leis. Ademais, é vedado a esta Corte analisar suposta violação a preceitos constitucionais". A Fazenda Nacional funda o cabimento da reclamação no julgamento da ADC 1 e no seu conseqüente efeito vinculante. Cita, para respaldar sua tese, trecho do voto do Ministro Moreira Alves em que se diz expressamente que a Lei Complementar 70/91 possui natureza de lei ordinária. Isso permitira, conforme ressalta, a revogação da lei complementar por lei ordinária – o que ocorreu, de fato, com a edição da Lei 9.430/96, cujo art. 56 revogou a isenção do COFINS para a as sociedades civis de prestação de serviços profissionais, concedida originalmente pelo art. 6º, II, da Lei Complementar 70/91. No caso em apreço, o STJ teria julgado o Agravo Regimental sob o pressuposto de que lei complementar somente pode ser revogada por outra lei complementar. Isso levaria à conclusão de que o art. 56 da Lei ordinária 9.430/96 não poderia ter revogado a norma de isenção do art. 6º, II, da Lei Complementar 70/91. Portanto, ainda segundo o reclamante, estaria o STJ desconsiderando o efeito vinculante da ADC 1, onde se teria decidido que a Lei Complementar 70/91 não é uma lei materialmente complementar, mas sim ordinária, podendo ser modificada por lei ordinária posterior. Por fim, pede a concessão de medida liminar para cassar a decisão reclamada. Feito este breve relatório, passo a decidir. Pretende a reclamante conferir efeito vinculante a trecho do voto do Ministro Moreira Alves na ADC 1. É bem verdade que, no caso, o voto do Ministro Moreira Alves sagrou-se vencedor. Todavia, é certo que o efeito vinculante das decisões em Ações Declaratórias de Constitucionalidade não abrange os chamados *obter dicta*, proferidos em votos específicos. No caso da ADC 1, a afirmação do Ministro Moreira Alves de que a Lei Complementar 70/91 possui natureza de lei ordinária é um típico *obiter dictum*. Isso porque, da análise do acórdão da ADC 1, não se percebe a afirmação citada como fundamento determinante da decisão – não alcançando, assim, o efeito vinculante. De fato, tudo leva a crer que o afirmado pelo Ministro Moreira Alves constitui-se um verdadeiro *obiter dictum*. Tanto que o Ministro Carlos Velloso foi expresso em despacho na Rcl 2475: "O efeito vinculante é da decisão proferida na ação declaratória de constitucionalidade. A decisão proferida na ADC 1/DF, relatada pelo Ministro Moreira Alves, limitou-se a "conhecer em parte da ação, e, nessa parte, julgá-la procedente, para declarar, com os efeitos vinculantes previstos no § 2º do artigo 102 da Constituição Federal, na redação da Emenda Constitucional nº 3/93, a constitucionalidade dos artigos 1º, 2º e 10, bem como da expressão 'A contribuição social sobre o faturamento de que trata esta lei complementar não extingue as atuais fontes de custeio da Seguridade Social', contida no artigo 9º, e também da expressão 'Esta lei complementar entra em vigor na data de sua publicação, produzindo efeitos a partir do primeiro dia do mês seguinte aos noventa dias posteriores, àquela publicação, ...', constante do artigo 13, todos da Lei Complementar nº 70, de 30.12.1991" (RTJ 156/722). A decisão, está-se a ver, não assentou ser a Lei Complementar 70/91 lei complementar simplesmente formal. É verdade que, no voto do Ministro Relator isso foi dito (RTJ 156/745). Trata-se, entretanto, de um *obiter dictum*. Também no meu voto expressei *obiter dictum* igual (RTJ 156/752). Assim, pelo menos ao primeiro exame, não vejo configurado o *fumus boni juris* que autorizaria o deferimento da liminar". Outro motivo impede o seguimento da presente Reclamação. Se é verdade que lei ordinária alterou o disposto na lei complementar no que tange à isenção da COFINS, também é verdade que decisão deste Tribunal na ADC 1 não julgou a alteração da lei complementar, mas a sua constitucionalidade antes da alteração. Ou seja, ainda que o afirmado pelo Ministro Moreira Alves representasse a voz da maioria – e não um *obiter dictum* –, a violação à autoridade do julgamento desta Corte seria, quando muito, indireta, pois não foi objeto de julgamento pelo Tribunal a alteração da lei complementar por lei ordinária posterior e nem se disse que isso deveria ter sido feito. Diante do exposto, e com base no art. 21, § 1º do RISTF, nego seguimento à Reclamação. Brasília, 18 de dezembro de 2003. Ministro JOAQUIM BARBOSA Relator. (STF – Rcl 2.517/RJ – Rel. Min. Joaquim Barbosa – j. 18.12.2003 – DJU 25.02.2004, p. 15)

Há, porém decisão monocrática do Min. Carlos Velloso, de 19.11.2003 (DJU 26.11.2003, p. 32), em que decide (Medida Cautelar na Reclamação nº 2.475/MG):

> DECISÃO: – Vistos. Trata-se de reclamação, com pedido de liminar, fundada nos arts. 102, I, l, da C.F., 156 do R.I./S.T.F., 28, parágrafo único, da Lei 8.868/99 e 13 da Lei 8.038/90, proposta pela UNIÃO, em face de decisão proferida pela Segunda Turma do Eg. Superior Tribunal de Justiça, no julgamento do AgRg no REsp 429.610/MG, decisão essa que negou provimento ao recurso, ao entendimento de que a isenção concedida pela L.C. 70/91 às sociedades prestadoras de serviços não pode ser revogada por lei ordinária, no caso, pela Lei 9.430/96. Sustenta a reclamante, em síntese, o seguinte: a) ofensa à autoridade da decisão proferida pelo Supremo Tribunal Federal no julgamento da ADC 1/DF, decisão essa que, declarando a constitucionalidade de vários artigos e expressões da L.C. 70/91, instituidora da COFINS, considerou ser a referida lei materialmente ordinária e apenas formalmente complementar; b) inexigência, pela Constituição Federal, de lei complementar para disciplinar a COFINS, o que legitima a revogação, pelo art. 56 da Lei 9.430/96, da isenção da COFINS para as sociedades civis de prestação de serviços profissionais; c) existência do *periculum in mora*, dado que o entendimento firmado pela decisão reclamada está a permitir que as sociedades civis de prestação de serviços profissionais não recolham valor algum a título de COFINS, o que acarreta enormes prejuízos aos cofres públicos. Ao final, pede a reclamante a concessão de medida liminar, *inaudita altera parte*, para que seja cassada a decisão proferida pela Segunda Turma do Eg. Superior Tribunal de Justiça no julgamento do AgRg no REsp 429.610/MG. Requisitadas informações (fl. 19), o Presidente do Eg. Superior Tribunal de Justiça limitou-se a encaminhar as cópias das decisões proferidas no REsp 429.610/MG (fls. 28/40). Autos conclusos em 13.11.2003. Decido. O efeito vinculante é da decisão proferida na ação declaratória de constitucionalidade. A decisão proferida na ADC 1/DF, relatada pelo Ministro Moreira Alves, limitou-se a conhecer em parte da ação, e, nessa parte, julgá-la procedente, para declarar, com os efeitos vinculantes previstos no § 2º do artigo 102 da Constituição Federal, na redação da Emenda Constitucional nº 3/93, a constitucionalidade dos artigos 1º, 2º e 10, bem como da expressão "A contribuição social sobre o faturamento de que trata esta lei complementar não extingue as atuais fontes de custeio da Seguridade Social", contida no artigo 9º, e também da expressão "Esta lei complementar entra em vigor na data de sua publicação, produzindo efeitos a partir do primeiro dia do mês seguinte aos noventa dias posteriores, àquela publicação,...", constante do artigo 13, todos da Lei Complementar nº 70, de 30.12.1991 (RTJ 156/722). A decisão, está-se a ver, não assentou ser a Lei Complementar 70/91 lei complementar simplesmente formal. É verdade que, no voto do Ministro Relator isso foi dito (RTJ 156/745). Trata-se, entretanto, de um *obiter dictum*. Também no meu voto expressei *obiter dictum* igual (RTJ 156/752). Assim, pelo menos ao primeiro exame, não vejo configurado o *fumus*

boni juris que autorizaria o deferimento da liminar. Do exposto, indefiro a liminar. Ao parecer da Procuradoria-Geral da República. Publique-se. Brasília, 19 de novembro de 2003. Ministro CARLOS VELLOSO – Relator.

Existe, entretanto, decisão mais recente do Min. Marco Aurélio, que adentra o mérito da lide, e, na Reclamação nº 2.613/RS, (Reclamante União Federal; Reclamado 2ª Turma do Superior Tribunal de Justiça), assim decide:

DECISÃO – LIMINAR COMPETÊNCIA DO SUPREMO TRIBUNAL FEDERAL USURPAÇÃO LIMINAR DEFERIDA. 1. Com a longa inicial de folha 2 a 19, a União sustenta que o Superior Tribunal de Justiça, ao conhecer e prover recurso especial, usurpou a competência do Supremo Tribunal Federal, de vez que o acórdão impugnado envolvera, tão-somente, tema constitucional. Ao decidir, aquela Corte concluiu pela harmonia da Lei n. 9.430/96 – no que alterou a Lei Complementar n. 70/91, revogando a isenção da COFINS de que gozavam as sociedades civis referidas no artigo 1. do Decreto-Lei n. 2.397/87 – com a Carta Federal. Esse seria o único fundamento do acórdão alterado, que conteria, inclusive, remissão ao que assentado na Ação Declaratória de Constitucionalidade n. 1-1/DF. É pleiteada a concessão de liminar para cassar o pronunciamento do Superior Tribunal de Justiça e, sucessivamente, afastar a respectiva eficácia, vindo-se, ao fim, a retirá-lo do cenário jurídico. À inicial juntaram-se os documentos de folha 20 a 236. À folha 239 despachei: RECLAMAÇÃO. DESRESPEITO A ACÓRDÃO DO SUPREMO TRIBUNAL FEDERAL. AUSÊNCIA DE JUNTADA DA PEÇA. RECLAMAÇÃO. CONTRADITÓRIO. MEDIDA LIMINAR – EXAME POSTERGADO. 1. A reclamante não providenciou a juntada a inicial do acórdão desta Corte que se diz inobservado. 2. Providencie a reclamante a citada peça, sob pena de indeferimento da inicial. 3. Uma vez cumprida a diligência, dê-se ciência, via postal, desta reclamação, à interessada, providenciando a reclamante o endereço respectivo. 4. Publique-se. Com a manifestação de folhas 242 e 243, a União forneceu o endereço da interessada no desfecho desta reclamação, cuja causa de pedir seria, segundo aduziu, não a inobservância de acórdão desta Corte, mas a usurpação da competência. Esclareceu mais a diversidade de causa de pedir considerada a Reclamação nº 2.475/MG, sob a relatoria do ministro Carlos Velloso, com julgamento iniciado em 5 de fevereiro de 2004. Ao processo anexou-se a peça de folha 247 a 253, na qual a interessada ressalta que a reclamante atua de forma temerária. O Superior Tribunal de Justiça, em face de divergência jurisprudencial, teria levado em conta controvérsia de natureza legal. Os autos voltaram-me para exame do pedido de concessão de medida acauteladora em 24 de maio de 2004 (folha 257). 2. Surge, neste exame primeiro, a procedência do que asseverado na inicial desta reclamação. Defrontou-se o Tribunal Regional Federal da 4. Região com recurso interposto pela interessada Mendonça e Minella Advogados Associados e, ai, assim resumiu o que articulado: A apelante sustenta a inconstitucionalidade da alteração introduzida pela Lei nº 9.430/96, em razão de haver criado nova contribuição mediante lei ordinária, bem como desrespeitado o principio da hierarquia das leis, tendo revogado isenção concedida por lei complementar (folha 123). Então, em seguida, apreciou os argumentos sobre a configuração da pecha e apontou que, julgando a Ação Declaratória de Constitucionalidade nº 1-1/DF, esta Suprema Corte assentou que as contribuições para a seguridade social que incidem sobre o faturamento, o lucro e a folha de salários prescindem de lei complementar ante o disposto no inciso I do artigo 195 da Constituição Federal. Concluiu o Colegiado: Dessarte, não vislumbro qualquer inconstitucionalidade no art. 56 da Lei 9.430/96, o que esta em conformidade com o entendimento desta Segunda Turma (folha 124). No julgamento dos embargos declaratórios, voltou a ressaltar a inexistência de contrariedade aos artigos 5º, inciso XXXVI, e 146, inciso III, da Constituição Federal, consignando, é certo, que não se negara vigência aos artigos 6º, inciso II, da Lei Complementar n. 70/91 e 56 da Lei nº 9.430/96 (folha 131). A referencia a esses dois dispositivos estritamente legais fez-se no âmbito da inconstitucionalidade argüida relativamente ao último. Pois bem, mesmo diante desse contexto, da fundamentação estritamente constitucional, a interessada Mendonça e Minella Advogados Associados, em vez de bater as portas do Supremo Tribunal Federal, interpôs o recurso especial que foi julgado pelo relator a luz do artigo 557, § 1º-A, do Código de Processo Civil, salientando que o artigo 56 da Lei n. 9.430/96, ao prever que as sociedades civis de prestação de serviço de profissão legalmente regulamentada passariam a contribuir para a seguridade social com base na receita bruta da prestação de serviços, não teria o efeito de revogar a Lei Complementar nº 70/91. É certo que se mencionou o enquadramento do especial na alínea c do inciso III do artigo 105 da Constituição Federal, mas isso ocorreu em vista da desinteligência de julgados sob o ângulo constitucional (folha 166 a 168). O agravo da Fazenda foi desprovido e, interposto o extraordinário, deu-se o trancamento do recurso, seguindo-se o agravo que se encontra a folha 223 a 233. A excepcionalidade do quadro salta aos olhos. 3. Concedo a liminar, não para cassar as decisões do Superior Tribunal de Justiça, mas para afastá-las, até o julgamento final desta reclamação, do cenário jurídico, ficando restabelecido, por via de conseqüência, o acórdão do Tribunal Regional Federal de folha 122 a 125, integrado do resultante da apreciação dos embargos declaratórios, que está à folha 130 à 132. 4. Ao Plenário, para o indispensável referendo. 5. Solicitem-se informações ao Superior Tribunal de Justiça. 6. Publique-se. Brasília, 25 de maio de 2004. Ministro MARCO AURELIO Relator.

Enquanto não há decisão do STF, em tema infraconstitucional, a matéria foi levada à 1ª Seção do Superior Tribunal de Justiça, cuja Primeira Seção decidiu:[112]

---

[112] Confirmando a orientação majoritária das Turmas, exemplificada pelos seguintes arestos: "TRIBUTÁRIO – COFINS – SOCIEDADES PRESTADORAS DE SERVIÇO – ISENÇÃO – LC Nº 70/91 – LEI Nº 9.430/96 – REVOGAÇÃO – 1. Lei Ordinária não pode revogar determinação de Lei Complementar, revelando ilegítima a revogação instituída pela Lei nº 9.430/96 da isenção conferida pela LC nº 70/91 às sociedades prestadoras de serviços, por colidir com o Princípio da Hierarquia das Leis. (Precedentes da Primeira e Segunda Turmas do STJ) 2. Ressalva do entendimento do Relator, em observância ao novel posicionamento do STF, intérprete maior do texto constitucional, que no julgamento da ADC nº 01/DF, assentou que a LC nº 70/91 possui *status* de Lei ordinária, posto não se enquadrar na previsão do art. 154, I, da Constituição Federal. 3. Segundo o princípio de *lex posterius derrogat priori*, consagrado no art. 2º, § 1º, da LICC, não padece de ilegalidade o disposto no art. 56, da Lei nº 9.430/96, pelo que, em razão de a Lei isencional e a revogadora possuírem o mesmo *status* de Lei ordinária, legítima seria a revogação da isenção anteriormente concedida, pelo que estão obrigados ao pagamento da COFINS as sociedades civis prestadoras de serviços. 4. A aplicação de norma supralegal, in casu, a Lei de Introdução ao Código Civil, torna desnecessária a análise de matéria de índole constitucional. 5. Agravo regimental a que se nega provimento, ante a função uniformizadora da Corte". (STJ – AARESP 444579 – DF – 1ª T. – Rel. Min. Luiz Fux – DJU 02.06.2003 – p. 00189);

EMBARGOS DE DIVERGÊNCIA – TRIBUTÁRIO – COFINS – SOCIEDADES CIVIS DE PRESTAÇÃO DE SERVIÇOS PROFISSIONAIS – ISENÇÃO RECONHECIDA PELA LEI COMPLEMENTAR Nº 70/91 (ART. 6º, II) – REVOGAÇÃO PELA LEI ORDINÁRIA Nº 9.430/96 – INADMISSIBILIDADE – SÚMULA Nº 276. Permitir-se que uma fonte formal de menor bitola possa revogar a dispensa do pagamento da COFINS, conferida por lei complementar, resulta em desconsiderar a potencialidade hierarquicamente superior da lei complementar frente à lei ordinária. Nessa linha de raciocínio, o Professor Manoel Gonçalves Ferreira Filho, ancorado no magistério dos mestres Miguel Reale e Pontes de Miranda, elucida que "é princípio geral de direito que, ordinariamente, um ato só possa ser desfeito por outro que tenha obedecido à mesma forma" (cf. *Curso de Direito Constitucional*, 18ª ed., Saraiva, p. 184). "As sociedades civis de prestação de serviços profissionais são isentas da COFINS, irrelevante o regime tributário adotado" (Súmula n. 276/STJ). Embargos de declaração acolhidos. (STJ – ERESP 354.012 / SC – 1ª Seção – Rel. Min. Franciulli Netto – j. 10.12.2003 – DJU 15.03.2004, p. 147)

A questão em debate está bem posta pelo Min. Relator:

Evidenciado que a isenção deve estar vinculada ao diploma legal, cumpre perquirir se uma fonte de menor bitola possui força de revogar a dispensa de pagamento de tributo conferida por lei complementar.

Essa colocação é de rigor uma vez que, para configurar a afronta aos diplomas infraconstitucionais, tem-se que responder à seguinte indagação: Pode a Lei Ordinária nº 9.430/96 aniquilar totalmente a isenção prevista na Lei Complementar nº 70/91, que dispensou as sociedades civis de profissão regulamentada do pagamento da COFINS? Efetivamente a resposta é negativa, sob pena de se desconsiderar potencialidade hierarquicamente superior da lei complementar frente à lei ordinária. Nessa linha de raciocínio, o Professor Manoel Gonçalves Ferreira Filho, ancorado no magistério dos mestres Miguel Reale e Pontes de Miranda, elucida que "é princípio geral de direito que, ordinariamente, um ato só possa ser desfeito por outro que tenha obedecido á mesma forma" (cf. *Curso de Direito Constitucional*, 18ª ed., Saraiva, p. 184).

Assim, a disposição contida no artigo 56 da lei nº 9.430, de 27.12.96, no sentido de que "as sociedades civis de prestação de serviços de profissão legalmente regulamentada passam a contribuir para a seguridade social com base na receita bruta da prestação de serviços, observadas as normas da Lei Complementar nº 70, de 30 de dezembro de 1991", não detém a virtude de revogar a isenção da COFINS conferida às sociedades civis de profissão regulamentada.

"TRIBUTÁRIO – COFINS – SOCIEDADES CIVIS DE PRESTAÇÃO DE SERVIÇOS PROFISSIONAIS – ISENÇÃO RECONHECIDA PELA LEI COMPLEMENTAR Nº 71/91 (ART. 6º, II) – REVOGAÇÃO PELA LEI ORDINÁRIA Nº 9.430/96 – INADMISSIBILIDADE – RECURSO ESPECIAL CONHECIDO E PROVIDO – Permitir-se que uma fonte formal de menor bitola possa revogar a dispensa do pagamento da COFINS, conferida por Lei Complementar, resulta em desconsiderar a potencialidade hierarquicamente superior da Lei Complementar frente à Lei ordinária. Nessa linha de raciocínio, o Professor Manoel Gonçalves Ferreira Filho, ancorado no magistério dos mestres Miguel Reale e Pontes de Miranda, elucida que 'é princípio geral de direito que, ordinariamente, um ato só possa ser desfeito por outro que tenha obedecido à mesma forma' (CF. *Curso de Direito Constitucional*, 18ª edição, ED. Saraiva, p. 184). – Da análise da irresignação sob o prisma infraconstitucional, resta evidente que a Corte de origem afrontou o disposto no artigo 6º, inciso II, da LC 71/91. Recurso Especial conhecido e provido". (STJ – RESP 450006 – PR – 2ª T. – Rel. Min. Franciulli Netto – DJU 19.05.2003 – p. 00196)".

O Superior Tribunal de Justiça passou, pois, a centrar a discussão em tema que parecia superado pela jurisprudência do Supremo Tribunal Federal. Durante algum tempo, a questão da existência ou não de supremacia entre lei complementar e lei ordinária foi exaustivamente debatida na doutrina[113] e com manifestações do Supremo.

Com propriedade que lhe é habitual, José Souto Maior Borges defende a inexistência de hierarquia, refutando os argumentos até então expendidos.[114] Refere, com relação à aparente antinomia, que:

> não se nega a procedência da afirmação de que a lei ordinária não pode revogar a lei complementar. Todavia, partindo dessa afirmação não é possível extrair a conclusão pela superioridade formal da lei complementar por que a recíproca é igualmente verdadeira: a lei complementar não pode revogar a lei ordinária. E não o pode em virtude basicamente de dois argumentos: 1º) os campos da lei complementar e da lei ordinária, em princípio, não se interpenetram, numa decorrência da técnica constitucional de distribuição *ratione materiae* de competências legislativas; 2º) a superveniência da lei complementar somente suspende ou paralisa a eficácia da lei ordinária, em casos excepcionais.[115]

Muito embora a jurisprudência recente do Supremo Tribunal Federal defenda a inexistência de hierarquia entre lei complementar e lei ordinária, é possível encontrar julgados que defendem superioridade da lei complementar às demais normas, de acordo com a ordem do artigo 59 da Constituição Federal. Todavia, esta posição deve ser compreendida com *granus salis*, haja vista que em algumas hipóteses há sim distinção hierárquica entre as fontes legais.

Em apertada síntese, haverá ordem hierárquica entre lei complementar e lei ordinária, quando a primeira disciplinar regras gerais em relação a segunda. Nesta linha, refere Heleno Taveira Tôrres, em excelente trabalho sobre o tema:

> E como já salientamos, a relação hierárquica que eventualmente possa existir entre lei complementar e as leis ordinárias, ou mesmo outras leis complementares, dependerá, tão-só, da função que ela exerça no sistema, i.e., das competências. E, assim, caso a função seja constitutiva de algum fundamento de validade, formal ou material, a lei complementar sempre terá prevalência sobre qualquer outra lei.[116]

---

[113] Consultar, sobre o tema, com proveito: ATALIBA, Geraldo. Eficácia jurídica das normas constitucionais e leis complementares. In: Revista de Direito Público n. 13, p. 35-44; BASTOS, Celso Ribeiro. Do Estudo da Inconstitucionalidade no campo específico da Lei Complementar. In: Revista de Direito Constitucional e Internacional n. 37, p. 55-63 e BASTOS, Celso Ribeiro. Do processo legislativo da Lei Complementar. In: Revista de Direito Constitucional e Internacional n. 38, p. 87-104.

[114] BORGES, José Souto Maior. *Eficácia e hierarquia da lei complementar*. In: Revista de Direito Público n. 25, jul/set 1973, p. 93.

[115] Idem, ibidem.

[116] TÔRRES, Heleno Taveira. *Funções das lei complementares no Sistema Tributário Nacional – Hierarquia de normas – papel do CTN no ordenamento*. In: Revista Diálogo Jurídico, Salvador, CAJ – Centro de Atualização Jurídica, nº 10, janeiro, 2002, Disponível na internet: http://www.direitopublico.com.br, acesso em 20 de outubro de 2003.

Trata-se, exatamente da comparação entre o Código Tributário Nacional, recepcionado pela Constituição de 1988[117] e alçado pelo Supremo Tribunal Federal à condição de lei complementar, e as leis tributárias esparsas. Neste exemplo, há hierarquia entre as leis, havendo inclusive manifestação da Suprema Corte nesse sentido, todos referentes ao período anterior à atual Constituição Federal.[118]

Embora seja possível verificar a Suprema Corte utilizar a expressão *"principio da hierarquia das fontes legislativas"*, o fez sempre com ênfase na preponderância da Constituição Federal em relação às leis,[119] e, no que toca ao conflito *lei complementar versus lei ordinária*, o STF mantém-se fiel ao princípio da competência material,[120] como se pode ler no voto do Min. Carlos Madeira proferido no RE nº 130.184-1/SC, proferido no acórdão cuja ementa é reproduzida na nota: 118.

---

[117] "Em face do *princípio da recepção constitucional* (art. 34, § 5º, dos ADCT/CF), o Código Tributário Nacional foi mantido também pela Constituição de 1988, em tudo o que não seja com ela incompatível, em atendimento ao primado da economia legislativa e por estar em consonância com as exigência do art. 146, CF, a saber (...)". *Op. cit.*, p. 3.

[118] "Ministério público do Estado de Santa Catarina. Antes da Emenda Constitucional nº 7 de 1977, a organização do Ministério Público era prevista em lei ordinária. Só em virtude da disposição do parágrafo único acrescentado ao artigo 96 da constituição federal, a lei orgânica da instituição ascendeu a hierarquia de lei complementar, só podendo ser alterada ou revogada por outra lei complementar. Normas de lei ordinária atinentes a remuneração, podem ser revogadas por lei da mesma hierarquia. Recurso conhecido e provido, em parte". (RE 103.184/SC – Rel. Min. Carlos Madeira – j. 18.02.1986 – 2ª Turma – DJ 18.04.1986, p. 05992); "Execução fiscal. A interpretação dada, pelo acórdão recorrido, ao art. 40 da lei n. 6.830/80, recusando a suspensão da prescrição por tempo indefinido, e a única susceptível de torná-lo compatível com a norma do art. 174, parágrafo único, do Código Tributário Nacional, a cujas disposições gerais e reconhecida a hierarquia de lei complementar". (RE 106.217/SP – Rel. Min. Octávio Gallotti – j. 08.08.1986 – 1ª Turma – DJ 12.09.1986, p. 16425)

[119] "ICM – isenção – a isenção concedida para o antigo IVC aproveita ao atual ICM e tendo caráter oneroso e termo certo, não pode ser revogada (súmula 544) – tratando-se de isenção fiscal por prazo certo, constitui ela direito adquirido, amparado por preceito constitucional. 'a competência, que a constituição confere aos estados quanto a matéria tributária, só pode ser atingida por norma constitucional, não por dispositivo de lei complementar. Assim se foram aprovados e excluídos de apreciação judicial atos complementares que não respeitaram aquela competência, reportando-se a atos institucionais que para tanto não lhes devam base, e se foram igualmente aprovados os atos institucionais, há que dar prevalência a estes, atento o principio da hierarquia das leis'. Não nega vigência a direito federal o reconhecimento preso as circunstâncias de fato da causa de que a coação emana da autoridade impetrada. Recurso extraordinário conhecido em parte e não provido". (RE 75.430 – Rel. Min. Rodrigues Alckmin – j. 21.09.1973 – 1ª Turma – DJ 26.10.1973)

[120] "EMBARGOS DE DECLARAÇÃO EM EMBARGOS DE DECLARAÇÃO EM RECURSO EXTRAORDINÁRIO. OBSCURIDADE NO ARESTO QUE ENTENDEU PELA LEGITIMIDADE DA COBRANÇA DO PIS NO *QUANTUM* E NOS PRAZOS PREVISTOS NA LEI COMPLEMENTAR 7/70. DECLARAÇÃO DE INCONSTITUCIONALIDADE DOS DECRETOS-LEIS Nºs 2.445 E 2.449/88. ÔNUS DA SUCUMBÊNCIA. FIXAÇÃO. 1. Legítima a cobrança do PIS na forma disciplinada pela Lei Complementar 07/70, vez que inconstitucionais os Decretos-Leis nºs 2.445 e 2.449/88, por violação ao princípio da hierarquia das leis. 2. Ônus da sucumbência. Fixação. Tendo sido a recorrente vencida e vencedora, o ônus da sucumbência há de ser proporcionalmente compensado e distribuído entre as partes. Embargos de declaração recebidos". (RE 181.165 ED-ED/DF – Rel. Min. Maurício Corrêa – j. 02.04.1996 – 2ª Turma – DJ 19.12.1996, p. 51784)

A Constituição de 1967, refere-se as leis complementares à Constituição, sobre as quais dispõe o art. 53 apenas quanto ao processo de sua elaboração. Mas a doutrina extremou a área de sua incidência, como critério para sua distinção. Segundo Celso Ribeiro Bastos, a lei complementar se justifica "pela possessão de uma área de incidência material própria, à semelhança do que ocorre com as leis federais, estaduais e municipais. Em assim sendo, admitindo-se a separação de matéria entre as leis complementares – o que de fato existe, pois a Constituição especifica quais as matérias, com exclusão de quaisquer outras, que poderão ser objeto de tratamento de lei complementar – resulta claro que qualquer contradição entre esta e outra espécie normativa qualquer, terá forçosamente de ter sido causada por invasão de competência de uma pela outra. Esta subversão de competência constitui-se em lesão à Constituição. A lei que invada matéria própria da lei complementar, antes de ferir a esta última, agride diretamente o Texto Maior. Daí a sua inconstitucionalidade". (Curso de Direito Constitucional, 5ª edição, pág. 163). (fls. 393 e 394 do acórdão)

Na mesma linha, o voto do Min. Octávio Gallotti no RE 106.217-7/SP, ainda com base na Constituição Federal então vigente, reafirma que o relevante é a competência material da lei complementar:

A Lei nº 5.172/66 (Código Tributário Nacional) foi editada em função da competência da União para legislar sobre normas gerais de direito financeiro (art. 5º, XV, *h* da carta de 1946) e sobrevive ao advento da Constituição vigente, segundo cujo art. 18, § 1º, a lei complementar estabelecerá normas gerais de direito tributário. Mas, por isso mesmo, suas regras só podem ser alteradas pelo processo da lei complementar, como anotou o saudoso mestre Aliomar Baleeiro (*Direito Tributário Brasileiro*, 3ª ed. Forense, 1971, p. 59). (fls. 418 e 419 do acórdão)

A tese, contrária, que ganhou guarida do Superior Tribunal de Justiça é aquela na qual todas as alterações da Lei Complementar nº 70 promovidas por lei ordinária ou por medida provisória seriam inconstitucionais, tendo em vista que somente se poderia alterar a Lei complementar nº 70 por outra lei complementar.

Prevalece no STF o entendimento de inexistência de hierarquia entre lei complementar e lei ordinária, em especial com relação à COFINS. Isto se deve ao entendimento do Supremo Tribunal Federal no qual a Lei Complementar nº 70 é caracterizada como materialmente lei ordinária, de modo que pode ser alterada por outra lei ordinária ou mesmo por Medida Provisória.[121] Este entendimento é compartilhado por José Souto Maior Borges, que pondera:

Com efeito, a interpenetração inconstitucional dos campos privativos de legislação pode-se dar em diversas hipóteses: a) a lei complementar invade campo reservado às simples leis ordinárias da União; b) a lei ordinária da União invade o campo da lei complementar; (...) Se a lei complementar (a) invadir o âmbito material de validez da

---

[121] V. transcrição da Ação Declaratória de Constitucionalidade nº 1, reproduzida no ponto 1.

legislação ordinária da União, valerá tanto quanto uma lei ordinária. Sobre esse ponto, não há discrepância na doutrina. A lei complementar fora do seu campo específico, cujos limites estão fixados na Constituição, é simples lei ordinária. Sem a congregação dos dois requisitos estabelecidos pelo art. 50 da Constituição, o quorum especial e qualificado (requisito de forma) e a matéria constitucionalmente prevista como objeto de lei complementar (requisito de fundo), não há lei complementar. Contudo, se não ultrapassar a esfera de atribuições da União, o ato legislativo será inexistente, válido e eficaz. Só que não estará submetido ao regime jurídico de lei complementar – inclusive quanto à relativa rigidez – mas ao da lei ordinária, podendo conseqüentemente ser revogado por esta.

Se inversamente (b), a lei ordinária da União, isto é, a lei aprovada sem o quorum do art. 50, invadir o campo da lei complementar, estará eivada de visceral inconstitucionalidade porque a matéria, no tocante ao processo legislativo, somente poderia ser apreciada com observância daquele quorum especial e qualificado, inexistente na aprovação da lei ordinária. A reserva constitucional da lei complementar funciona então como um óbice à disciplina da matéria pela legislação ordinária.

Não é despiciendo lembrar que a instituição de contribuição social,[122] segundo posicionamento da Corte Suprema, pode ser efetivada através de lei ordinária.[123]

Ademais, o Supremo Tribunal Federal já se manifestou, por diversas vezes, no sentido de não admitir recurso extraordinário que veicula discussão acerca de lei complementar, entendendo que esta refere-se a legislação federal, competência do Superior Tribunal de Justiça.[124]

Assim, considerando a posição firmada pelo Supremo Tribunal Federal de que a Lei Complementar nº 70 é materialmente lei ordinária, levando-se em consideração que o Supremo Tribunal Federal entende não haver hierarquia entre lei complementar e lei ordinária, a tendência é de que a Suprema Corte apresente solução em sintonia com as considerações acima

---

[122] Que não seja decorrente de exercício de competência residual prevista no § 4º do art. 195 da CF/88. Para esse caso, há necessidade de lei complementar. A desnecessidade é específica para as contribuições já listadas expressamente no *caput* do permissivo constitucional.

[123] A questão já foi enfrentada no capítulo 4. Nesse sentido, ADI 2010 MC/DF, Rel. Min. CELSO DE MELLO 30.09.1999 Tribunal Pleno DJ 12.04.02, p. 51.

[124] "Previdência social. Contribuições previdenciárias. Acórdão que acolheu a argüição de decadência de parte do crédito previdenciário, com base no art-173, do CTN. Recurso extraordinário em que se alegam negativa de vigência da lei n. 3807/1960 e ofensa ao art-165, XVI, da constituição. Não prequestionado o tema constitucional (sumulas 282 e 356), rejeitada a argüição de relevância da questão federal e não presente contrariedade a súmula, o apelo derradeiro não pode ser admitido, em face do óbice do art-325, IV, letra *c*, do RISTF. Não empresta nível constitucional a matéria decidida o fato de estar baseada em preceito de lei complementar. A lei complementar situa-se no plano da legislação ordinária, não assumindo hierarquia constitucional. Agravo regimental desprovido". (AI 90.741 AgR/SP – Rel. Min. Néri da Silveira – j. 22.03.1983 – 1ª Turma – DJ 06.04.1984 p. 5102 – RTJ 112-01/256); "Inelegibilidade: rejeição de contas de Prefeito por vícios insanáveis: RE incabível. É ociosa a tentativa de demonstrar em RE que as contas cuja rejeição fundou a inelegibilidade do recorrente não continham vícios insanáveis, quando o contrário foi afirmado pelo Tribunal *a quo*, à base da solução de questões de fato e de interpretação da lei complementar, que não tem hierarquia constitucional". (AI 201.088 AgR/MG – Rel. Min. Sepúlveda Pertence – 02.09.1997 – 1ª Turma – DJ 26.09.97, p. 47490).

apontadas. A questão, pois, coloca-se em desfavor aos contribuintes que atualmente vêm obtendo decisões favoráveis no Superior Tribunal de Justiça.

Outrossim, cumpre rememorar que a composição da Corte Suprema alterou substancialmente nos últimos anos, vislumbrando-se, com isso, possibilidade de mudança no entendimento, mormente quando em algumas decisões monocráticas é possível encontrar manifestações de Ministros no sentido de considerar *obiter dictum* a afirmação contida no acórdão que julgou a Ação Declaratória de Constitucionalidade nº 1. Em suma, embora a tendência seja de considerar constitucional a revogação, a alteração na composição do STF pode trazer solução contrária. Resta aguardar.

7.4. Isenção da Itaipu Binacional

A Lei nº 10.925/2004 imprimiu significativas mudanças na tributação da COFINS, atendendo aos anseios da iniciativa privada que há muito clamam por redução da carga tributária incidente na produção.

A medida levada a efeito pelo diploma legal editado desonera uma série de produtos e pessoas, aplicando-lhes alíquota zero. No caso específico da receita decorrente da venda de energia elétrica pela Hidrelétrica de Itaipu, decidiu-se isentar as operações do recolhimento de PIS e COFINS, em razão do potencial estratégico que a produção de energia elétrica representa para o país. A Lei nº 10.925/2004 assim disciplinou a isenção:

> Art. 14. São isentas da contribuição para o PIS/PASEP e da COFINS a que se referem as Leis nºs 10.637, de 30 de dezembro de 2002, 10.833, de 29 de dezembro de 2003, e 10.865, de 30 de abril de 2004, as receitas decorrentes da venda de energia elétrica pela Itaipu Binacional.

7.5. Suspensão da COFINS em vendas para empresas exportadoras

O art. 6º da Lei nº 10.925/2004 alterou o art. 40 da Lei nº 10.865, de 30 de abril de 2004. Anteriormente, a suspensão era para casos mais restritos, de pessoas jurídicas preponderantemente exportadoras que se dedicassem à elaboração de produtos classificados nos Capítulos 2, 3, 4, 7, 8, 9, 10, 11, 12, 15, 16, 17, 18, 19, 20, 23 (exceto códigos 2309.10.00 e 2309.90.30 e Ex 01 no código 2309.90.90), 28, 29, 30, 31 e 64, no código 2209.00.00 e 2501.00.00, e nas posições 21.01 a 21.05.00, todos da TIPI.

Com a nova redação, a COFINS terá a sua incidência suspensa no caso de venda de matérias-primas, produtos intermediários e materiais de embalagem a qualquer pessoa jurídica preponderantemente exportadora.

7.6. "Instituições Financeiras" e a COFINS

As instituições financeiras receberam tratamento especial quanto à tributação da COFINS, desde a sua gênese, quando a Lei Complementar nº 70, em seu artigo 11, disciplinou a matéria. O tratamento distinto gerou um certo descontentamento por parte dos demais contribuintes que pretendiam receber os mesmos benefícios, assim como desagradou as próprias instituições financeiras que sofreram majoração com relação à Contribuição Social sobre o Lucro Líquido. Com a edição da Lei Complementar nº 70, as referidas entidades deixaram de pagar o FINSOCIAL, e, em vez de passar a contribuir para a seguridade social através da COFINS, passaram a fazê-lo através da majoração de sua alíquota de Contribuição Social sobre o Lucro Líquido – CSLL, conforme previsto no artigo 11 da Lei Complementar nº 70/91, que assim disciplinou a matéria:[125]

> Art. 11. Fica elevada em oito pontos percentuais a alíquota referida no § 1º do art. 23 da Lei nº 8.212, de 24 de julho de 1991, relativa à contribuição social sobre o lucro das instituições a que se refere o § 1º do art. 22 da mesma lei, mantidas as demais normas da Lei nº 7.689, de 15 de dezembro de 1988, com as alterações posteriormente introduzidas.
> Parágrafo único. As pessoas jurídicas sujeitas ao disposto neste artigo ficam excluídas do pagamento da contribuição social sobre o faturamento, instituída pelo art. 1º desta lei complementar.

Considerando que o dispositivo legal retroapontado (§ 1º do artigo 23 da Lei nº 8.212) já fixava alíquota de 15%. Percebe-se que, ao majorá-la por força do artigo 11 da Lei Complementar nº 70, consolidou-se para as instituições financeiras uma alíquota de 23% relativa à CSLL. Mudanças sucessivas podem ser verificadas na legislação extravagante[126] no que toca

---

[125] "11. Com o advento da Lei Complementar nº 70, de 30 de dezembro de 1991, as mencionadas instituições, por força do artigo 11, *caput* e parágrafo único, e observado o disposto no artigo 13, quanto à produção de seus efeitos, tiveram a alíquota da CSLL majorada para 23% (vinte e três por cento) sobre a respectiva base de cálculo, ficando excluídas, no entanto, do pagamento da contribuição social sobre o faturamento (COFINS), instituída pelo artigo 1º da mesma Lei Complementar". (PN CST 1/1993)

[126] O item 12 do PN CST 1/1993 resume as variações iniciais da alíquota da CSLL: "12. Em resumo, relativamente à CSLL, às sociedades corretoras de seguros aplicam-se, sobre as bases de cálculo correspondentes, as seguintes alíquotas: a) no exercício financeiro de 1989 (período-base de 1988): 8% (oito por cento); b) nos exercícios financeiros de 1990 e 1991 (períodos-base de 1989 e 1990): 10% (dez por cento); c) no exercício financeiro de 1992 (período-base de 1991): 15% (quinze por cento); d) nos meses de janeiro e março de 1992: 15% (quinze por cento); e) a partir do mês de abril de 1992: 23% (vinte e três por cento)." As alíquotas da CSLL para essas entidades continuaram variando no tempo, com redução da alíquota para 18%, por força da Lei nº 9.249/95 (art. 19, § 1º: "Parágrafo único. O disposto neste artigo não se aplica às instituições a que se refere o § 1º do art. 22 da Lei nº 8.212, de 24 de julho de 1991, para as quais a alíquota da contribuição social será de dezoito por cento."). A partir de janeiro de 1999, previu a MP 2.158-35/2001 nova redução, para a alíquota paga pelas demais pessoas jurídicas: "Art. 7º A alíquota da CSLL, devida pelas pessoas jurídicas referidas no art. 1º, fica reduzida para oito por cento em relação aos fatos geradores ocorridos a partir de 1º de janeiro de 1999, sem prejuízo da aplicação do disposto no art. 6º." (o art. 1º, por sua vez, reza: "Art. 1º A alíquota da

à alíquota da CSLL, entretanto, em face dos estreitos limites desta obra, deixamos, por ora, de aprofundar a questão.

Para efeitos dessa tributação diferenciada no que concerne à seguridade social, aquelas pessoas jurídicas referidas pelo artigo 22, § 1º da Lei nº 8.212/91 incluem-se no tratamento diferenciado. A redação original assim dispunha:

> Art. 22. § 1º No caso de bancos comerciais, bancos de investimentos, bancos de desenvolvimento, caixas econômicas, sociedades de crédito, financiamento e investimento, sociedades de crédito imobiliário, sociedades corretoras, distribuidoras de títulos e valores mobiliários, empresas de arrendamento mercantil, cooperativas de crédito, empresas de seguros privados e de capitalização, agentes autônomos de seguros privados e de crédito e entidades de previdência privada abertas e fechadas, além das contribuições referidas neste artigo e no art. 23, é devida a contribuição adicional de 2,5% (dois inteiros e cinco décimos por cento) sobre a base de cálculo definida no inciso I deste artigo.

Note-se que o conceito "instituições financeiras" não é suficientemente amplo para abarcar todas as pessoas discriminadas na Lei nº 8.212/91. Logo, quando mencionada a expressão "instituições financeiras", entenda-se que estão incluídas também aa sociedades referidas no dispositivo legal supracitado.

Com a entrada em vigor da Lei nº 9.718/98, a COFINS foi estendida às pessoas jurídicas de que trata o § 1º do art. 22 da Lei nº 8.212/91, compensando-se a nova cobrança com reduções em outras contribuições.[127]

A elas, desde que passam a contribuir para a COFINS, é garantida uma série de exclusões e deduções, tais quais as já existentes para a apuração da contribuição ao PIS (§ 5º do art. 3º da Lei nº 9.718/98):

> § 5º Na hipótese das pessoas jurídicas referidas no § 1º do art. 22 da Lei nº 8.212, de 24 de julho de 1991, serão admitidas, para fins da COFINS, as mesmas exclusões e deduções facultadas para fins de determinação da base de cálculo da contribuição para o PIS/PASEP.

Após, foram acrescidos os §§ 6º e 7º, por força da Medida Provisória nº 2.158-35/2001, ampliando o leque de vantagens[128] para as instituições financeiras, *in verbis*:

---

contribuição para os Programas de Integração Social e de Formação do Patrimônio do Servidor Público – PIS/PASEP, devida pelas pessoas jurídicas a que se refere o § 1º do art. 22 da Lei nº 8.212, de 24 de julho de 1991, fica reduzida para sessenta e cinco centésimos por cento em relação aos fatos geradores ocorridos a partir de 1º de fevereiro de 1999.").

[127] Foi reduzida a alíquota do PIS ("Art. 1º A alíquota da contribuição para os Programas de Integração Social e de Formação do Patrimônio do Servidor Público – PIS/PASEP, devida pelas pessoas jurídicas a que se refere o § 1º do art. 22 da Lei nº 8.212, de 24 de julho de 1991, fica reduzida para sessenta e cinco centésimos por cento em relação aos fatos geradores ocorridos a partir de 1º de fevereiro de 1999." – art. 1º da MP 2.158-35, de 24.08.2001, em vigor por força do art. 2º da EC 32/2001).

[128] Outras pessoas jurídicas pretenderam, judicialmente, garantir o direito às mesmas deduções previstas no § 6º, com fundamento no princípio da igualdade ou isonomia tributária. Diversas decisões,

§ 6º Na determinação da base de cálculo das contribuições para o PIS/PASEP e COFINS, as pessoas jurídicas referidas no § 1º do art. 22 da Lei nº 8.212, de 1991, além das exclusões e deduções mencionadas no § 5º, poderão excluir ou deduzir:
I – no caso de bancos comerciais, bancos de investimentos, bancos de desenvolvimento, caixas econômicas, sociedades de crédito, financiamento e investimento, sociedades de crédito imobiliário, sociedades corretoras, distribuidoras de títulos e valores mobiliários, empresas de arrendamento mercantil e cooperativas de crédito:
a) despesas incorridas nas operações de intermediação financeira;
b) despesas de obrigações por empréstimos, para repasse, de recursos de instituições de direito privado;
c) deságio na colocação de títulos;
d) perdas com títulos de renda fixa e variável, exceto com ações;
e) perdas com ativos financeiros e mercadorias, em operações de *hedge*;
II – no caso de empresas de seguros privados, o valor referente às indenizações correspondentes aos sinistros ocorridos, efetivamente pago, deduzido das importâncias recebidas a título de cosseguro e resseguro, salvados e outros ressarcimentos.
III – no caso de entidades de previdência privada, abertas e fechadas, os rendimentos auferidos nas aplicações financeiras destinadas ao pagamento de benefícios de aposentadoria, pensão, pecúlio e de resgates;
IV – no caso de empresas de capitalização, os rendimentos auferidos nas aplicações financeiras destinadas ao pagamento de resgate de títulos.
§ 7º As exclusões previstas nos incisos III e IV do § 6º restringem-se aos rendimentos de aplicações financeiras proporcionados pelos ativos garantidores das provisões técnicas, limitados esses ativos ao montante das referidas provisões.

Com o art. 18[129] da Lei nº 10.684/2003, foi aumentada a alíquota da COFINS de 3% para 4%. A alíquota diferenciada para as empresas referidas no artigo 18 tem seu fundamento no § 9º do art. 195 da Constituição Federal, que permite que

as contribuições sociais previstas no inciso I deste artigo poderão ter alíquotas ou bases de cálculo diferenciadas, em razão da atividade econômica ou da utilização intensiva de mão-de-obra. (Parágrafo acrescentado pela Emenda Constitucional nº 20/98, DOU 16.12.1998).

---

dos Tribunais Regionais Federais, repeliram a pretensão, justamente aplicando o princípio da isonomia. Em outras palavras: o princípio da isonomia determina o tratamento igual para os que estiverem em condições iguais, e tratamento desigual para os que estiverem em condições desiguais. O exercício de atividades distintas foi tido como desigualdade suficiente para considerar as empresas em condições desiguais e afastar o tratamento "isonômico". São exemplos dessa jurisprudência: TRF 1ª R. – AMS 33000219718 – BA – 4ª T. – Rel. Des. Fed. Hilton Queiroz – DJU 01.08.2003 – p. 70; TRF 2ª R. – AMS 2000.02.01.056703-0 – RJ – 4ª T. – Rel. Juiz Fernando Marques – DJU 17.12.2002 – p. 279; TRF 4ª R, AG 200304010003333/SC, 2ª Turma, Rel. Des. João Surreaux Chagas, DJ 11/02/2004, p. 364; TRF 5ª R. – AMS 86102 – (2001.83.00.015492-5) – PE – 2ª T. – Rel. Des. Fed. Paulo Roberto de Oliveira Lima – DJU 17.03.2004 – p. 518.
[129] Art. 18. Fica elevada para quatro por cento a alíquota da Contribuição para o Financiamento da Seguridade Social – COFINS devida pelas pessoas jurídicas referidas nos §§ 6º e 8º do art. 3º da Lei nº 9.718, de 27 de novembro de 1998.

Assim, enquanto as demais pessoas jurídicas continuam com a alíquota de 3% (três por cento), as pessoas referidas no art. 18 passam a pagar 4% (quatro por cento).

Finalmente, essas pessoas jurídicas,[130] por força do inciso I do art. 10 da MP 135/2003 e inciso I do art. 10 da Lei nº 10.833/2003, resultante da conversão daquele, não estão sujeitas à incidência não-cumulativa.

7.7. Regime especial: Incorporações imobiliárias após a Lei 10.931, de 2004

A Lei nº 10.931, de 02 de agosto de 2004,[131] abriu a possibilidade de incorporadoras, por opção, submeterem-se a regime especial de tributação de PIS, COFINS, IRPJ e CSLL, submetendo-se a alíquotas especiais *quanto às operações de venda das unidades objeto do patrimônio de afetação.*[132] No caso da COFINS, a alíquota é de 3%, como componente de parcela do valor do recolhimento unificado previsto no § 2º do art. 4º.[133]

O regime especial, que atinge apenas *empreendimentos determinados*, é opcional e irretratável, e sua duração vinculada à existência de obrigações e direitos de crédito junto aos adquirentes dos imóveis que componham a incorporação.

Somente poderá ser exercida quando preenchidos os requisitos previstos no art. 2º, que são a entrega do termo de opção na unidade da SRF competente e a afetação[134] do terreno e das acessões objeto da incorporação imobiliária.

---

[130] São elas: bancos comerciais, bancos de investimentos, bancos de desenvolvimento, caixas econômicas, sociedades de crédito, financiamento e investimento, sociedades de crédito imobiliário, sociedades corretoras, distribuidoras de títulos e valores mobiliários, empresas de arrendamento mercantil e cooperativas de crédito; empresas de seguros privados; entidades de previdência privada, abertas e fechadas; empresas de capitalização; pessoas jurídicas que tenham por objeto a securitização de créditos.

[131] Sugere-se a leitura do art. 53, que altera a redação dos arts. 31-A a 31-F da Lei 4.591/64, dentre outros.

[132] As receitas das demais atividades e empreendimentos não vinculados a terreno e acessões *afetados* não estão abrangidas pelo benefício. Em verdade, *o sistema beneficia determinada incorporação, e não determinado contribuinte.*

[133] "Art. 4º Para cada incorporação submetida ao regime especial de tributação, a incorporadora ficará sujeita ao pagamento equivalente a sete por cento da receita mensal recebida, o qual corresponderá ao pagamento mensal unificado dos seguintes impostos e contribuições: I – Imposto de Renda das Pessoas Jurídicas – IRPJ; II – Contribuição para os Programas de Integração Social e de Formação do Patrimônio do Servidor Público – PIS/PASEP; III – Contribuição Social sobre o Lucro Líquido – CSLL; e IV – Contribuição para Financiamento da Seguridade Social – COFINS. § 1º Para fins do disposto no caput, considera-se receita mensal a totalidade das receitas auferidas pela incorporadora na venda das unidades imobiliárias que compõem a incorporação, bem como as receitas financeiras e variações monetárias decorrentes desta operação. § 2º O pagamento dos tributos e contribuições na forma do disposto no *caput* somente poderá ser compensado, por espécie, com o montante devido pela incorporadora no mesmo período de apuração, até o limite desse montante".

[134] O terreno e as acessões sob o regime de afetação não respondem por dívidas tributárias da incorporadora relativa aos tributos acima citados, dentre os quais a COFINS, *exceto aquelas calculadas na forma do art. 4º sobre as receitas auferidas no âmbito da incorporação.*

7.8. Mercado Atacadista de Energia Elétrica

As pessoas jurídicas integrantes do Mercado Atacadista de Energia Elétrica (MAE), instituído pela Lei n° 10.433, de 2002, poderão, segundo dispõe o art. 32 da MP 66/2002, optar por um *regime especial de apuração* da COFINS. A opção é formalizada por meio de Termo de Opção e tem validade a partir do mês-calendário subseqüente à sua entrega à Secretaria da Receita Federal.[135] Para os fins do regime especial, considera-se como *receita bruta* os *resultados positivos apurados mensalmente no âmbito do MAE*, sendo possível uma série de *ajustes* e de *deduções*.

Essas receitas submetidas ao regime especial continuam a ter o tratamento acima descrito, mesmo após a introdução do sistema não-cumulativo.

7.9. Demais sujeitos passivos

A legislação referente à COFINS ainda estabelece duas hipóteses de sujeição passiva do tributo em comento: a retenção e a substituição tributária.

A retenção, introduzida no ordenamento jurídico pela Lei n° 10.833, é abordada com mais vagar no capítulo 10.2. Já a COFINS – substituição instituída por força da Lei Complementar n° 70 e acrescida pela Lei n° 9.718, é explorada no capítulo 11.4.

---

[135] A opção está regulamentada pela Instrução Normativa SRF n° 199, de 12 de setembro de 2002, DOU de 13.9.2002. Posteriormente, a disciplina constou: na Instrução Normativa SRF n° 247, de 21 de novembro de 2002 (arts. 21, 22, 41 e 42); na Instrução Normativa SRF n° 404, de 12 de março de 2004 (arts. 23, XI, 21, 22).

8. Hipótese de incidência

A hipótese de incidência de um tributo é, na lição de Geraldo Ataliba, "a descrição legal de um fato: é a formulação hipotética, prévia e genérica, contida na lei, de um fato (é o espelho do fato, a imagem conceitual de um fato; é seu desenho). É portanto, mero conceito, necessariamente abstrato. É formulado pelo legislador fazendo abstração de qualquer fato concreto. Por isso é mera 'previsão legal' (a lei é, por definição, abstrata, impessoal e geral)".[136]

A hipótese de incidência da COFINS não foge à regra, vale dizer, os artigos da Lei Complementar e leis ordinárias que a sucederam, abstratamente, procuraram eleger fatos da vida para serem suscetíveis de tributação da contribuição social.

A grande discussão que exsurge está em saber se tais fatos da vida estão ou não previamente inscritos na Constituição, e em que medida e extensão estão lá previstos. A validade de previsão de hipótese de incidência *na lei* dependerá, portanto, de a mesma estar *permitida previamente pelo texto constitucional*. Necessário, neste caso, outorga de competência tributária específica ao ente federal. Se não houver previsão constitucional, a cobrança é inconstitucional; e, se houver previsão na Carta, deve-se indagar se a previsão legal extrapola ou está contida nos limites da competência atribuída constitucionalmente.

Esses dois questionamentos são essenciais para se determinar a validade ou não da cobrança, e as respostas dependerão das datas em que aprovadas as alterações na Constituição Federal e das datas em que publicadas as normas infralegais dispondo sobre a hipótese de incidência da contribuição.

No caso concreto da COFINS, a importância é acentuada pela sucessão de alterações no *caput* e nos parágrafos do art. 195 da Constituição Federal, e na sucessão de medidas provisórias, lei complementar e leis ordinárias, nem sempre respeitando-se o texto constitucional vigente nas datas das publicações dessas últimas.

Ao efeito de delimitar essas várias "fases" ou "períodos", apresentamos a análise das principais controvérsias dividida no que denominamos

---

[136] ATALIBA, Geraldo. *Hipótese de incidência tributária*. 6 ed. São Paulo: Malheiros, 2004, p. 58.

"fases", cada qual representada pelas diferentes feições da hipótese de incidência e das diferentes amplitudes da base de cálculo da COFINS.

8.1. Primeira fase: faturamento

8.1.1. Considerações gerais

Na sua criação pela Lei Complementar nº 70/91, a COFINS teve como fato gerador o *faturamento*, conceito que deve ser acolhido em seu sentido estrito, como será visto no item seguinte. Reza o artigo 2º que a contribuição incidirá "sobre o faturamento mensal, assim considerado a receita bruta das vendas de mercadorias, de mercadorias e serviços e de serviço de qualquer natureza". No parágrafo único, constou: "Não integra a receita de que trata este artigo, para efeito de determinação da base de cálculo da contribuição, o valor: a) do imposto sobre produtos industrializados, quando destacado em separado no documento fiscal; b) das vendas canceladas, das devolvidas e dos descontos a qualquer título concedidos incondicionalmente".

Adicionalmente, foram estabelecidas regras específicas para alguns contribuintes.[137] [138]

O recolhimento da contribuição foi regulado pelo artigo 5ª da Lei Complementar nº 70. Pelo dispositivo, criou-se a sistemática de pagamento dos valores devidos, convencionando-se que a contribuição seria atualizada por índice oficial no primeiro dia útil do mês subseqüente ao da verificação do fato gerador, podendo ser pago até o vigésimo dia do mesmo mês.[139]

No artigo 6º, constam as isenções que atualmente são objeto de discussão nas cortes superiores do país.[140] Estavam isentas, segundo a dicção do dispositivo referido, as sociedades cooperativas, as sociedades civis e as entidades beneficentes.[141]

---

[137] "Art. 3º. A base de cálculo da contribuição mensal devida pelos fabricantes de cigarros, na condição de contribuintes e de substitutos dos comerciantes varejistas, será obtida multiplicando-se o preço de venda do produto no varejo por cento e dezoito por cento. Art. 4º. A contribuição mensal devida pelos distribuidores de derivados de petróleo e álcool etílico hidratado para fins carburantes, na condição de substitutos dos comerciantes varejistas, será calculada sobre o menor valor, no País, constante da tabela de preços máximos fixados para venda a varejo, sem prejuízo da contribuição incidente sobre suas próprias vendas".

[138] Também as instituições financeiras tiveram desde a criação da COFINS tratamento diferenciado, previsto na isenção da COFINS com a contrapartida da alíquota maior de CSLL. A análise desse tópico, afeito ao caráter subjetivo, é procedida em separado, no tratamento dos contribuintes (item 7.7).

[139] "Art. 5ª A contribuição será convertida, no primeiro dia do mês subseqüente ao de ocorrência do fato gerador, pela medida de valor e parâmetro de atualização monetária diária utilizada para os tributos federais, e paga até o dia vinte do mesmo mês".

[140] Art. 6º São isentas da contribuição: I – as sociedades cooperativas que observarem ao disposto na legislação específica, quanto aos atos cooperativos próprios de suas finalidades; II – as sociedades civis de que trata o art. 1º do Decreto-Lei nº 2.397, de 21 de dezembro de 1987; III – as entidades beneficentes de assistência social que atendam às exigências estabelecidas em lei.

[141] As isenções de que trata o artigo 6º foram enfrentadas com maior vagar no capítulo 7.

Da mesma forma, estavam isentas na Lei Complementar nº 70 as receitas provenientes de: (1) exportação realizada diretamente pelo exportador; (2) exportações realizadas através de cooperativas, consórcios ou entidades semelhantes; (3) vendas à exportador com exigência de que o produto seja exportado; (4) vendas de mercadorias para consumo interno de aeronaves; (5) demais vendas feitas para o exterior nas condições estabelecidas pelo Poder Executivo.[142]

A instituição da COFINS através da Lei Complementar nº 70 teve por objetivo substituir outra fonte de custeio da Seguridade Social já existente: o FINSOCIAL. O aumento da alíquota (iniciado pelas tentativas[143] já com a cobrança do FINSOCIAL), por sua vez, destinou-se à supressão das deficiências do orçamento da Previdência, historicamente deficitário.[144]

A seguir, salientamos alguns dos aspectos polêmicos surgidos quando da instituição da COFINS. Esses tópicos não têm sua importância limitada à "primeira fase", mas abrangem, também, as demais "fases" da cobrança, eis que, na sua maioria, não foram objeto de alteração nas transições para as demais "fases".

8.1.2. Inclusão do ICMS da própria operação

O ICMS é o tributo estadual incidente na circulação de mercadorias e na prestação de determinados serviços.[145] É tributo cobrado historicamente "por dentro", de forma a estar incluso no preço da mercadoria consignada na nota fiscal de venda. Supondo-se que o consumidor adquira um televisor

---

[142] Redação original: "Art. 7º É ainda isenta da contribuição a venda de mercadorias ou serviços, destinados ao exterior, nas condições estabelecidas pelo Poder Executivo". Redação atualizada pela LC nº 85, de 15.02.96: "Art. 7º São também isentas da contribuição as receitas decorrentes: I – de vendas de mercadorias ou serviços para o exterior, realizadas diretamente pelo exportador; II – de exportações realizadas por intermédio de cooperativas, consórcios ou entidades semelhantes; III – de vendas realizadas pelo produtor-vendedor às empresas comerciais exportadoras, nos termos do Decreto-lei nº 1.248, de 29 de novembro de 1972, e alterações posteriores, desde que destinadas ao fim específico de exportação para o exterior; IV – de vendas, com fim específico de exportação para o exterior, a empresas exportadoras registradas na Secretaria de Comércio Exterior do Ministério da Indústria, do Comércio e do Turismo; V – de fornecimentos de mercadorias ou serviços para uso ou consumo de bordo em embarcações ou aeronaves em tráfego internacional, quando o pagamento for efetuado em moeda conversível; VI – das demais vendas de mercadorias ou serviços para o exterior, nas condições estabelecidas pelo Poder Executivo".

[143] Não é propósito deste trabalho analisar as inconstitucionalidades nas majorações das alíquotas do FINSOCIAL, matéria já superada pelo Plenário do STF, e que teve repercussão apenas no debate acerca da possibilidade de compensação dos valores pagos a maior relativos ao FINSOCIAL com débitos de COFINS. Nesse tema, a jurisprudência sedimentou-se pela possibilidade de compensação. Tratamos da compensação adiante.

[144] É o que consta da LC nº 70: "Art. 9º A contribuição social sobre o faturamento de que trata esta lei complementar não extingue as atuais fontes de custeio da Seguridade Social, salvo a prevista no art. 23, inciso I, da Lei nº 8.212, de 24 de julho de 1991, a qual deixará de ser cobrada a partir da data em que for exigível a contribuição ora instituída".

[145] Sobre o tema, leia-se *ICMS – Lei Complementar nº 87, de 1996, comentada e anotada*. ÁVILA, René Bergmann. Porto Alegre: Síntese, 1997. 2. ed.

por quinhentos reais, o valor do ICMS está incluso nos quinhentos reais, muito embora esteja destacado na nota fiscal.

Os contribuintes, argüindo que o ICMS é receita do Estado – *e não do vendedor, este que apenas recebe o valor e repassa-o ao Estado-membro* – passaram a argumentar que o valor desse imposto destacado na nota fiscal não poderia integrar a base de cálculo da COFINS, incidente sobre o faturamento.[146]

Os tribunais começaram a decidir que, por estar incluído no preço (ser cobrado "por dentro"), consistiria em receita do comerciante, integrando a base de cálculo das contribuições incidentes sobre o faturamento.[147]

Essa discussão, aliás, é mais antiga, tendo iniciado já antes da COFINS, quando ainda cobrado o FINSOCIAL. Quando a esse tributo, foi editada a Súmula nº 94, do Superior Tribunal de Justiça, que afirma:

> Súmula nº 94 – A parcela relativa ao ICMS inclui-se na base de cálculo do FINSOCIAL.[148]

A mesma linha de fundamentação prevaleceu também nas decisões relativas à COFINS, tanto nos tribunais federais[149] quanto no STJ.[150]

---

[146] A posição é defendida em ensaio que aponta inconstitucionalidade da inclusão do ICMS. Ver: KEPPLER, Roberto Carlos e DIAS, Roberto Moreira. *Da Inconstitucionalidade da Inclusão do ICMS na Base de Cálculo da COFINS. In:* RDDT 75/169.
[147] "TRIBUTÁRIO. COFINS. PIS. BASE DE CÁLCULO. ICMS. PARCELA INTEGRANTE. O ICMS, enquanto parcela componente do preço da mercadoria, integra o faturamento, e, portanto, a base de cálculo da COFINS, e do PIS. Afinal, tudo quanto entra, na empresa, a título de preço, pela venda de mercadorias, é receita, inclusive, os valores relativos, ao ICMS, que integram as bases de cálculo das referidas exações. Segurança Negada. Apelação da Impetrante conhecida, e improvida". (TRF 4ª Região – 1ª Turma – Rel. Maria Isabel Pezzi Klein – j. 09.08.2001 – DJ 16.01.2002, p. 389)
[148] DJU 28.02.1994. Referência: CF, art. 155, I, b. Decreto-lei 406, de 31.12.1968. Decreto-lei 1.940, de 25.05.1982, art. 1º, § 1º. REsp 14.467-MG (1ª T. 27.11.1991 – DJU 03.02.1992) REsp 16.521-DF (1ª T. 26.02.1992 – DJU 06.04.1992) Resp 27.072-RJ (1ª T. 30.09.1992 – DJU 16.11.1992) Resp 31.103-RJ (1ª T. 29.03.1993 – DJU 26.04.1993) Resp 08.379-RJ (2ª T. 26.08.1992 – DJU 28.09.1992)
[149] "TRIBUTÁRIO – PIS – COFINS – SUBSTITUIÇÃO TRIBUTÁRIA ICMS – PARCELA EXCLUÍDA DA BASE DE CÁLCULO – EXTENSÃO POR EQÜIDADE AO ICMS EMBUTIDO NO PREÇO DA MERCADORIA – INCABIMENTO – A substituição tributária "para frente" foi reconhecida pela CF/88 através da adição do § 7º ao art. 150 da CF/88 pela EC 3/93, configurando o ICMS cobrado na condição de substituto tributário em mera antecipação do tributo devido pelo varejista na operação subseqüente de venda a consumidor final. Na cobrança do ICMS por substituição, o industrial age como mero intermediário entre o Fisco e seu cliente ostentando ainda condição de depositário do ICMS cobrado na condição de substituto tributário, razão porque essa verba não se confunde com faturamento – ainda que cobrada na nota fiscal – e, por isso mesmo, o ordenamento permite sua exclusão da base de cálculo. O emprego da eqüidade não pode resultar na dispensa do pagamento do tributo ex vi do § 2º do art. 108 do CTN. Remessa oficial improvida". (TRF 4ª R. – REO-MS 2000.71.07.001988-9 – RS – 2ª T. – Rel. Juiz Alcides Vettorazzi – DJU 12.09.2001 – p. 331) No mesmo sentido: TRF 4ª R. – AMS 1999.70.00.032356-0 – PR – 2ª T. – Rel. Juiz Alcides Vettorazzi – DJU 24.04.2002 – p. 959; TRF 4ª R. – AMS 2000.71.00.012648-6 – RS – 2ª T. – Rel. Juiz Alcides Vettorazzi – DJU 15.08.2001 – p. 2094.
[150] "PROCESSUAL CIVIL – EMBARGOS DE DECLARAÇÃO – OCORRÊNCIA DE ERRO MATERIAL – SUA CORREÇÃO – COFINS E PIS – BASE DE CÁLCULO – INCLUSÃO DO ICMS – SÚMULAS NºS 68 E 94/STJ – Ocorrência de erro material quanto aos termos do pedido expostos no Recurso Especial. Inexistência de matéria constitucional a ser apreciada. Correção efetivada, com o exame do apelo extremo. 2. É pacífico o entendimento nesta Corte Superior no sentido de que a parcela

Esse entendimento, porém, não é aplicável ao ICMS-Substituição Tributária, este estranho ao valor da operação de venda, conforme visto a seguir.

8.1.3. Exclusão do ICMS substituição tributária

A não-inclusão do ICMS substituição tributária na base de cálculo da COFINS é matéria pacífica,[151] pelo fundamento de que o ICMS Substituição Tributária não tem nenhuma relação com o valor da operação de venda pelo responsável pelo seu recolhimento (substituto).

Uma pequena digressão sobre a distinção entre o ICMS-Substituição e o ICMS da própria operação permitirá compreender o fundamento pelo qual aquele não integra[152] a base de cálculo da COFINS.

O ICMS-Substituição tributária é cobrado em função da probabilidade de ocorrência de operações futuras, a serem realizadas pelo adquirente da mercadoria (substituído), ou, até, por outros comerciantes que estejam adiante na cadeia de circulação da mercadoria. Assim, presume-se tanto que a(s) futura(s) operação(ões) de saída ocorrerá(ão) quanto que tal(is) operação(ões) terá(ão) determinada margem de valor agregado ou determinado preço final de venda ao consumidor. Estabelece-se, assim, por presunção, que haverá operação futura por valor determinado por igual presunção legal.

Com base nesse evento futuro e – embora provável – incerto, faz-se uma cobrança antecipada de um terceiro (que não é o devedor do tributo), vendedor da mercadoria, ao qual compete cobrar, *além do preço da operação* contratada com o adquirente, o imposto estadual que se presume será devido por este adquirente. Na nota fiscal de venda do substituto para o substituído constarão dois destaque de ICMS. Constará num campo o ICMS integrante do valor da operação (de que é contribuinte o vendedor-substi-

---

relativa ao ICMS inclui-se na base de cálculo da COFINS e do PIS. Inteligência das Súmulas nºs 68 e 94/STJ. 3. Embargos acolhidos, com o desprovimento do Recurso Especial da empresa". (STJ – EARESP 503224 – RS – 1ª T. – Rel. Min. José Delgado – DJU 02.02.2004 – p. 00276); "TRIBUTÁRIO – COFINS – BASE DE CÁLCULO – ICMS – Tudo quanto entra na empresa a título de preço pela venda de mercadorias é receita dela, não tendo qualquer relevância, em termos jurídicos, a parte que vai ser destinada ao pagamento de tributos. Conseqüentemente, os valores devidos à conta do ICMS integram a base de cálculo da Contribuição para financiamento da Seguridade Social. Recurso especial não conhecido". (STJ – 2ª T. – REsp 152.736 – SP – Rel. Min. Ari Pargendler – DJU 16.02.1998 – p. 75)

[151] A própria Secretaria da Receita Federal assim entende, conforme consta no Manual de Perguntas e Respostas de 2001: "330. O valor do ICMS cobrado pela pessoa jurídica, na condição de contribuinte substituto desse imposto, integra a base de cálculo das contribuições para o PIS/PASEP e COFINS? Não. O valor do ICMS cobrado no regime de substituição tributária não integra a base de cálculo das contribuições para o PIS/PASEP e COFINS devidas pelo contribuinte substituto destas, porque o montante do referido imposto não compõe a valor da receita auferida na operação, constituindo seu destaque em documentos fiscais mera indicação para efeitos de cobrança e recolhimento daquele imposto pelo contribuinte substituto (Parecer Normativo CST nº 77/1986)".

[152] Com a ressalva adiante apontada.

tuto), e noutro campo o ICMS não integrante do valor da operação (de que é contribuinte o adquirente-substituído).

O ICMS da própria operação é recolhido pelo vendedor de acordo com a legislação estadual a que esteja subordinado, na sistemática da não-cumulatividade, mediante a apuração do eventual saldo devedor mensal resultante do encontro de créditos e débitos de *suas operações*.

O ICMS substituição tributária, por sua vez, é recebido pelo vendedor, que atua como mero *agente arrecadador*, e recolhido aos cofres do Estado a que esteja subordinado o adquirente (respeitadas as peculiaridades de cada caso concreto).

Dessa breve exposição pode-se depreender que o ICMS-Substituição não integra o valor da operação e nem tampouco é receita do vendedor-substituto. É receita do Estado da Federação que o recebe.[153]

A situação de aparente tranqüilidade nesse tema, todavia, passou a receber atenção do Poder Judiciário, a partir da introdução do regime da substituição tributária para a COFINS, quando então passaram a coexistir COFINS-Substituição e ICMS-Substituição. Para variar, iniciou-se novo debate, agora sobre a inclusão do ICMS-Substituição na base de cálculo da COFINS-Substituição.[154]

Tanto na esfera administrativa quanto na judicial, o pleito dos contribuintes era a aplicabilidade, também no caso de COFINS-Substituição, do

---

[153] O inciso I do § 2º do art. 3º da Lei nº 9.718/98 prevê expressamente a exclusão do ICMS-Substituição, quando cobrado pelo vendedor dos bens ou prestador dos serviços.

[154] É importante destacar que a maioria dos acórdãos administrativos e judiciais sobre o tema não diz respeito à novel discussão, não podendo ser invocados no trato da questão. São exemplos: "NORMAS PROCESSUAIS – ARGÜIÇÃO DE INCONSTITUCIONALIDADE – A autoridade administrativa não é competente para apreciar argüição de inconstitucionalidade de Leis, que deve ser feita perante o Poder Judiciário. Preliminar rejeitada. COFINS – BASE DE CÁLCULO – ICMS – SUBSTITUIÇÃO TRIBUTÁRIA – O ICMS retido no regime de substituição tributária não integra a base de cálculo da COFINS. Recurso parcialmente provido. Por unanimidade de votos: I) rejeitou-se a preliminar de inconstitucionalidade; e II) no mérito, deu-se provimento parcial ao recurso, nos termos do voto do Relator. Ausente, justificadamente, o Conselheiro Renato Scalco Isquierdo". (2º CC – Proc. 10865.000903/2001-63 – Rec. 121260 – (Ac. 203-08861) – 3ª C. – Rel. Francisco Maurício R. de Albuquerque Silva – DOU 25.03.2004 – p. 47). Acórdão mais recente que trata especificamente sobre o tema, portanto, tem entendimento diverso, dada a diversidade de fatos geradores: "NORMAS PROCESSUAIS – NULIDADE – Não se configura em cerceamento do direito de defesa e a negativa de realização de perícia fundamentada pela autoridade julgadora. ARGÜIÇÃO DE INCONSTITUCIONALIDADE – Não compete à autoridade administrativa o juízo sobre constitucionalidade de norma tributária, prerrogativa exclusiva do Poder Judiciário, por força de dispositivo constitucional. Preliminares rejeitadas. COFINS – BASE DE CÁLCULO – Inexiste previsão legal para excluir da base de cálculo da COFINS a parcela do ICMS cobrada pelo intermediário (contribuinte substituído) da cadeia de substituição tributária do comerciante varejista. Recurso negado. I) Por unanimidade de votos, rejeitou-se as preliminares de nulidade por cerceamento do direito de defesa e de inconstitucionalidade; e II) por maioria de votos, no mérito, negou-se provimento ao recurso. Vencido o Conselheiro Mauro Wasilewski. Os Conselheiros Valmar Fonseca de Menezes e Francisco Maurício R. de Albuquerque Silva, declararam-se impedidos de votar. Fez sustentação oral, pela recorrente, a Drª Silvana Rescigno Guerra Barretto". (2º CC – Ac. 203-09.009 – 3ª C. – Rel. Luciana Pato Peçanha Martins – DOU 26.03.2004 – p. 234). No mesmo sentido desta última decisão: 2º CC –Ac. 203-08552 – 3ª C. – Rel. Maria Teresa Martínez López – DOU 01.12.2003 – p. 61.

princípio da exclusão do ICMS (no caso, ICMS-Substituição) da base de cálculo da COFINS-Substituição.

Coerente com o entendimento firmado no que concerne ao ICMS da própria operação (que foi entendido como incluso no valor da operação e, por isso, como visto no item anterior, na base de cálculo da COFINS), as decisões[155] até o momento são no sentido que o ICMS-Substituição deve ser incluído na base de cálculo da COFINS-Substituição.

A orientação adotada parte da premissa de que a base de cálculo da COFINS-Substituição será o valor da operação futura a ser praticada pelo adquirente-substituído. Ora, não é verossímil presumir que em tal preço não serão incluídos todos os custos (inclusive tributários), incorridos na aquisição das mercadorias futuramente vendidas. Pode eventualmente ocorrer, mas não é o que normalmente ocorre na circulação de mercadorias em suas diversas etapas, desde o fabricante/importador até o consumidor final.

Há que se verificar, contudo, exatamente a base de cálculo fixada em lei, a fim de se determinar, *in casu,*[156] se há regra prevendo a inclusão ou exclusão do ICMS-Substituição da base de cálculo da COFINS-Substituição.[157]

---

[155] "ICMS – EXCLUSÃO DA BASE DE CÁLCULO DA COFINS E DO PIS – ART. 2º, § 2º, INC. I, DA LEI Nº 9.718/98 – SUBSTITUIÇÃO TRIBUTÁRIA – Se o substituto tributário é o industrial ou o importador, e o substituído é a empresa distribuidora, não há falar em exclusão do ICMS da base de cálculo do PIS e da COFINS, nos termos da descrição contida no art. 2º, § 2º, I, da Lei nº 9.718/98". (TRF 4ª R. – AMS 1999.04.01.131595-3 – SC – 1ª T. – Rel. Juiz Amir José Finocchiaro Sarti – DJU 07.06.2000). "(...) SUBSTITUIÇÃO TRIBUTÁRIA – Na substituição tributária a relação jurídica tributária ocorre entre o substituto legal tributário e o sujeito ativo. Não havendo relação jurídica tributária entre o substituído e o Estado, por inexistência de direito material positivo que o obrigue àquela prestação, incabível a este excluir do faturamento, para fins de apuração da base de cálculo das contribuições, parcelas que a seu juízo referem-se a tributo do qual considera-se mero depositário, sob alegação de ser distribuidor e, portanto, substituto tributário do comerciante varejista". (2º CC – Proc. 11080.005017/00-46 – Rec. 119168 – (Ac. 203-08540) – 3ª C. – Rel. Maria Cristina Roza da Costa – DOU 01.12.2003 – p. 61); "(...) EXCLUSÕES DA BASE DE CÁLCULO – SUBSTITUIÇÃO TRIBUTÁRIA – Não há previsão legal para excluir da base de cálculo da COFINS a parcela do ICMS cobrada pelo intermediário (contribuinte substituído) da cadeia de substituição tributária do comerciante varejista. FALTA DE RECOLHIMENTO – A falta do regular recolhimento da contribuição autoriza o lançamento de ofício para exigir o crédito tributário devido, com os seus consectários legais. Recurso ao qual se nega provimento". (2º CC – Proc. 10983.005450/98-77 – Rec. 119086 – (Ac. 203-08359) – 3ª C. – Rel. Maria Teresa Martínez López – DOU 29.08.2003 – p. 430)

[156] Exemplificamos no item seguinte o caso da "substituição tributária" criada para a revenda de veículos automotores. Os argumentos adiante lançados relativos ao IPI são aplicáveis ao ICMS-Substituição.

[157] Sobre o tema, veja-se também: "SOLUÇÃO DE DIVERGÊNCIA Nº 1 (Coordenação-Geral de Tributação), DE 15 DE JANEIRO DE 2003 – Assunto: Contribuição para o Financiamento da Seguridade Social – COFINS. Ementa: BASE DE CÁLCULO – EXCLUSÃO – Para fins de determinação da base de cálculo da COFINS, o contribuinte substituto do ICMS, nos termos do Parágrafo único da Cláusula primeira do Protocolo ICMS nº 46, de 2000, pode excluir da receita bruta de vendas o valor do ICMS-substituição tributária pago na aquisição das mercadorias – trigo em grão, farinha de trigo e mistura de farinha de trigo, importados do exterior ou de Estado não signatário do aludido Protocolo desde que o referido valor possa ser devidamente comprovado pelo contribuinte substituto. A exclusão do valor do ICMS incidente no regime de substituição tributária, da base de cálculo da COFINS, é prevista somente para o contribuinte substituto do referido imposto. Dispositivos Legais: Lei nº 9.718,

O que nos parece essencial é, caso a caso, buscar no dispositivo legal previsor da base de cálculo, a sua real extensão. Afirmamos isso porque, mesmo que os tribunais tenham aceito a substituição tributária como mecanismo de cobrança de tributo, é também certo que há apenas um limite *máximo* para a fixação da base de cálculo, que é o valor da operação futura relativamente à qual se antecipa a cobrança.

Não há, porém, obrigatoriedade de cobrança do tributo neste limite máximo, como se fora o mesmo obrigatório, um *máximo-mínimo* ao qual devesse se atrelar o legislador ordinário. O legislador ordinário pode optar validamente pelo não-exercício de sua competência tributária, cobrando sobre base de cálculo menor. Este esclarecimento é importante porque, como visto no próximo capítulo,[158] isto ocorreu em algumas hipóteses relativamente à COFINS.

8.1.4. Não-inclusão do IPI

O IPI, como regra geral, não integra a base de cálculo da COFINS. Trata-se de valor estranho à operação, acrescido na nota fiscal do fabricante/importador, e pago pelo adquirente do produto ao vendedor, que o repassará aos cofres do Tesouro.

Essa regra consta no Parágrafo único do artigo 2º da Lei Complementar nº 70/91, que expressamente dispõe: "Não integra a receita de que trata este artigo, para efeito de determinação da base de cálculo da contribuição, o valor: a) do imposto sobre produtos industrializados, quando destacado em separado no documento fiscal". Igual determinação consta no inciso I do § 2º do art. 3º da Lei nº 9.718/98.

Tal como ocorre no debate relativo ao ICMS-Substituição na COFINS-Substituição, o IPI, segundo o entendimento de parcela significativa da jurisprudência, integra a base de cálculo da COFINS-Substituição, em situação que é distinta daquela tratada linhas acima. O voto da Desembargadora Federal Maria Lúcia Luz Leiria, nos autos da AMS 2003.70.05.001540-3/PR, em que foi Relatora, é didático ao expor a distinção entre as hipóteses:[159]

---

de 1998, arts. 2º e 3º, §§ 1º e 2º; Decreto nº 4.524, de 2002, art. 22, inciso IV; Parecer Normativo CST nº 77, de 1986. (...) (COSIT – Regina Maria Fernandes Barroso – Coordenadora-Geral – DOU 16.05.2003 – p. 16)"

[158] Preferimos concentrar o exemplo e a fundamentação no próximo capítulo.

[159] O acórdão está assim ementado: "PIS/COFINS – SUBSTITUIÇÃO TRIBUTÁRIA – BASE DE CÁLCULO – IPI – INCLUSÃO – LEI Nº 9.718/98 – MP Nº 2.158-35/01 – IN – RF Nº 54/00 – 1. Sob a égide da Lei nº 9.718/98 tanto os fabricantes e importadores de veículos quanto os revendedores, recolhiam o PIS e a COFINS com base no faturamento, aqui incluídas todas as receitas da pessoa jurídica. Criado o regime de substituição tributária pela MP 2.158-35/01 (originariamente MP 1.991-14/00), o legislador entendeu por bem determinar que o recolhimento efetuado pelos fabricantes e importadores de veículos, relativamente às contribuições devidas pelos revendedores, tomasse por base de cálculo o valor de venda ao varejista, onde sempre estiveram incluídos os encargos tributários. 2.

Em que pese a Lei 9.718/98 excluir este imposto da receita bruta, está-se referindo ao IPI pago pelo próprio contribuinte, como sujeito passivo, seja o importador ou fabricante, seja o varejista. Ao contrário, o que a impetrante pretende não é excluir o IPI pelo qual é diretamente responsável, mas aquele cujo sujeito passivo, responsável pelo recolhimento e parte na relação jurídica tributária, é o fabricante, que o destaca na nota, mas o embute no preço de venda, de maneira que compõe o custo da mercadoria comprada pelo revendedor, que, por sua vez, repassa ao consumidor. Ou seja, pretende excluir de sua base de cálculo o IPI de sujeito passivo diverso, que sempre lhe foi repassado.

Se o legislador optou por excluir da base de cálculo da COFINS e do PIS devidos pelo estabelecimento industrial valores que não fazem parte de sua receita, também determinou a exclusão dos valores de IPI e ICMS que o fabricante cobra do revendedor, não permitindo, entretanto, que esse mesmo fabricante, agora na condição de substituto, exclua da base de cálculo das contribuições que deve recolher em nome do revendedor os valores referentes ao IPI e ao ICMS incidentes sobre as operações presumidamente a serem realizadas por este.

No caso das contribuições devidas em nome do substituído, como o dever de cumprir a obrigação antecede ao fato gerador, adotou-se a presunção de ocorrência deste, devendo-se adotar uma forma presumida de cálculo do tributo, que resultará em uma estimativa do valor das contribuições a serem recolhidas pelo sujeito passivo responsável. Assim, o preço de venda praticado pelo fabricante foi o parâmetro escolhido para a fixação dessa base de cálculo presumida. Nele, evidentemente, está incluído o IPI do substituto, o que não afronta o disposto no art. 195, I, b, da CRFB/88.

Assim, quando a lei permite a dedução do IPI (devido pelo fabricante) da base de cálculo das contribuições (devidas pelo mesmo fabricante), em virtude de fato gerador por ele praticado, na condição de contribuinte, ela não se estende ao fato gerador que se presume (na modalidade de substituição tributária) irá ser praticado pelo revendedor (substituição esta posteriormente criada pela medida provisória).

Desconsiderado o regime da substituição tributária, o IPI incidiria sobre o preço praticado pelo fabricante, integrando o custo do produto, sobre o qual incidiriam os acréscimos inerentes à atividade mercantil e que constituiriam a receita bruta do revendedor. A pretendida exclusão do IPI, em verdade, é forma de aumentar o lucro.

O que a lei veda é a inclusão na receita, no caso do fabricante, dos valores recebidos do adquirente, a título de substituição tributária, pois tais valores seriam encargos do revendedor, não integrando a receita operacional da montadora ou importadora.

Ao excluir o IPI da receita bruta, a Lei nº 9.718/98 está-se referindo ao imposto pago pelo próprio contribuinte, como sujeito passivo, seja o importador ou fabricante, seja o varejista. 3. O legislador optou por excluir da base de cálculo da COFINS e do PIS devidos pelo estabelecimento industrial diversos valores que não fazem parte de sua receita, determinando também a exclusão dos valores de IPI e ICMS que o fabricante cobra do revendedor. Entretanto, não é possível que esse mesmo fabricante, agora na condição de substituto, exclua da base de cálculo das contribuições que deve recolher em nome do revendedor os valores referentes ao IPI e ao ICMS, incidentes sobre as operações presumidamente a serem realizadas por este. 4. Sendo a base de cálculo o preço da venda do substituto ao substituído, e não mais o preço final cobrado do consumidor, há certa benesse da Lei, eis que entre estes dois valores há a margem de lucro da concessionária, a qual não é tributada pelo PIS e pela COFINS". (TRF 4ª R. – AP-MS 2003.70.05.001540-3 – PR – 1ª T. – Rel. Desa. Fed. Maria Lúcia Luz Leiria – DJU 14.01.2004 – p. 204)

Ademais, não se pode deixar de realçar que há certa benesse da lei, ao se considerar como base de cálculo do PI e da COFINS o preço de venda do fabricante e não o preço de venda final ao consumidor. Há entre este dois valores a margem de lucro da concessionária, a qual não é tributada, por estas duas contribuições. Há, desta forma, vantagem à impetrante com a substituição tributária. (fls. 3 e 4 do acórdão)

Há que se verificar, *in casu*, se não há regra prevendo a exclusão do IPI da base de cálculo da COFINS-Substituição (incidência monofásica), ou, por outro lado, se a base de cálculo não inclui o IPI. Ofertamos um exemplo concreto.

Em caso versando especificamente sobre a venda de veículos, tratada especificamente pelo art. 43 da MP n° 2.158-35/01, a 2ª Turma do TRF da 4ª Região decidiu, conforme consta no voto do Desembargador Federal Dirceu de Almeida Soares:

da leitura do dispositivo supracitado, verifica-se que a base de cálculo da contribuição ao PIS e da COFINS recolhidas pelos fabricantes e importadores de veículos, no mecanismo da substituição tributária, na condição de substitutos dos comerciantes varejistas, consiste no *preço de venda da pessoa jurídica fabricante*, sendo que a parcela referente ao IPI, assim como os demais tributos, integra este preço, estando todos embutidos no valor da venda do veículo (fl. 2 do voto).

No mesmo voto, anota o relator que a autora da ação impugna o disposto no § 1° do art. 3° da Instrução Normativa n° 54/00, que dispõe que:

considera-se o preço de venda do fabricante ou importador o preço do produto acrescido do valor do Imposto sobre Produtos Industrializados – IPI incidente na operação. E, sobre esse dispositivo, afirma não haver colisão com o disposto no art. 43, sob o fundamento de que a parcela correspondente ao IPI sempre integrou o preço de venda do fabricante, sendo destacado apenas para fins de apuração.

E complementa, aqui contradizendo[160] a lei, a orientação fiscal, e o acórdão da 1ª Turma do mesmo TRF, acima reproduzido:

Ou seja, antes mesmo da edição da referida instrução normativa, a parcela do IPI já estava contemplada no preço de venda determinado pelo fabricante, que consubstancia a base de cálculo estipulada para as referidas exações devidas pelos comerciantes varejistas de veículos, de acordo com o parágrafo único do art. 43 da MP nº 2.158-35/01.

E, finalizando a sua fundamentação, explica que a exclusão prevista no inciso I do § 2° do art. 3° da Lei n° 9.718/98 não aproveita à concessionária (revendedor), aplicando-se exclusivamente ao fabricante/importador, que é contribuinte do IPI, ao contrário da concessionária, que não o é.[161]

---

[160] A contradição, que consta de passagem, se refere a que a legislação expressamente prevê a não-inclusão do IPI, pelo fato do mesmo não estar incluído no preço de venda, mas ser acrescido ao mesmo, nos termos acolhidos pelas autoridades administrativas. O trecho do voto, embora referido de passagem, merece esse reparo, no entender dos autores.

[161] Idêntico julgamento foi proferido na AMS 2002.70.03.012313-5/PR, TRF 4ª Região, 2ª Turma, Rel. Joel Ilan Paciornik, j. 26.08.2003, DJU 10.09.2003, p. 985: "TRIBUTÁRIO. PIS/COFINS. COMERCIANTES VAREJISTAS DE VEÍCULOS. PAR. ÚNICO DO ART. 43 DA MP Nº 2.158-35/01. INSTRUÇÃO NORMATIVA SRF Nº 054/00. DEDUÇÃO. IPI. 1. De acordo com o par. único do art.

No caso concreto das revendedoras de veículos, a explicação do voto da Desembargadora Federal Maria Lúcia Luz Leiria, reproduzido linhas atrás, explica bem a diferença entre um caso (COFINS) e outro (COFINS-Substituição). A nosso ver, contudo, o mesmo fundamento que é utilizado para não incluir na base de cálculo da operação de venda pelo fabricante/importador, qual seja, não integrar o preço da operação e não ser receita própria, deve servir de suporte para a conclusão de que ao *preço de venda do fabricante ou importador* o IPI é figura estranha.

Nesse caso concreto, portanto, nossa conclusão diverge dos precedentes citados no seguinte aspecto: embora pudesse o legislador, no mecanismo da substituição tributária,[162] fixar como base de cálculo um valor estimado da operação posterior que se pressupõe seja realizada, o legislador não o fez. A opção do legislador foi fixar para a operação presumida valor idêntico ao valor da primeira operação, que é o *preço de venda do fabricante*. Feita essa opção, que em tese fica aquém do que poderia ser estabelecido, há um não-exercício de competência tributária pela União Federal. Isto posto, não se pode admitir que uma instrução normativa inclua no *preço de venda do fabricante* valor que não o integra, ou, também, que a jurisprudência amplie o que o próprio legislador expressamente restringiu.

8.1.5. Vendas canceladas

A legislação expressamente prevê a não-inclusão (=exclusão) da base de cálculo da COFINS das vendas canceladas.

Vendas canceladas são operações desfeitas ou serviços que, contratados, não são prestados (pelo menos em sua integralidade). É o caso de venda de bem que não é entregue ao adquirente ou é devolvido pelo adquirente ou consumidor, independentemente da causa da devolução do bem. No caso de serviços, é da essência do cancelamento o distrato, com a não-prestação do serviço na integralidade[163] prevista no contrato.

Não se assemelham às vendas canceladas as perdas nos recebimentos de créditos, ou seja, aqueles valores equivalentes aos direitos que os contribuintes adquirem em face da venda de bens ou serviços, que não chegam a consumar-se ou que, consumadas, são desfeitas, invalidadas no âmbito do

---

43 da MP nº 2.158-35/01, a base de cálculo da contribuição ao PIS e da COFINS recolhidas pelos fabricantes e importadores de veículos, no mecanismo da substituição tributária, na condição de substitutos dos comerciantes varejistas, consiste no preço de venda da pessoa jurídica fabricante, sendo que a parcela referente ao IPI, assim como os demais tributos, integra este preço, estando todos embutidos no valor de venda do veículo. 2. O § 1º, do art. 3º da Instrução Normativa nº 054/00 expedida pela SRF, apenas explicitou o já contido no art. 43 da MP nº 2.158-35/01, sendo irrelevante para a determinação da base de cálculo das referidas contribuições, devidas pelos comerciantes varejistas de veículos."
[162] Conforme vem sendo admitido pelo STJ e pelo STF.
[163] No caso de prestação parcial do serviço, há cancelamento parcial, tributando-se apenas o valor eventualmente decorrente do serviço já prestado e para o qual tenha sido contratada remuneração.

direito civil, comercial e do consumidor. Nas perdas no recebimento de créditos, não há o cancelamento da venda (o bem é entregue, o serviço é prestado, etc.), mas apenas há falta na obrigação de pagamento do preço do bem ou serviço pelo seu adquirente ou tomador.

Não obstante opiniões em sentido contrário,[164] fundadas tanto na equivalência dos conceitos de *vendas canceladas* e *perdas de créditos* quanto nos princípios da capacidade contributiva e da vedação de confisco, e em que pese existência de algumas decisões judiciais nesse sentido, discordamos, principalmente relativamente à equivalência conceitual. Não queremos aqui afirmar que a tributação nesses casos é justa, ou que não arranha com alguma relatividade os princípios constitucionais citados, mas ocorre que, venda cancelada difere em substância de créditos perdidos. Numa hipótese, a venda é cancelada, e nada é agregado ao patrimônio da sociedade, enquantoem outra, as vendas não são canceladas, e a fatura não é adimplida. Contudo, na eventualidade de o devedor não cumprir com a sua obrigação, não faltarão medidas judiciais para reaver o crédito. Isso leva a concluir que mesmo não dispondo momentaneamente do valor atribuído à venda, este poderá ser cobrado judicial e extrajudicialmente, de modo que o crédito constitui ativo não realizado, razão pela qual a tributação incidirá sobre a venda,[165] não podendo ser estornado o lançamento ou creditado o seu valor em razão de inadimplemento.[166]

8.1.6. Descontos Incondicionais

A definição de descontos incondicionais é dada pela Instrução Normativa 51/78, e consta no Manual de Perguntas e Respostas IRPJ 2001, elaborado pela Secretaria da Receita Federal, na resposta à pergunta:

---

[164] Como é o caso de Aroldo Gomes de Mattos, que, em estudo publicado na RDDT 78/7, chegou às seguintes conclusões: "Em virtude dessas considerações, segue-se que devem as empresas deduzir o valor das vendas canceladas das bases de cálculo das contribuições para o PIS e para a COFINS, mesmo nos casos de inadimplência, insolvência ou falência do devedor, na forma do disposto no art. 340, § 1º, do Regulamento do Imposto de Renda, transcrito anteriormente. Exemplo típico que vem ocorrendo atualmente com muita freqüência é o caso dos cheques pré-datados recebidos de boa-fé pelas empresas, no qual seu emitentes se recusam posteriormente a honrá-los, ou, simplesmente, desaparecem sem deixar vestígios. É claro, pois, que nessa hipótese e em outras semelhantes, não pode haver incidência do PIS;COFINS." (p. 14).

[165] Evidentemente, aquelas pessoas jurídicas que sejam tributadas pela COFINS pelo *regime de caixa* não serão afetadas por esta controvérsia, pois a base de cálculo somente abrangerá os valores efetivamente recebidos. Assim, os valores não recebidos, pela própria sistemática do regime de caixa, não integrarão a base de cálculo da contribuição. O mesmo não ocorre para as pessoas jurídicas tributadas pelo *regime de competência*, que é a regra geral.

[166] Parece-nos descabida, merecendo meditação, a aplicação analógica dos dispositivos do Regulamento do Imposto de Renda, que cuidam do tratamento *para fins de imposto de renda* das perdas no recebimento de créditos. tendo em mira que as decisões do 1º Conselho dos Contribuintes, que admitem as deduções das perdas no recebimento de créditos do *resultado*, desde que atendidas as condições previstas no art. 9º e seus §§ da Lei nº 9.430/96, não são automaticamente aplicáveis de forma a permitir a sua exclusão da base de cálculo da COFINS.

280. O que são descontos incondicionais? Somente são consideradas como descontos incondicionais as parcelas redutoras do preço de venda quando constarem da nota fiscal de venda dos bens ou da fatura de serviços e não dependerem, para sua concessão, de evento posterior à emissão desses documentos (IN SRF nº 51/78).

A razão de ser da não-inclusão desses descontos na base de cálculo da COFINS, assim como de outros tributos, é a circunstância de que o valor da operação é o valor ajustado consensualmente[167] por comprador e vendedor (no caso de compra e venda de bens ou mercadorias) ou tomador e prestador (no caso de prestação de serviços), e nesse valor não estão incluídos os descontos concedidos incondicionalmente. Ora, se não estão incluídos no valor da operação, não podem ser incluídos na base de cálculo dos tributos incidentes sobre o mesmo.

Os descontos, em verdade, nada mais são do que a diferença entre a grandeza da *expectativa* do vendedor/prestador, constante do preço fixado em sua tabela de preços, e a grandeza *ajustada* para a operação concreta.[168] Essa diferença não tem significação jurídica (que permitisse incluí-la na base de cálculo da contribuição), para fins de apuração da base de cálculo dos tributos incidentes sobre o faturamento (ou sobre a receita).[169]

Nessa linha, são definitivos os argumentos lançados pelo voto do Relator, Ministro Luiz Fux, no REsp 477.525/GO (DJU 23.06.2003):

> Infere-se deste contexto que é vedado ao legislador ordinário eleger, para a formação da base de cálculo do IPI, elemento estranho à operação realizada. A base de cálculo da citada exação é o valor da operação, e esta se define no momento em que a operação se concretiza. Desta sorte revela-se inequívoco que havendo descontos incondicionais, estes não podem integrar o valor da operação para fins de tributação do IPI, porquanto os valores a eles referentes são deduzidos do montante da operação, antes de realizada a saída da mercadoria, fato gerador deste imposto.

---

[167] "IPI – DESCONTOS INCONDICIONAIS – BASE DE CÁLCULO – 1. Consoante explicita o art. 47 do CTN, a base de cálculo do IPI é o valor da operação consubstanciado no preço final da operação de saída da mercadoria do estabelecimento. 2. O Direito Tributário vale-se dos conceitos privatísticos sem contudo afastá-los, por isso que o valor da operação é o preço e, este, é o quantum final ajustado consensualmente entre comprador e vendedor, que pode ser o resultado da tabela com seus descontos incondicionais. 3. Revela *contraditio in terminis* ostentar a Lei Complementar que a base de cálculo do imposto é o valor da operação da qual decorre a saída da mercadoria e a um só tempo fazer integrar ao preço os descontos incondicionais. *Ratio essendi* dos precedentes quer quanto ao IPI, quer quanto ao ICMS. 4. Recurso Especial desprovido". (STJ – RESP 477.525/GO – 1ª T. – Rel. Min. Luiz Fux – DJU 23.06.2003 – p. 00258)

[168] Num exemplo simples de entender, a inclusão dos descontos incondicionais na base de cálculo equivaleria à inclusão da diferença entre o valor pedido por um imóvel em anúncio de jornal (por exemplo: o vendedor anuncia ofertando para venda por R$100.000,00), e o valor pelo qual o negócio é efetivado (no mesmo exemplo: o comprador oferece R$60.000,00 e a venda é acordada por R$65.000,00). Não se pode admitir, sequer a título de argumentação, que o imposto de renda, por exemplo, incida sobre os cem mil pedidos pelo vendedor. Da mesma forma, não se pode sequer cogitar da incidência da COFINS sobre essa mesma diferença. Como dito acima, ofertas ou pedidos são apenas expectativas dos ofertantes.

[169] É praxe no comércio fazer constar na nota fiscal de venda ao consumidor o preço de tabela, e, após, o desconto, para, no valor final líquido ser apontado o valor da operação. Somente este último deve integrar a base de cálculo mensal da contribuição.

Estabelecendo a lei complementar os contornos relativos à base de cálculo do tributo, isto em consonância com o que dispõe a Constituição Federal, não pode o legislador ordinário, a pretexto de explicitar o conceito veiculado no diploma complementar, inserir elemento estranho à definição fornecida pela lei maior.
Na hipótese em apreço, tendo o Código Tributário Nacional, por seu art. 47, definido como base de cálculo do IPI o valor da operação, qualquer elemento estranho à mesma efetivamente realizada é afastado para fins de composição do *quantum* sobre o qual vai incidir a alíquota do tributo em questão.
Discorrendo sobre a composição da base de cálculo do ICMS, imposto estruturado nas mesmas linhas características do IPI, pontua Roque Antônio Carrazza:
Repisando argumentos já exibidos, se o imposto é sobre operações mercantis, sua base de cálculo só pode ser o valor da operação mercantil realizada. Se o imposto é sobre prestações de serviços de transporte transmunicipal ou de comunicações, sua base de cálculo só pode ser o preço do serviço prestado.
Obviamente, o valor das operações e prestações é o realmente praticado, ou seja, aquele anterior à incidência do imposto.
Do contrário, cobra-se um adicional de ICMS, que nada tem a ver com a expressão econômica da operação mercantil ou da prestação de serviço realizada. (ICMS, 9ª edição, p.218, Malheiros).

No mesmo sentido a doutrina de Hugo de Brito Machado:
(...) Segundo o § 3º, do art. 63, do RIPI, acima transcrito, incluem-se ainda no preço da operação os descontos, abatimentos ou diferenças concedidas sob condição, como tal entendida a que subordina a sua efetivação a evento futuro e incerto. Essa norma regulamentar tem base no art. 14, II, parágrafo único, da Lei nº 4.502/64. Ocorre que a Lei 7.798, de 10 de julho de 1989, em seu art. 15, alterou aquele dispositivo, estabelecendo que "não podem ser deduzidos do valor da operação os descontos, diferenças ou abatimentos, concedidos a qualquer título, ainda que incondicionalmente.
Ocorre que efetivamente não se deduz um desconto incondicional do valor da operação. Na verdade, ao conceder o vendedor, ao comprador, um desconto incondicional, está sendo determinado o valor da operação, que na hipótese de venda mercantil é o preço. (...)
Constitui aliás, por isso mesmo, inadmissível incongruência dizer que a base de cálculo do imposto é o valor da operação da qual decorre a saída do produto, e estabelecer, ao mesmo tempo, que os descontos incondicionais integram essa base de cálculo. (...) Em se tratando de uma venda à vista, por exemplo, na qual o vendedor concedeu um desconto relativamente ao preço de tabela do produto, o valor da operação é o preço efetivo, vale dizer, o preço de tabela menos o desconto incondicional.
Por tais razões temos que a norma segundo a qual os descontos concedidos incondicionalmente integram a base de cálculo do IPI é desprovida de validade jurídica, porque contrária ao art. 47 do Código Tributário Nacional. (Curso de Direito Tributário, Malheiros, São Paulo, 11ª edição, p. 239-240).

O Superior Tribunal de Justiça externou este mesmo entendimento, julgando questões semelhantes à ora examinada. Confira-se:

TRIBUTÁRIO. IMPOSTO SOBRE PRODUTOS INDUSTRIALIZADOS. INCLUSÃO DO VALOR DO FRETE REALIZADO POR EMPRESA COLIGADA NA BASE DE CÁLCULO. IMPOSSIBILIDADE. CONTRARIEDADE AO DISPOSTO NO ARTIGO 47, DO CÓDIGO TRIBUTÁRIO NACIONAL. RECURSO ESPECIAL DESPROVIDO. 1. A alteração do artigo 14, da Lei 4502/64, pelo artigo 15, da Lei 7798/89 para fazer incluir, na base de cálculo do IPI, o valor do frete realizado por empresa coligada, não pode subsistir tendo em vista os ditames do artigo 47, do Código Tributário Nacional. que define como base de cálculo o valor da operação de que decorre a saída da mercadoria, devendo-se entender como "valor da operação" o contrato de compra e venda, no qual se estabelece o preço fixado pelas partes. 2. Recurso Especial desprovido. (STJ – RESP 383.208/PR – Rel. Min. José Delgado – DJ 17.06.2002, P. 211 – RDDT 85/197)
TRIBUTÁRIO. ICMS. DESCONTOS INCONDICIONAIS. BASE DE CÁLCULO. A base de cálculo do Imposto sobre Circulação de Mercadorias e Serviços – ICMS, é o valor da operação, o que é definido no momento em que se concretiza a operação. O desconto incondicional não integra a base de cálculo do aludido imposto. (STJ – RESP 63.838/BA – Rel. Min. Nancy Andrighi –DJ 05.06.2000, p. 136).

8.1.7. Saída de bens/serviços sem contrapartida

Outra situação fática similar à dos descontos incondicionais é a distribuição de amostras grátis e entrega de mercadorias/serviços sem a cobrança de valores. Também nesses casos não há base de cálculo, por inexistência de valor e de faturamento ou receita, acertada a orientação firmada há muito pelo 2º Conselho de Contribuintes, de que é exemplo o acórdão 201-67015.[170]

8.1.8. Incidência sobre locação de bens móveis e imóveis

A incidência da COFINS sobre locação de bens tem sido debatida na Doutrina e nos tribunais. Os julgados são diversos e, conforme seja o órgão julgador e a data do julgamento, a solução é diferente. Esse fato, por si só, revela, de um lado, a complexidade da matéria, e, de outro, que os órgãos julgadores não têm posição firme (embora em alguns aspectos da questão já exista uniformização) sobre os conceitos e a *doutrina* que integram o debate.

Alguns autores manifestaram-se no sentido de que a locação de bens móveis não seria passível de tributação pela COFINS, por não estar subsumida no conceito de *faturamento* por venda de mercadorias ou prestação de serviços.[171] Anote-se que essa corrente de pensamento abrange

---

[170] "PIS/FATURAMENTO – Base de cálculo. Vendas canceladas e descontos incondicionais são itens excluídos da receita bruta e, pois, da base de cálculo, antes por reiterada jurisprudência e, com o advento do DL nº 2.397/87, por reconhecimento legal. "Amostras-grátis": sua distribuição não constitui faturamento; antes representa diminuição do patrimônio (estoque), sem a correspondente entrada de numerário. Recurso provido". (2º CC – Ac. 201-67015 – 1ª C)

[171] Sobre o tema, leia-se artigo de Aires F. Barreto, *in* Grandes Questões Atuais de Direito Tributário. Dialética, 2001, p. 27 a 49, no qual conclui (p.49): "As receitas (aluguéres) provenientes da locação de bens móveis ou do arrendamento não se caracterizam como *faturamento* por venda de mercadorias ou por prestação de serviços, não sendo um *facere*, afastando-se a possibilidade de tê-las como hipótese

apenas[172] os períodos de apuração em que a contribuição seja exigível sobre a grandeza *faturamento*, e não a eventual período posterior em que passe a ser permitida a cobrança sobre a grandeza de maior envergadura denominada *receita*. Disso decorre que algumas das conclusões válidas relativamente ao *primeiro período* (a que denominamos *"primeira fase"*) não são necessariamente verdadeiras (justamente porque alterada uma das premissas) para *segundo período* (*"segunda fase"*).

A posição doutrinária foi firmada tendo em vista o *conceito de faturamento*, que, constante do DL 2.397, de 1987, foi constitucionalizado, nos termos da decisão proferida pelo Plenário do STF no julgamento do RE 150.755-1. Neste acórdão, o Supremo Tribunal Federal decidiu que receita bruta é faturamento (e não o contrário).[173] O faturamento, segundo essa definição constitucional declarada pelo STF, não abrange nenhum fato jurídico que não seja venda de mercadorias ou prestação de serviços.

Ora, já definiu também o Plenário do STF que a locação (seja de bens móveis, seja de bens imóveis) não se constitui em prestação de serviços. No precedente sobre o tema, o Plenário do STF declarou inconstitucional a incidência do imposto sobre serviços de qualquer natureza por entender que locação não inclui atividade humana hábil a qualificá-la como uma prestação de serviços, conforme o *figurino constitucional*.[174]

Não é difícil se chegar, com esse precedente, à conclusão de que as receitas decorrentes de locação de quaisquer bens não podem ser objeto de tributação por contribuição que incida sobre o *faturamento*. A conclusão nos parece inafastável, do ponto de vista lógico e para o *período* em referência.

A jurisprudência, porém, não tem assim decidido, sem divergência, como seria de se esperar. Não há consenso,[175] e as contrariedades são fun-

---

de incidência do ISS, ou base de cálculo do PIS e COFINS". Mais adiante: "Alcançar com PIS ou COFINS essas receitas é praticar ato inconstitucional, à míngua de diploma legal vigente, compatível com a Constituição à época de sua edição, que só admite incidência em face de *faturamento* por venda de mercadorias ou por prestação de serviços".

[172] A conclusão é nossa.

[173] Como será exposto, com mais profundidade, no capítulo 8.2 desta obra.

[174] "TRIBUTO – FIGURINO CONSTITUCIONAL. A supremacia da Carta Federal é conducente a glosar-se a cobrança de tributo discrepante daqueles nela previstos. IMPOSTO SOBRE SERVIÇOS – CONTRATO DE LOCAÇÃO. A terminologia constitucional do Imposto sobre Serviços revela o objeto da tributação. Conflita com a Lei Maior dispositivo que imponha o tributo considerado contrato de locação de bem móvel. Em Direito, os institutos, as expressões e os vocábulos têm sentido próprio, descabendo confundir a locação de serviços com a de móveis, práticas diversas regidas pelo Código Civil, cujas definições são de observância inafastável – artigo 110 do Código Tributário Nacional". (STF – RE 116.121/SP – Tribunal Pleno – Rel. Min. Octavio Gallotti – j. 11.10.2000 – DJ 25.05.2001, p. 17)

[175] Como salientou o Min. José Delgado, em seu voto no ERESP 110.962 (fl. 2): "Em uma mesma sessão, no mesmo dia, tivemos dois julgamentos controvertidos, em face dessa instabilidade jurisprudencial que tem existido sobre o assunto. Não é nada demais se revisitar o tema, analisá-lo, voltar ao debate e se deixar amplitude". O mesmo alerta foi feito pelo Min. Franciulli Netto, em seu voto no mesmo acórdão: "Na oportunidade, foram cinco ou seis casos. Nos seis casos, pelo meu voto, houve desempate pela incidência da COFINS em casos semelhantes ou análogos".

dadas em outras nuanças. Façamos a análise de alguns acórdãos do STJ, para, após, comentá-los.

– Em 12.09.2000, na 2ª Turma do STJ, em acórdão relatado pela Min. Eliana Calmon, foi decidido que (RESP 178.908/CE):

> o resultado econômico da locação de coisas ou de bens escapa à incidência da contribuição questionada (LC 70/1991, art. 2º), porque O fato gerador da COFINS é o faturamento mensal pela venda de mercadorias e serviços e serviços de qualquer natureza;[176]

– Em 21.03.2002, a 2ª Turma do STJ, em acórdão relatado pela Min. Eliana Calmon, decidiu que (RESP 255.865/PE):

> a base de incidência da COFINS, antes ou depois da EC 20/98, não alcança o resultado da locação de imóveis realizada pelos seus proprietários, porque seja FATURAMENTO ou RECEITA BRUTA, para incidir a COFINS, deve ser o resultado proveniente da venda de mercadorias ou serviços;

– Nesse acórdão, o voto da Relatora contém a seguinte ressalva:

> Diverso seria o raciocínio se se tratasse de uma empresa, cuja atividade fosse a locação de imóveis, o que não ocorre na hipótese dos autos;[177]

– Em 02.09.2003, na 1ª Turma do STJ, em acórdão relatado pelo Min. Luiz Fux, foi decidido que (AgRg no RESP 504.078/SP):

> O fato gerador da COFINS é o faturamento mensal da empresa, assim considerada a receita bruta de venda de mercadorias e de serviços, nos termos da Lei Complementar nº 70/91, e que a empresa que comercializa imóveis é equiparada à empresa comercial e, como tal, tem faturamento com base nos imóveis vendidos, como resultado econômico da atividade empresarial exercida. Deveras, equipara-se à empresa que comercializa imóveis aquela que tem como objetivo a "locação de imóveis de sua propriedade";

– Em 16.10.2003, a mesma 1ª Turma, em acórdão relatado pelo Min. José Delgado, decidiu[178] que (AgRg no AI 512.072/SP):

---

[176] Em seu voto, a Min. Relatora faz a seguinte citação: "Este entendimento, aliás, tem sido adotado pela 2ª Câmara do 2º Conselho de Contribuintes, como se vê do acórdão 202-11.267, Recurso 101.893, Relator o Dr. Oswaldo Tancredo de Oliveira, DOU, Seção I, de 25/11/99, cuja ementa é a seguinte: 'COFINS. FATO GERADOR. Segundo o disposto no art. 2º da Lei Complementar 70/91, a contribuição incidirá sobre o faturamento mensal, assim considerada a receita bruta das vendas de mercadorias, de mercadorias e serviços e de serviços de qualquer natureza, na qual não se incluem as receitas provenientes de locações de imóveis próprios. Recurso provido'. E complementa a relatora: Ademais, é interessante assinalar trecho do voto condutor do precedente fiscal, pois bem enquadra a questão: sendo incontestável que o conceito de serviço no Direito Privado significa a prestação da obrigação de fazer, diferentemente daquela que corresponde ao negócio jurídico de locação de serviços, é incontestável, também, que fora está do campo de incidência da COFINS, tal como delineada no art. 2º da Lei Complementar 70/91".

[177] Adiante salientamos o equívoco na ressalva.

[178] Com ressalva do ponto de vista do Relator, que se manifestou: "a EC nº 20/98 alterou a mensagem do art. 195, I, da CF/88, e determinou que a seguridade social será financiada também pelas contribuições sociais. Explicitou-se, de modo definitivo, que a COFINS, como contribuição social que é, incidiria sobre a receita ou o faturamento", e, finalmente, que "reformulando posição anterior, em face da mudança operada na Carta Magna, entendo não incidir a COFINS sobre imóveis enquanto a legislação infraconstitucional não explicitar que o seu fato gerador será o faturamento, isto é, a receita bruta oriunda das vendas de mercadorias".

Mesmo não sendo o imóvel considerado mercadoria, no contexto assinalado, a sua venda ou locação pela empresa seria a prestação de um serviço de qualquer natureza, portanto, um negócio jurídico sujeito à COFINS, porque a jurisprudência das 1ª Turma e 1ª Seção do STJ coaduna no sentido de ser devida a exação em apreço também com relação às atividades de locação de imóveis, eis que equipara-se à empresa que comercializa imóveis aquela que tem como objetivo a locação de imóveis de sua propriedade (Edcl nos Edcl nos EREsp nº 110.962/MG, 1º Seção, Rel. Min. Luiz Fux), assim como por caracterizarem compra e venda de mercadorias, em sentido amplo, como empregou o legislador (Resp nº 141.723/PR, 1º Turma, Rel. Min. Garcia Vieira);

– Em 28.10.2003, em Embargos de Declaração no AgRg no RESP acima, decidiu-se que:

as atividades de construir, alienar, comprar, alugar e vender imóveis e intermediar negócios imobiliários, estão sujeitas a COFINS, posto caracterizarem compra e venda de mercadorias, sem sentido amplo. Precedentes jurisprudenciais desta Corte.

Nota-se, da leitura dos julgados, que há referência a precedentes que, se válidos (logicamente)[179] como subsídio para o julgamento da incidência na alienação de imóveis, não têm qualquer valor para fins de deliberar sobre a incidência na locação. A leitura atenta dos precedentes revela que o argumento central dos mesmos é o "enquadramento" da venda do imóvel como "faturamento" para fins de incidência da COFINS. O cerne da análise está no objeto da *venda*.

Os precedentes que existem no STJ especificamente sobre locação de imóveis partem da premissa desconstituída pelo Plenário do STF de que a locação de bens poderia caber no *figurino* de serviço. Não é possível, e o Supremo Tribunal já firmou posição sobre esse tema.

Ora, se o único fundamento[180] para o Superior Tribunal de Justiça decidir não resiste ao precedente do STF, vemos como imperativa o acatamento do precedente da Suprema Corte nos próximos julgamentos do STJ, sob pena, levada a matéria ao STF, de todas serem reformadas.

Temos como acertadas, portanto, as decisões do STJ que declaram não incidir a COFINS sobre locação de bens, sem ressalvas, mesmo que essa seja a atividade principal e constitua o objeto social da pessoa jurídica em questão.[181] Nesse passo, acertada a decisão do Tribunal Regional Federal da 3ª Região, no acórdão que merece reprodução:

---

[179] Lógica de que discordamos. A validade que admitimos, aqui, é apenas de sua utilização como precedentes.

[180] Embora tenha sido cogitado um segundo, a nosso ver insustentável, de que a incidência sobre locações seria suportada pelo fato de que o legislador teria usado a "palavra faturamento como vendas realizadas, importância apurada e receita obtida e não no sentido puramente comercial" (voto do Min. Milton Luiz Pereira, no ERESP 110.962). De ressaltar que o foco da análise do voto está na venda, não na locação de bens.

[181] Essa circunstância, salientada em ressalva no voto da relatora no RESP 255.865/PE, a nosso ver, não interfere na solução do problema. É irrelevante o fato de o ato jurídico (locação) estar ou não incluído no rol de atividades de constituam o objeto social da pessoa jurídica.

TRIBUTÁRIO – ALEGADA NÃO-INCIDÊNCIA DE COFINS SOBRE O PRODUTO DE ALUGUÉIS DE IMÓVEIS PRÓPRIOS – CONCEITO DE LOCAÇÃO CONFORME O DIREITO PRIVADO, INCONFUNDÍVEL COM A NATUREZA DO CONTRATO DE VENDA E COMPRA – ART. 109 DO CTN INAPLICABILIDADE DO ART. 2º DA LC 70/91 SOBRE AS RECEITAS ORIUNDAS EXCLUSIVAMENTE DA LOCAÇÃO IMOBILIÁRIA DE BENS PRÓPRIOS – RELAÇÃO TRIBUTÁRIA INEXISTENTE – RECURSO CONHECIDO, EMBORA INCORRETAMENTE NOMINADO, COM REFORMA DA SENTENÇA – SUCUMBÊNCIA INVERTIDA – (...) II – Sucede que a Lei fiscal, quando elege uma determinada situação ou relação de natureza econômica, que traduza capacidade contributiva, para torná-la fato gerador de um tributo, se referida situação se situa no âmbito do Direito Privado, o seu conteúdo e significado devem ser pesquisados tal como se apresentam no Direito Privado. É o que se pode retirar do texto do art. 109 do CTN. III – É completa a diferença entre venda e locação, e portanto entre as contraprestações respectivas, preço e aluguel, face os conceitos contidos nos arts. 1.122 (compra e venda) e art. 1.188 (locação em geral, inclusive de prédios rústicos), e ainda na Lei nº 8.245/91 (locação de imóveis urbanos) e mesmo no Estatuto da Terra (Lei nº 4.504/64). Desse modo, não pode incidir COFINS sobre faturamento oriundo apenas de contratos de locação e de administração de bens próprios por absoluta atipicidade fiscal. IV – Matéria preliminar argüida pela União em contra-razões de apelação rejeitada; apelação, quanto ao mérito, provida. (TRF 3ª R. – AC 1999.03.99.089907-4 – SP – 4ª T. – Rel. Conv. Juiz Fed. Johonsom di Salvo – DJU 06.04.2001 – p. 78)

Já relativamente ao período em que a COFINS passa a ser validamente cobrada sobre o conceito mais amplo de receita, temos como superado o debate acima,[182] e passível de incidência sobre os aluguéis recebidos pela locação de bens móveis e imóveis.

8.1.9. A COFINS e as Variações cambiais

Desde a edição de Lei n° 9.718/98, que determinou inicialmente a tributação pela COFINS das variações cambiais positivas,[183] o recolhimento do tributo passou a ser feito, para essas *variações*, mensalmente, conforme previu o art. 9°.[184]

---

[182] Nesse ponto, é oportuno lembrar que, se considerado que a *receita* a que se refere a nova redação do inciso I do art. 195 da CF/88 é a receita bruta que o STF afirmou ser o faturamento, a impossibilidade de incidência permaneceria, e a nova redação não traria conseqüência prática. Essa linha de argumentação consta no capítulo 3, retro.

[183] Consistente na variação do real em relação à moeda estrangeira. Exemplificando: se, no início do mês a taxa for de USD$ 1,00 = R$ 3,00 e no final do mês for de USD$ 1,00 = R$ 2,80, há variação cambial positiva do real em relação ao dólar; na hipótese contrária, no início do mês a taxa for de USD$ 1,00 = R$ 2,90 e no final do mês for de USD$ 1,00 = R$ 3,20, há variação cambial negativa do real em relação ao dólar. No primeiro exemplo, uma dívida em moeda estrangeira terá variado em R$0,20, gerando a expectativa de pagamento de quantia menor. Ainda no primeiro exemplo, um crédito terá variado em R$ (0,20), gerando a expectativa de recebimento de quantia menor. No segundo exemplo, as hipóteses se invertem. Uma dívida em moeda estrangeira terá variado em R$ (0,30), gerando a expectativa de pagamento de quantia maior. No segundo exemplo, um crédito terá variado em R$ 0,30, gerando a expectativa de recebimento de quantia maior.

[184] Lei nº 9.718/1998: "Art. 9º. As variações monetárias dos direitos de crédito e das obrigações do contribuinte, em função da taxa de câmbio ou de índices ou coeficientes aplicáveis por disposição legal

Posteriormente, diante da inconformidade dos contribuintes, frente à injustiça[185] criada, o art. 30[186] da Medida Provisória nº 2.158-35, de 2001 (está é a última de uma série, cuja regra passou a ter validade a partir de 1º de janeiro de 2000), passou a permitir (por opção da pessoa jurídica) que as variações cambiais sejam consideradas para efeito da base de cálculo apenas quando da liquidação da correspondente operação, dispositivo que foi regulamentado pela Instrução Normativa SRF nº 345, de 28 de julho de 2003. A pretensão "correção" da injustiça, como se passa a expor, em nada corrigiu o equívoco da inconstitucional e ilegal cobrança, no caso concreto da COFINS.

Entendemos que dessa sistemática advêm várias questões pertinentes à incidência da COFINS: (a) é válida a tributação de variação cambial?; (b) em caso positivo, é válida a incidência antes da liquidação da operação?; (c) há receita, na liquidação da operação, ou antes dela, no caso de redução de expectativa de despesa decorrente da variação cambial?

A Secretaria da Receita Federal entende que tudo é possível, e responde afirmativamente a cada uma das questões acima. Por força das alterações introduzidas pelas MPs 1.858-10, de 16.10.1999, e 1.991-14, de 11.02.2000, a Receita Federal viu-se obrigada a permitir a tributação na liquidação, mas não a fez aceitar a reconhecimento de que a tributação não é legítima.

Grande parte da Doutrina admite a validade da cobrança em qualquer hipótese, mas somente na liquidação da operação. A nosso ver, porém, a resposta não deveria ser exatamente esta. Primeiro, a incidência pressupõe a validade da ampliação da base de cálculo pela Lei nº 9.718/98. Se, como

---

ou contratual serão consideradas, para efeitos da legislação do imposto de renda, da contribuição social sobre o lucro líquido, da contribuição PIS/PASEP e da COFINS, como receitas ou despesas financeiras, conforme o caso".

[185] Para que se compreenda com maior detalhamento prático a injustiça, sugerimos a leitura do Parecer de Gabriel Lacerda Troianelli, publicado na RDDT 78/101, no qual são exemplificadas as oscilações (subidas e descidas do real em relação ao dólar) cambiais e seus efeitos nefastos em termos de incidência da COFINS. O autor exemplifica com dados reais e demonstra que, nos dias atuais, num mês pode haver valorização, noutro pode haver desvalorização, e, na apuração da COFINS, não há compensação. Assim, num exemplo exagerado, se o dólar equivaler a um real no início de um ano, chegar a valer 5 reais durante o ano, e retornar ao valor inicial de um real, o contribuinte terá (se admitida a tributação), pago COFINS sobre expectativas momentâneas e efêmeras, sem a possibilidade de compensar o retorno ao patamar anterior, ou seja, é uma sistemática em que somente o fisco ganha; e o contribuinte só perde. O exemplo dado pelo citado autor é muito esclarecedor sobre o tema.

[186] MP 2.158-35/2001 (desde a MP 1.858-10, de 26.10.1999): "Art. 30. A partir de 1º de janeiro de 2000, as variações monetárias dos direitos de crédito e das obrigações do contribuinte, em função da taxa de câmbio, serão consideradas, para efeito de determinação da base de cálculo do imposto de renda, da contribuição social sobre o lucro líquido, da contribuição para o PIS/PASEP e COFINS, bem assim da determinação do lucro da exploração, quando da liquidação da correspondente operação. § 1º À opção da pessoa jurídica, as variações monetárias poderão ser consideradas na determinação da base de cálculo de todos os tributos e contribuições referidos no caput deste artigo, segundo o regime de competência. § 2º A opção prevista no § 1º aplicar-se-á a todo o ano-calendário. § 3º No caso de alteração do critério de reconhecimento das variações monetárias, em anos-calendário subseqüentes, para efeito de determinação da base de cálculo dos tributos e das contribuições, serão observadas as normas expedidas pela Secretaria da Receita Federal".

argumentamos em outra parte desta obra, a alteração é inconstitucional e, portanto, inválida, a incidência da COFINS fica inviabilizada pelo fato de que o resultado da variação cambial não faz parte do *faturamento* das pessoas jurídicas; entretanto, mesmo que se admita a validade jurídico-constitucional da ampliação do campo de incidência, não podemos admitir como válida a incidência indiscriminada sobre qualquer variação cambial.

Isto porque não admitimos que a expectativa de uma despesa possa ser considerada como receita se a mesma é reduzida. Em outras palavras, não aceitamos, em nenhuma hipótese, que a redução de uma despesa possa ser considerada como receita, apenas pelo fato de, contabilmente, consistir num valor que, lançado nas demonstrações contábeis, beneficie a pessoa jurídica. Ora, despesa é despesa! Despesa não é receita. O fato de uma despesa ser menor em face de o valor em reais pela taxa de conversão cambial na data da liquidação ser inferior ao valor em reais quando da contratação (surgimento da obrigação civil/comercial de pagar), não traz como conseqüência fazer com que a diferença apurada possa ser qualificada como receita, quanto mais como receita tributável pela COFINS.[187]

Assim, podemos responder à primeira questão ("a") em duas etapas: na primeira, devemos responder negativamente, se partirmos da premissa de que a ampliação da base de cálculo é inconstitucional; na segunda, partindo da premissa (que admitimos apenas pelo amor à dialética) de que a ampliação seja válida, aceitamos *num primeiro exame* como acatável a orientação doutrinária de que a variação cambial pode ser tributada, mas não no caso de variação cambial positiva que reduza obrigação assumida anteriormente.

À segunda questão ("b"), respondemos negativamente, afirmando que não poderá incidir antes da liquidação da operação, quando esta se tornará definitiva. E, mesmo neste caso, não na variação que reduza o valor em reais de obrigação/despesa.

A terceira resposta ("c") já foi dada nas ressalvas feitas nas respostas anteriores, negativamente, ou seja, não admitimos que possa ser considerada receita uma despesa menor, ou, a redução da expectativa em reais de uma despesa assumida em moeda estrangeira.

Com efeito, gera perplexidade o fato de se incluir a diminuição da expectativa de uma despesa em razão da variação cambial na base de cálculo da COFINS, como anteriormente destacado. Contudo, ainda que por epítrope admita-se que a variação cambial dos encargos indexados em moeda estrangeira seja passível de tributação, verifica-se obstada sua apuração no curso da amortização da dívida.

---

[187] Anotamos que, para fins de apuração de IRPJ e CSLL, o raciocínio é outro, pois, no caso desses tributos, a base de cálculo é outra, e o reflexo da variação pode, em determinados casos, compor as suas bases de cálculo.

8.2. Transição da primeira para a segunda fase: Edição da EC 20/98, Lei nº 9.718/98 e MP 135/03

Quando da sua instituição, a COFINS foi cobrada tendo como fato gerador o *faturamento*, em seu sentido estrito. Em 1998, porém, sem alteração no texto constitucional que utilizava a expressão "faturamento", foi editada a Lei nº 9.718,[188] que pretendeu alterar – como de fato alterou, invalidamente –, nos seguintes termos:

§ 1º Entende-se por receita bruta a totalidade das receitas auferidas pela pessoa jurídica, sendo irrelevantes o tipo de atividade por ela exercida e a classificação contábil adotada para as receitas.

Com essa alteração, pretende o referido dispositivo modificar a definição, o conteúdo e o alcance do termo *faturamento*[189] utilizado expressamente no inciso I do *caput* do art. 195 da Constituição Federal de 1988, em flagrante violação, também, ao artigo 110 do Código Tributário Nacional, que veda à lei tributária tal possibilidade, *verbis*:

Art. 110. A lei tributária não pode alterar a definição, o conteúdo e o alcance de institutos, conceitos e formas de direito privado, utilizados, expressa ou implicitamente, pela Constituição Federal, pelas Constituições dos Estados, ou pelas Leis Orgânicas do Distrito Federal ou dos Municípios, para definir ou limitar competências tributárias.

Em face dessa ampliação da abrangência do termo *faturamento*, pretendida pelo legislador ordinário, a COFINS passou a ter *a base de cálculo majorada*, por incluir, a partir de então,[190] receitas financeiras e outras

---

[188] Datada de 27 de novembro de 1998, publicada no Diário Oficial da União de 28 de novembro de 1999.

[189] Neste sentido, afirma Dâmares Ferreira: "Logo, a Lei 9.718/98 não poderia, em hipótese alguma, ter elastecido o conceito semântico da palavra *faturamento* previsto na CF/88, transmudando-o para *receita bruta*". A COFINS Incidente Sobre as Instituições Particulares de Ensino Sem Fins Lucrativos. Revista Tributária e de Finanças Públicas 38/83.

[190] Há um segundo debate, relativo ao início do prazo nonagesimal previsto no § 6º do artigo 195 da Constituição Federal de 1988. A divergência decorre do fato de a Lei 9.718/98 não resultar de conversão de medida provisória, mas, ao contrário, de ter vida própria, em que pese o texto da medida provisória e da lei serem similares. Assim, embora tenha o prazo referido iniciado seu curso após 28.11.1998, o que permitiria a cobrança a partir do período-base de março de 1999, o inc. I do art. 17 da Lei 9.718/98 prevê a cobrança "em relação aos arts. 2º a 8º, para os fatos geradores ocorridos a partir de 1º de fevereiro de 1999". A Lei 9.718/98 NÃO FOI OBJETO DE CONVERSÃO, haja vista que a conversão de medida provisória em lei exige processo legislativo *sui generis*. E este processo legislativo próprio não foi adotado no caso da Lei nº 9.718/98. Em decorrência da não-obediência ao rito legislativo previsto no art. 62 da Carta Magna, a Lei 9.718/98 somente pode ser tida como ato legislativo autônomo, não decorrente de conversão. E, se assim é, o início da vigência do prazo nonagesimal contado da publicação da Lei 9.718/98 faz com que, em decorrência da aplicação do § 6º do art. 195 da CF/88, a cobrança da diferença de alíquota da COFINS somente possa ser cobrada a partir do período-base de março de 1999. Como o inciso I do art. 17 prevê a cobrança já desde o período-base de fevereiro de 1999, há evidente violação ao disposto no § 6º do art. 195 da Constituição Federal de 1988. Há violação, portanto, de dois dispositivos constitucionais: (a) art. 62 da Constituição Federal de 1988; e (b) art. 195, § 6º, da Constituição Federal de 1988. Reitere-se que, se for admitida como de conversão uma lei que não resulta de conversão nos termos do processo previsto no art. 62 da CF/88, estar-se-á permitindo a sua violação. Em conseqüência, se a contagem for feita tendo como *dies a quo* a publicação da medida provisória não convertida em lei, estar-se-á violando o princípio constitucional da anterioridade nonagesimal. Para que haja conversão que permita a aplicação da jurisprudência do STF que determina que

receitas excluídas do conceito constitucional de *faturamento*. Majoração essa em flagrante violação aos artigos 195, I, e § 4°, da CF/88, art. 72, V, do ADCT/88, conforme. redação dada pela Emenda Constitucional de Revisão n° 01/94, e do art. 110 do Código Tributário Nacional.

É essencial esclarecer qual a abrangência do conceito constitucional de *faturamento*, posto que a inconstitucionalidade reside na impossibilidade de a legislação tributária de *status* ordinário alterar este conceito de direito privado[191] utilizado pela Constituição Federal.

<hr/>

no caso de medida provisória convertida em lei, a contagem dos 90 dias dá-se da publicação da medida provisória, o processo legislativo exige que: (a) o presidente adote a medida provisória; (b) o Congresso Nacional aprove a medida provisória, expressamente; (c) o presidente do Senado Federal promulgue a lei, para os fins do § único do art. 62 da CF/88, expressamente declarando ser a mesma resultante de conversão; (d) a lei seja publicada no Diário Oficial da União, mencionando, expressamente, no seu preâmbulo, trata-se de lei de conversão. No caso presente, não foi o que ocorreu. Consta no preâmbulo da Lei 9.718/98, que "o congresso nacional decreta" e o Presidente da República sanciona-a. Os seguintes exemplos de conversão são suficientes, por si sós, a demonstrar não ter havido conversão, especificamente no que diz respeito à Lei 9.718/98. Por exemplo, no "pacote fiscal" editado no final do ano de 1998, houve a conversão da MP 1.721/98 na Lei 9.703/98, nos seguintes termos, *verbis:* "Faço saber que o Presidente da República adotou a Medida Provisória n° 1.721, de 1998, que o Congresso Nacional aprovou, e eu, Antonio Carlos Magalhães, presidente para os efeitos do disposto do parágrafo único do art. 62 da Constituição Federal, promulgo a seguinte Lei:". No mesmo sentido, houve a conversão da MP 1.674-57 na Lei 9.701/98, mediante processo legislativo idêntico, previsto no art. 62 da Constituição Federal de 1988: "Faço saber que o Presidente da República adotou a MP 1.674-57, de 1998, que o Congresso Nacional aprovou, e eu, Antonio Carlos Magalhães, presidente para os efeitos do disposto do parágrafo único do art. 62 da Constituição Federal, promulgo a seguinte Lei:". O mesmo ocorreu na adoção da MP 1.676-38 convertida na Lei 9.715/98, mediante processo legislativo idêntico, previsto no art. 62 da Constituição Federal de 1988: "Faço saber que o Presidente da República adotou a MP 1.676-38, de 1998, que o Congresso Nacional aprovou, e eu, Antônio Carlos Magalhães, Presidente, para os efeitos do disposto no parágrafo único do art. 62 da Constituição Federal, promulgo a seguinte Lei: Não é o caso da Lei 9.718/98, não resultante de conversão, posto que editada segundo o processo legislativo estranho ao previsto no art. 62 da CF/88. Consta do Diário Oficial da União de 28.11.1998, *verbis:* "O PRESIDENTE DA REPÚBLICA Faço saber que o Congresso Nacional decreta e eu sanciono a seguinte Lei". Todo o exposto apenas confirma, de forma inequívoca, que a Lei 9.718/98 é ato legislativo autônomo, e que o termo inicial do prazo nonagesimal é 28.11.98. Em face do exposto, fica claro que: (a) a MP 1.724/98 não foi convertida em lei; (b) a Lei 9.718/98 é ato autônomo; (c) o inciso I do art. 17 da Lei n° 9.718/98 viola o § 6° do art. 195 da CF/88, prevendo cobrança de inconstitucionalidade, do que resulta: (c.1) inconstitucionalidade do inciso I do art. 17 da Lei 9.718/98; e (c.2) inconstitucionalidade da cobrança, relativamente aos fatos geradores ocorridos em fevereiro de 1999, da COFINS e do PIS mediante a aplicação da nova base de cálculo, prevista no § 1° do art. 3° da mesma Lei. Finalmente, é de ser salientada a hipótese aventada pela Min. Ellen Gracie, em voto na AC 125-QO/AL, nos seguintes termos: "Dessa forma, formulei meu entendimento no sentido de conceder a medida liminar requerida para dispensar a obrigatoriedade da ampliação da base de cálculo do pagamento do PIS e COFINS, como determinado pelo art. 3°, § 1°, da Lei 9.718/98, apenas com relação ao período de 1°.02.1999 a 02.05.1999 e não da forma como foi requerido pela autora e concedida nos invocados precedentes desta Corte".

[191] Aires F. Barreto leciona: "Irretorquível, portanto, que a Lei Complementar n° 70/91 definiu, como uma das bases de cálculo do COFINS, o *faturamento*, considerando, para *faturamento*, o conceito comum do direito privado, comercial, de receita bruta de vendas de mercadorias, de mercadorias e serviços e de serviços de qualquer natureza, excluídas, destarte, as receitas financeiras. Posteriormente, a Lei n° 9.718, de 27 de novembro de 1998, inconstitucionalmente (violação á Constituição Federal, art. 195, então vigente) e ilegalmente (desobediência ao art. 110 do CTN), pretendeu alargar a base de cálculo de PIS (inconstitucionalmente, quanto a este, por infringir o art. 239 da C.F.) e COFINS". (*ISS, PIS e COFINS não incidem sobre Locação de Bens Móveis*, in Grandes Questões Atuais de Direito Tributário, 5° vol. São Paulo: Dialética, 2001, p. 37).

Note-se que alteração da redação do artigo 195 da CF/88 posteriormente (dezembro/98) à edição da Lei 9.718/98 (novembro/98) não tem o condão de dar validade ao dispositivo inconstitucional desta última.

Os atos legislativos devem ter a sua validade apreciada em face da Constituição tal qual vigente na data da publicação desses atos. No caso, é a redação da CF/88 em 28.11.1998 que determinará se a alteração é, ou não, constitucional.

Nesse sentido, escreveram Gervásio Recktenvald e René Bergmann Ávila, ao comentarem a alteração constitucional, o seguinte:

> Em segundo lugar, a ampliação da competência tributária que tem efeitos para o futuro traz em si a silenciosa pretensão de criar fundamento de validade para atos legislativos editados antes do início da vigência da EC 20/98.
> Ocorre que essa homologação ou convalidação não é possível, posto que a constitucionalidade ou inconstitucionalidade de uma norma legal é determinada quando de sua publicação. Se a Constituição, na data da publicação da lei, não a acolhe, a conseqüência é o vício insanável da inconstitucionalidade, que determina a sua nulidade jurídica, isto é, a sua não entrada no sistema jurídico constitucional: trata-se, então, de ato legal nulo, inexistente. E o que é nulo, inexistente, não pode ser validado nem por norma constitucional posteriormente editada.
> Nesse sentido, a inclusão do termo receita na letra b do inciso I do art. 195 não tem o condão de dar validade à alteração introduzida na legislação da COFINS, pela Lei nº 9.718/98 (art. 3º, § 1º – DOU de 28.11.98), anteriormente à EC 20, no intuito de ampliar a sua base de cálculo através da equiparação da expressão faturamento (subespécie da espécie receita operacional) à expressão receita (gênero que contém duas espécies: receitas operacionais e receitas não-operacionais).
> Quando editada a Lei nº 9.718/98, com a indevida e inconstitucional equiparação do conceito de faturamento e receita, a Constituição Federal, na redação original do inciso I do art. 195 somente permitia a cobrança de contribuição social sobre o faturamento, tecnicamente entendido como subespécie de receita operacional, de amplitude muito menor do que o gênero receita.
> Ao contrário de homologar a cobrança, em verdade, a alteração constitucional sob exame confirma que receita e faturamento são conceitos distintos, e que, se a redação anterior dizia faturamento, a contribuição sobre o mesmo não poderia incidir, por exemplo, sobre receitas financeiras, pois estas pertencem ao gênero receitas, mas não à subespécie faturamento.(134) A partir do início da vigência da nova redação, será necessária a edição de lei nova, criando contribuição sobre receitas, com respeito ao princípio da anterioridade nonagesimal.
> Diante da redação anterior, portanto, criou-se, sem o respeito à exigência de lei complementar, contribuição nova sobre base não prevista expressamente no art. 195, com aquela redação.[192]

Em conseqüência, a edição da EC 20/98, além de não dar validade ao § 1º do art. 3º da Lei 9.718/98, apenas confirma a distinção entre os termos *faturamento* e *receita*.

---

[192] Pacote Fiscal para 1999: Aspectos Jurídicos e Contábeis – Teoria e Prática. Porto Alegre: Síntese, 1999, p. 110-111.

Portanto, com a redação vigente em 28.11.98 (data de publicação da Lei nº 9.718/98), a Constituição somente permitia a cobrança da COFINS e do PIS sobre o *faturamento*, do que decorre a violação ao *caput* e ao § 4º do art. 195 da CF/88, nos exatos termos em que já foi decidido pelo Supremo Tribunal Federal, conforme esclarece Gustavo Miguez de Mello:

> O Supremo Tribunal Federal, ao julgar o RE nº 166772-9 decidiu pela inconstitucionalidade da contribuição previdenciária incidente sobre a remuneração paga a autônomos e administradores, por entender que, mesmo se considerando que a Constituição é carta política, não pode o intérprete do texto constitucional desprezar o sentido técnico de um vocábulo que expresse institutos consagrados pelo direito.
> A decisão, nesta parte, foi assim ementada:
> Constituição – Alcance Político – Sentido dos Vocábulos – Interpretação. O conteúdo político de uma Constituição não é conducente ao desprezo do sentido vernacular das palavras, muito menos ao do técnico, considerados institutos consagrados pelo Direito. Toda a ciência pressupõe a adoção de escorreita linguagem, possuindo os institutos, as expressões e os vocábulos que a revelam conceito estabelecido com a passagem do tempo, quer por força de estudos acadêmicos quer, no caso do Direito, pela atuação dos Pretórios (v. Acórdão proferido na Medida Cautelar na ADIn nº 712-2/DF, Relator Min. Celso Mello).
> O voto do Ministro Marco Aurélio merece ser parcialmente transcrito:
> De início, lanço a crença na premissa de que o conteúdo político de uma Constituição não pode levar quer ao desprezo do sentido vernacular das palavras utilizadas pelo legislador constituinte, que ao técnico, considerados institutos consagrados pelo Direito. Toda ciência pressupõe a adoção de escorreita linguagem, possuindo os institutos, as expressões e os vocábulos que a revelam conceito estabelecido com a passagem do tempo, por força dos estudos acadêmicos e pela atuação dos pretórios.
> Realmente, a flexibilidade de conceitos, o câmbio do sentido destes, conforme os interesses em jogo, implicam insegurança incompatível com o objetivo da própria carta que, realmente, é um corpo político, mas o é ante os parâmetros que encerra e estes não são imunes ao real sentido dos vocábulos, especialmente os de contornos jurídicos. Logo, não merece agasalho o ato de dizer-se da colocação, em plano secundário, de conceitos consagrados, buscando-se homenagear sem limites técnicos, o sentido político das normas constitucionais. (os grifos são nossos)[193]

A Doutrina é uníssona relativamente à *natureza restrita do termo faturamento*.[194] Luiz Fernando de Souza Neves, por exemplo, esclarece:

> Podemos, então, concluir que o critério material da hipótese de incidência da COFINS será realizar operações jurídicas de vendas de mercadorias, de mercadorias e serviços, bem como de serviços de qualquer natureza.

---

[193] *Contribuições sociais: questões polêmicas*. COFINS na compra e venda de imóveis. São Paulo: Dialética, 1995, p. 26-27.
[194] No mesmo sentido: COELHO, Sacha Calmon Navarro; SANTIAGO, Igor Mauler e MANEIRA, Eduardo. *Inconstitucionalidade da Lei nº 9.718/98, na parte em que alargou a Base de Cálculo da COFINS – uma abordagem de Direito intertemporal. In*: Revista Dialética de Direito Tributário n. 73, p. 126/135.

Assim, podemos inferir que no caso em estudo não há só um verbo e seu complemento, nem apenas um critério material que dará ensejo à cobrança da contribuição social sobre o faturamento mas, sim:
realizar operações jurídicas de vendas;
realizar operações jurídicas de vendas e serviços, e;
prestar serviços de qualquer natureza.[195]

Essa orientação reflete não somente o sentido jurídico do termo, mas também o sentido vernacular, definido pelo Novo Dicionário Aurélio da Língua Portuguesa:

Faturamento – S.m. Ato ou efeito de faturar.
FATURAR: Vtd. e t. d. e i. 1. Fazer a fatura de (mercadoria vendida). 2. Incluir na fatura (uma mercadoria).
FATURA: [Do latim factura.] S.F. 2. Relação que acompanha a remessa de mercadorias expedidas, ou que se remete mensalmente ao comprador, com a designação de quantidades, marcas, pesos, preços e importâncias, podendo tais referências ser substituídas pela simples menção dos números e valores de notas fiscais extraídas, e guardadas conforme determinações da lei. [Cf., nessa acepção: duplicata (2) e nota fiscal].[196]

Aponta Frederico de Moura Theodoro que:

De Plácido e Silva no seu "Vocabulário Jurídico, Vol. II, pgs. 275 e 277 dá o sentido técnico dos termos fatura e faturamento.
FATURA: Do latim *factura*, de *facere* (fazer) significando feitio, quer indicar todo ato de fazer alguma coisa.
Desse modo, fatura e feitura equivalem-se, pois que ambos exprimem o ato ou ação de fazer ou executar alguma coisa.
Fatura. Na técnica jurídico-comercial, entanto, é especialmente empregado para indicar a relação de mercadorias ou artigos vendidos, com os respectivos preços de venda, quantidade, e demonstrações acerca de sua qualidade e espécie, extraída pelo vendedor e remetida por ele ao comprador.
A fatura, ultimando a negociação, já indica a venda que se realizou.
Na técnica mercantil, a fatura se distingue da conta corrente, do pedido de mercadorias e das notas parciais.
A fatura é o documento representativo da venda já consumada ou concluída, mostrando-se o meio pelo qual o vendedor vai exigir do comprador o pagamento correspondente, se já não foi paga e leva o correspondente recibo de quitação.
E quando a venda se estabelece para pagamento a crédito ou em prazo posterior, a fatura é elemento necessário para a extração de duplicata comercial, desde que caso de sua feitura obrigatória. É nela, aliás, que se funda a própria duplicata que irá ser o título ou documento de que se utilizará o credor para receber o preço da venda, que nela se consigna. Mas, aí, é propriamente denominada de *fatura comercial*.

---

[195] *COFINS: Contribuição social sobre o faturamento – L.C. 70/91*. São Paulo: Max Limonad, 1997, p. 98.
[196] *Apud* FREDERICO DE MOURA THEODORO. *A Contribuição para o PIS*. São Paulo: Resenha Tributária, 1996, p. 99-100.

FATURAR: Derivado de fatura, quer significar o ato de se proceder à extração ou formação da fatura, a que se diz propriamente faturamento.[197]

João Dácio Rolim conclui, em face do disposto na Emenda Constitucional de Revisão nº 01/94, que, *verbis:*

> Com efeito, é contrário tanto à Emenda Constitucional de Revisão nº 1/94 quanto à Constituição e até mesmo ao Código Tributário Nacional, a utilização de conceitos tipológicos para equiparar a receita bruta operacional a todas as demais receitas que compõem uma conta de resultado. Com isto o melhor conceito que traduziria o pretendido pela Emenda Constitucional de Revisão nº 1/94 é o disposto no artigo 226 do Regulamento do Imposto de Renda de 1994.
> Ademais, se se considerasse que tivesse tido o legislador a intenção de abranger toda e qualquer receita que componha o resultado operacional, e, ainda, que tivesse sido sua intenção fazer remissão à legislação societária, mister se faria salientar que, nos termos da legislação societária, o conceito de Receita Operacional abrange a Receita Bruta de Vendas e Serviços. Assim ensina Bulhões Pedreira:
> Para satisfazer aos requisitos da lei de sociedades por ações sobre discriminação da demonstração do resultado do exercício, o plano de contas deve (a) compreender contas especializadas para registro das receitas operacionais e não operacionais e (b) *discriminar as contas de receitas operacionais de modo a distinguir entre receita bruta de vendas e serviços, receitas financeiras e outras receitas operacionais* (Pedreira, José Luiz Bulhões. Finanças e Demonstrações Financeiras da Companhia: Conceitos e Fundamentos. Forense, 1989 – grifamos).
> Vê-se, neste particular, que a receita bruta operacional a que se refere a indigitada Emenda Constitucional é a receita bruta de vendas e serviços, espécie abrangida pelo gênero receita operacional. Assim, resta evidenciado que esta é a receita que deveria ser tributada, numa tentativa técnica de precisar o seu conceito.[198]

Vernacular e tecnicamente, portanto, receita é gênero, e *faturamento*[199] *é subespécie de uma das espécies do gênero receita.* Novamente, é pertinente reproduzir a lição de Gervásio Recktenvald e de René Bergmann Ávila, que, ao comentarem a inconstitucionalidade do § 1º do art. 3º da Lei nº 9.718/98, afirmam:

> O § 1º deste artigo pretende alterar o conceito de faturamento, sob todos os seus aspectos, infringindo a Constituição Federal e a lei complementar, adiante indicados. Sob o aspecto contábil, comercial, fiscal e qualquer outro, o termo designa a receita proveniente da atividade objeto da pessoa jurídica, isto é, aquela diretamente decor-

---

[197] A *Contribuição para o PIS.* São Paulo: Resenha Tributária, 1996, p. 100.
[198] PIS: Problemas Jurídicos Relevantes. A natureza Jurídica da Contribuição ao PIS perante a CF/88 e Alterações da sua Base de Cálculo. São Paulo: Dialética, 1996, p. 143-144.
[199] Sobre o conceito constitucional de faturamento, sugerimos a leitura de artigo de Sacha Calmon Navarro Coelho, Igor Mauler Santiago e Eduardo Maneira (RDDT 73/126). Os autores chegam às mesmas conclusões a que chegou praticamente toda a doutrina conhecida sobre o assunto, ao concluírem: "Face ao exposto, com espeque na jurisprudência da Suprema Corte, concluímos que o art. 3º da Lei nº 9.718/98 padece de inconstitucionalidade formal originária, não havendo sido convalidada pela EC nº 20/98, que se lhe seguiu no tempo, mesmo que esta tenha entrado primeiro em vigor". (p. 135)

rente de sua atividade fim (comércio, prestação de serviços ou operações de conta alheia). Ainda, sabe-se que Faturamento e Receita Bruta eram utilizados como termos sinônimos. Também, de forma simplista e resumida, podemos dizer que o faturamento representava o somatório das notas fiscais de venda ou prestação de serviços emitidas por uma empresa em determinado período.
Sistematizando o conceito de faturamento, podemos classificá-lo dentre as receitas auferidas por uma empresa da seguinte forma:
(a) receitas (gênero)
(a.1) receitas não operacionais (espécie)
(a.2) receitas operacionais (espécie)
(b) faturamento (subespécie)
(c) outras receitas operacionais (subespécie)
Agora, pelo que se infere do § 1º do artigo 3º, o conceito de faturamento foi ampliado, possivelmente para mascarar a amplitude das alterações introduzidas na base de cálculo do PIS/PASEP e da COFINS. Pretendeu o legislador transmudar uma subespécie de receitas operacionais no gênero receitas, infringindo o disposto no Código Tributário Nacional, que dispõe, *verbis*:
'Art. 110. A lei tributária não pode alterar a definição, o conteúdo e o alcance de institutos, conceitos e formas de direito privado, utilizados, expressa ou implicitamente, pela Constituição Federal, pelas Constituições dos Estados, ou pelas Leis Orgânicas do Distrito Federal ou dos Municípios, para definir ou limitar competências tributárias.
A expressão faturamento foi utilizada pelo Constituinte na sua acepção técnica. O conceito de faturamento, segundo esta, é de uma subespécie da espécie receitas operacionais, estas últimas que, juntamente com as receitas não-operacionais, compõe o gênero receitas. O que o § 1º pretende é alterar a definição do conceito de faturamento utilizado pelo art. 195 da Constituição Federal de 1988 para fins de limitação da competência tributária da União Federal, equiparando-o ao gênero receitas e ampliando assim a competência limitada pela CF/88.
Existe, portanto, dupla violação: (a) ao artigo 195 da CF/88 e (b) ao art. 110 do CTN/66 (Lei nº 5.172/66).
Não sendo possível a cobrança de contribuição social sobre o faturamento que incida sobre receitas estranhas ao conceito de faturamento, devemos entendê-la como contribuição nova, incidente sobre base de cálculo não discriminada nos incisos do *caput* do art. 195.
Entendemos que a mudança do significado de faturamento introduzida por esta lei (DOU de 28.11.98), bem como a alteração do contido no art. 195 da CF/88 pela Emenda Constitucional nº 20 (DOU de 16.12.98), em data posterior a esta lei, não afastam esta flagrante e frontal agressão à Suprema Carta. A alteração da Constituição, recentemente introduzida, repita-se, não tem o condão de dar validade a ato legal editado sob a égide da redação anterior. O ato legal anterior é nulo, inexistente. Somente a edição de nova legislação, posterior à Emenda Constitucional nº 20, com respeito ao princípio da anterioridade de 90 dias, é que possibilitará a instituição de contribuição nova.
E, se assim é, para a validade constitucional do § 1º do art. 3º da Lei nº 9.718/98, seria necessário o respeito ao disposto no art. 195, § 4º, da Suprema Carta. Tal

parágrafo determina que a criação de contribuições, incidentes sobre bases não referidas no caput do artigo 195 (no caso, o lucro ou o faturamento, cf. redação vigente em 28.11.98), devem obedecer à exigência de lei complementar.

Antes de encerrar o comentário ao artigo em tela comentaremos, em razão da relevância, mais alguns aspectos práticos sobre a drástica modificação do alcance do conceito "Faturamento".

Para melhor expor a ampliação da base de cálculo do PIS e da COFINS, vamos apresentar uma estrutura de um Demonstrativo de Resultados, agrupando as contas de resultados segundo as normas contábeis determinadas pela Lei das Sociedades por Ações, com as modificações exigidas pela legislação do Imposto de Renda, neste caso, no tocante às participações nos resultados.

A estrutura do Demonstrativo de Resultados do Exercício apresenta, geralmente, a seguinte configuração:
1. Faturamento Bruto
2. (–) IPI no Faturamento Bruto
3. (=) Receita Bruta de Vendas de Produtos e Serviços
4. (–) Vendas Canceladas
5. (–) Abatimentos
6. (–) Impostos e Contribuições Incidentes sobre vendas
7. (=) Receita Líquida
8. (–) Custo dos Produtos, Mercadorias ou Serviços Vendidos
9. (=) Lucro Bruto
10. (+ ou –) Receitas e Despesas operacionais com vendas e administrativas
11. (+ ou –) Receitas e Despesas financeiras
12. (+ ou –) Outras receitas e despesas operacionais
13. (=) Lucro Operacional
14. (+) Receitas não Operacionais
15. (–) Despesas não Operacionais
16. (–) Participações nos Lucros
17. (=) Lucro antes da provisão para a Contribuição Social sobre o Lucro Líquido
18. (–) Provisão para a CSLL
19. (=) Lucro antes da Provisão para o IR
20. (–) Provisão para o IR
21. (=) Lucro Líquido do Exercício.

Se considerarmos a legislação anterior às modificações ora comentadas, a base de cálculo da COFINS e do PIS é o subtotal após o item 5, admitindo-se, ainda a redução parcial do item 6, mas apenas no que respeita à parcela relativa à substituição tributária.

Desconsideram-se, mediante exclusão do item 1 ou 3, quando for o caso, as vendas de produtos com substituição tributária e as provenientes de exportações.

Assim, quando se fala em PIS/Faturamento ou COFINS/Faturamento, pela legislação anterior, está sendo considerada a receita proveniente das atividades objeto da empresa, isto é, daquelas atividades constantes no Estatuto ou Contrato Social, ou por outra, o somatório das Notas Fiscais de Venda, de Prestação de Serviços ou de Operações de Conta Alheia (comissões), admitidas, quando for o caso, as deduções dos itens 2, 4, 5 e 6, este último, parcial.

Com as modificações ora em comento, todas as receitas, exceto as textualmente excluídas, integram a base de cálculo da COFINS e do PIS, sejam operacionais ou não operacionais. Obviamente, manteve-se também o Faturamento.

No grupo (espécie) de receitas operacionais, isto é, aquelas decorrentes do giro normal do negócio, porém, não geradas diretamente pelas atividades objeto da sociedade, temos, como exemplos: os juros e multas cobrados de clientes por atraso no pagamento de títulos; as receitas financeiras e respectivas variações monetárias decorrentes de atualização de direitos; as receitas de aluguéis eventuais de imóveis ou móveis; a receita de serviços eventuais; as receitas em operações de bolsa; as receitas de investimentos temporários; o prêmio de resgate de títulos e debêntures; os rendimentos de aplicações financeiras; a atualização de impostos a compensar pela taxa SELIC; os descontos obtidos; a amortização de deságio de investimentos; etc. As reversões de provisões, os rendimentos de participações societárias e as recuperações de despesas que não representam ingresso de novos valores também integram este grupo, porém, são excluídas da base de cálculo das contribuições em tela.

No grupo (espécie) receitas não operacionais, as receitas mais comuns são as decorrentes de alienação de bens do ativo permanente, tais como bens móveis e imóveis, investimentos, etc. Estas, entretanto, estão textualmente excluídas da base do PIS e da COFINS. Segundo alguns estudiosos, integram, ainda, o grupo receitas não operacionais os aluguéis auferidos (desde que não eventuais). Mesmo que discutível a classificação, se em receitas operacionais ou não operacionais, o rendimento de aluguel integra a base de cálculo das contribuições.

Assim, pretende o legislador ordinário que o conceito de Faturamento, que antes significava o somatório das receitas objeto da empresa (aquelas constantes em Notas Fiscais de venda ou prestação de serviços) (subespécie da primeira espécie), passe, a partir de agora, a abranger todas as receitas da empresa (gênero), sejam operacionais (primeira espécie) ou não operacionais (segunda espécie).[200]

A confusão entre os dois conceitos – *feita pela lei tributária para fins de cobrança de contribuições sociais incidentes exclusivamente sobre o faturamento* –, dando ao faturamento a amplitude do termo *receita*, implica violação: (a) à competência tributária prevista na redação, vigente em 28.12.1998, do art. 195, I, da CF/88 e do art. 72, V, do ADCT/88, na redação que lhe foi dada pela ECR nº 01/94; (b) ao disposto no art. 110 do Código Tributário Nacional, que veda a alteração da definição, o conteúdo e o alcance de institutos, conceitos e formas de direito privado, como é o caso de *faturamento*; e (c) ao disposto no § 4º do art. 195 da CF/88, que exige a edição de lei complementar para a instituição e cobrança de contribuição social sobre "fatos geradores" não previstos nos incisos do seu *caput*.

Destarte, deve ser afastada, pela inconstitucionalidade e ilegalidade do § 1º do art. 3º da Lei nº 9.718/98, a cobrança de COFINS sobre quaisquer *receitas* que não se enquadrem no conceito técnico de *faturamento*, tal qual

---

[200] Pacote Fiscal para 1999: Aspectos Jurídicos e Contábeis – Teoria e Prática. Porto Alegre: Síntese, 1999, p. 66-71.

definido pela legislação anterior, assim entendido apenas somatório das Notas Fiscais de Venda, de Prestação de Serviços ou de Operações de Conta Alheia (comissões), admitidas, quando for o caso, as deduções especificadas em lei.

Essa inconstitucionalidade, que está pendente de julgamento definitivo pelo Supremo Tribunal Federal,[201] que já deferiu diversas liminares, afeta a constitucionalidade do § 1º do art. 3º da Lei nº 9.718/98, mas não influi na legislação posteriormente editada, já na *segunda fase* (a partir da vigência da EC 20/98), o que se aborda a seguir.

Há farta jurisprudência dos Tribunais Regionais Federais[202] sobre o tema que será submetido ao STF. Destacamos, por sua especificidade, o voto precioso do Juiz Marcelo De Nardi no acórdão do TRF da 4ª Região (fl. 332 do acórdão), que resumiu com clareza nossa posição sobre o tema, em palavras que fazemos nossas:

> A Lei 9.718/1998 adota, com legitimidade, a correspondência entre os conceitos de *faturamento* e *receita bruta*, (art. 3º O faturamento a que se refere o artigo anterior corresponde à receita bruta da pessoa jurídica). Elastece, contudo, o conceito de receita bruta para além dos limites traçados pelo Supremo Tribunal Federal, definindo-o como *a totalidade das receitas auferidas pela pessoa jurídica, sendo irrelevantes o tipo de atividade por ela exercida e a classificação contábil adotada para as receitas* (§ 1º, art. 3º). Com isto permite a incidência das contribuições ao PIS e ao COFINS não apenas sobre o produto de todas as vendas – campo a que se deveriam restringir as exações, na palavra do STF – como também sobre todas as demais rendas auferidas pela pessoa jurídica, tais como receitas financeiras, de aluguéis, indenizações, etc.
> Ao dilatar o conceito de *faturamento* para abrigar qualquer tipo de receita auferida pela pessoa jurídica, mesmo as não correspondentes a vendas, a L 9.718/98 não só ampliou a interpretação do STF como também alterou sua acepção na forma em que é tradicionalmente entendido pelo Direito Privado. Com isto desafia o preceito do art.

---

[201] "QUESTÃO DE ORDEM. MEDIDA CAUTELAR. LIMINAR QUE ATRIBUI EFEITO SUSPENSIVO A RECURSO EXTRAORDINÁRIO. REFERENDO DA TURMA. ART. 21, INCISOS IV E V, DO RI/STF. COFINS. É de ser confirmada a decisão singular que atribui efeito suspensivo a recurso extraordinário em que se discute matéria objeto de outro recurso (art. 3º da Lei 9.718/98), cujo exame, pelo Plenário desta Corte, foi suspenso em razão de pedido de vista, a demonstrar a plausibilidade da tese neles defendida. Precedentes de ambas as Turmas. Questão de ordem que se revolve pelo referendo da decisão concessiva da liminar". (STF – AC 41 QO/CE – Rel. Min. Carlos Britto – J. 23.09.2003 – 1ª Turma –DJ 24.10.2003 – p.-13)

[202] TRF 2ª R. – AC 2002.02.01.025776-0 – RJ – 1ª T. – Rel. p/o Ac. Juiz Ney Fonseca – DJU 06.03.2003 – p. 225; TRF 3ª R. – AG 99657 – (1999.03.00.061957-1) – SP – 4ª T. – Rel. Des. Fed. Andrade Martins – DJU 26.10.2001 – p. 685; TRF 3ª R. – AG 85873 – (1999.03.00.033082-0) – 4ª T. – Rel. Juíza Conv. Leila Paiva – DJU 21.09.2001 – p. 699; TRF 3ª R. – AMS 203352 – (1999.61.00.024508-0) – 4ª T. – Rel. Des. Fed. Andrade Martins – DJU 17.08.2001 – p. 289; TRF 3ª R. – AMS 198888 – (1999.61.00.002171-1) – 4ª T. – Rel. Des. Fed. Andrade Martins – DJU 01.06.2001 – p. 173; TRF 3ª R. – AMS 199923 – (1999.61.00.012007-5) – 4ª T. – Rel. Conv. Juíza Leila Paiva – DJU 04.05.2001 – p. 69; TRF 3ª R. – AMS 197004 – (1999.61.14.001887-3) – 4ª T. – Rel. Conv. Juíza Leila Paiva – DJU 04.05.2001 – p. 91; TRF 4ª R. – AC 2001.71.04.003777-8 – RS – 1ª T. – Rel. Des. Fed. Wellington M de Almeida – DJU 12.11.2003 – p. 391/392.

110 do Código Tributário Nacional (a lei tributária não pode alterar a definição, o conteúdo e o alcance dos institutos, conceitos e formas de direito privado, utilizados, expressa ou implicitamente, pela Constituição Federal, pelas Constituições dos Estados, ou pelas Leis Orgânicas do Distrito Federal e dos Municípios, para definir ou limitar competências tributárias).

Ora, já tendo o Supremo Tribunal Federal, intérprete privilegiado da Carta Política, balizado os limites de significação do termo *faturamento* empregado no inc. I, do art. 195, fica o legislador ordinário, por força do art. 110, do CTN, norma com dignidade de lei complementar, impedido de ampliá-lo.

A dilação do significado da expressão *faturamento* operada pela L 9.718/1998, porque não abrigada na acepção em que o conceito foi inscrito na redação original do art. 195, da CF/1988 – anterior à EC 20/1998, cujo conteúdo é indiferente pois a lei ordinária foi publicada antes da vigência da referida emenda, violou o ordenamento constitucional. O texto legal em exame representa, em verdade, nova fonte de custeio da seguridade social, a qual, em respeito ao § 4º, do art. 195, CF 1988, só poderia ser instituída por lei complementar.

Há, portanto, que se afastar o preceito do § 1º, do art. 3º, da L 9.718/1998, no que desborda do conceito de faturamento, e seu equivalente receita bruta na dicção dada pelo Direito Privado, já referendada pelo STF, qual seja, o resultado de todas as vendas.

Pelo exposto, dou provimento ao incidente para declarar a inconstitucionalidade do § 1º, do art. 3º, da L 9.718/98.[203]

O voto acima reproduzido, juntamente com outros de igual quilate, restou vencido, decidindo o Plenário do TRF da 4ª Região em sentido contrário, tendo como fundamento central da decisão o seguinte raciocínio: a Constituição Federal não conceituou *faturamento*; logo, a conceituação estava ao cargo do legislador ordinário; o conceito de faturamento, ampliado pela Lei 9.718/98, estava em consonância com a redação do inciso I do art. 195 da CF/88 vigente na data da publicação da lei ordinária; logo, não haveria inconstitucionalidade.

Parte o acórdão de premissa falsa, a nosso ver. Vejamos o que diz o *voto condutor* do precedente do Plenário:

A jurisprudência do Egrégio STF também aceitou assimilação dos conceitos de faturamento a receita bruta, examinando o corpo da Lei Complementar nº 70/91, consoante ADC nº 1/DF a RE 150.764 (RTJ 147/1024) conforme voto parcialmente transcrito do ilustre Ministro Ilmar Galvão:
Note-se que a Lei Complementar nº 70/91, ao considerar o faturamento como "a receita bruta das vendas de mercadorias, de mercadorias e serviços a de serviços de qualquer natureza" nada mais fez do que lhe dar a conceituação de faturamento para efeitos fiscais, como bem assinalou o eminente Ministro Ilmar Galvão, no voto proferido no RE nº 150.764, ao acentuar que o conceito de receita bruta das vendas

---

[203] TRF 4ª Região – Plenário – Argüição de Inconstitucionalidade nº 1999.04.01.08.0274-1/SC – j. 29.03.2000 – Rel. Élcio Pinheiro de Castro – Rel. p/ o acórdão Virgínia Scheibe – DJ 31.05.2000, p. 673/674.

de mercadorias a serviços coincide com o de faturamento, que, para efeitos fiscais, foi sempre entendido como o produto de todas as vendas, a não apenas das vendas acompanhadas de fatura, formalidade exigida tão-somente nas vendas mercantis a prazo (art. 1º da Lei 187/36).

Pois bem. O que veio a fazer a indigitada Lei 9.718, de 27.11.98, por seu art. 3º a § 1º? A meu ver, apenas reiterar a equiparação do conceito de faturamento ao de receita bruta, mas especificando consistir esta última na totalidade das receitas auferidas pela pessoa jurídica, sendo irrelevantes o tipo de atividade por ela exercida e a classificação contábil adotada para as receitas, admitidos os abatimentos das rubricas enumeradas nos incisos do respectivo § 2º, para fins de base de cálculo da contribuição.

Ora, o Supremo Tribunal Federal jamais decidiu o que foi tido como por ele decidido na decisão do Plenário do TRF da 4ª Região. Geraldo Bemfica Teixeira, em artigo publicado na Revista de Estudos Tributários – RET –, ressalta o equívoco do TRF da 4ª Região:

> A Lei Ordinária nº 9.718/98, contudo, alterou o conceito de faturamento, dispondo que "Entende-se por receita bruta a totalidade das receitas auferidas pela pessoa jurídica, sendo irrelevantes o tipo de atividade por ela exercida e a classificação contábil adotada para as receitas." Pretendeu o legislador ordinário, pois, equiparar o conceito de faturamento com a totalidade das receitas auferidas pela pessoa jurídica, o que de longe ultrapassa a autorização constitucional contida no art. 195, inc. I, da CF/88, na redação vigente à época da edição da dita Lei Ordinária nº 9.718/98. Com efeito, o termo "receita bruta", contido na Lei Complementar nº 70/91, tem exaustiva definição no seu art. 2º, estando vinculado ao "faturamento", nos termos do Decreto-lei nº 2.357/87. Foi com base nisso que o Supremo Tribunal Federal admitiu o uso da expressão "receita bruta" ao invés de "faturamento" (termo utilizado no inc. I do art. 195 da Carta Magna). Disse a Suprema Corte, ao julgar o Recurso Extraordinário nº 150.755-1/PE (Finsocial das Prestadoras de Serviços), que não vislumbrava inconstitucionalidade na expressão "receita bruta", porquanto a entendia como "faturamento", tal como definido no Decreto-lei nº 2.357/87 1, segundo o voto do Ministro SEPÚLVEDA PERTENCE. Contrariado pelos votos dos insignes Ministros MARCO AURÉLIO e CARLOS VELLOSO, que defendiam a inconstitucionalidade, porque não admitiam que "receita bruta" e "faturamento" fossem tratados como sinônimos (art. 110, do CTN), o Relator Ministro SEPÚLVEDA PERTENCE esclareceu que também não os entendia como iguais, mas, no caso em pauta: "... Incidiria essa regra – que não precisaria estar no CTN, porque é elementar à própria aplicação da Constituição – se a lei dissesse: faturamento é igual a receita bruta. O que tentei mostrar no meu voto, a partir do Decreto-lei nº 2.397, é que a lei tributária, ao contrário, para efeito do Finsocial, chamou receita bruta o que é faturamento. E, aí, ela se ajusta à Constituição." Logo adiante, Sua Excelência esclareceu que: Há um consenso: faturamento é menos que receita bruta, ao que o Ministro NÉRI DA SILVEIRA acrescentou: Com efeito, há, no Decreto-lei nº 2.397/1987, art. 22, qual observou o ilustre Ministro SEPÚLVEDA PERTENCE, conceito de "receita bruta", que se pode ter como assimilável à noção de faturamento, a que remete o art. 195, I, da Constituição. Nesse mesmo sentido, posteriormente, a Lei Complementar nº 70/91

estipulou em seu art. 2º. Dessa maneira, quando se prevê no art. 28, da Lei nº 7.738/1989, a incidência da alíquota, nele determinada, sobre a receita bruta, cumpre entender a locução como faturamento, a teor do previsto no art. 195, I, da Constituição. Desse modo, recuso a inconstitucionalidade do dispositivo, cumprindo dar-se à "receita bruta", nele referida, a compreensão de "faturamento", tal como já se consigna em textos de lei (grifamos).
Para o STF (guardião do inc. I do art. 195 da Carta), pois, o termo "receita bruta" só foi admitido na Lei Complementar nº 70/91 porque, na verdade, o texto legal estava definindo o "faturamento" previsto no art. 22, letra *a*, do Decreto-lei nº 2.397/87, vazado nos seguintes termos: a receita bruta das vendas de mercadorias e de mercadorias e serviços, de qualquer natureza, das empresas públicas ou privadas definidas como pessoa jurídica ou a elas equiparadas pela legislação do Imposto de Renda. E, no caso específico da COFINS, o art. 2º da Lei Complementar nº 70/91 reforçou tal vinculação ao expressamente dispor:
Art. 2º A contribuição de que trata o artigo anterior será de dois por cento e incidirá sobre o faturamento mensal, assim considerado a receita bruta das vendas de mercadorias, de mercadorias e serviços e de serviço de qualquer natureza.
Ou seja, receita bruta só se equipara a faturamento quando se entende que o faturamento equivale à receita bruta resultante de venda de mercadorias, de mercadorias e serviços ou de serviços de qualquer natureza – mas não qualquer e toda receita.
A Lei nº 9.718/98, contudo, fez tábula rasa dessa exigência constitucional (art. 195, I) de fazer incidir as contribuições sociais apenas sobre o "faturamento", já que, no art. 3º e seu § 1º, deu nova definição à expressão "faturamento" para dizer que correspondia à "receita bruta" e que esta, por seu turno, abrangeria "... a totalidade das receitas auferidas pela pessoa jurídica". Note-se, aqui, a total desvinculação da base de cálculo ao "faturamento" então autorizado pelo inc. I do art. 195 da CF/88 como campo de incidência dessa contribuição social. A totalidade das receitas da pessoa jurídica, independente de sua classificação contábil, representa todo e qualquer ingresso, no que se compreende – mas não se esgota – o "faturamento" descrito no Decreto-lei nº 2.397/87, no art. 6º da Lei Complementar nº 07/70 e no art. 2º da Lei Complementar nº 70/91.[204]

Mais adiante (p. 127), conclui o autor:

Ora, se havia definição de "faturamento" e "receita bruta" no ordenamento jurídico brasileiro, a Lei Ordinária nº 9.718/98, ao modificá-la, descumpriu o art. 110 do Código Tributário Nacional, que preserva a definição e o conteúdo dos institutos de direito privado, valendo lembrar a magistral lição de ALFREDO AUGUSTO BECKER nesse campo.
O "faturamento" da Lei Ordinária nº 9.718/98 certamente não é o mesmo daquele até então adotado e definido no ordenamento jurídico brasileiro, inclusive por duas Leis Complementares (de números 07/70 e 70/91).
A Nulidade da Lei Ordinária nº 9.718/98 frente ao inc. I do art. 195 da CF/88. Irrelevância do advento da Emenda Constitucional nº 20.

---

[204] CONSIDERAÇÕES SOBRE AS ALTERAÇÕES DO PIS E DA COFINS INTRODUZIDAS PELA LEI Nº 9.718/98 – Revista de Estudos Tributários – Nº 8 – Jul-Ago/99 – ASSUNTO ESPECIAL, p. 126 e ss.

A consciência da inadequação da indigitada Lei Ordinária nº 9.718/98 ao inc. I do art. 195 da Constituição, bem como, ao art. 110 do CTN, saltou aos olhos quando de sua edição, fazendo com que o Executivo forçasse o Legislativo a "sanar" a nulidade. Com efeito, o Congresso Nacional, que aprovara a Lei Ordinária em 27.11.1998, sem qualquer ressalva, de imediato se obrigou a aprovar a Emenda Constitucional nº 20, de 16.12.1998, garantindo a incidência das contribuições sociais sobre "a receita ou o faturamento". À primeira vista, tal providencial Emenda Constitucional estaria a sanar o vício da Lei Ordinária nº 9.718/98 e a garantir a cobrança das contribuições em foco sobre a totalidade das receitas dos contribuintes. Mas, assim não é.

Por primeiro, aponte-se que a Emenda Constitucional nº 20 não é auto-aplicável, merecendo nova lei dispondo sobre aquilo que autoriza. Com efeito, ao modificar o conceito de "receita bruta" e "faturamento", para alargar competência tributária da União, criou competência tributária nova, que depende da edição de nova lei. Nesse sentido, o próprio texto da Emenda Constitucional nº 20 que, em seu artigo 12, dispõe: "Até que produzam efeitos as leis que irão dispor sobre as contribuições de que trata o art. 195 da Constituição Federal, são exigíveis as estabelecidas em lei, destinadas ao custeio da seguridade social e dos diversos regimes previdenciários."

Note-se que o próprio texto da Emenda Constitucional se refere a leis futuras, fazendo assegurar a exigibilidade das leis vigentes ao tempo da redação anterior até então. Tal texto do art. 12 da Emenda Constitucional nº 20/98 não é surpresa. Note-se que essa redação já constava da proposta de Emenda à Constituição de 1995 – PEC nº 33, existindo com sua redação atual desde a PEC 33-D, de 20.03.1996 (art. 3º). Aliás, a Exposição de Motivos firmada pelos Ministros REINHOLD STEPHANES e NELSON JOBIM dizia expressamente isso.

Portanto, não apenas o texto da EC nº 20/98, contido no art. 12, como sua *mens legis* apontam no único sentido logicamente possível: A Emenda estava a autorizar viesse nova legislação, tomando o cuidado de preservar as fontes de custeio existentes sob o pálio da redação constitucional anterior.

No mesmo sentido, e explicando com idêntica clareza a perspectiva histórica e o real significado do entendimento exarado pelo Supremo Tribunal Federal, é a lição de Igor Nascimento de Souza (RDT, 74/205 e ss.):

Tal discussão deveu-se porque, àquela época, os estudiosos do Direito, com base nos conceitos financeiros de "receita bruta" a "faturamento", defendiam a tese de que, para que houvesse o faturamento, era necessário que as empresas emitissem faturas. Assim, as receitas auferidas pelas empresas que não estivessem relacionadas à emissão de urna fatura não se tratavam de faturamento e, portanto, não compunham a base de cálculo da contribuição ao FINSOCIAL existente àquela época. Nesse sentido, argumentava-se que, coma só é possível às empresas emitir faturas na venda de bens ou serviços, as demais receitas auferidas por tais empresas não compunham a base de cálculo da contribuição ao FINSOCIAL.

No entanto, os ínclitos Ministros do STF à época decidiram que esta distinção não tinha respaldo no Direito Posto, já que, ao se fazer a interpretação da Constituição Federal, não foi intenção do legislador impor como base de cálculo da contribuição

ao FINSOCIAL somente o resultado auferido nas vendas realizadas com a emissão de fatura, mas sim quaisquer vendas de mercadorias ou serviços.
Deste modo, faturamento, para o legislador constituinte, compreendia as vendas de quaisquer mercadorias ou serviços, independentemente da emissão, ou não, da fatura (este conceito para a Ciência das Finanças seria o de receita bruta, mas não faturamento).
À época, foram estas as palavras do Min. Sepúlveda Pertence (relator do acórdão):
(...) Resta, nesse ponto, o argumento de maior peso, extraído do teor do art. 28 analisado: não se cuidaria nele de contribuição incidente sobre o faturamento – hipótese em que, por força do art. 195, I, se entendeu bastante a instituí-la a lei ordinária –, mas, literalmente, de contribuição sobre a receita bruta, coisa diversa, que, por isso, só poderia legitimar-se com base no art. 195, § 4º, CF, o qual, para a criação de outras fontes de financiamento da Seguridade Social, determinou a observância do art. 154, I, e, portanto, da exigência de lei complementar no último contida.
(...).
Convenci-me, porém, de que a substancial distinção pretendida entre receita bruta a faturamento – cuja procedência teórica não questiono – não encontra respaldo atual no quadro do Direito Positivo pertinente à espécie, ao menos em termos tão inequívocos que induzissem, sem alternativa, à inconstitucionalidade da lei.
(...).
47. Parece curial, *data venia*, que, a partir da explícita vinculação genética da contribuição social de que cuida o art. 28 da Lei 7.738/89 ao FINSOCIAL, é na legislação desta, a não alhures, que se há de buscar a definição específica da respectiva base de cálculo, na qual receita bruta e faturamento se identificam: mais ainda que no tópico anterior, essa é a solução interposta, no ponto, pelo postulado da interpretação conforme a Constituição.
Por tudo isso, não vejo inconstitucionalidade no art. 28 da Lei 7.738/89, a cuja validade entendo restringir-se o tema deste recurso extraordinário, desde que nele a "receita bruta", base de cálculo da contribuição, se entenda referida aos parâmetros do sua definição no Decreto-lei 2.397/87, do modo a conformá-la. à noção de faturamento das empresas prestadoras de serviço.
Posteriormente, o Min. Ilmar Galvão confirmou este entendimento (como já se disse, hoje pacífico para o STF) nos autos do RE 150.764, expondo em seu voto que o faturamento "é o conjunto de todas a s vendas, a não apenas as vendas acompanhadas de fatura.
Como bem expôs o ilustre jusfilósofo (Lourival Villanova), as definições não são certas ou erradas, mas sim úteis ou inúteis, pelo quê, como não nos é útil para este trabalho a distinção técnica entre "receita bruta" a "faturamento", que provém da Ciência das Finanças, tendo em vista o entendimento pacificado pelo STF acerca da matéria, tomaremos como premissa que a definição trazida pelo STF é a definição útil e adequada para a nossa proposta.
Isto porque a prática nos demonstra que qualquer outra definição que tentássemos utilizar não seria objeto de apreciação pelo órgão jurisdicional máximo do nosso País.
Contudo, ressaltamos que não se trata de abandono ao rigor técnico; por uma questão prática e de maior utilidade para a sustentação da tese aqui em comento, enten-

demos ser mais interessante tratar a questão nos termos em que se vem manifestando o próprio STF.

A leitura dos dois trechos acima reproduzidos evidencia que a Lei 9.718/98 pretende ampliar a base de cálculo de forma a nela incluir outras receitas que não estão incluídas no conceito de faturamento.

A Ministra Eliana Calmon, quando ainda Juíza do TRF da 1ª Região, compreendendo o equívoco da interpretação adotada pelo Plenário do TRF da 4ª Região, proferiu a seguinte decisão (publicada na Revista de Estudos Tributários, N° 8 – Jul-Ago/99 – ASSUNTO ESPECIAL, p. 157):

> TRIBUNAL REGIONAL FEDERAL DA 1ª REGIÃO
> ASPECTOS DA LEI Nº 9.718/98
> V – Despacho
> PIS E COFINS – AUMENTO DE ALÍQUOTA E AMPLIAÇÃO DA BASE DE CÁLCULO – LEI Nº 9.718/98
> TRF 1ª R. – AI 1.999.01.00.026889-3 – MG – Rel. Juíza Eliana Calmon – DJU 05.08.199908.05.1999
> DECISÃO I
> 1. Trata-se de recurso contra decisão em torno da COFINS/PIS, criada pela LC nº 70/91, com respaldo no art. 195, I da CF, dispositivo que autorizava fosse estabelecido base de cálculo na folha de salário, faturamento e lucro.
> 2. A Lei nº 9.718/98, questionada como inconstitucional na ação de origem, além de elevar a alíquota da COFINS, ampliou a base de cálculo para, ao lado da folha de salário, faturamento e lucro, também introduzir a RECEITA, expressão estranha à CF, até o advento da EC nº 20, de 15.12.1998, a qual alterou a redação do art. 195 da CF.
> 3. Três questões são colocadas no presente contexto:
> 1ª) poderia a lei ordinária introduzir como base de cálculo da COFINS a RECEITA BRUTA, esta como sinônimo de faturamento, extrapolando o texto constitucional que ignora a expressão RECEITA BRUTA, para só referir-se a folha de pagamento, faturamento e lucro?
> 2ª) RECEITA BRUTA é sinônimo de faturamento?
> 3ª) A EC nº 20/98, bem posterior à Lei nº 9.718/98, ao consagrar no inciso I, letra *b*, do art. 195 da CF, como base de cálculo da contribuição à Seguridade Social a RECEITA, legalizou a norma que, a seu tempo, era inconstitucional?
> As respostas às indagações, dadas de forma perfunctória, como também superficiais as conclusões, porque em juízo provisório, levam à reprovação a atividade fiscal. Senão, vejamos:
> RECEITA BRUTA é sinônimo de faturamento para o STF, entendendo-se como tal o total das vendas de mercadorias, de serviços ou de serviços e mercadorias (Precedentes do STF – RE 150.764, RE 150.755, ADC nº 01/DF).
> Em outras palavras, tudo que se originar da atividade empresarial, de acordo com seu objetivo societário, é RECEITA BRUTA ou faturamento.
> Fora do contexto ficavam o emprego do capital empresarial em investimentos mobiliários, ou especulação cambial, porque tais ganhos não poderiam ser rubricados

como FATURAMENTO ou RECEITA BRUTA. Era uma zona "gris" que sofria a tributação do Imposto de Renda, naturalmente, mas escapava da incidência da COFINS. Com a Lei nº 9.718/98 não somente pretendeu-se estabelecer em diploma legislativo a identidade já assumida pelo STF – RECEITA BRUTA = FATURAMENTO –, mas ampliar-se o conceito de RECEITA BRUTA, para nela abrigar os investimentos mobiliários e de câmbio. E tanto é verdadeira a assertiva, que foi preciso explicitar o que se incluía no conceito de RECEITA BRUTA (operações em mercados futuros e operações de câmbio).

Conseqüentemente, alteração ocorreu no sentido de dar-se ao conceito RECEITA BRUTA, interpretado até então como o só resultado empresarial das suas atividades, para nele abrigar todos os resultados oriundos do capital empresarial.

Como já anunciado, acho que houve alteração substancial do conceito.

E tanto é verdadeira a assertiva, que a EC nº 20/98, para dar chancela à lei em comento, fez alteração na redação do art. 195 da CF, para incluir a expressão RECEITA ou FATURAMENTO.

Ora, se já eram sinônimos, porque a explicação? É que a verdade se defende sozinha.

Por fim, temos que a Lei nº 9.718/98, se inconstitucional a seu tempo, pela eleição da RECEITA BRUTA como base de cálculo, findou por legalizar-se após a EC nº 20/98, quando veio expresso como base de cálculo a RECEITA. Pergunta-se: foi, então, recepcionada a lei nova, e seu tempo inconstitucional, pela EC nº 20/98?

Se a lei era inconstitucional a seu tempo, pelos efeitos naturais de um diploma marcado com defeito de tal gravidade – *EX TUNC* –, não é possível a recepção, pois necessita voltar ao Parlamento para à luz de nova ordem, colocarem-se as premissas.

A recepção de diploma inconstitucional é prática que não se pode acatar, por mais pressa que se possa ter com a velocidade do processo legislativo, na era do neoliberalismo.

II

Diante dos retalhos de direito em favor do contribuinte e do perigo em causar-lhe prejuízo difícil de ser reparado prontamente, pela demora nas repetições de indébito, melhor será aguardar-se o exame final da Lei nº 9.718/98, para, então, aplicá-la, ficando a regência de exação por conta da LC nº 70/91.

Assim, CONCEDO O EFEITO SUSPENSIVO ATIVO AO RECURSO.

III

Intime-se a parte agravada para responder ao recurso.

Brasília/DF, 28 de abril de 1999.

Juíza ELIANA CALMON – Relatora

Aplica-se, sobre o conceito de *faturamento*, o mesmo princípio de interpretação da Carta Magna adotado pelo Supremo Tribunal Federal no seguinte precedente:[205]

INTERPRETAÇÃO – CARGA CONSTRUTIVA EXTENSÃO. Se é certo que toda interpretação traz em si carga construtiva, não menos correta exsurge a vinculação à ordem jurídico-constitucional. O fenômeno ocorre a partir das normas em vigor, va-

---

[205] STF – RE 144772-9/RS – Min. Marco Aurélio – DJU 16.12.1994.

riando de acordo com a formação profissional e humanística do intérprete. No exercício gratificante da arte de interpretar, descabe "inserir na regra de direito o próprio juízo – por mais sensato que seja sobre a finalidade que 'conviria' fosse por ela perseguida" CELSO ANTÔNIO BANDEIRA de MELLO – em parecer inédito. Sendo o Direito uma ciência, o meio, justifica o fim, mas não este àquele.
CONSTITUIÇÃO – ALCANCE POLÍTICO – SENTIDO DOS VOCÁBULOS – INTERPRETAÇÃO. O conteúdo político de uma Constituição não é conducente ao desprezo do sentido vernacular das palavras, muito menos ao do técnico, considerados institutos consagrados pelo Direito. Toda ciência pressupõe a adoção de escorreita linguagem, possuindo os Institutos, as expressões e os vocábulos que a revelam conceito estabelecido com a passagem do tempo, quer por força de estudos acadêmicos quer, no caso do Direito, pela atuação dos Pretórios.
SEGURIDADE SOCIAL – DISCIPLINA – ESPÉCIES – CONSTITUIÇÕES FEDERAIS – DISTINÇÃO. Sob a égide das Constituições Federais de 1934, 1946, 1967, bem como da Emenda Constitucional nº 1/69, teve-se a precisão geral do tríplice custeio, ficando aberto campo propício a que, por norma ordinária, ocorresse a regência das contribuições. A Carta da República de 1988 inovou. Em preceitos exaustivos – incisos I, II e III do artigo 195 – impôs contribuições, dispondo que a lei poderia criar novas fontes destinadas a garantir a manutenção ou expansão da seguridade social, obedecida a regra do artigo 154, inciso I, nela inserta (§ 4º do artigo 195 em comento).
CONTRIBUIÇÃO SOCIAL – TOMADOR DE SERVIÇOS – PAGAMENTOS A ADMINISTRADORES E AUTÔNOMOS – REGÊNCIA. A relação jurídica mantida com administradores e autônomos não resulta de contrato de trabalho e, portanto, de ajuste formalizado à luz da Consolidação das Leis do Trabalho. Daí a impossibilidade de se dizer que o tomador dos serviços qualifica-se como empregador e que a satisfação do que devido ocorra via folha de salários. Afastado o enquadramento no inciso I do artigo 195 da Constituição Federal, exsurge a desvalia constitucional da norma ordinária disciplinadora da matéria. A referência contida no § 4º do artigo 195 da Constituição Federal ao inciso I do artigo 154 nela insculpido, impõe a observância de veículo próprio – a lei complementar. Inconstitucionalidade – do inciso I do artigo 3º da Lei nº 7.787/89, no que abrangido o que pago a administradores e autônomos. Declaração de inconstitucionalidade limitada pela controvérsia dos autos, no que não envolvidos pagamentos a avulsos.

Em face dessa orientação hoje pacífica da Suprema Corte, o termo *faturamento* há que ser interpretado em conformidade com a sua definição de direito privado, sem possibilidade de alteração por norma tributária ou por interpretação não-vernacular.

Diante das lições acima reproduzidas, torna-se claro também que:

a) primeiro: não existe precedente do STF declarando que toda e qualquer receita da pessoa jurídica está incluída no conceito de faturamento;

b) segundo: o STF decidiu, ao contrário, que a expressão *receita bruta*, contida em dispositivo de lei ordinária, deve ser entendido como *faturamento*, não podendo excedê-lo;

c) terceiro: em conseqüência, o § 1º do art. 3º da Lei nº 9.718/98 pretendeu ampliar o conceito de *receita bruta*, interpretado até então como o só resultado empresarial das suas atividades, para nele abrigar todos os resultados oriundos do capital empresarial;

d) quarto: esta ampliação viola o art. 110 do CTN[206] e o conceito constitucional de *faturamento*, previsto no inciso I do art. 195 da CF/88, importando em criação de fonte de custeio nova, sem obediência ao disposto no art. 195, § 4°, da CF/88;

e) quinto: "se a lei era inconstitucional a seu tempo, pelos efeitos naturais de um diploma marcado com defeito de tal gravidade – *ex tunc* –, não é possível a recepção, pois necessita voltar ao Parlamento para à luz de nova ordem, colocarem-se as premissas. A recepção de diploma inconstitucional é prática que não se pode acatar, por mais pressa que se possa ter com a velocidade do processo legislativo, na era do neoliberalismo."

Em outras palavras, a ampliação por via de lei ordinária do conceito de faturamento está eivado de vício de inconstitucionalidade, vício esse que impede *in totum* a produção de efeitos, que não pode ser recepcionada ou validada pela posterior edição de Emenda Constitucional. Esta a posição do Supremo Tribunal Federal, manifestada no trecho sublinhado, no seguinte acórdão do Plenário:[207]

CONSTITUIÇÃO – LEI ANTERIOR QUE A CONTRARIE – REVOGAÇÃO – INCONSTITUCIONALIDADE SUPERVENIENTE – IMPOSSIBILIDADE
1. A lei ou é constitucional ou não é lei. Lei inconstitucional é uma contradição em si. A lei é constitucional quando fiel à Constituição; inconstitucional na medida em que a desrespeita, dispondo sobre o que lhe era vedado. O vício da inconstitucionalidade é congênito à lei e há de ser apurado em face da Constituição vigente ao tempo de sua elaboração. Lei anterior não pode ser inconstitucional em relação à Constituição superveniente; nem o legislador poderia infringir Constituição futura. A Constituição sobrevinda não torna inconstitucionais leis anteriores com ela conflitantes: revoga-as. Pelo fato de ser superior, a Constituição não deixa de produzir efeitos revogatórios. Seria ilógico que a lei fundamental, por ser suprema, não revogasse, ao ser promulgada, leis ordinárias. A Lei Maior valeria menos que a lei ordinária.
2. Reafirmação da antiga jurisprudência do STF, mais que cinqüentenária.
3. Ação direta que se não conhece por impossibilidade jurídica do pedido.

O voto do Min. Celso de Mello na ADIn 513 (DF – SP – Rel. Min. Célio Borja – J. 14.06.1991), a seguir reproduzido, exclui qualquer possibilidade de convalidação pela EC 20/98 da anterior e inconstitucional Lei 9.718/98:

---

[206] "COFINS. LEI N. 9.718/1998. BASE DE CÁLCULO. FATURAMENTO. Em preliminar, mesmo diante da notícia de que o STF estaria concedendo cautelares para destrancar recursos extraordinários a respeito do tema em questão, a Turma, por maioria, entendeu afastar a suscitação de prejudicialidade (art. 543 do CPC). No mérito, também por maioria, a Turma reafirmou que a Lei n. 9.718/1998 contrariou o art. 110 do CTN ao ampliar o conceito de faturamento para o efeito de incidência da COFINS, de modo a alcançar a totalidade das receitas auferidas pela pessoa jurídica. Precedentes citados do STF: RE 150.755-PE, DJ 20/8/1993; ADC 1-DF, DJ 16/6/1995; do STJ: REsp 501.628-SC, DJ 24/5/2004, e REsp 297.326-RJ, DJ 16/3/2003". (REsp 467.229-MG, Rel. Min. Castro Meira, julgado em 3/8/2 004)
[207] STF – ADIn 2-1 – DF – Tribunal Pleno – Rel. Min. Paulo Brossard – DJU 21.11.1997 – p. 60585.

O valor jurídico do ato inconstitucional é nenhum. É ele desprovido de qualquer eficácia no plano do Direito. Por isso mesmo, a doutrina (Walter Theodósio, "Da Declaração de Inconstitucionalidade da Lei", Justitia, vol. 118/97, v.g.) e a própria jurisprudência deste Tribunal (Rp 1.077/RJ, RTJ 101/503) têm proclamado a absoluta ineficácia derrogatória das leis inconstitucionais. "Uma conseqüência primária da inconstitucionalidade" – acentua Marcelo Rebelo de Souza ("O Valor jurídico do Acto inconstitucional", vol. 1/15-19, 1988, Lisboa) – "é, em regra, a desvalorização da conduta inconstitucional, sem a qual a garantia da Constituição não existiria. Para que o princípio da constitucionalidade, expressão suprema e qualitativamente mais exigente do princípio da legalidade em sentido amplo, vigore é essencial que, em regra, uma conduta contrária à Constituição não possa produzir cabalmente os exactos efeitos jurídicos que, em termos normais, lhe corresponderiam".

A lei inconstitucional, por ser nula e, conseqüentemente, ineficaz, reveste-se de absoluta inaplicabilidade. Falecendo-lhe legitimidade constitucional, a lei se apresenta desprovida de aptidão para gerar e operar qualquer efeito jurídico. "Sendo inconstitucional, a regra jurídica é nula" (RTJ 102/671).

A lei eivada de inconstitucionalidade, por isso mesmo, não possui eficácia derrogatória de leis anteriores. A decisão do Supremo Tribunal Federal, declaratória de inconstitucionalidade de uma lei, decreta-lhe a invalidade e a conseqüente ineficácia de ordem jurídica, que se projeta e atinge todos os possíveis efeitos que uma lei constitucional é capaz de gerar.

Neste sentido, a decisão acertada do Tribunal Regional Federal da 3ª Região:[208]

---

[208] TRF 3ª R. – AI 2000.03.00.016625-8 – 3ª T. – Rel. Desa. Fed. Cecília Marcondes – DJU 11.10.2000 – p. 51. No mesmo sentido: "AGRAVO DE INSTRUMENTO – COFINS – PIS – LEI Nº 9.718/98 – CONCEITO DE FATURAMENTO – EMENDA CONSTITUCIONAL Nº 20. I – A Lei nº 9.718/98, ao alterar a base de cálculo da COFINS e do PIS, criou uma nova contribuição, afrontando, assim, diversos dispositivos constitucionais, pois uma lei ordinária não poderia definir tal elemento da hipótese de incidência das referidas contribuições. II – A Emenda Constitucional nº 20 não teve o condão de convalidar estas irregularidades já que promulgada posteriormente à edição da Lei nº 9.718/98. A lei promulgada durante o ordenamento jurídico anterior somente poderá ser recepcionada pelo novo ordenamento se válida perante o anterior. III – Agravo de instrumento improvido". (TRF 3ª R. – AI 2000.03.00.009049-7 – 3ª Turma – Rel. Desa. Fed. Cecília Hamati – DJU 14.06.2000, p. 139 – *íntegra publicada na Revista de Estudos Tributários, nº 15, páginas 74/76);* "I – COFINS – LEI Nº 9.718/98, ARTS. 2º E 3º – EQUIPARAÇÃO DA ESPÉCIE FATURAMENTO AO GÊNERO RECEITA – ILEGAL ELASTÉRIO NA BASE DE CÁLCULO – VIOLAÇÃO DO ART. 110 DO CTN – CONTENÇÃO DE COMPETÊNCIA TRIBUTÁRIA CONSTITUCIONALMENTE FIXADA A PARTIR DE CONCEITO JÁ ESTABILIZADO NO DIREITO PRIVADO – DESNECESSIDADE DO QUESTIONAMENTO EM NÍVEL CONSTITUCIONAL II – TRIBUTÁRIO – COFINS – LEI Nº 9.718/98, ART. 8º – REMISSÃO DISFARÇADA E INÍQUA DE CRÉDITO TRIBUTÁRIO – SUBVERSÃO DOS VETORES DA EQÜIDADE EXIGIDA PELO ART. 172, INC. IV, DO CTN – ANTECIPAÇÃO DE COFINS ABSOLUTAMENTE IRRECUPERÁVEL PELOS QUE NÃO TÊM COMO FAZER APARECER LUCRO NO BALANÇO DA CSLL – AFRONTA À NORMA GERAL TRIBUTÁRIA III – PROCESSUAL – ACOLHIMENTO DO PEDIDO POR FUNDAMENTO DIVERSO – IURA NOVIT CURIA – DECLARAÇÃO DE ILEGALIDADE DE EXIGÊNCIA FISCAL – SUPERVENIENTE DESNECESSIDADE DE INSTAURAÇÃO DO INCIDENTE PREVISTO NO ART. 480 DO CPC 1. Leis complementares que veiculam normas gerais em matéria de legislação tributária são normas sobre normas e têm por finalidade dar consistência ao sistema tributário. 2. O art. 110 do CTN garante a preservação de uma tipicidade cerrada em relação a hipóteses de incidência tributária cuja instituição a Constituição autoriza e cujo conteúdo, ademais, o próprio texto constitucional prefigura. 3. O termo faturamento, empregado na Constituição para fixar competência tributária, vincula os juízes, por con-

COFINS – PIS – LEI Nº 9.718/98 – CONCEITO DE FATURAMENTO – EMENDA CONSTITUCIONAL Nº 20

I – A Lei nº 9.718/98, ao alterar a base de cálculo da COFINS e do PIS, criou uma nova contribuição, afrontando, assim, diversos dispositivos constitucionais, pois uma lei ordinária não poderia definir tal elemento da hipótese de incidência das referidas contribuições.
II – A Emenda Constitucional nº 20 não teve o condão de convalidar estas irregularidades já que promulgada posteriormente à edição da Lei nº 9.718/98. A lei promulgada durante o ordenamento jurídico anterior somente poderá ser recepcionada pelo novo ordenamento se válida perante o anterior.
III – Agravo de instrumento improvido.

Para finalizar, o STF está sinalizando, ao conceder medidas liminares em Ações Cautelares, que, face aos precedentes favoráveis (em especial o RE 346.084) à tese da inconstitucionalidade, há probabilidade de decisão favorável aos contribuintes sobre esse tema.[209]

Tudo o que foi afirmado acima refere-se à validade da cobrança, sobre a base de cálculo *receita*, entre a entrada em vigor da Lei nº 9.718/98 e a entrada em vigor do art. 1º da Medida Provisória nº 135, de 20 de outubro de 2003 (DOU 31.10.2003), cujo artigo 1º dispôs[210] novamente sobre a base

---

figurar-se objetivamente como conceito jurídico já estabilizado no direito privado. 4. Ilegalidade qualificada dos arts. 2º e 3º da Lei nº 9.718/98, por afronta a disposição da Lei nº 5.172/66, a que inerente o valor de norma de lei complementar. 5. A Lei nº 9.718/98 não pode ser legitimada retroativamente por emenda constitucional, sendo certo que a melhor doutrina admite retroação somente quando se trate de convalidação que tenha por objeto norma legal pertencente a ordem constitucional perempta, e que, portanto, desconsidere afronta que, outrora, contra esta se perpetrava. 6. No nosso constitucionalismo, tributos são instituídos por lei, e não, desde logo, pela norma constitucional fixadora da competência, descabida, portanto, a tese segundo a qual à EC 20, travestida em lei, bastaria a *vacatio* de noventa dias aplicável às leis, numa forçada invocação do disposto no art. 195, § 6º, da Constituição. 7. Por outro lado, ao instituir modalidade disfarçada de remissão fiscal, instituto cujas matrizes se encontram no art. 172 do Código Tributário Nacional, o art. 8º da Lei nº 9.718/98 refoge à exigência de eqüidade, insculpida no inc. IV da disposição codificada. 8. A iniqüidade que afronta o art. 172, inc. IV, da Lei nº 5.172/66 erige-se também em ilegalidade qualificada, dado ser inerente à norma violada o valor de lei complementar. 9. A melhor doutrina inclina-se por caracterizar a remissão como figura extintiva abrangente tanto do tributo que não tenha sido recolhido como do que já o foi. 10. A remissão instituída no art. 8º da Lei nº 9.718 relega ao abandono os que não têm como fazer aparecer lucro no balanço da CSLL, na realidade nada mais fazendo que os eleger como contribuintes exclusivos duma insólita tributação sobre um não-lucro. 11. Com apoio no princípio *iura novit curia*, o colegiado acolheu por fundamento de ilegalidade ambos os pedidos da agravante, restando afastada a oportunidade de se instaurar o incidente de argüição de inconstitucionalidade, previsto no art. 480 do CPC. 12. Agravo regimental julgado prejudicado. Agravo de instrumento não provido". (TRF 3ª R. – AI 95163 – (1999.03.00.050675-2) – 4ª T. – Rel. Conv. Juíza Leila Paiva – DJU 20.04.2001 – p. 355)

[209] Cf. AC 241/PR, DJ 28.05.2004, 2ª Turma, Rel. Min. Nelson Jobim; AC 186/MG, 2ª Turma, Rel. Min. Nelson Jobim; AC 172/SP, 2ª Turma, Rel. Min. Nelson Jobim; QO em Pet 2.936/BA, 2ª Turma, Rel. Min. Carlos Velloso, j. 10.06.2003, DJ 01.08.2003; dentre inúmeros outros, todos no mesmo sentido.

[210] Art. 1º A Contribuição para o Financiamento da Seguridade Social – COFINS, com a incidência não-cumulativa, tem como fato gerador o faturamento mensal, assim entendido o total das receitas auferidas pela pessoa jurídica, independentemente de sua denominação ou classificação contábil. § 1º Para efeito do disposto neste artigo, o total das receitas compreende a receita bruta da venda de bens e serviços nas operações em conta própria ou alheia e todas as demais receitas auferidas pela pessoa jurídica. § 2º A base de cálculo da contribuição é o valor do faturamento, conforme definido no

de cálculo da COFINS, editada após a publicação da Emenda Constitucional nº 20, a nosso ver, a partir daí, validamente. Estabelece-se, daí em diante, nova fase para a cobrança da COFINS, podendo essa incidir sobre a *receita*, conceito mais abrangente do que *faturamento, com a ressalva feita adiante*, pertinente ao artigo 10.

O legislador ordinário (*in casu*, o Poder Executivo), na redação da Medida Provisória 135, insiste no equívoco[211] de tentar estabelecer uma equivalência entre *faturamento mensal* e *o total das receita auferidas pela pessoa jurídica*. A redação é falha, porém inequívoca quanto a abranger o total de receitas, como passou a permitir a nova redação do art. 195 da CF/88 (dada pela EC 20/98).[212]

Portanto, a nosso ver, a transição válida da primeira para a segunda fase deu-se posteriormente à Lei 9.718/98. Havendo, porém, decisão contrária à nossa tese pelo STF, aí se terá como ocorrida a transição.

A ressalva final que fazemos respeita ao disposto no art. 10 da Medida Provisória 135 e da Lei 10.833, que dispõe que "permanecem sujeitas às normas da legislação da COFINS, vigentes anteriormente a esta Lei, não se lhes aplicando as disposições dos arts. 1º a 8º", e em seus incisos relaciona as pessoas jurídicas ou atividades que permanecem a contribuir para a COFINS sob o regime cumulativo.

O legislador, ao redigir o art. 10, excluiu, *expressamente*, para as hipóteses referidas nos incisos, a aplicação do art. 1º, que é o único dispositivo legal posterior à Lei nº 9.718/98 que amplia a base de cálculo da COFINS, fazendo-a abranger outras receitas. No caso de declaração de inconstitucio-

---

caput. §3º Não integram a base de cálculo a que se refere este artigo, as receitas: I – isentas ou não alcançadas pela incidência da contribuição ou sujeitas à alíquota zero; II – não-operacionais, decorrentes da venda de ativo imobilizado; III – auferidas pela pessoa jurídica revendedora, na revenda de mercadorias em relação às quais a contribuição seja exigida da empresa vendedora, na condição de substituta tributária; IV – de venda dos produtos de que tratam as Leis nºs 9.990, de 21 de julho de 2000, 10.147, de 21 de dezembro de 2000, 10.485, de 3 de julho de 2002, e 10.560, de 13 de novembro de 2002, ou quaisquer outras submetidas à incidência monofásica da contribuição; V – referentes a: a) vendas canceladas e aos descontos incondicionais concedidos; b) reversões de provisões e recuperações de créditos baixados como perda, que não representem ingresso de novas receitas, o resultado positivo da avaliação de investimentos pelo valor do patrimônio líquido e os lucros e dividendos derivados de investimentos avaliados pelo custo de aquisição, que tenham sido computados como receita.

[211] Aparentemente o equívoco é intencional. A intenção velada é, segundo vemos, tentar "proteger" (ou pelo menos não comprometer) a cobrança sobre a base ampliada no período intermediário (entre a Lei 9.718/98 e a MP 135/03), cuja constitucionalidade está pendente de julgamento pelo Plenário do STF.

[212] No sentido de entender constitucional o alargamento da base de cálculo, pois faturamento e receita poderiam ser considerados a mesma coisa é o estudo de RIBEIRO, Ricardo Lodi. *A constitucionalidade das alterações na COFINS pela Lei nº 9.718/98*. In: Revista dialética de direito tributário, n.53, p.67-76, fev. 2000. Já a magistrada Eloá Alves Ferreira identifica como inconstitucional a fase anterior a Emenda Constitucional nº 20. FERREIRA, Eloá Alves. *COFINS: considerações sobre sua constitucionalidade à luz das alterações introduzidas pela Lei. 9.718/98*. In: Revista dialética de direito tributário, n.57, p. 37-49, jun. 2000.

nalidade da ampliação pretendida pela Lei n° 9.718/98, não haverá dispositivo legal aplicável que permita a cobrança sobre essas outras receitas (que não estejam incluídas no conceito restrito de *faturamento*) de pessoas jurídicas ou sobre receitas relacionadas nos incisos do artigo 10, que permanecem sujeitos à legislação anterior (que, na hipótese por nós aventada, no que tange à base de cálculo, será a Lei Complementar n° 70/91).

8.3. Segunda fase: Receita

Na segunda fase,[213] a COFINS passa a incidir sobre o total das receitas auferidas pela pessoa jurídica.[214] Tanto a Lei n° 9.718/98 quanto a MP 135/03 mencionam que a incidência é sobre o "total das receitas auferidas pelas pessoa jurídica, *independentemente de sua denominação ou classificação contábil*".

É importante ressaltar que o nome ou classificação dada é irrelevante; não, porém, a determinação do ingresso de capital ser receita ou não. Não é qualquer ingresso que pode ser tido como receita, independentemente de sua denominação ou classificação contábil.[215] O que queremos afirmar é que a denominação ou classificação contábil é irrelevante também quando não for *receita*. A regra vale para os dois pólos da relação tributária: credor e devedor. Não pode o contribuinte denominar ou classificar contabilmente como "não-receita" uma receita; não pode a fiscalização tributária realizar o procedimento contrário, de ter como receita qualquer ingresso financeiro ou registro contábil.

8.4. Transição da Segunda Fase para a Terceira Fase

Essa "transição" se dá pela inclusão do mecanismo da não-cumulatividade,[216] na parte do Sistema Tributário especificamente à aplicável à es-

---

[213] Cujo início dependerá da posição adotada pelo Supremo Tribunal Federal quando decidir a matéria. Caso a decisão seja pela inconstitucionalidade da Lei n° 9.718/98, teríamos apenas uma segunda fase, conforme a estrutura proposta nesta obra. Reiteramos a ressalva feita quanto à ampliação da base de cálculo das empresas mantidas no regime cumulativo, face ao disposto no art. 10 da Lei n° 10.833, combinado com a declaração de inconstitucionalidade da ampliação da base de cálculo pela Lei n° 9.718/98.
[214] Vide advertência contida na nota 211 e parte final do item 8.2.
[215] Sobre a distinção entre ingressos e Receitas, consultar: BARRETO, Aires F. *Trabalho temporário e base de cálculo do ISS. Atividades Comissionadas – Distinção entre ingressos e Receitas. In:* Revista Dialética de Direito Tributário n. 90, p. 7-20.
[216] Cuja legitimidade é tida por alguns autores e membros do Poder Judiciário como questionável.

pécie tributária das contribuições sociais. Essa alteração da regra geral de cobrança[217] foi feita em duas etapas.

Em nível constitucional, foi inserido pela Emenda Constitucional nº 33, de 11.12.2001 (DOU 12.12.2001), o § 4º do art. 149[218] e, pela Emenda Constitucional nº 42, de 19.12.2003 (DOU 31.12.2003), o § 12[219] do art. 195, ambos da Constituição Federal de 1988, prevendo a possibilidade de cobrança não-cumulativa. Ato subseqüente,[220] foi convertida na Lei nº 10.833, de 29 de dezembro de 2003 (DOU 30.12.2003, ed. Extra) a Medida Provisória nº 135/03.

A menos que questionada a validade constitucional da alteração introduzida (possibilidade de cobrança não-cumulativa) no dispositivo constitucional, à primeira vista, não vemos aqui flagrante inconstitucionalidade. Neste caso específico, as autoridades fiscais – *atentas para o lapso cometido na edição da Lei nº 9.718/98* – foram mais cautelosas,[221] procurando primeiramente respaldo constitucional, para, somente após, inserir o regime da não-cumulatividade.

Cabe ressaltar que continuaram, alguns setores econômicos da atividade empresarial e as empresas tributadas pelo lucro presumido a pagar para a COFINS no regime da cumulatividade, como até então o faziam, sem qualquer alteração quanto às mesmas.[222]

Do ponto de vista da carga tributária, Ives Gandra da Silva Martins e Fátima Fernandes Rodrigues de Souza salientam, com razão:

> O novo regime, longe de atender aos reclamos dos contribuintes – não veio abrandar a carga tributária; pelo contrário, aumentou-a – instaurou verdadeira balbúrdia no regime desses tributos, a ponto de desnortear o contribuinte, comprometer a segurança jurídica e fazer com que bem depressa a sociedade sentisse saudades da época em que o regime era o da cumulatividade.[223]

---

[217] De que é indissociável o espantoso aumento da alíquota para 7,6%.

[218] "§ 4º A lei definirá as hipóteses em que as contribuições incidirão uma única vez".

[219] "§ 12. A lei definirá os setores de atividade econômica para os quais as contribuições incidentes na forma dos incisos I, b; e IV do *caput*, serão não-cumulativas". (Parágrafo acrescentado pela Emenda Constitucional nº 42, de 19.12.2003, DOU 31.12.2003, com efeitos a partir de 45 dias da publicação)

[220] Ao contrário do que ocorreu com a Lei nº 9.718/98, que precedeu à EC 20/98. Aponte-se, por oportuno, que a Medida Provisória nº 135 precede à EC 42, razão pela qual entendemos que o tenha feito sem o suporte do § 12, reproduzido na nota 219. É discutível se a conversão na lei após a EC 42 teria o condão de convalidar a cobrança. Essa validade é especialmente discutível no que respeita ao prazo nonagesimal previsto no § 6º. Tem-se aqui dois problemas: o primeiro é a *vacatio legis* da própria Emenda Constitucional, e o segundo é a contagem dos noventa dias somente poder se dar a partir da publicação da lei. Há, ainda, um terceiro problema, concernente à validade do aumento da alíquota estar, segundo cremos, *vinculada* à validade da cobrança não-cumulativa.

[221] O que não afasta discussões, a exemplo das indicadas na nota 220.

[222] Sobre as repercussões da declaração de inconstitucionalidade de Lei nº 9.718/98, no que respeita à ampliação da base de cálculo, vide nota 214.

[223] Não-Cumulatividade do PIS/PASEP e da COFINS. Coord. Leandro Paulsen. São Paulo: IOB, 2004.

8.5. Terceira fase: receita e base não-cumulatividade

A partir da MP nº 135, de 20 de outubro de 2003, posteriormente convertida na Lei nº 10.833 de 29 de dezembro de 2003,[224] passaram a coexistir dois sistemas gerais (não obstante algumas regras específicas para determinados setores da economia): (a) o primeiro, já existente, incidente, cumulativamente, sobre o total de receitas, na alíquota de 3%; (b) o segundo, então criado, incidente de forma *não-cumulativa,*[225] na alíquota de 7,6%.

Com a edição dos diplomas legais supra-referidos foi criada a incidência[226] não-cumulativa da COFINS, tendo como fato gerador o "faturamento mensal, assim entendido o total das receitas auferidas pela pessoa jurídica, independentemente de sua denominação ou classificação contábil" (artigo 1º da Medida Provisória nº 135 e artigo 1º da Lei nº 10.833). No § 1º do artigo retro mencionado, a mercê de melhor técnica legislativa e principalmente carente de apuro técnico contábil, assim definiu faturamento mensal: "Para efeito do disposto neste artigo, o total das receitas compreende a receita bruta da venda de bens e serviços nas operações em conta própria ou alheia e todas as demais receitas auferidas pela pessoa jurídica".

A toda evidência que a redação confusa tem por único objetivo não oferecer argumentos para a defesa dos contribuintes que entendem que a *primeira fase* da cobrança da COFINS[227] tinha hipótese de incidência diminuta, não inserindo-se demais receitas. Todavia, com a alteração do texto constitucional, mesmo que confuso, a redação do dispositivo legal supracitado encontra-se de acordo com a Carta Magna.

No § 2º do artigo 1º, o legislador excetua algumas receitas, determinando a não incidência da COFINS em tais situações, que são as receitas:

I – isentas ou não alcançadas pela incidência da contribuição ou sujeitas à alíquota 0 (zero);

II – não-operacionais, decorrentes da venda de ativo permanente;

---

[224] Tendo em vista que na data da publicação da MP não havia suporte constitucional para a não-cumulatividade, entendemos que a entrada em vigor deverá respeitar o prazo nonagesimal contado da publicação da lei.

[225] Em que pese a relatividade dessa não-cumulatividade.

[226] Ives Gandra da Silva Martins e Fátima Fernandes Rodrigues de Souza salientam, no final do seu estudo integrante da obra coletiva coordenada por Leandro Paulsen (Não-Cumulatividade do PIS/PASEP e da COFINS. Coord. Leandro Paulsen. São Paulo: IOB, 2004), em vias de publicação, que: "Como se vê, os créditos, a que os diplomas aludem, têm como referencial a incidência tributária sobre operações geradoras de algum tipo de receita no passado – ligadas, na sua maioria, ao aspecto material faturamento, em que é possível vislumbrar cumulatividade – o que levou o Constituinte, a nosso ver, a referir-se à "não cumulatividade facultativa", como técnica que, de rigor, difere daquela aplicável ao ICMS e IPI. Bem examinada a sistemática instituída pela legislação, constata-se que ela representa, na verdade, um critério de redução da base de cálculo das contribuições, e não propriamente um mecanismo não-cumulativo, nos moldes do que existe para aqueles impostos".

[227] Ver ponto 8.1 sobre a primeira fase da hipótese de incidência da COFINS.

III – auferidas pela pessoa jurídica revendedora, na revenda de mercadorias em relação às quais a contribuição seja exigida da empresa vendedora, na condição de substituta tributária;
IV – de venda de álcool para fins carburantes; (Redação dada pela Lei nº 10.865, de 2004)
V – referentes a:
a) vendas canceladas e aos descontos incondicionais concedidos;
b) reversões de provisões e recuperações de créditos baixados como perda que não representem ingresso de novas receitas, o resultado positivo da avaliação de investimentos pelo valor do patrimônio líquido e os lucros e dividendos derivados de investimentos avaliados pelo custo de aquisição que tenham sido computados como receita.

A não-incidência da COFINS também restou disciplinada pelo artigo 6º da Lei nº 10.833/2004, que, em síntese, excluiu da tributação das receitas provenientes de atividade exportadora, seja produção de bens ou prestação de serviços.[228]

Excetuadas as hipóteses retromencionadas, bem como isenções e imunidades previstas na legislação tributária, serão contribuintes da COFINS, na forma não-cumulativa,[229] todas as pessoas jurídicas que auferirem as receitas a que se refere o artigo 1º.[230]

Necessário agora delinear os contornos da não-cumulatividade introduzida pela Medida Provisória nº 135 e Lei nº 10.833/2003. A idéia central é desonerar da cobrança algumas receitas definidas no diploma legal que já tenham sofrido a tributação da COFINS em momento anterior na cadeia produtiva.

[228] Art. 6º A COFINS não incidirá sobre as receitas decorrentes das operações de: I – exportação de mercadorias para o exterior; II – prestação de serviços para pessoa física ou jurídica residente ou domiciliada no exterior, cujo pagamento represente ingresso de divisas; (Redação dada pela Lei nº 10.865, de 2004) III – vendas a empresa comercial exportadora com o fim específico de exportação. § 1º Na hipótese deste artigo, a pessoa jurídica vendedora poderá utilizar o crédito apurado na forma do art. 3º, para fins de: I – dedução do valor da contribuição a recolher, decorrente das demais operações no mercado interno; II – compensação com débitos próprios, vencidos ou vincendos, relativos a tributos e contribuições administrados pela Secretaria da Receita Federal, observada a legislação específica aplicável à matéria. § 2º A pessoa jurídica que, até o final de cada trimestre do ano civil, não conseguir utilizar o crédito por qualquer das formas previstas no § 1º poderá solicitar o seu ressarcimento em dinheiro, observada a legislação específica aplicável à matéria. § 3º O disposto nos §§ 1º e 2º aplica-se somente aos créditos apurados em relação a custos, despesas e encargos vinculados à receita de exportação, observado o disposto nos §§ 8º e 9º do art. 3º. § 4º O direito de utilizar o crédito de acordo com o § 1º não beneficia a empresa comercial exportadora que tenha adquirido mercadorias com o fim previsto no inciso III do *caput*, ficando vedada, nesta hipótese, a apuração de créditos vinculados à receita de exportação.
[229] Conforme assevera Heleno Taveira Torres, em estudo já citado: "Do exposto, a não-cumulatividade da contribuição ao PIS e da COFINS ganhou estatura constitucional e convive ao lado dos regimes cumulativos existentes que não foram revogados expressamente ou derrogados pela referência à natureza do regime geral adotado. Ou seja, o regime geral não deverá prevalecer sobre os regimes especiais que não foram expressamente revogados. E esse é um vetor hermenêutico fundamental para descortinar o regime aplicável."
[230] Consoante dicção do artigo 5ª: "O contribuinte da COFINS é a pessoa jurídica que auferir as receitas a que se refere o art. 1º'".

Assim, dos valores apurados com base na alíquota de 7,6% prevista no artigo 2º [231] serão deduzidos créditos referentes a algumas situações regradas pelo artigo 3º. Dentre os créditos dedutíveis na apuração da COFINS estão:

I – bens adquiridos para revenda, exceto em relação às mercadorias e aos produtos referidos:
a) nos incisos III e IV do § 3º do art. 1º desta Lei; e
b) no § 1º do art. 2º desta Lei;
II – bens e serviços, utilizados como insumo na prestação de serviços e na produção ou fabricação de bens ou produtos destinados à venda, inclusive combustíveis e lubrificantes, exceto em relação ao pagamento de que trata o art. 2º da Lei nº 10.485, de 3 de julho de 2002, devido pelo fabricante ou importador, ao concessionário, pela intermediação ou entrega dos veículos classificados nas posições 87.03 e 87.04 da TIPI;
III – energia elétrica consumida nos estabelecimentos da pessoa jurídica;
IV – aluguéis de prédios, máquinas e equipamentos, pagos a pessoa jurídica, utilizados nas atividades da empresa;

---

[231] As alíquotas serão tratadas detalhadamente mais a frente, contudo, adianta-se a redação do artigo referido supra: "Art. 2º Para determinação do valor da COFINS aplicar-se-á, sobre a base de cálculo apurada conforme o disposto no art. 1º, a alíquota de 7,6% (sete inteiros e seis décimos por cento). § 1º Excetua-se do disposto no *caput* deste artigo a receita bruta auferida pelos produtores ou importadores, que devem aplicar as alíquotas previstas: I – nos incisos I a III do art. 4º da Lei nº 9.718, de 27 de novembro de 1998, e alterações posteriores, no caso de venda de gasolinas e suas correntes, exceto gasolina de aviação, óleo diesel e suas correntes e gás liquefeito de petróleo – GLP derivado de petróleo e de gás natural; II – no inciso I do art. 1º da Lei nº 10.147, de 21 de dezembro de 2000, e alterações posteriores, no caso de venda de produtos farmacêuticos, de perfumaria, de toucador ou de higiene pessoal, nele relacionados; III – no art. 1º da Lei nº 10.485, de 3 de julho de 2002, e alterações posteriores, no caso de venda de máquinas e veículos classificados nos códigos 84.29, 8432.40.00, 84.32.80.00, 8433.20, 8433.30.00, 8433.40.00, 8433.5, 87.01, 87.02, 87.03, 87.04, 87.05 e 87.06, da TIPI; IV – no inciso II do art. 3º da Lei nº 10.485, de 3 de julho de 2002, no caso de vendas, para comerciante atacadista ou varejista ou para consumidores, das autopeças relacionadas nos Anexos I e II da mesma Lei; V – no *caput* do art. 5º da Lei nº 10.485, de 3 de julho de 2002, e alterações posteriores, no caso de venda dos produtos classificados nas posições 40.11 (pneus novos de borracha) e 40.13 (câmaras-de-ar de borracha), da TIPI; VI – no art. 2º da Lei nº 10.560, de 13 de novembro de 2002, e alterações posteriores, no caso de venda de querosene de aviação; VII – no art. 51 desta Lei, e alterações posteriores, no caso de venda das embalagens nele previstas, destinadas ao envasamento de água, refrigerante e cerveja, classificados nos códigos 22.01, 22.02 e 22.03, todos da TIPI; e VIII – no art. 49 desta Lei, e alterações posteriores, no caso de venda de água, refrigerante, cerveja e preparações compostas classificados nos códigos 22.01, 22.02, 22.03 e 2106.90.10 Ex 02, todos da TIPI. IX – no art. 52 desta Lei, e alterações posteriores, no caso de venda de água, refrigerante, cerveja e preparações compostas classificados nos códigos 22.01, 22.02, 22.03 e 2106.90.10 Ex 02, todos da TIPI; X – no art. 23 da Lei nº 10.865, de 30 de abril de 2004, no caso de venda de gasolinas e suas correntes, exceto gasolina de aviação, óleo diesel e suas correntes, querosene de aviação, gás liquefeito de petróleo – GLP derivado de petróleo e de gás natural. § 2º Excetua-se do disposto no *caput* deste artigo a receita bruta decorrente da venda de papel imune a impostos de que trata o art. 150, inciso VI, alínea d, da Constituição Federal, quando destinado à impressão de periódicos, que fica sujeita à alíquota de 3,2% (três inteiros e dois décimos por cento). § 3º Fica o Poder Executivo autorizado a reduzir a 0 (zero) e a restabelecer a alíquota incidente sobre receita bruta decorrente da venda de produtos químicos e farmacêuticos, classificados nos Capítulos 29 e 30, sobre produtos destinados ao uso em laboratório de anatomia patológica, citológica ou de análises clínicas, classificados nas posições 30.02, 30.06, 39.26, 40.15 e 90.18, e sobre semens e embriões da posição 05.11, todos da TIPI. § 4º Fica reduzida a 0 (zero) a alíquota da COFINS incidente sobre a receita de venda de livros técnicos e científicos, na forma estabelecida em ato conjunto do Ministério da Educação e da Secretaria da Receita Federal.

V – valor das contraprestações de operações de arrendamento mercantil de pessoa jurídica, exceto de optante pelo Sistema Integrado de Pagamento de Impostos e Contribuições das Microempresas e das Empresas de Pequeno Porte – SIMPLES;
VI – máquinas, equipamentos e outros bens incorporados ao ativo imobilizado adquiridos para utilização na produção de bens destinados à venda, ou na prestação de serviços;
VII – edificações e benfeitorias em imóveis próprios ou de terceiros, utilizados nas atividades da empresa;
VIII – bens recebidos em devolução cuja receita de venda tenha integrado faturamento do mês ou de mês anterior, e tributada conforme o disposto nesta Lei;
IX – armazenagem de mercadoria e frete na operação de venda, nos casos dos incisos I e II, quando o ônus for suportado pelo vendedor.

A verificação do referido crédito é obtida através da aplicação de alíquota de 7,6% sobre o valor (artigo 3º, § 1º):

I – dos itens mencionados nos incisos I e II do *caput*, adquiridos no mês;
II – dos itens mencionados nos incisos III a V e IX do *caput*, incorridos no mês;
III – dos encargos de depreciação e amortização dos bens mencionados nos incisos VI e VII do *caput*, incorridos no mês;
IV – dos bens mencionados no inciso VIII do *caput*, devolvidos no mês.

Não podem, entretanto, gerar crédito os valores referentes ao pagamento de mão-de-obra paga à pessoa física e os produtos ou serviços imunes, não sujeitos ao pagamento da COFINS, isentos ou sujeitos à alíquota zero, consoante artigo 3º, § 2º.

O direito ao crédito, segundo dicção do artigo 3º, § 3º, cinge-se exclusivamente:

I – aos bens e serviços adquiridos de pessoa jurídica domiciliada no País;
II – aos custos e despesas incorridos, pagos ou creditados a pessoa jurídica domiciliada no País;
III – aos bens e serviços adquiridos e aos custos e despesas incorridos a partir do mês em que se iniciar a aplicação do disposto nesta Lei.

Todavia, o crédito não aproveitado no mesmo mês poderá sê-lo nos meses seguintes (artigo 3º, § 4º).

Para os créditos decorrentes de produtos referidos na NCM (Nomenclatura Comum do Mercosul), expressos no § 5º do artigo 3º, sujeitos à apuração mensal – crédito presumido – poderão ser deduzidos da COFINS devidas em cada período de apuração. Tendo em vista tratar-se de crédito presumido, o seu montante será apurado mediante a aplicação de alíquota correspondente a 80% de 7,6% (artigo 3º, § 6º).[232]

---

[232] Art. 3º (...) § 5º Sem prejuízo do aproveitamento dos créditos apurados na forma deste artigo, as pessoas jurídicas que produzam mercadorias de origem animal ou vegetal, classificadas nos capítulos 2 a 4, 8 a 12 e 23, e nos códigos 01.03, 01.05, 0504.00, 0701.90.00, 0702.00.00, 0706.10.00, 07.08, 0709.90, 07.10, 07.12 a 07.14, 15.07 a 1514, 1515.2, 1516.20.00, 15.17, 1701.11.00, 1701.99.00, 1702.90.00, 18.03, 1804.00.00, 1805.00.00, 20.09, 2101.11.10 e 2209.00.00, todos da Nomenclatura

Merece especial atenção o regime de apuração da COFINS quando a empresa, simultaneamente, estiver sujeita a tributação cumulativa e não-cumulativa. As deduções referidas serão somente aplicáveis a parte da receita sujeita a tributação não-cumulativa, inteligência do artigo 3°, § 7°. Nestes casos, o crédito será determinado a critério da pessoa jurídica, podendo-se adotar o método de:

I – apropriação direta, inclusive em relação aos custos, por meio de sistema de contabilidade de custos integrada e coordenada com a escrituração; ou
II – rateio proporcional, aplicando-se aos custos, despesas e encargos comuns a relação percentual existente entre a receita bruta sujeita à incidência não-cumulativa e a receita bruta total, auferidas em cada mês (artigo 3º, § 8º).

Uma vez eleita uma das hipóteses mencionadas, esta deverá ser utilizada pela empresa durante todo o ano-calendário, procedendo da mesma forma com relação ao PIS/PASEP, segundo orientação do § 9º do artigo 3º.

A Lei nº 10.833/2003 ainda trata de referir que os créditos por ela mencionados não constituem receita bruta das empresas que os detêm (artigo 3º, § 10º). De fato, tais créditos não podem ser escriturados como receitas, vez que não configuram ativo da pessoa jurídica, mas, por determinação legal servem como fator de dedução na apuração da base de cálculo de contribuições futuras.

De outra banda, a Lei nº 10.925 de 2004 promoveu algumas reformas no texto da Lei nº 10.833/2003, dentre elas está o aproveitamento do crédito proveniente da venda de produtos às pessoas jurídicas constantes do § 5º do artigo 3º. Deverá, contudo, ser aplicada alíquota de 80% sobre a alíquota de 7,6% conforme artigo 3º, § 11º.[233]

Consta, outrossim, da redação do artigo 3º, § 13º, que os créditos decorrentes de produtos furtados ou roubados, inutlizados ou deteriorados,

---

Comum do Mercosul – NCM, destinados à alimentação humana ou animal, poderão deduzir da COFINS, devida em cada período de apuração, crédito presumido, calculado sobre o valor dos bens e serviços referidos no inciso II do *caput* deste artigo, adquiridos, no mesmo período, de pessoas físicas residentes no País. § 6º Relativamente ao crédito presumido referido no § 5º: I – seu montante será determinado mediante aplicação, sobre o valor das mencionadas aquisições, de alíquota correspondente a 80% (oitenta por cento) daquela constante do *caput* do art. 2º desta Lei; II – o valor das aquisições não poderá ser superior ao que vier a ser fixado, por espécie de bem ou serviço, pela Secretaria da Receita Federal – SRF, do Ministério da Fazenda.

[233] "Art. 3º (...) § 11. Sem prejuízo do aproveitamento dos créditos apurados na forma deste artigo, as pessoas jurídicas que adquiram diretamente de pessoas físicas residentes no País produtos *in natura* de origem vegetal, classificados nas posições 10.01 a 10.08 e 12.01, todos da NCM, que exerçam cumulativamente as atividades de secar, limpar, padronizar, armazenar e comercializar tais produtos, poderão deduzir da COFINS devida, relativamente às vendas realizadas às pessoas jurídicas a que se refere o § 5º, em cada período de apuração, crédito presumido calculado à alíquota correspondente a 80% (oitenta por cento) daquela prevista no art. 2º sobre o valor de aquisição dos referidos produtos *in natura*. § 12. Relativamente ao crédito presumido referido no § 11: I – o valor das aquisições que servir de base para cálculo do crédito presumido não poderá ser superior ao que vier a ser fixado, por espécie de produto, pela Secretaria da Receita Federal – SRF; e II – a Secretaria da Receita Federal expedirá os atos necessários para regulamentá-lo".

destruídos em sinistro ou, ainda, empregados em outras operações de creditamento deveriam ser estornados (artigo 3º, § 13º).

No extenso artigo, ainda há orientação para uma espécie de cálculo facultativo do crédito a ser deduzido referente à aquisição de máquinas destinadas a composição do ativo imobilizado. Assim, no prazo de quatro anos poderá ser deduzido mensalmente 7,6% referente a 1/48 do valor de aquisição do bem.[234]

A mesma sistemática também é facultada para o crédito resultante da compra de vasilhames referidos no inciso IV do artigo 51 da Lei nº 10.833/2003 que venham a compor o ativo imobilizado da empresa. A apuração far-se-á no prazo de 12 meses na proporção de 7,6% sobre 1/12.[235]

Por fim, o § 15 do artigo 3º dispõe acerca da possibilidade de se creditar o valor pago a título de COFINS na compra de papel imune de impostos para publicação de periódicos. Segundo a dicção legal, o valor do crédito será apurado mediante a aplicação de alíquota prevista no §2º do artigo 2º da Lei nº 10.833/2003.

Como antes referido, a edição da MP nº 135 convertida na Lei 10.833 instituiu regime de não-cumulatividade para a COFINS. Entretanto, a COFINS dita cumulativa disciplinada pela legislação anterior continua vigente para determinadas atividades econômicas enumeradas pelo artigo 10 da Lei nº 10.833. Neste dispositivo, alterado pelas Leis nºs 10.865 e 10.925, são referidas inúmeras atividades que em face da volatilidade das *listas* faremos apenas referência ao dispositivo legal, devendo ser consultada legislação atualizada[236] para se determinar quando e quais pessoas ou receitas estão sujeitas ao sistema.

---

[234] "Art. 3º (...) § 14. Opcionalmente, o contribuinte poderá calcular o crédito de que trata o inciso III do § 1º deste artigo, relativo à aquisição de máquinas e equipamentos destinados ao ativo imobilizado, no prazo de 4 (quatro) anos, mediante a aplicação, a cada mês, das alíquotas referidas no *caput* do art. 2º desta Lei sobre o valor correspondente a 1/48 (um quarenta e oito avos) do valor de aquisição do bem, de acordo com regulamentação da Secretaria da Receita Federal".

[235] "Art. 3º (...) § 16. Opcionalmente, o contribuinte poderá calcular o crédito de que trata o inciso III do § 1º deste artigo, relativo à aquisição de vasilhames referidos no inciso IV do art. 51 desta Lei, destinados ao ativo imobilizado, no prazo de 12 meses, à razão de 1/12 (um doze avos), ou, na hipótese de opção pelo regime de tributação previsto no art. 52 desta Lei, poderá creditar-se de 1/12 (um doze avos) do valor da contribuição incidente, mediante alíquota específica, na aquisição dos vasilhames, de acordo com regulamentação da Secretaria da Receita Federal".

[236] Art. 10. Permanecem sujeitas às normas da legislação da COFINS, vigentes anteriormente a esta Lei, não se lhes aplicando as disposições dos arts. 1º a 8º: I – as pessoas jurídicas referidas nos §§ 6º, 8º e 9º do art. 3º da Lei nº 9.718, de 1998, e na Lei nº 7.102, de 20 de junho de 1983; II – as pessoas jurídicas tributadas pelo imposto de renda com base no lucro presumido ou arbitrado; III – as pessoas jurídicas optantes pelo SIMPLES; IV – as pessoas jurídicas imunes a impostos; V – os órgãos públicos, as autarquias e fundações públicas federais, estaduais e municipais, e as fundações cuja criação tenha sido autorizada por lei, referidas no art. 61 do Ato das Disposições Constitucionais Transitórias da Constituição; VI – sociedades cooperativas, exceto as de produção agropecuária, sem prejuízo das deduções de que trata o art. 15 da Medida Provisória nº 2.158-35, de 24 de agosto de 2001, e o art. 17 da Lei nº 10.684, de 30 de maio de 2003, não lhes aplicando as disposições do § 7º do art. 3º das Leis nºs 10.637, de 30 de dezembro de 2002, e 10.833, de 29 de dezembro de 2003, e as de consumo; VII – as receitas decorrentes das operações: a) referidas no inciso IV do § 3º do art. 1º; b) sujeitas à substi-

Da sistemática legislativa acima sintetizada, denota-se que há um critério de não-cumulatividade próprio, vinculado à receita, e distinto de outros critérios vinculados a produtos ou mercadorias, conforme salienta o festejado Marco Aurélio Greco:[237]

> Vale dizer, as leis em questão criam um *critério próprio de operacionalização da não-cumulatividade* que, em parte se assemelha ao "base sobre base" – na medida em que relevante é o valor dos itens enumerados e não o valor das contribuições incidentes – e, em parte se assemelha ao "imposto sobre imposto", pois o montante não é excluído da base sobre a qual incidirá a alíquota, mas sim do próprio valor das contribuições, apurado pela aplicação da alíquota sobre a base de cálculo (="receita").
> Este modelo não surge solto no ar, isolado do conjunto. Por isso, não deve ser visto como algo estanque, mas como modelo em sintonia com o pressuposto de fato que lhe dá fundamento e legitimidade constitucional.
> Por esta razão, as deduções previstas na legislação de PIS e COFINS não devem ser confundidas com deduções que existam para fins de imposto sobre a renda e CSLL. Ou seja, não é pelo fato de determinado valor poder ser deduzido, ou confi-

---

tuição tributária da COFINS; c) referidas no art. 5º da Lei nº 9.716, de 26 de novembro de 1998; VIII – as receitas decorrentes de prestação de serviços de telecomunicações; IX – as receitas decorrentes de venda de jornais e periódicos e de prestação de serviços das empresas jornalísticas e de radiodifusão sonora e de sons e imagens; X – as receitas submetidas ao regime especial de tributação previsto no art. 47 da Lei nº 10.637, de 30 de dezembro de 2002; XI – as receitas relativas a contratos firmados anteriormente a 31 de outubro de 2003: a) com prazo superior a 1 (um) ano, de administradoras de planos de consórcios de bens móveis e imóveis, regularmente autorizadas a funcionar pelo Banco Central; b) com prazo superior a 1 (um) ano, de construção por empreitada ou de fornecimento, a preço predeterminado, de bens ou serviços; c) de construção por empreitada ou de fornecimento, a preço predeterminado, de bens ou serviços contratados com pessoa jurídica de direito público, empresa pública, sociedade de economia mista ou suas subsidiárias, bem como os contratos posteriormente firmados decorrentes de propostas apresentadas, em processo licitatório, até aquela data; XII – as receitas decorrentes de prestação de serviços de transporte coletivo rodoviário, metroviário, ferroviário e aquaviário de passageiros; XIII – as receitas decorrentes de serviços: a) prestados por hospital, pronto-socorro, clínica médica, odontológica, de fisioterapia e de fonoaudiologia, e laboratório de anatomia patológica, citológica ou de análises clínicas; e b) de diálise, raios X, radiodiagnóstico e radioterapia, quimioterapia e de banco de sangue; XIV – as receitas decorrentes de prestação de serviços de educação infantil, ensinos fundamental e médio e educação superior. XV – as receitas decorrentes de vendas de mercadorias realizadas pelas pessoas jurídicas referidas no art. 15 do Decreto-Lei nº 1.455, de 7 de abril de 1976; XVI – as receitas decorrentes de prestação de serviço de transporte coletivo de passageiros, efetuado por empresas regulares de linhas aéreas domésticas, e as decorrentes da prestação de serviço de transporte de pessoas por empresas de táxi aéreo; XVII – as receitas auferidas por pessoas jurídicas, decorrentes da edição de periódicos e de informações neles contidas, que sejam relativas aos assinantes dos serviços públicos de telefonia; XVIII – as receitas decorrentes de prestação de serviços com aeronaves de uso agrícola inscritas no Registro Aeronáutico Brasileiro (RAB); XIX – as receitas decorrentes de prestação de serviços das empresas de *call center, telemarketing*, telecobrança e de teleatendimento em geral; XX – as receitas decorrentes da execução por administração, empreitada ou subempreitada, de obras de construção civil, até 31 de dezembro de 2006; XXI – as receitas auferidas por parques temáticos, e as decorrentes de serviços de hotelaria e de organização de feiras e eventos, conforme definido em ato conjunto dos Ministérios da Fazenda e do Turismo. XXII – as receitas decorrentes da prestação de serviços postais e telegráficos prestados pela Empresa Brasileira de Correios e Telégrafos; XXIII – as receitas decorrentes de prestação de serviços públicos de concessionárias operadoras de rodovias; XXIV – as receitas decorrentes da prestação de serviços das agências de viagem e de viagens e turismo. Parágrafo único. Ficam convalidados os recolhimentos efetuados de acordo com a atual redação do inciso IX deste artigo;"

[237] Não-Cumulatividade do PIS/PASEP e da COFINS. Coord. Leandro Paulsen. São Paulo: IOB, 2004.

gurar despesa para fins destas duas exigências que, automaticamente, será dedutível para fins de PIS e COFINS. Também aqui é importante acentuar que o referencial para determinar o direito à dedução é a receita ou faturamento e não a renda ou o lucro.

Um dos aspectos relevantes nessa não-cumulatividade da COFINS, apontado por Roberto Ferraz,[238] é o da *identidade de base de cálculo*. O autor assim expõe o tema:

> Como se pode verificar facilmente, com as mudanças pretendidas pelas Leis 10.637/02 e 10.833/03, *o regime não-cumulativo do PIS e da COFINS levam à identidade de base de cálculo dessas exações com aquela própria do ICMS*. Essa constatação é da maior gravidade, pois indica, necessariamente, que ocorreu invasão de competência exclusiva dos Estados pela União.
> 8.1. Convém aqui lembrar que a Constituição de 1988 trouxe importante evolução ao consagrar no § 2º. de seu artigo 145 que existe *"base de cálculo própria de impostos"*, elevando ao nível constitucional aquela doutrina em toda sua amplitude. Anteriormente os textos positivos reconheciam identidade de tributos somente quando existente identidade de bases de cálculo, ficando parcialmente recebida pela legislação a doutrina que consagra a base de cálculo como identificadora do tributo e de sua natureza.
> Por força daquele dispositivo constitucional pode-se sustentar que a base de cálculo é o elemento definitivo para análise do respeito ao sistema de discriminação de competências.
> 8.2. Verificando-se que a base de cálculo do ICMS é a mesma que se pretendeu adotar para o "novo PIS" e a "nova COFINS", em suas modalidades não-cumulativas, a ponto de poderem ser apurados esses tributos em único procedimento, não é mais possível falar de diferença entre tais tributos, havendo, portanto, plena identidade.

O autor, linhas adiante, conclui:

> 9.3. Diante dessa realidade, pode-se afirmar com segurança que a "transformação" da COFINS e do PIS em tributos não-cumulativos configurou invasão de competência privativa dos Estados, por ter identificado aqueles tributos com o ICMS. Outros subsídios a esse entendimento podem ser encontrados em parecer específico sobre essa figura, citado ao longo deste trabalho e donde se extraem algumas das conclusões a seguir elencadas.
> 10. Conclusões.
> 10.1. Não pode a legislação ordinária, sob o pretexto de racionalizar a exigência da contribuição, identificar a exigência federal à matéria reservada exclusivamente aos Estados.
> Não pode a União, sob o pretexto de desonerar o produto da incidência cumulativa, invadir a base econômica do ICMS, usurpando impostos diretamente reservados aos Estados e indiretamente, mediante partilha, aos Municípios.
> 10.2. Efetivamente, a utilização da técnica de não-cumulatividade poderia variar, sem que variasse a natureza do tributo. No entanto, no caso concreto, sequer a

---

[238] Não-Cumulatividade do PIS/PASEP e da COFINS. Coord. Leandro Paulsen. São Paulo: IOB, 2004.

sistemática de apuração variou, adotando as Leis 10.637/02 e 10.833/03 métodos de apuração idênticos aos já determinados no ICMS.
Ainda que se possam verificar pequenas possíveis diferenças, substancialmente se trata da mesma base de cálculo, e portanto do mesmo tributo. Fica assim caracterizada a invasão de competência.
10.3. A partir da edição das Leis 10.637 e 10.833, a COFINS e o PIS podem ser identificados, pela parcela de contribuintes sujeitos à apuração não-cumulativa da contribuição, como um autêntico adicional de ICMS.
10.4. Matematicamente o valor do PIS e da COFINS variará em idêntica proporção à variação do ICMS apurado pelas empresas sujeitas a ambos os tributos. As variações ocorrerão por conta das oscilações de alíquotas do ICMS ao passo que as alíquotas de PIS e de COFINS são fixas. Pode-se, portanto, falar de um imposto sobre o consumo com alíquota variável (ICMS) e seus adicionais com alíquotas únicas (PIS e COFINS), ou, querendo, pode-se falar de dois tributos sobre o consumo com alíquotas únicas e incidência invariável, não regionalizadas e não seletivas, denominados PIS e COFINS, e seu adicional com alíquota não uniforme, regionalizada e seletiva, denominado ICMS. Incidiriam sobre as mesmas bases econômicas e com as mesmas sistemáticas, variando apenas as alíquotas, não fosse vedada a tributação pela União.
10.5. A não-cumulatividade faz da COFINS e do PIS tributos que *por sua natureza comporta transferência do encargo financeiro do tributo* como previsto no art. 166 do CTN, isto é, transforma-os em típicos tributos sobre o consumo.
Houve, portanto, efetiva mudança de natureza dos tributos, que deixaram de ser aqueles gerais, sobre as receitas, configurado pelo artigo 195, inciso II, alínea *b*, da Constituição, para ser um outro, incidente sobre a mesma base econômica e com a mesma sistemática do ICMS, o que é vedado.
10.6. Houve na CF de 88 uma clara autorização excepcional para tributar de maneira cumulativa o universo das vendas de mercadorias e serviços, visando equilibrar as receitas da Seguridade Social: admitiu-se, por exceção, a adoção de tributo cumulativo, com suas conhecidas vicissitudes, e com sua conhecida virtude, a forte arrecadação. Não ficou, porém, autorizada a invasão de competência exclusiva dos Estados e Municípios através de "contribuição não-cumulativa" incidente sobre as mesmas base do ICMS.
10.7. Em outras palavras, as Leis 10.637/02 e 10.833/03 configuram uma tentativa de burlar os pressupostos de imposição constitucionalmente fixados para a incidência da contribuição social sobre o faturamento ou receita.
10.8. Assim, pode-se afirmar que da análise dos pressupostos de imposição da COFINS, do PIS e do ICMS, verifica-se que a incidência pretendida pelas Leis 10.637/02 e 10.833/03, invade o campo reservado aos Estados-membros pela Constituição Federal.

Eis aí a primeira objeção à não-cumulatividade da COFINS. A segunda é feita por Heleno Taveira Torres:

Desde a Emenda nº 20/88, que fez inserir, no art. 195, o respectivo § 9º, segundo o qual "as contribuições sociais previstas no inciso I deste artigo poderão ter alíquotas ou bases de cálculo diferenciadas, em razão da atividade econômica ou da utilização intensiva de mão-de-obra", nosso ordenamento somente admite tratamento diferenciado entre contribuintes, em matéria de contribuições, quanto aos elementos determinantes do critério quantitativo, em razão da *atividade econômica* ou da *utilização intensiva de mão-de-obra*; pelo que qualquer outro modo contraria frontalmente o art. 150, II, da CF, que garante a *não-discriminação* entre contribuintes que se encontrem em situação equivalente. Esse é o fundamento maior do nosso sistema tributário e se mantém preservado sempre, mesmo nas hipóteses do referido § 9º do art. 195, da CF.

Penso que tal orientação impõe-se exclusivamente à COFINS, e não ao PIS, pela referência que faz, expressamente, ao inciso I, do art. 195, dizendo aplicar-se às contribuições "do empregador, da empresa e da entidade a ela equiparada na forma da lei, incidentes sobre: a) a folha de salários e demais rendimentos do trabalho pagos ou creditados, a qualquer título, à pessoa física que lhe preste serviço, mesmo sem vínculo empregatício; b) a receita ou o faturamento; c) o lucro". Nenhuma referência ao art. 239, da CF.

Desse modo, para todos os demais tributos, inclusive contribuições que não se encontram previstas no art. 195, I, da CF, como o PIS, com competência fixada no art. 239, da CF, bem como para as demais formas de situações equivalentes que não sejam vinculadas ao desempenho de atividade econômica, deve-se atender ao princípio da isonomia e da não-discriminação constante no art. 150, II, cuja eficácia também se propaga sobre a determinação das alíquotas e base de cálculo, internamente, entre contribuintes que se encontrem em situação equivalente, é dizer, desenvolvendo a mesma "atividade econômica".

Nenhuma liberdade tem o legislador de selecionar o *setor de atividade econômica* para o qual deva empregar o regime não-cumulativo; deve adotá-lo para todos, reservando-se à liberdade para restringir o seu uso apenas quando, apesar da não-cumulatividade, não seja possível atingir a finalidade de manutenção da capacidade contributiva, destacando, para estes, a manutenção de regimes de cumulatividade. E assim o será para os setores que não têm condições de formar descontos suficientes, por exemplo; mas também como critério de incentivo e promoção, conferindo-lhes tratamento mais favorável. É dizer, há duas opções legislativas: ou emprega a não-cumulatividade, com os descontos correspondentes, que se prestam à técnica adotada pelo legislador (i); ou mantém o regime cumulativo com as alíquotas pertinentes, em geral, mais vantajosas ao contribuinte (ii).

No mesmo estudo, Heleno Torres salienta outro debate e apresenta a sua solução:

Contudo, por que os art. 10 e 8º, das Leis nº 10.833/03 e 10.684/03, respectivamente, excluem as pessoas jurídicas e atividades que neles não se encontram listadas do regime cumulativo, mantendo-as na condição de sujeitos passivos das contribuições na modalidade de apuração não-cumulativa da base de cálculo, deve-se verificar se, para tais pessoas jurídicas, há algum regime especial pertinente à alíquota aplicável. Vendo-se que tais alíquotas existem, deverão ser aplicadas à apuração do tributo, em face da ausência de revogação expressa. Só a legalidade pode retirar direitos dos contribuintes; nunca a interpretação, e tampouco o recurso à analogia.

O valor do desconto, cujo cômputo exige atendimento à legalidade em todos os seus contornos, por ser elemento integrante do dimensionamento da base de cálculo, deverá ser calculado segundo as regras previstas nos art. 1º a 3º, das Leis nº 10.833/03 e 10.684/03. Nesses casos, manda a Lei, aplica-se a alíquota do art. 2º (PIS: 1,65%; COFINS: 7,6%) aos fatores de despesas, encargos de depreciação e custos listados, no seu somatório do período. Após isso, para os fins de apurar a base calculada do débito da pessoa jurídica, da receita bruta mensal (exceto as exclusões), subtrai-se a base calculada dos descontos, encontrando-se, como resultado, a base de cálculo à qual se aplicará a "alíquota do débito", para determinar o montante do tributo devido.

Que a apuração dessas duas bases calculadas seja feita com alíquotas diferentes, nenhum problema se verifica, desde que seja preservado o direito à garantia de não-cumulatividade para o contribuinte; por isso, tendo em vista os requisitos que justificam diferenciação de tratamento entre contribuintes, em face dos setores de atividades econômicas onde atuam, a manutenção das alíquotas do regime especial é inconteste, devendo ser aplicadas, sem prejuízo dos descontos se operarem sob a égide da "alíquota de desconto".

Nesse diapasão, calculados os descontos, com emprego da "alíquota de desconto", que é a mesma do mencionado regime não-cumulativo; passa-se à operação seguinte, de subtração do montante apurado como base de cálculo das receitas apuradas a partir das "demais atividades", mediante rateio proporcional dos encargos, custos e despesas em face da receita bruta total (art. 3º, § 8º, II, da Lei nº 10.833/03), para que, sobre tal base calculada, sejam aplicadas as alíquotas típicas, especiais, pertinentes às refinarias, como reconheceu o art. 3º, da Lei nº 9990/00, e ficou assentado pela Lei nº 10.865/04, ao operar as modificações ao referido art. 4º, da Lei nº 9.718/98, que nenhuma revogação ou qualquer alteração procedeu no presente dispositivo, i.e., 0,65% a título de PIS; e 3,0% a título de COFINS.

Como se vê, quanto à determinação da alíquota de desconto, não há regime especial para esse fim e tampouco as alíquotas de saída podem ser reclamadas nessa hipótese: por uma, porque aquelas são aplicadas sobre a base calculada da pessoa jurídica que a Lei menciona; e por duas, porque pretendê-las aplicar para fins de definição dos descontos seria o mesmo que usar de analogia, haja vista a ausência de cominação legal, em prejuízo do disposto no art. 108, § 2º, do CTN, o que vedado de plano pelo ordenamento.

Ives Gandra da Silva Martins e Fátima Fernandes Rodrigues de Souza,[239] por sua vez, apontam inconstitucionalidades formais: (a) por violação à alínea *b* do inciso III do art. 146 da Constituição Federal, por se tratar a não-cumulatividade de sistemática que afeta obrigação, lançamento e crédito tributários, citando como precedente do RE 150.755 (RTJ 149/259); (b) por violação ao inciso III do § 1º do art. 62 e art. 246 da CF, ter sido tratada por medida provisória,[240] vício que não poderia ter sido suprido pela conversão em lei; e inconstitucionalidades materiais por (c) violação ao princípio da isonomia, ao conceder crédito presumido para a agroindústria e negar o mesmo tratamento ao setor de serviços que estejam sujeitos à

---

[239] Não-Cumulatividade do PIS/PASEP e da COFINS. Coord. Leandro Paulsen. São Paulo: IOB, 2004.
[240] Aspecto de que já tratamos linhas atrás.

não-cumulatividade, e também ao permitir que algumas pessoas jurídicas pertencentes ao mesmo setor econômico possam recolher a contribuição com base no regime anterior[241] e outras não, e, neste ponto, violando também o princípio da livre iniciativa (CF/88, art. 170, IV); (d) violação ao § 9º do art. 195, que permite diferenciação de alíquotas apenas com base em dois critérios, que são a *atividade econômica* ou a *utilização intensiva de mão-de-obra*.

As violações e incongruências do sistema complexo instituído na *terceira fase* certamente não se limitam às apontadas pelos autores, ficando certo que os tribunais, mais uma vez, sofrerão enxurrada de ações relativas à matéria, em todas as suas particularidades.

---

[241] Quando optantes pelo lucro presumido, opção relativa ao IRPJ que não abrange toda e qualquer pessoa jurídica.

9. Alíquotas

9.1. Primeira fase: 2%

A COFINS foi criada com alíquota de 2%, que era, à época de sua criação, a alíquota prevista legalmente para o FINSOCIAL (em dispositivo posteriormente declarado inconstitucional pelo Supremo Tribunal Federal), tributo substituído no âmbito do Sistema Tributário Nacional pela COFINS.
A alíquota de 2% perdurou até a sua alteração pela Lei nº 9.718/98, abaixo analisada, sem que houvesse na Doutrina ou na jurisprudência qualquer questionamento acerca de sua legitimidade.

9.2. Segunda fase: 3%

A alíquota da COFINS foi aumentada para 3% (três por cento) pelo artigo 8º da Lei nº 9.718/98. Dois questionamentos foram feitos pelos contribuintes: (a) o usual, de impossibilidade de lei ordinária alterar disposição de lei complementar; e (b) a inconstitucionalidade da compensação[242] com a contribuição social sobre o lucro, do diferencial de alíquota (ou seja, 1/3 dos 3% que igualam 1%, conforme previsto nos §§ 1º e seguintes do art. 8º).
Quanto à alteração por meio de lei ordinária, reportamo-nos às considerações inicias desta obra. Quanto à compensação de 1% dos 3% pagos de COFINS com a CSLL (Contribuição Social sobre o Lucro Líquido), já revogada, tornando o debate restrito ao período em que era possível, alguns autores[243] sustentaram a inconstitucionalidade dos §§ 1º e 2º do artigo 8º da Lei nº 9.718/98, sob o fundamento de violação aos princípios da igualdade e da capacidade contributiva.
Os contribuintes que veicularam tal tese alegavam tratamento desigual entre pessoas jurídicas, conquanto exigia-se a apuração de lucro para que

---

[242] A compensação passou a ser vedada meses após, conforme adiante visto.
[243] Dos quais destacamos estudo de Luís Eduardo Schoueri e Marcela Vergna Barcellos Silveira, A Compensação da Elevação da Alíquota da COFINS com a Contribuição Social sobre o Lucro. *In* Contribuições Sociais, Problemas Jurídicos, Dialética, p. 201/216.

se pudesse creditar os valores correspondentes. Esta situação gerou entre os contribuintes um sentimento de injustiça, vez que somente as sociedades lucrativas poderiam ser ressarcidas.

A irresignação procede. Primeiro porque segundo lição de Luis Eduardo Schoueri, o sistema tributário deve ser compreendido como um todo homogêneo,[244] e não interpretado ao bel-prazer do operador. No caso, para identificar-se a violação à igualdade, curial que se lance mão do princípio da capacidade contributiva. Assim, através de um critério discriminador é possível fazer a verificação se a ação é isonômica ou não. Este é o pensamento de Luis Eduardo Schoueri:

> O critério de diferenciação eleito pela Lei 9.718/98 a fim de determinar a menor ou maior carga tributária decorrente da incidência, somada, da COFINS e da Contribuição Social sobre o Lucro é, conforme já comentado, a existência de lucro no mesmo período de apuração da COFINS a pagar. Parece-nos que este fator de diferenciação é incompatível com os demais princípios informadores de nosso ordenamento jurídico, ferindo em conseqüência o princípio da igualdade.
>
> Num primeiro momento, porque o fator eleito como *discrímen* – existência de lucro no mesmo período de apuração da COFINS a ser compensada –, não possui qualquer vinculação com os únicos elementos através dos quais se poderia aferir a relação de igualdade entre os contribuintes, qual seja, a maior ou menor capacidade daqueles que pagam ambos os tributos.
>
> Aplicando-se à questão objeto da presente análise as noções acima expostas com relação à relatividade do princípio da igualdade, no sentido de que a verificação da igualdade somente pode se dar *com relação a algum parâmetro de comparação*, a única forma de se verificar se dois contribuintes são ou não iguais para efeito de definir a carga tributária que recairá sobre eles em função do recolhimento da COFINS e da Contribuição Social sobre o lucro é apurar se ambos dispõem de igual capacidade contributiva. Qualquer outro elemento discriminação não pode servir como critério neste caso, dada a ausência de *correlação lógica* entre sua eleição e a situação discriminada.[245]

Na hipótese em comento, o fator discriminante aponta para a existência de violação a igualdade, havendo, pois, espaço para se insurgir sobre a lei ao menos neste ponto. Com base no *discrímen*, qual seja: existência de lucro no mesmo período de apuração da COFINS a ser compensada – concluí-se que há tratamento antiisonômico entre os contribuintes, vez que aqueles que possuem maior capacidade contributiva são agraciados com a dedução da alíquota, enquanto que aquelas empresas que não produziram lucro e, por decorrência, possuem capacidade contributiva menor, terminam pagando a COFINS na íntegra. A solução, segundo palavras do Min. Carlos Velloso, deveria passar pela concessão de benefício semelhante para empresas não lucrativas, *in verbis*:

---

[244] SCHOUERI, Luis Eduardo e SILVEIRA, Marcela Vegna Barcellos. *A compensação da elevação da alíquota*. in: Contribuições sociais e problemas jurídicos. São Paulo: Dialética, 1999.
[245] Idem, p. 211.

Para que tal não ocorresse, deveria o legislador ter concedido outro tipo de benefício, em razão do aumento da alíquota, às empresas não lucrativas. Porque, não custa repetir, o benefício foi concedido em razão da majoração da alíquota. A lei deveria ter estabelecido, portanto, que somente as empresas lucrativas é que deveriam estar submetidas à alíquota majorada, gozando, em contrapartida, do benefício fiscal. ou poderia a lei ter concedido às empresas não lucrativas benefício outro, repito. O que não pode ocorrer é que as empresas que não têm a possibilidade de atenderem a razão do benefício, não vão gozar deste, não obstante terem que pagar a contribuição à alíquota majorada.[246]

O Supremo Tribunal Federal, todavia, ao julgar a matéria, entendeu não haver ofensa ao princípio da isonomia.[247] No julgamento do RE nº 336.134-1/RS, restou decidido pelo Pleno que a dedução de 1/3 da Contribuição sobre o lucro líquido na COFINS não configura ofensa ao princípio da isonomia, pois, segundo voto do Min. Ilmar Galvão, o permissivo legal constitui-se em uma "bonificação" ao contribuinte para atenuar a "dupla tributação". Ao refutar a quebra da isonomia, o Min. Ilmar Galvão refere que:

> Como se vê, trata-se de situações diversas que, por si sós, justificam o tratamento diferenciado, sendo certo, por outro lado, que, não cabendo ao Poder Judiciário conceder benefício fiscal, a solução da controvérsia, sob o prisma da isonomia, só poderia encontrar deslinde na declaração de inconstitucionalidade do § 1º do art. 8º da Lei nº 9.718/98, solução que, entretanto, não atenderia ao interesse da recorrente e que, de resto, já se mostra de nenhum interesse na atualidade, visto que o art. 93, inciso III, da Medida Provisória nº 2.158-35, de 24.08.2001, revogou, a partir de 1º de janeiro de 2000, o dispositivo supracitado, juntamente com os demais parágrafos do mesmo art. 8º.

9.3. Terceira fase: 3%, 7,6% e outras alíquotas

A terceira fase da COFINS inaugurou a tentativa de estabelecer cobrança não-cumulativa da contribuição. Para tanto, as alíquotas foram alteradas novamente, chegando ao percentual alarmante de 7,6%.

---

[246] Voto divergente ao Recurso Extraordinário nº 336.134/RS, da relatoria do Min. Ilmar Galvão, julgado em 20 de novembro de 2002.
[247] "TRIBUTÁRIO. COFINS. ART. 8º, *CAPUT* E § 1º, DA LEI Nº 9.718/98. ALÍQUOTA MAJORADA DE 2% PARA 3%. COMPENSAÇÃO DE ATÉ UM TERÇO COM A CONTRIBUIÇÃO SOBRE O LUCRO LÍQUIDO – CSLL, QUANDO O CONTRIBUINTE REGISTRAR LUCRO NO EXERCÍCIO. DECISÃO PLENÁRIA QUE ENTENDEU INEXISTIR OFENSA AO PRINCÍPIO DA ISONOMIA. EMBARGOS DE DECLARAÇÃO REJEITADOS. O Supremo Tribunal Federal, em Sessão Plenária, considerou não ofensivo ao princípio da isonomia o tratamento diferenciado instituído pelo art. 8º, § 1º, da Lei nº 9.718/98. Inexistência, no acórdão embargado, de omissão, contradição ou obscuridade. Impossibilidade de rediscussão do mérito da causa, faltando-lhe, ainda, o requisito do prequestionamento. Súmula 282 desta colenda Corte. Embargos rejeitados". (STF – Tribunal Pleno – RE 336.134 ED/RS – Rel. Min. Carlos Britto)

A majoração da alíquota da COFINS foi levada a efeito por conta da Medida Provisória n° 135/2003, convertida em Lei n° 10.833/2003. Reza o dispositivo legal que:

Art. 2º Para determinação do valor da COFINS aplicar-se-á, sobre a base de cálculo apurada conforme o disposto no art. 1o, a alíquota de 7,6% (sete inteiros e seis décimos por cento).

No mesmo dispositivo legal, exsurgem algumas alíquotas especiais para determinados produtos específicos, são elas:

I – 5,08% (cinco inteiros e oito centésimos por cento) e 23,44% (vinte inteiros e quarenta e quatro centésimos por cento), incidentes sobre a receita bruta decorrente da venda de gasolinas e suas correntes, exceto gasolina de aviação;
II – 4,21% (quatro inteiros e vinte e um centésimos por cento) e 19,42% (dezenove inteiros e quarenta e dois centésimos por cento), incidentes sobre a receita bruta decorrente da venda de óleo diesel e suas correntes;
III – 10,2% (dez inteiros e dois décimos por cento) e 47,4% (quarenta e sete inteiros e quatro décimos por cento) incidentes sobre a receita bruta decorrente da venda de gás liquefeito de petróleo (GLP) dos derivados de petróleo e gás natural.

Nos casos supramencionados não estão incluídos gasolina de aviação, óleo diesel e gás liquefeito de petróleo (GLP) derivado de petróleo e gás natural por força do artigo 2°, § 1°, inciso I.

Consta no inciso II do § 1° do artigo 2° que no caso de venda de produtos farmacêuticos, de perfumaria, de toucador ou de higiene pessoal, incidirão as alíquotas previstas no inciso I do artigo 1° da Lei n° 10.147/2000:

Art. 1º A contribuição para os Programas de Integração Social e de Formação do Patrimônio do Servidor Público – PIS/Pasep e a Contribuição para o Financiamento da Seguridade Social – COFINS, devidas pelas pessoas jurídicas que procedam à industrialização ou à importação dos produtos classificados nas posições 30.01, 30.03, exceto no código 3003.90.56, 30.04, exceto no código 3004.90.46 e 3303.00 a 33.07, nos itens 3002.10.1, 3002.10.2, 3002.10.3, 3002.20.1, 3002.20.2, 3006.30.1 e 3006.30.2 e nos códigos 3002.90.20, 3002.90.92, 3002.90.99, 3005.10.10, 3006.60.00, 3401.11.90, 3401.20.10 e 9603.21.00, todos da Tabela de Incidência do Imposto sobre Produtos Industrializados – TIPI, aprovada pelo Decreto nº 4.070, de 28 de dezembro de 2001, serão calculadas, respectivamente, com base nas seguintes alíquotas: (Redação dada pela Lei nº 10.548, de 13.11.2002)
I – incidentes sobre a receita bruta decorrente da venda de: (Redação dada pela Lei nº 10.865, de 2004)
a) produtos farmacêuticos classificados nas posições 30.01, 30.03, exceto no código 3003.90.56, 30.04, exceto no código 3004.90.46, nos itens 3002.10.1, 3002.10.2, 3002.10.3, 3002.20.1, 3002.20.2, 3006.30.1 e 3006.30.2 e nos códigos 3002.90.20, 3002.90.92, 3002.90.99, 3005.10.10, 3006.60.00: 2,1% (dois inteiros e um décimo por cento) e 9,9% (nove inteiros e nove décimos por cento); (Incluído pela Lei nº 10.865, de 2004)

b) produtos de perfumaria, de toucador ou de higiene pessoal, classificados nas posições 33.03 a 33.07 e nos códigos 3401.11.90, 3401.20.10 e 96.03.21.00: 2,2% (dois inteiros e dois décimos por cento) e 10,3% (dez inteiros e três décimos por cento); (Incluído pela Lei nº 10.865, de 2004)
II – sessenta e cinco centésimos por cento e três por cento, incidentes sobre a receita bruta decorrente das demais atividades.

No inciso III do § 1º do artigo 2º, o legislador remete para alíquotas diferenciadas previstas no artigo 1º da Lei nº 10.485/2002:

Art. 1º As pessoas jurídicas fabricantes e as importadoras de máquinas e veículos classificados nos códigos 84.29, 8432.40.00, 84.32.80.00, 8433.20, 8433.30.00, 8433.40.00, 8433.5, 87.01, 87.02, 87.03, 87.04, 87.05 e 87.06, da Tabela de Incidência do Imposto sobre Produtos Industrializados – TIPI, aprovada pelo Decreto nº 4.070, de 28 de dezembro de 2001, relativamente à receita bruta decorrente da venda desses produtos, ficam sujeitas ao pagamento da contribuição para os Programas de Integração Social e de Formação do Patrimônio do Servidor Público – PIS/PASEP e da Contribuição para o Financiamento da Seguridade Social – COFINS, às alíquotas de 2% (dois por cento) e 9,6% (nove inteiros e seis décimos por cento), respectivamente. (Redação dada pela Lei nº 10.865, de 2004).

No inciso seguinte (artigo 2º, § 1º, inciso IV da Lei nº 10.833/02), novamente há remissão para a Lei nº 10.485/02 nos casos de vendas para comerciante atacadista ou varejista ou para consumidores, das autopeças relacionadas nos Anexos I e II da mesma Lei:

Art. 3º As pessoas jurídicas fabricantes e os importadores, relativamente às vendas dos produtos relacionados nos Anexos I e II desta Lei, ficam sujeitos à incidência da contribuição para o PIS/PASEP e da COFINS às alíquotas de: (Redação dada pela Lei nº 10.865, de 2004)
I – 1,65% (um inteiro e sessenta e cinco centésimos por cento) e 7,6% (sete inteiros e seis décimos por cento), respectivamente, nas vendas para fabricante: (Incluído pela Lei nº 10.865, de 2004)
a) de veículos e máquinas relacionados no art. 1º desta Lei; ou (Incluído pela Lei nº 10.865, de 2004)
b) de autopeças constantes dos Anexos I e II desta Lei, quando destinadas à fabricação de produtos neles relacionados; (Incluído pela Lei nº 10.865, de 2004)

A lei ainda dispõe, segundo art. 5º da Lei nº 10.485, tratamento diferenciado para as vendas de pneus novos de borracha e câmaras de ar borracha:

Art. 5º As pessoas jurídicas fabricantes e as importadoras dos produtos classificados nas posições 40.11 (pneus novos de borracha) e 40.13 (câmaras-de-ar de borracha), da TIPI, relativamente às vendas que fizerem, ficam sujeitas ao pagamento da contribuição para o PIS/PASEP e da COFINS às alíquotas de 2% (dois por cento) e 9,5% (nove inteiros e cinco décimos por cento), respectivamente. (Redação dada pela Lei nº 10.865, de 2004)

A lei confere também especial regime para as vendas de querosene de aviação nos termos do artigo 2º da Lei nº 10.560/2002:

> Art. 2º A contribuição para o PIS/PASEP e a COFINS, relativamente à receita bruta decorrente da venda de querosene de aviação, incidirá uma única vez, nas vendas realizadas pelo produtor ou importador, às alíquotas de 5% (cinco por cento) e 23,2% (vinte e três inteiros e dois décimos por cento), respectivamente (Redação dada pela Lei nº 10.865, de 2004).

A Lei nº 10.833 dispensa tratamento especial para as hipóteses mencionadas no artigo 51 do referido diploma legal para a venda de embalagens destinadas ao envasamento de água, refrigerante e cerveja.[248] E na forma do artigo 49 da mesma lei para a venda de água, refrigerante, cerveja e preparações compostas.[249]

Há que se referir que a venda de papel imune (artigo 150, inciso VI, alínea *d*, da Constituição) não sofre a incidência da norma tributária. No entanto, quando o papel for destinado à impressão de periódicos, a alíquota será de 3%, consoante artigo 2º, § 2º.

Por fim, facultou-se ao Poder Executivo a redução das alíquotas a zero na venda de produtos químicos e farmacêuticos classificados nos capítulos 29 e 30, sobre produtos destinados ao uso em laboratório de anatomia patológica, citológica ou de análises clínicas, classificados nas posições 30.02, 30.06, 39.26, 40.15 e 90.18, e sobre semens e embriões da posição 05.11, todos da TIPI.

9.4. Alíquota Zero: Alterações recentes

Além das alíquotas antes mencionadas, a COFINS ainda conta com alíquota zero em diversos produtos que, freqüentemente são alterados em razão da política econômica desenvolvida pela Administração Federal. Trata-se de uma espécie de isenção concedida pelo Poder Executivo, ora através do processo legislativo – lei – ora por simples Decreto, na implementação de políticas extrafiscais.[250]

---

[248] "Art. 51. As receitas decorrentes da venda de embalagens, pelas pessoas jurídicas industriais, destinadas ao envasamento dos produtos relacionados no art. 49, ficam sujeitas ao recolhimento da contribuição para o PIS/PASEP e da COFINS fixadas por unidade de produto, respectivamente, em: (Vide Lei nº 10.865, de 2004)".

[249] "Art. 49. A contribuição para o PIS/PASEP e a COFINS devidas pelos importadores e pelas pessoas jurídicas que procedam à industrialização dos produtos classificados nas posições 22.01, 22.02, 22.03 (cerveja de malte) e no código 2106.90.10 Ex 02 (preparações compostas, não alcoólicas, para elaboração de bebida refrigerante), todos da TIPI, aprovada pelo Decreto no 4.542, de 26 de dezembro de 2002, serão calculadas sobre a receita bruta decorrente da venda desses produtos, respectivamente, com a aplicação das alíquotas de 2,5% (dois inteiros e cinco décimos por cento) e 11,9% (onze inteiros e nove décimos por cento). (Redação dada pela Lei nº 10.865, de 2004)".

[250] CARVALHO, Paulo de Barros. *Curso de Direito Tributário*. 15 ed. São Paulo: Saraiva, 2003, p. 340.

Em face da constante alteração nos produtos beneficiados com a alíquota zero, bem como a possibilidade de, a qualquer tempo, serem modificadas, apresentaremos apenas a título ilustrativo algumas alterações recentes.

A Lei nº 10.925, de 23 de julho de 2004 reduziu a zero as alíquotas da COFINS e do PIS incidentes na importação e sobre a receita bruta de venda no mercado interno dos produtos listados nos incisos I a VII do art. 1º.[251]

Seguiram-se alguns Decretos editados pelo Poder Executivo. No Decreto nº 5.127, de 5 de julho de 2004, as alíquotas foram reduzidas a zero sobre a operação de importação e sobre receita decorrente da venda, no mercado interno, dos produtos químicos e farmacêuticos referidos nos artigos 1º, 2º e 3º.[252] O Decreto nº 5.164, de 30 de julho de 2004, reduziu a zero as alíquotas da COFINS incidentes sobre as receitas financeiras auferidas pelas pessoas jurídicas sujeitas ao regime de incidência não-cumulativa das referidas contribuições (artigo 1º),[253] excetuando-se as operações decorrentes de juros de capital próprio e as decorrentes de *hedge*.

---

[251] "Art. 1º Ficam reduzidas a 0 (zero) as alíquotas da contribuição para o PIS/PASEP e da Contribuição para o Financiamento da Seguridade Social – COFINS incidentes na importação e sobre a receita bruta de venda no mercado interno de: I – adubos ou fertilizantes classificados no Capítulo 31, exceto os produtos de uso veterinário, da Tabela de Incidência do Imposto sobre Produtos Industrializados – TIPI, aprovada pelo Decreto no 4.542, de 26 de dezembro de 2002, e suas matérias-primas; II – defensivos agropecuários classificados na posição 38.08 da TIPI e suas matérias-primas; III – sementes e mudas destinadas à semeadura e plantio, em conformidade com o disposto na Lei no 10.711, de 5 de agosto de 2003, e produtos de natureza biológica utilizados em sua produção; IV – corretivo de solo de origem mineral classificado no Capítulo 25 da TIPI; V – produtos classificados nos códigos 0713.33.19, 0713.33.29, 0713.33.99, 1006.20, 1006.30 e 1106.20 da TIPI; VI – inoculantes agrícolas produzidos a partir de bactérias fixadoras de nitrogênio, classificados no código 3002.90.99 da TIPI; VII – produtos classificados no Código 3002.30 da TIPI".

[252] "Art. 1º Ficam reduzidas a zero as alíquotas da Contribuição para o PIS/PASEP e da Contribuição para o Financiamento da Seguridade Social – COFINS, incidentes sobre a operação de importação e sobre a receita decorrente da venda, no mercado interno, dos produtos: I – químicos classificados no Capítulo 29 da Nomenclatura Comum do Mercosul – NCM, relacionados no Anexo I deste Decreto; e II – destinados ao uso em laboratório de anatomia patológica, citológica ou de análises clínicas, classificados nas posições 30.02, 30.06, 39.26, 40.15 e 90.18, da NCM, relacionados no Anexo II deste Decreto. Art. 2º Ficam reduzidas a zero as alíquotas da Contribuição para o PIS/PASEP e da Contribuição para o Financiamento da Seguridade Social – COFINS, incidentes sobre a operação de importação dos produtos farmacêuticos classificados nas posições 30.01, 30.03, exceto no código 3003.90.56, 30.04, exceto no código 3004.90.46, nos itens 3002.10.1, 3002.10.2, 3002.10.3, 3002.20.1, 3002.20.2, 3006.30.1 e 3006.30.2 e nos códigos 3002.90.20, 3002.90.92, 3002.90.99, 3005.10.10, 3006.60.00, todos da NCM. Art. 3º Ficam, também, reduzidas a zero as alíquotas da Contribuição para o PIS/PASEP e da COFINS incidentes sobre a receita bruta decorrente da venda, no mercado interno, de sêmens e embriões da posição 05.11 da NCM".

[253] "Art. 1º Ficam reduzidas a zero as alíquotas da Contribuição para o PIS/PASEP e da Contribuição para o Financiamento da Seguridade Social – COFINS incidentes sobre as receitas financeiras auferidas pelas pessoas jurídicas sujeitas ao regime de incidência não-cumulativa das referidas contribuições. Parágrafo único. O disposto no *caput* não se aplica às receitas financeiras oriundas de juros sobre capital próprio e as decorrentes de operações de *hedge*".

9.5. Alterações de alíquota e fato gerador: vendas realizadas antes da alteração e receitas vinculadas a exercícios futuros

Tema de grande relevância, que afeta principalmente a área da construção civil, foi trazido à tona por Edison Carlos Fernandes, em estudo denominado *Aspectos da Incidência da COFINS sobre a Atividade Imobiliária* (RDDT 74/16-24), com a seguinte indagação: "qual o tratamento a ser dado para a receita das vendas realizadas antes da entrada em vigor da Lei nº 9.718/98, cujos registros contábeis estão mantidos em conta de Resultado de Exercícios Futuros?".

O problema que se põe é saber qual a alíquota aplicável às vendas feitas, antes da entrada em vigor de uma nova alíquota do tributo, de bens cuja entrega e/ou recebimento do preço se darão em data posterior.

Nas vendas a prazo ou em prestações, com pagamento após o término do período de apuração da venda, para fins da legislação do imposto de renda, há permissão expressa compilada no art. 413[254] do Regulamento do Imposto de Renda de 1999, outorgando à pessoa jurídica o direito de reconhecer o lucro à medida do recebimento efetivo da receita.

Trata-se, como se vê, de exceção à regra do regime de competência, que determinaria, não houvesse essa regra, que o lucro devesse ser reconhecido imediatamente, ou seja, na data da venda, independentemente do recebimento do preço.

Da regra reproduzida na nota 254, resulta claro que: (a) é uma opção para fins de apuração do imposto de renda; (b) a venda ocorre na data em que é efetivada, e apenas o pagamento do imposto de renda é que será diferido para os exercícios futuros.

---

[254] "Art. 413. Na venda a prazo, ou em prestações, com pagamento após o término do ano-calendário da venda, o lucro bruto poderá, para efeito de determinação do lucro real, ser reconhecido nas contas de resultado de cada período de apuração proporcionalmente à receita da venda recebida, observadas as seguintes normas (Decreto-Lei nº 1.598, de 1977, art. 29): I – o lucro bruto será registrado em conta específica de resultados de exercícios futuros, para a qual serão transferidos a receita de venda e o custo do imóvel, inclusive o orçado (art. 412), se for o caso; II – por ocasião da venda será determinada a relação entre o lucro bruto e a receita bruta de venda e, em cada período de apuração, será transferida para as contas de resultado parte do lucro bruto proporcional à receita recebida no mesmo período; III – a atualização monetária do orçamento e a diferença posteriormente apurada, entre custo orçado e efetivo, deverão ser transferidas para a conta específica de resultados de exercícios futuros, com conseqüente reajustamento da relação entre o lucro bruto e a receita bruta de venda, de que trata o inciso II, levando-se à conta de resultados a diferença de custo correspondente à parte do preço de venda já recebido; IV – se o custo efetivo foi inferior, em mais de quinze por cento, ao custo orçado, aplicar-se-á o disposto no § 2º do art. 412. § 1º Se a venda for contratada com juros, estes deverão ser apropriados nos resultados dos períodos de apuração a que competirem (Decreto-Lei nº 1.598, de 1977, art. 29, § 1º). § 2º A pessoa jurídica poderá registrar como variação monetária passiva as atualizações monetárias do custo contratado e do custo orçado, desde que o critério seja aplicado uniformemente (Decreto-Lei nº 2.429, de 14 de abril de 1988, art. 10)".

No caso da COFINS, cujo fato gerador é a venda, e o tributo deverá ser pago (ressalvado a opção pelo *regime de caixa*[255] no lucro presumido) quando esta ocorre,[256] independentemente da data do recebimento do preço, temos que a alíquota aplicável é a alíquota vigente nesta data, e não a vigente na data do recebimento do valor objeto da venda.

Temos essa convicção em razão do fato de que a alíquota aplicável não pode ser outra senão aquela vigente na data da ocorrência do fato gerador, e o fato gerador se dá não no recebimento do valor contratado, mas já no ato da venda.[257] Admitir o contrário levaria a conclusão de que a COFINS estaria sujeita ao *regime de caixa*, e não *regime de competência*; esta, como se sabe, é a regra geral, enquanto aquela, a exceção.

Nesse ponto, são irretocáveis as conclusões do autor antes mencionado, que, ao alertar para a pretensão contrária da SRF, conclui:

> Em decorrência de tudo o que foi apresentado acima, é forçoso concluir que as receitas de venda de unidade imobiliária que se encontravam em conta do Resultado de Exercício Futuro em 31 de janeiro de 1999 não deverá sofrer a incidência da Contribuição para o Financiamento da Seguridade Social – COFINS ou a serão à alíquota de 2%, em conformidade com o disposto no artigo 2º da Lei Complementar nº 70/91. (op. cit., p. 24)

Como bem ressalta o autor, não se trata de argüição de inconstitucionalidade, mas, sim, de inaplicação do dispositivo majorador da alíquota para o conjunto de vendas já realizadas na data de sua entrada em vigor.

---

[255] Hipótese em que o pagamento da COFINS se dará apenas quando do efetivo recebimento. Segundo dispõe o art. 11 da Lei nº 10.931, de 2 de agosto de 2004: "As contribuições para o PIS/PASEP e para a COFINS, devidas pelas pessoas jurídicas, inclusive por equiparação, de que trata o art. 31 da Lei nº 8.981, de 20 de janeiro de 1995, seguirão o mesmo regime de reconhecimento de receitas previsto na legislação do imposto de renda."

[256] No prazo de vencimento relativo ao período de apuração da venda.

[257] Esse é o entendimento da SRF e dos tribunais, a exemplo dos seguintes arestos, reproduzidos apenas nos trechos pertinentes: "1. A COFINS incide sobre a comercialização de imóveis. Precedente erigido após o julgamento do ERESP 166.374/PE da 1ª Seção. 2. O fato gerador da COFINS é o faturamento mensal da empresa, assim considerada a receita bruta de vendas de mercadorias e de serviços, nos termos da Lei Complementar nº 70/91. 3. A empresa que comercializa imóveis é equiparada à empresa comercial, e, como tal, tem faturamento com base nos imóveis vendidos, como resultado econômico da atividade empresarial exercida." (STJ – AGRESP 504078 – SP – 1ª T. – Rel. Min. Luiz Fux – DJU 29.09.2003 – p. 00164); "2. O fato gerador da COFINS é o faturamento mensal da empresa, assim considerada a receita bruta de vendas de mercadorias e de serviços, Lei Complementar nº 70/91. 3. A empresa que comercializa imóveis é equiparada à empresa comercial, e, como tal, tem faturamento com base nos imóveis vendidos, como resultado econômico da atividade empresarial exercida." (STJ – ERESP 195122 – MG – 1ª S. – Rel. Min. Luiz Fux – DJU 16.12.2002).

10. Método de arrecadação

10.1. Primeira fase: pagamento pelo contribuinte

Ao ser instituída, a COFINS foi cobrada diretamente do contribuinte, que, ao final de cada mês, apurava o faturamento que havia obtido no período e recolhia aos cofres da União percentual de 2% sobre a referida base de cálculo.

10.2. Segunda fase: pagamento pelo contribuinte e retenção por entidades de direito público

Em 1996, foi publicado o art. 64 da Lei nº 9.430/96, que introduziu a primeira alteração significativa no recolhimento da COFINS, ao estabelecer que os pagamentos efetuados por órgãos, autarquias e fundações da administração pública federal a pessoas jurídicas, pelo fornecimento de bens ou prestação de serviços, estão sujeitos à retenção, dentre outros tributos, da COFINS.

Essa retenção foi mais recentemente regulamentada pela Instrução Normativa SRF nº 306/2003, que disciplina detalhadamente todas as hipóteses possíveis de beneficiários de pagamentos e as normas específicas aplicáveis a cada caso.

10.3. Terceira fase: pagamento pelo contribuinte e retenção por entidades de direito público e tomadores de serviço em geral

A forma de arrecadação da COFINS foi alterada em 2003 por força dos arts. 30, 31, 32, 34 a 36 da Lei nº 10.833, regulada pela Instrução Normativa nº 381/03, instituindo nova obrigatoriedade de retenção de valores a título de COFINS.

Desde então, as prestações de serviços efetuados por pessoas jurídicas de Direito Privado, referente aos serviços de limpeza, conservação, manutenção, segurança, vigilância, transporte de valores e locação de mão-de-obra, pela prestação de serviços de assessoria creditícia, mercadológica, gestão de crédito, seleção e riscos, administração de contas a pagar e a receber, bem como pela remuneração de serviços profissionais; passaram a ter o seu pagamento descontado pela empresa tomadora do serviço em percentual de 4,65% referente à COFINS (3%), PIS (1%) e CSLL (0,65%).[258]

Portanto, quando a tomadora[259] dos serviços arrolados no artigo 30 da Lei nº 10.833 e artigo 1º da Instrução Normativa nº 381 fizer o pagamento da prestação contratada, deverá reter o valor referente a 4,65% e repassar este valor para a Receita Federal, até o último dia útil da semana subseqüente àquela quinzena em que tiver ocorrido o pagamento à pessoa jurídica fornecedora dos bens ou prestadora do serviço (artigo 35 da Lei nº 10.833).

Finalmente, a Lei nº 10.925, de 23 de julho de 2004, em seu artigo 5º, alterou a redação do art. 31 da Lei nº 10.833, de 29 de dezembro de 2003, introduzindo os §§ 3º e 4º, que dispensam a retenção para pagamentos cujo total no mês seja de valor igual ou inferior a R$ 5.000,00 (cinco mil reais).[260] Quanto às demais hipóteses, a sistemática continua a mesma referida no item acima.

10.4. COFINS substituição tributária

10.4.1. Constitucionalidade

A Constituição Federal veio a contemplar o instituto da substituição tributária – *técnica de arrecadação que facilita a Administração Pública na fiscalização e controle da sonegação* – somente em 1993 por força da Emenda Constitucional nº 3, cujo artigo 1º inseriu no art. 150 da CF/88 o seguinte parágrafo:

> § 7º. A lei poderá atribuir a sujeito passivo de obrigação tributária a condição de responsável pelo pagamento de imposto ou contribuição, cujo fato gerador deva concorrer posteriormente, assegurada a imediata e preferencial restituição da quantia paga, caso não se realize o fato gerador presumido.

Muito embora a LC 70/91 seja anterior à Emenda Constitucional, o Supremo Tribunal Federal, na linha do precedente firmado relativamente ao ICMS, decidiu pela legitimidade constitucional da cobrança em substituição para frente, mesmo antes da Emenda Constitucional que acrescentou

---

[258] Note-se que as alíquotas de retenção serão as mesmas independentemente de a pessoa jurídica beneficiária do pagamento estar sujeita ao regime não-cumulativo (IN SRF 381/03, art. 2º, § 1º).
[259] As empresas optantes pelo SIMPLES não estão obrigadas a efetuar a retenção, quando fizerem pagamentos (IN SRF 381/03, art. 1º, § 2º).
[260] DOU 26.07.2004, p. 2.

o § 7º.²⁶¹ No entanto, a própria Lei Complementar nº 70, em seus arts. 3º e 4º,²⁶² e, posteriormente, a Lei nº 9.718/98 trataram de deslocar, em determinadas hipóteses, a responsabilidade sobre a contribuição. Reportamos, a seguir, os diversos casos de substituição tributária e de *incidência unifásica* da COFINS.

10.4.2. Fabricantes de cigarros

O artigo 3ª da LC 70/91 refere-se aos *fabricantes de cigarros* que substituem os comerciantes varejistas no pagamento da COFINS, pagando um tributo calculado sobre 118% multiplicado pelo preço da venda do produto no varejo.²⁶³

---

²⁶¹ O *leading case* é o Recurso Extraordinário nº 213.696-5/SP, julgado em 02.08.1999, tendo como relator o Min. Ilmar Galvão (DJ 01.12.2000). Embora a decisão do Supremo Tribunal deva ser respeitada, fazemos nossas as palavras do voto vencido do Ministro Marco Aurélio, contrário à possibilidade de cobrança. Nesta linha, as primeiras discussões remontam para a questão da adequação da COFINS ao ordenamento jurídico. Analogicamente, os Tribunais Regionais tem aplicado a decisão do Supremo a respeito do ICMS para referendar a instituição da COFINS: "TRIBUTÁRIO. RECOLHIMENTO DAS CONTRIBUIÇÕES DESTINADAS AO PIS/PASEP E À COFINS SEM A INCLUSÃO DO IPI. REGIME DE SUBSTITUIÇÃO TRIBUTÁRIA RELATIVA A FATO GERADOR FUTURO. CF/88, ART. 150, § 7º. MP 2.158/2001. IN Nº 54/2000. INEXISTÊNCIA DE INCONSTITUCIONALIDADE. 1. O regime de substituição tributária é previsto na Carta Magna. 2. A cobrança das contribuições destinadas ao PIS/PASEP e à COFINS, nos termos do art. 43 da MP 2.158/2001, está de acordo com o disposto no § 7º do art. 150 da Constituição Federal de 1988. 3. Apelação improvida". (TRF 1ª, AMS 2002380111/MG, 4ª Turma, Rel. Des. Hilton Queiroz, DJ 02/04/2003). No mesmo sentido: "TRIBUTÁRIO. ART 64 DA LEI Nº 9.430/96. IR, CSL, PIS E COFINS. SUBSTITUIÇÃO TRIBUTÁRIA. CONSTITUCIONALIDADE. 1. A cobrança antecipada do IR, CSL, PIS e COFINS, nos termos do art. 64 da Lei nº 9.430/96 está de acordo com o disposto no § 7º do art. 150 da Constituição, acrescentado pela Emenda Constitucional nº 3/93. 2. Apelo improvido". (TRF 1ª R, AMS 199901001071487/DF, 4ª Turma, Rel. Des. Hilton Queiroz, DJ 09/10/2001, p. 151); "PROCESSUAL CIVIL E TRIBUTÁRIO. AÇÃO CAUTELAR. COFINS. CO-MERCIANTES VAREJISTAS DE COMBUSTÍVEIS. SUBSTITUIÇÃO TRIBUTÁRIA. COMPENSAÇÃO. 1. Não e ilegal e nem maltrata o principio da igualdade tributária o recolhimento da COFINS pelos distribuidores de derivados de petróleo e álcool etílico hidratado, na condição de substitutos tributários dos comerciantes varejistas de combustíveis (LC nº 70/91 – art. 4º). 2. A ação cautelar, que tem por vocação a busca de um resultado útil para o processo de fundo, em termos de eficácia da sua sentença, não é o meio adequado para fazer compensação tributária. 3. Improvimento da apelação." (TRF 1ª R, AC 199901000610352/BA, 3ª Turma, Rel. Des. Olindo Menezes, DJ 11/10/2000, p. 94); "PROCESSUAL CIVIL E TRIBUTÁRIO. COFINS. COMERCIANTES VAREJISTAS DE COMBUSTÍVEIS. SUBSTITUIÇÃO TRIBUTÁRIA. COMPENSAÇÃO. 1. Não é ilegal e nem maltrata o princípio da igualdade tributária o recolhimento da COFINS pelos distribuidores de derivados de petróleo e álcool etílico hidratado, na condição de substitutos tributários dos comerciantes varejistas de combustíveis (LC nº 709/91 – art. 4º). 2. Provimento parcial da apelação. Remessa oficial prejudicada." (TRF 1ª R, AC 200001000250549/BA, 3ª Turma, Rel. Des. Olindo Menezes, DJ 10/08/2000, p. 63)

²⁶² "Art. 3º. A base de cálculo da contribuição mensal devida pelos fabricantes de cigarros, na condição de contribuintes e de substitutos dos comerciantes varejistas, será obtida multiplicando-se o preço de venda do produto no varejo por cento e dezoito por cento."; "Art. 4º. A contribuição mensal devida pelos distribuidores de derivados de petróleo e álcool etílico hidratado para fins carburantes, na condição de substitutos dos comerciantes varejistas, será calculada sobre o menor valor, no País, constante da tabela de preços máximos fixados para venda a varejo, sem prejuízo da contribuição incidente sobre suas próprias vendas".

²⁶³ "Art. 3º A base de cálculo da contribuição mensal devida pelos fabricantes de cigarros, na condição de contribuintes e de substitutos dos comerciantes varejistas, será obtida multiplicando-se o preço de venda do produto no varejo por cento e dezoito por cento".

10.4.3. Refinarias de petróleo

A Lei nº 9.718/98 introduziu inovações na substituição tributária da COFINS através de seus artigos 4º, 5º e 6º, que sofreram sucessivas alterações.[264] O artigo 4º trata da substituição tributária dos distribuidores de derivados de petróleo e álcool etílico hidratado para fins carburantes que suprimirão o pagamento dos varejistas, conforme evolução legislativa:

– redação original:
Art. 4º As refinarias de petróleo, relativamente às vendas que fizerem, ficam obrigadas a cobrar e a recolher, na condição de contribuintes substitutos, as contribuições a que se refere o art. 2º, devidas pelos distribuidores e comerciantes varejistas de combustíveis derivados de petróleo, inclusive gás.
Parágrafo único. Na hipótese deste artigo, a contribuição será calculada sobre o preço de venda da refinaria, multiplicado por quatro.

– redação dada pela Lei nº 9.990, 21.7.2000:
Art. 4º As contribuições para os Programas de Integração Social e de Formação do Patrimônio do Servidor Público – PIS/Pasep e para o Financiamento da Seguridade Social – COFINS, devidas pelas refinarias de petróleo serão calculadas, respectivamente, com base nas seguintes alíquotas:
I – dois inteiros e sete décimos por cento e doze inteiros e quarenta e cinco centésimos por cento, incidentes sobre a receita bruta decorrente da venda de gasolinas, exceto gasolina de aviação;
II – dois inteiros e vinte e três centésimos por cento e dez inteiros e vinte e nove centésimos por cento, incidentes sobre a receita bruta decorrente da venda de óleo diesel;
III – dois inteiros e cinqüenta e seis centésimos por cento e onze inteiros e oitenta e quatro centésimos por cento incidentes sobre a receita bruta decorrente da venda de gás liquefeito de petróleo – GLP;
IV – sessenta e cinco centésimos por cento e três por cento incidentes sobre a receita bruta decorrente das demais atividades.
Parágrafo único. Revogado

– redação dada pela Lei nº 10.865, de 2004:
Art. 4º As contribuições para os Programas de Integração Social e de Formação do Patrimônio do Servidor Público – PIS/PASEP e para o Financiamento da Seguridade Social – COFINS devidas pelos produtores e importadores de derivados de petróleo serão calculadas, respectivamente, com base nas seguintes alíquotas:
I – 5,08% (cinco inteiros e oito centésimos por cento) e 23,44% (vinte inteiros e quarenta e quatro centésimos por cento), incidentes sobre a receita bruta decorrente da venda de gasolinas e suas correntes, exceto gasolina de aviação;
II – 4,21% (quatro inteiros e vinte e um centésimos por cento) e 19,42% (dezenove inteiros e quarenta e dois centésimos por cento), incidentes sobre a receita bruta decorrente da venda de óleo diesel e suas correntes;

---

[264] Pela inconstitucionalidade da substituição: PASTORELLO, Dirceu Antonio. Anotações sobre o regime de substituição Tributária para frente, introduzido pela Lei 9.718/98: aplicável às contribuições para o Programa de Integração Social (PIS) e Contribuição ao Fundo de Investimento Social (COFINS). A introdução da incidência unifásica com alíquotas zero nas fases subseqüentes. *In: Revista Tributária e de Finanças Públicas* n. 51, p. 150/168.

III – 10,2% (dez inteiros e dois décimos por cento) e 47,4% (quarenta e sete inteiros e quatro décimos por cento) incidentes sobre a receita bruta decorrente da venda de gás liquefeito de petróleo (GLP) dos derivados de petróleo e gás natural;
IV – sessenta e cinco centésimos por cento e três por cento incidentes sobre a receita bruta decorrente das demais atividades.
Parágrafo único. Revogado.

Nota-se que inicialmente as refinarias atuavam como substitutas tributárias dos distribuidores e comerciantes varejistas, sendo esta realidade alterada pela Lei n° 9.990/2000 e, mais recentemente, pela Lei n° 10.865/2004 que extinguiu a substituição tributária no caso das Refinarias, segundo afirma Heleno Taveira Torres, no estudo já citado, que assim sintetiza a tributação pela COFINS:

> Como se verifica, a entrada em vigor da Lei nº 10.865, de 30 de abril de 2004, que trouxe novo regime de não-cumulatividade para a Contribuição aos Programas PIS/PASEP e COFINS, instituiu novo tratamento para os produtores e importadores de petróleo, quanto às alíquotas aplicáveis aos regimes monofásicos, bem como alterações quanto à base de cálculo, nos casos sujeitos à não-cumulatividade, inclusive ampliando-a para os monofásicos.
> As refinarias assim encontram-se submetidas à tributação, como segue:
> 1) Todas as pessoas jurídicas devem se submeter ao *regime geral*, que é aquele da *não-cumulatividade*, salvo os casos das demais atividades e da chamada "incidência monofásica".
> 2) As únicas *exclusões* admitidas ao regime supracitado são as pessoas jurídicas referidas nos art. 10 da Lei nº 10.833/03 e 8º da 10.684/03, dentre as quais não se encontram as refinarias, logo, a estas deve-se aplicar o regime geral.
> 3) às "demais atividades" aplicar-se-á sempre a não-cumulatividade, cuja *base de cálculo* deve ser apurada de acordo com o art. 3º, é dizer, nos termos dos §§ 7º e 8º, com rateio proporcional, e considerando a *alíquota de entrada* segundo o § 1º do art. 3º (PIS: 1,65%; COFINS: 7,6%), para os fins de determinação dos descontos previstos no *caput* do art. 3º.
> 4) Apurada a base de cálculo, para obter o valor do *quantum debeatur*, devem ser aplicadas as alíquotas pertinentes, que não serão aquelas do art. 2º das leis 10.833/03 e 10.684/03 (PIS: 1,65%; COFINS: 7,6%), mas sim as que constam da do art. 3º, IV, da Lei nº 9.990/00, que trata estritamente das alíquotas aplicáveis às "demais atividades" de refinarias; lei especial, portanto, que, não havendo sofrido revogação expressa, tampouco tácita, remanesce em vigor, propagando todos os seus efeitos, mesmo após a Lei nº 10.865/04.
> 5) Aos monofásicos, que passaram a ter direito aos descontos permitidos, aplicar-se-ão as alíquotas majoradas pela Lei nº 10.865/04.
> 6) Por disposição expressa do inciso I, do § 3º, do art. 1º, das Leis nº 10.833/03 e 10.684/03, estariam *excluídas da respectiva base de cálculo* as receitas isentas, não tributáveis ou sujeitas a alíquota-zero, mas como as pessoas jurídicas sujeitas ao regime de substituição foram excluídas do próprio regime não-cumulativo (no caso da COFINS), ao que as operações da cadeia encontram-se excluídas das respectivas bases de cálculo das distribuidoras e as demais receitas sujeitas ao mecanismo cumulativo (cf. art. 2º, § 1º, I; art. 3º, I, "b"; art. 10, VII, "b", da Lei nº 10.833/03).

Para os efeitos de exigibilidade, as contribuições para o PIS e a COFINS serão devidas pelas refinarias de petróleo quando apurado o faturamento mensal, nos termos dos art. 1º, da Lei nº 10.637/02 e da Lei nº 10.833/03. Dessa base de cálculo, das receitas referentes às vendas de que trata o art. 4º, da Lei nº 9.718/98, em função das pessoas jurídicas, quando submetidas à *incidência monofásica* da contribuição, serão excluídos os descontos permitidos, a exemplo do que já vigia para o regime geral das "demais atividades.

Dessome-me, assim, para as *refinarias*, com nítida evidência, que a regra do inciso IV, do art. 4º, da Lei nº 9.718/98, com a redação dada pela Lei nº 9990/00, firmou-se como garantia de regime de especificidade quanto ao tratamento das receitas brutas decorrentes das *demais atividades*, mesmo após a mudança do regime geral projetada pelas Leis nº 10.637/02 e 10.833/03.[265]

10.4.4. Distribuidoras de álcool para fins carburantes

As distribuidoras de álcool para fins carburantes também sofreram a incidência da COFINS-substituição na redação original do artigo 5º da Lei nº 9.718/98, como se pode perceber da evolução:

– redação original:
Art. 5º As distribuidoras de álcool para fins carburantes ficam obrigadas a cobrar e a recolher, na condição de contribuintes substitutos, as contribuições referidas no art. 2º, devidas pelos comerciantes varejistas do referido produto, relativamente às vendas que lhes fizerem.
Parágrafo único. Na hipótese deste artigo, a contribuição será calculada sobre o preço de venda do distribuidor, multiplicado por um inteiro e quatro décimos.

– redação dada pela Lei nº 9.990, 21.7.2000:
Art. 5º As contribuições para os Programas de Integração Social e de Formação do Patrimônio do Servidor Público – PIS/Pasep e para o Financiamento da Seguridade Social – COFINS devidas pelas distribuidoras de álcool para fins carburantes serão calculadas, respectivamente, com base nas seguintes alíquotas:
I – um inteiro e quarenta e seis centésimos por cento e seis inteiros e setenta e quatro centésimos por cento, incidentes sobre a receita bruta decorrente da venda de álcool para fins carburantes, exceto quando adicionado à gasolina;
II – sessenta e cinco centésimos por cento e três por cento incidentes sobre a receita bruta decorrente das demais atividades.
Parágrafo único. *Revogado*.

10.4.5. Distribuidoras de combustíveis de petróleo

A COFINS-substituição para as distribuidoras de combustíveis de petróleo foi criada pelo artigo 6º da Lei nº 9.718, de 1998 e sofreu a seguinte evolução:

– redação original:

---
[265] Op. cit.

Art. 6º As distribuidoras de combustíveis ficam obrigadas ao pagamento das contribuições a que se refere o art. 2º sobre o valor do álcool que adicionarem à gasolina, como contribuintes e como contribuintes substitutos, relativamente às vendas, para os comerciantes varejistas, do produto misturado.
Parágrafo único. Na hipótese deste artigo, os valores das contribuições deverão ser calculados, relativamente à parcela devida na condição de:
I – contribuinte: tomando por base o valor resultante da aplicação do percentual de mistura, fixado em lei, sobre o valor da venda;
II – contribuinte substituto: tomando por base o valor resultante da aplicação do percentual de mistura, fixado em lei, sobre o valor da venda, multiplicado pelo coeficiente de um inteiro e quatro décimos.

– Redação dada pela Lei nº 9.990, 21.7.2000:
Art. 6º O disposto no art. 4º desta Lei aplica-se, também, aos demais produtores e importadores dos produtos ali referidos.
Parágrafo único. Na hipótese de importação de álcool carburante, a incidência referida no art. 5º dar-se-á na forma de seu:
I – inciso I, quando realizada por distribuidora do produto;
II – inciso II, nos demais casos.

10.4.6. Veículos automotores

Por fim, o art. 43[266] da Medida Provisória nº 2.158-35, de 24 de agosto de 2001, que implementou a substituição tributária *veículos automotores*, tendo como base de cálculo seria o preço da venda do bem pelo fabricante. Posteriormente, o dispositivo foi alterado pela Lei nº 10.637/02.[267]

10.4.7. Devolução dos valores pagos a maior ou indevidamente

Ultrapassada a fase de questionamento sobre a constitucionalidade da substituição tributária no caso da COFINS, de que tratamos no item 10.4.1, há que se debater ainda mais uma questão polêmica.

---

[266] "Art. 43. As pessoas jurídicas fabricantes e os importadores dos veículos classificados nas posições 8432, 8433, 8701, 8702, 8703 e 8711, e nas subposições 8704.2 e 8704.3, da TIPI, relativamente às vendas que fizerem, ficam obrigadas a cobrar e a recolher, na condição de contribuintes substitutos, a contribuição para o PIS/PASEP e COFINS, devidas pelos comerciantes varejistas. Parágrafo único. Na hipótese de que trata este artigo, as contribuições serão calculadas sobre o preço de venda da pessoa jurídica fabricante."

[267] "Art. 43. As pessoas jurídicas fabricantes e os importadores dos veículos classificados nas posições 8432, 8433, 8701, 8702, 8703 e 8711, e nas subposições 8704.2 e 8704.3, da TIPI, relativamente às vendas que fizerem, ficam obrigadas a cobrar e a recolher, na condição de contribuintes substitutos, a contribuição para o PIS/PASEP e COFINS, devidas pelos comerciantes varejistas. § 1º Na hipótese de que trata este artigo, as contribuições serão calculadas sobre o preço de venda da pessoa jurídica fabricante. § 2º O disposto neste artigo, no que diz respeito aos produtos classificados nas posições 84.32 e 84.33, alcança apenas os veículos autopropulsados descritos nos Códigos 8432.30, 8432.40.00, 8432.80.00 (exceto rolos para gramados ou campo de esporte), 8433.20, 8433.30.00, 8433.40.00 e 8433.5".

A Constituição Federal faculta ao legislador a criação de substituição tributária sobre fatos geradores futuros (art. 150, § 7º CF). A dúvida que surge é se acaso não ocorrido o fato gerador futuro, ou, mesmo ocorrido, mas em valor menor, estaria o contribuinte autorizado a pleitear a restituição do valor pago a maior.

A doutrina tributária pátria aponta para a necessidade constitucional de restituição em casos de pagamento a maior ou em caso de não ocorrência do fato gerador futuro.[268]

O Supremo Tribunal Federal já teve oportunidade de decidir caso envolvendo matéria semelhante, mas tratando sobre ICMS:

TRIBUTÁRIO. ICMS. SUBSTITUIÇÃO TRIBUTÁRIA. CLÁUSULA SEGUNDA DO CONVÊNIO 13/97 E §§ 6º E 7º DO ART. 498 DO DEC. Nº 35.245/91 (REDAÇÃO DO ART. 1º DO DEC. Nº 37.406/98), DO ESTADO DE ALAGOAS. ALEGADA OFENSA AO § 7º DO ART. 150 DA CF (REDAÇÃO DA EC 3/93) E AO DIREITO DE PETIÇÃO E DE ACESSO AO JUDICIÁRIO. Convênio que objetivou prevenir guerra fiscal resultante de eventual concessão do benefício tributário representado pela restituição do ICMS cobrado a maior quando a operação final for de valor inferior ao do fato gerador presumido. Irrelevante que não tenha sido subscrito por todos os Estados, se não se cuida de concessão de benefício (LC 24/75, art. 2º, inc. 2º). Impossibilidade de exame, nesta ação, do decreto, que tem natureza regulamentar. A EC nº 03/93, ao introduzir no art. 150 da CF/88 o § 7º, aperfeiçoou o instituto, já previsto em nosso sistema jurídico-tributário, ao delinear a figura do fato gerador presumido e ao estabelecer a garantia de reembolso preferencial e imediato do tributo pago quando não verificado o mesmo fato a final. A circunstância de ser presumido o fato gerador não constitui óbice à exigência antecipada do tributo, dado tratar-se de sistema instituído pela própria Constituição, encontrando-se regulamentado por lei complementar que, para definir-lhe a base de cálculo, se valeu de critério de estimativa que a aproxima o mais possível da realidade. A lei complementar, por igual, definiu o aspecto temporal do fato gerador presumido como sendo a saída da mercadoria do estabelecimento do contribuinte substituto, não deixando margem para cogitar-se de momento diverso, no futuro, na conformidade, aliás, do previsto no art. 114 do CTN, que tem o fato gerador da obrigação principal como a situação definida em lei como necessária e suficiente à sua ocorrência. O fato gerador presumido, por isso mesmo, não é provisório, mas definitivo, não dando ensejo a restituição ou complementação do imposto pago, senão, no primeiro caso, na hipótese de sua não-realização final. Admitir o contrário valeria por despojar-se o instituto das vantagens que determinaram a sua concepção e adoção, como a redução, a um só tempo, da máquina-fiscal e da evasão fiscal a dimensões mínimas, propiciando, portanto, maior comodidade, economia, eficiência e celeridade às atividades de tributação e arrecadação. Ação

---

[268] COMUNELLO, Luigi. Considerações sobre a substituição tributária – de fato gerador futuro. *In: Revista Tributária e Finanças Públicas* n. 43, p. 69; e PASTORELLO, Dirceu Antonio. Anotações sobre o regime de substituição para frente, introduzido pela Lei nº 9.718/98: aplicável às contribuições para o Programa de Integração Social (PIS) e Contribuição ao Fundo de Investimento Social (COFINS). A Introdução da incidência unifásica com alíquotas zero nas fases subseqüentes. *In: Revista Tributária e de Finanças* n. 51, p. 155.

conhecida apenas em parte e, nessa parte, julgada improcedente. (STF – ADI 1.851/AL – Tribunal Pleno – Rel. Min. Ilmar Galvão – j. 08.05.2002 – DJ 22.11.2002, p. 55)

Neste *leading case,* ficou decidido que não há direito a restituição quando o valor pago difere do valor efetivamente negociado, seja para mais, seja para menos. Segundo posicionamento do Supremo, que em seguida foi seguido pelos cortes inferiores, a restituição só será cabível quando comprovada a inocorrência do fato gerador. Os Tribunais Regionais Federais acenam com a mesma orientação, consoante jurisprudência iterativa:

TRIBUTÁRIO. PIS/COFINS. COMBUSTÍVEIS DERIVADOS DE PETRÓLEO. ART. 4º, LEI Nº 9.718/98. ART. 150, § 7º, DA CF/88. SUBSTITUIÇÃO TRIBUTÁRIA PROGRESSIVA. RESTITUIÇÃO. POSSIBILIDADE. SUBSTITUIÇÃO TRIBUTÁRIA. 1. A via mandamental tornou-se meio próprio para o reconhecimento do direito à compensação, conforme consta da Súmula nº 213 do STJ. 2. Na modalidade de compensação aplicada ao caso em tela, afigura-se desnecessária a juntada das guias DARF aos autos, já que o provimento jurisdicional não substitui o Fisco na verificação de que os valores apresentados foram recolhidos indevidamente. 3. O art. 4º da Lei 9.718/98, fundamentado no § 7º do art. 150 da Carta Magna, estabeleceu a contribuição ao PIS e a COFINS devida pelos contribuintes do setor de petróleo, no regime da substituição tributária "para frente". 4. O § 7º do art. 150 da Constituição, introduzido pela Emenda Constitucional nº 03, de 1993, consolidou, em nosso ordenamento, o mecanismo da substituição tributária progressiva. 5. A Corte Suprema, em recente julgamento, acerca desta matéria, entendeu que a restituição assegurada pelo § 7º, do art. 150, da CF, restringe-se apenas à hipótese de inocorrência do fato gerador presumido, não havendo que se falar em tributo pago a maior ou a menor por parte do contribuinte substituído, porquanto o sistema da substituição tributária progressiva é adotado para produtos cujos preços de revenda final são previamente fixados ou tabelados. (TRF 4ªR – AMS 20002711080 – 2ª Turma – Rel. Des. Dirceu de Almeira Soares – DJ 13.04.2004).
TRIBUTÁRIO. PIS. COFINS. OPERAÇÕES ENVOLVENDO DERIVADOS DE PETRÓLEO. SUBSTITUIÇÃO TRIBUTÁRIA PROGRESSIVA. RESTITUIÇÃO PREFERENCIAL E IMEDIATA. INTELIGÊNCIA DO ART. 150, § 7O, DA CF. NÃO-CUMULATIVIDADE. 1. O PIS e a COFINS, na sistemática de substituição tributária, admitem a restituição imediata, conforme o mecanismo de preços. Entretanto, tal regime de recolhimento não implica transformá-los em não-cumulativos. 2. Desimporta, no âmbito fiscal, que o preço de revenda seja inferior ao do fato gerador presumido, eis que, realizado o fato imponível, surge desde logo a obrigação tributária, sendo dever do substituo cumpri-la. 3. Apenas nos casos em que não ocorrido o fato gerador a Constituição possibilita a restituição que, no caso de ser buscada pelo substituído, interessado econômico, sê-lo-á na via judicial. 4. O e. STF já reconheceu que o fato gerador presumido é definitivo, não dando ensejo a restituição ou complementação do imposto pago quando a base de cálculo efetiva configurar-se menor do que a eleita pelo legislador. 5. Apelação provida em parte. (TRF 4ª R – AC 2001.70.08.0033495/PR – 1ª Turma – Rel. Des. Wellington M de Almeida – DJ 04.02.2004)

AGRAVO DE INSTRUMENTO. ANTECIPAÇÃO DE TUTELA. SUBSTITUIÇÃO TRIBUTÁRIA. RESTITUIÇÃO IMEDIATA E PREFERENCIAL. ART. 150, § 7º DA CF/88. PIS E COFINS. LITISCONSÓRCIO ULTERIOR. RECURSO PARCIALMENTE PROVIDO. 1. Irrecusável litisconsórcio ativo facultativo ulterior, requerido antes do deferimento da tutela antecipada ao primeiro autor, bem como da citação, na inocorrência de quaisquer das hipóteses de recusabilidade do litisconsórcio ativo facultativo, previstas no § único do art. 46 do CPC. Matéria exclusivamente de direito que comporta uma solução única, não havendo comprometimento no rápido deslinde do litígio ou mesmo dificuldade para a defesa da União Federal. 2. "A restituição assegurada pelo § 7º, do art. 150, da CF, restringe-se apenas às hipóteses de não vir a ocorrer o fato gerado presumido, não havendo que se falar em tributo pago a maior ou a menor por parte do contribuinte substituído, porquanto o sistema de substituição tributária progressiva é adotado para produtos cujos preços de revenda final são previamente fixados ou tabelados, sendo, por isso, apenas eventuais as hipóteses de excesso de tributação." Interpretação do Eg. Supremo Tribunal Federal. 3. Ausência da verossimilhança do direito invocado, à míngüa de previsão legal para a restituição pretendida. 4. Aplicabilidade da vedação contida no art. 170-A do Código de Processo Civil, introduzido pela LC nº 104/2001. 5. Agravo de Instrumento parcialmente provido, prejudicado o Agravo Regimental. (TRF 2ªR – AG 2001.02.01.0236170/RJ – 4ª Turma – DJ 09.04.2003)

CONSTITUCIONAL, TRIBUTÁRIO E PROCESSUAL CIVIL. AGRAVO DE INSTRUMENTO. ANTECIPAÇÃO DE TUTELA REVOGADA PELO JUIZ. POSSIBILIDADE. ARTIGO 273 § 4º DO CPC. COFINS E PIS. LEI 9.718/98. ARTS. 4º, 5º E 6º. CONSTITUCIONALIDADE. SUBSTITUIÇÃO TRIBUTÁRIA ANTECIPADA. ARTIGO 150, § 7º DA CF/88. I – Nas hipóteses de substituição tributária, conforme prevê a lei nº 9.718/98, há apenas antecipação de pagamento, não havendo que se falar em prejuízo ou recolhimento de tributo devido por outros. II – O embasamento constitucional do regime de substituição tributária é do fato gerador presumido, cuja imediata e preferencial restituição da quantia paga, a título de imposto ou contribuição, só ocorre na hipótese de o fato gerador não se realizar. III -O egrégio Supremo Tribunal Federal já se manifestou por diversas vezes no sentido de que a instituição das contribuições sociais previstas no art. 195 da Constituição Federal não necessita de lei complementar. Só nos casos em que há criação de novas fontes de custeio, não previstas na Carta Magna, é que se exige lei complementar. Assim, se a lei é apenas formalmente complementar por disciplinar matéria de lei ordinária, pode ser alterada por norma hierarquicamente inferior. Neste sentido tem-se a Ação Declaratória de Constitucionalidade nº 1-1/DF, que diz respeito especificamente à Lei Complementar nº 70/91. Não existe inconstitucionalidade da Lei nº 9.718/98 ao instituir a substituição tributária antecipada. IV – O artigo 273, § 4º, do CPC prevê expressamente que a decisão que concede a tutela antecipada poderá ser modificada ou alterada a qualquer tempo, desde que em decisão fundamentada. V – Agravo de Instrumento improvido. (TRF 2ª R – AG 200202010041751/RJ – 2ª Turma – Rel. Des. Antônio Cruz Netto – DJ 13.10.2003, p. 138)

CONSTITUCIONAL, TRIBUTÁRIO E PROCESSUAL CIVIL. AGRAVO DE INSTRUMENTO. ANTECIPAÇÃO DE TUTELA REVOGADA PELO JUIZ. POSSIBILIDADE. ARTIGO 273 § 4º DO CPC. COFINS E PIS. LEI 9.718/98. ARTS. 4º, 5º E 6º. CONS-

TITUCIONALIDADE. SUBSTITUIÇÃO TRIBUTÁRIA ANTECIPADA. ARTIGO 150, § 7º DA CF/88. I – Nas hipóteses de substituição tributária, conforme prevê a lei nº 9.718/98, há apenas antecipação de pagamento, não havendo que se falar em prejuízo ou recolhimento de tributo devido por outros. II – O embasamento constitucional do regime de substituição tributária é do fato gerador presumido, cuja imediata e preferencial restituição da quantia paga, a título de imposto ou contribuição, só ocorre na hipótese de o fato gerador não se realizar. III -O egrégio Supremo Tribunal Federal já se manifestou por diversas vezes no sentido de que a instituição das contribuições sociais previstas no art. 195 da Constituição Federal não necessita de lei complementar. Só nos casos em que há criação de novas fontes de custeio, não previstas na Carta Magna, é que se exige lei complementar. Assim, se a lei é apenas formalmente complementar por disciplinar matéria de lei ordinária, pode ser alterada por norma hierarquicamente inferior. Neste sentido tem-se a Ação Declaratória de Constitucionalidade nº 1-1/DF, que diz respeito especificamente à Lei Complementar nº 70/91. Não existe inconstitucionalidade da Lei nº 9.718/98 ao instituir a substituição tributária antecipada. IV – O artigo 273, § 4º, do CPC prevê expressamente que a decisão que concede a tutela antecipada poderá ser modificada ou alterada a qualquer tempo, desde que em decisão fundamentada. V – Agravo de Instrumento improvido. (TRF 2ª R – AG 200202010041751/RJ – 2ª Turma – Rel. Des. Antônio Cruz Netto – DJ 13.10.2003, p. 138).

11. Decadência do direito de lançar

11.1. Distinção básica

Preliminarmente, é importante destacar a distinção entre a decadência e a prescrição em direito tributário.

A primeira refere-se ao direito de a Fazenda Nacional lançar o tributo, após a ocorrência do fato gerador que se subsume à hipótese de incidência prevista em lei.

Já a prescrição pode dizer respeito ao direito da Fazenda Nacional cobrar o tributo lançado, ou de o contribuinte recuperar tributo pago a maior ou indevidamente.

Cada uma dessas hipóteses, sujeita a princípios e regras específicos, é tratada em separado, nos itens que seguem.

11.2. Prazo qüinqüenal

A decadência do direito de lançar está prevista no art. 173 do Código Tributário Nacional.[269] Trata-se de uma das modalidades de extinção do crédito tributário, na linguagem utilizada pelo art. 156 do CTN.

O prazo não se suspende ou se interrompe, e é de cinco anos. Conforme já decidido acertadamente pela Câmara Superior de Recursos Fiscais do Ministério da Fazenda, "a decadência consubstancia-se em garantia fundamental dos contribuintes, razão pela qual se veda ao legislador ordinário fixar prazo superior àquele insculpido no art. 173 do CTN".[270] Esse entendimento afasta

---

[269] "Art. 173. O direito de a Fazenda Pública constituir o crédito tributário extingue-se após 5 (cinco) anos, contados: I – do primeiro dia do exercício seguinte àquele em que o lançamento poderia ter sido efetuado; II – da data em que se tornar definitiva a decisão que houver anulado, por vício formal, o lançamento anteriormente efetuado. Parágrafo único. O direito a que se refere este artigo extingue-se definitivamente com o decurso do prazo nele previsto, contado da data em que tenha sido iniciada a constituição do crédito tributário pela notificação, ao sujeito passivo, de qualquer medida preparatória indispensável ao lançamento."

[270] CSRF – Proc. 10768.013849/98-94 – Rec. 201-111243 – (Ac. 02-01.308) – 2ª T. – Rel. E Silva – DOU 12.08.2003 – p. 17. No mesmo sentido são os seguintes acórdãos: "DECADÊNCIA – LANÇAMENTO POR HOMOLOGAÇÃO – Transcorridos cinco anos a contar do fato gerador quer tenha havido homologação expressa, quer pela homologação tácita, está extinto o direito a fazenda promover

pretensões fiscalistas de aplicação de prazo superior, no caso a pretensão de fazer valer o prazo decadencial previsto no art. 45 da Lei 8.212/91.[271] No caso da COFINS, o fato gerador é mensal, e a data a ser considerada é a do último dia útil do mês-calendário.

11.3. Termo Inicial do Prazo qüinqüenal

O termo inicial do prazo decadencial tem sido objeto de amplo debate jurisprudencial, havendo critérios distintos conforme tenha ou não havido pagamento.

Utilizando-se do fundamento de que a COFINS é tributo sujeito ao lançamento por homologação,[272] sedimentou-se a seguinte orientação: (a)

---

o lançamento de ofício, para cobrar imposto não recolhido, ressalvados os casos de dolo, fraude ou simulação". (Ac. CSRF/01-04.827 – 1ª Turma – Rel. Maria Goretti de Bulhões Carvalho – j. 16.02.2004); "COFINS – AUSÊNCIA DE RECOLHIMENTO – PRAZO DECADENCIAL. ART. 173, I, CTN. AMPLIAÇÃO DO PRAZO DECADENCIAL POR MEIO DE LEI ORDINÁRIA. IMPOSSIBILIDADE. Não havendo o Contribuinte recolhido valor algum a título de COFINS, não é possível a ocorrência da homologação tácita, uma vez que não há pagamento antecipado a ser homologado, aplicando-se a regra geral para contagem do prazo decadencial do lançamento de ofício, descrita no art. 173, I, do Código Tributário Nacional, que é de cinco (05) anos contados do primeiro dia do exercício seguinte ao que o tributo poderia ser lançado. A decadência consubstancia-se em garantia fundamental dos contribuintes, razão pela qual se veda ao legislador ordinário fixar prazo superior àquele insculpido no art. 173 do CTN. Recurso negado". (Ac. CSRF/02-01.308 – 2ª Turma – Recurso de Divergência – Rel. Francisco Maurício R. de Albuquerque Silva – j. 12.05.2003); "CONTRIBUIÇÃO SOCIAL SOBRE O LUCRO – COFINS DECADÊNCIA – A contribuição social sobre o lucro líquido e COFINS, *ex vi* do disposto no art. 149, c.c. art. 195, ambos da C.F., e, ainda, em face de reiterados pronunciamentos da Suprema Corte, tem caráter tributário. Assim, em face do disposto nos arts. nº 146, III, *b*, da Carta Magna de 1988, a decadência do direito de lançar as contribuições sociais deve ser disciplinada em lei complementar. À falta de lei complementar específica dispondo sobre a matéria, ou de lei anterior recebida pela Constituição, a Fazenda pública deve seguir as regras de caducidade previstas no Código Tributário Nacional. Recurso negado". (Ac. CSRF/01-04.587 – 1ª Turma – Rel. José Clóvis Alves – j. 10.06.2003); "DECADÊNCIA – CSLL e COFINS – As referidas contribuições, por suas naturezas tributárias, ficam sujeitas ao prazo decadência de 5 anos. PIS/DECADÊNCIA – Por sua natureza tributária e entendimento de que sequer faz parte integrante da seguridade social, o prazo de lançamento fica subordinado ao dos lançamentos por homologação, de acordo com o estabelecido no CTN, art. 150, § 4º". (Ac. CSRF/01-04.719 – Recurso de Divergência – Rel. Celso Alves Feitosa – j. 14.10.2003); "DECADÊNCIA – CSL – CTN – PRAZO QUINQUENAL – JURISPRUDÊNCIA DA CSRF – A reiterada manifestação da CSRF deve nortear a jurisprudência da mesma e dos demais órgãos dos Conselhos de Contribuintes. O prazo para constituição de crédito tributário referente à Contribuição Social sobre o Lucro é de cinco anos, à luz do disposto no § 4º do artigo 105 do CTN. Recurso negado". (Ac. CSRF/01-04.768 – Recurso de Divergência – Rel. Manoel Antônio Gadelha Dias – j. 01.12.2003)

[271] Há decisões do 1º Conselho de Contribuintes aplicando o art. 45 da Lei nº 8.212/91, e outras aplicando o prazo de cinco anos. A decisão final coube à CSRF, que acolheu o entendimento judicial prevalente de que o prazo é de cinco anos, conforme acórdão citado na nota 270.

[272] O lançamento por homologação é hipótese de constituição do crédito tributário prevista no artigo 150 da Constituição Federal. A respeito do tema, é a lição de Hugo de Brito Machado: "Por homologação é o lançamento feito quanto aos tributos cuja legislação atribua ao sujeito passivo o dever de antecipar o pagamento sem prévio exame da autoridade administrativa no que concerne à sua determinação". (MACHADO, Hugo de Brito. *Curso de Direito Tributário*. 22 ed. p. 156). Refere o festejado mestre Aliomar Baleeiro: "O lançamento por homologação, que ocorre quanto aos tributos cuja legislação atribua ao sujeito passivo o dever de antecipar o pagamento, sem prévio exame da autoridade administrativa, ressalvado o controle posterior desta, ora, se ela homologa, isto é, ratifica e convalida

quando tiver havido o pagamento "antecipado",[273] o prazo inicia-se da data do fato gerador (último dia de cada mês-calendário), eis que neste caso há homologação (art. 150, § 4º, do CTN);[274] (b) quando não tiver ocorrido pagamento "antecipado", o entendimento é de que não há o que homologar, e que, por isso, o prazo seria deslocado para a regra prevista no inciso I do art. 173 do CTN, que determina o início da contagem do primeiro dia do exercício seguinte ao que o tributo poderia ser lançado.[275]

É de se salientar que, inicialmente, a jurisprudência não atribuía relevância à existência de pagamento, dando exclusivo relevo à modalidade de lançamento, que, sendo por homologação, automaticamente determinava a data do fato gerador como termo inicial do prazo decadencial. A partir de determinado momento, em especial em decorrência de julgados do Superior Tribunal de Justiça, passou-se a ter o pagamento como um decisivo segundo requisito, que, aliado à modalidade, tornaria o § 4º do art. 150 aplicável.

Nem todos os acórdãos (administrativos e judiciais), posteriores aos precedentes do STJ, atribuem relevância ao "segundo requisito" (pagamento antecipado).[276] Concordamos com essa corrente, que afirma ser "irrele-

---

o lançamento, este foi ato de autoria do sujeito passivo, autolançamento portanto". (BALEEIRO, Aliomar. *Direito Tributário Brasileiro*. 11 ed., p. 828). No tocante a contagem do prazo, o Min. Ari Pargendler em voto proferido em Embargos de Divergência, assim propôs a contagem: "TRIBUTÁRIO. DECADÊNCIA. TRIBUTOS SUJEITOS AO REGIME DO LANÇAMENTO POR HOMOLOGAÇÃO. Nos tributos sujeitos ao regime do lançamento por homologação, a decadência do direito de constituir o crédito tributário se rege pelo artigo 150, § 4º, do Código Tributário Nacional, isto é, o prazo para esse efeito será de cinco anos a contar da ocorrência do fato gerador; a incidência da regra supõe, evidentemente, hipótese típica de lançamento por homologação, aquela em que ocorre o pagamento antecipado do tributo. Se o pagamento do tributo não for antecipado, já não será o caso de lançamento por homologação, hipótese em que a constituição do crédito tributário deverá observar o disposto no artigo 173, I, do Código Tributário Nacional. Embargos de divergência acolhidos". (STJ – EResp 101.407/SP – 1ª Seção – Rel. Min. Ari Pargendler – DJ 08/05/2000, p. 53 – RDDT 58/141)

[273] Assim entendido o pagamento ocorrido (dentro ou fora do prazo fixado em lei mas) antes da homologação pela autoridade fiscal.

[274] "COFINS – DECADÊNCIA – O prazo para a Fazenda Pública constituir o crédito tributário sujeito a homologação, extingue-se em cinco anos contados da ocorrência do fato gerador, conforme o disposto no art. 150, § 4º do CTN. Recurso negado". (CSRF – Proc. 10880.016854/98-53 – Rec. RD/201-0.362 – (Ac. 02-01.091) – 2ª T. – Rel. Francisco Mauricio Rabelo de Alabuquerque Silva – DOU 24.06.2003 – p. 21/22)

[275] Há acórdão da 5ª Câmara do 1º Conselho de Contribuintes criando uma terceira vertente: "OMISSÃO DE RECEITA – PRAZO DECADENCIAL – Não se aplica o previsto no artigo 150 do CTN aos casos de omissão de receita, eis que é impossível ao Fisco homologar o que desconhece e não consta da DIRPJ. Ademais, da omissão decorre a presunção de que houve dolo, fraude ou simulação, ainda que não tenha sido aplicada multa de ofício de 150% prevista no inciso II do art. 957 do RIR/99. Aplica-se, nestes casos o disposto no art. 173 do CTN. que determina que o prazo decadencial de cinco anos inicia-se do primeiro dia útil do exercício seguinte aquele em que poderia ter sido constituído o crédito tributário. (...)" (1º CC – Proc. 10882.000544/2001-36 – Rec. 131.829 – (Ac. 105-14.178) – 5ª C. – Rel. Daniel Sahagoff – DOU 23.10.2003 – p. 28). Essa decisão, tomada por maioria de votos, discrepa da orientação majoritária, que não permite essa interpretação quando tiver ocorrido pagamento.

[276] "PRELIMINAR DE DECADÊNCIA – CSL – COFINS – Considerando que a Contribuição Social Sobre o Lucro e a COFINS são lançamentos do tipo por homologação, o prazo para o fisco efetuar lançamento é de 5 anos a contar da ocorrência do fato gerador, sob pena de decadência nos termos do art. 150, § 4º, do CTN. (...)" (1º CC – Proc. 10675.000503/2001-95 – Rec. 132.441 – (Ac. 108-07.410) – 3ª C. – Red. p/o Ac. José Henrique Longo – DOU 24.09.2003 – p. 42) JCTN.150 JCTN.150.4.

vante para o deslinde da questão o fato de o sujeito passivo não ter efetuado o pagamento a estes títulos"[277] ... "visto que a homologação é a da atividade exercida, e não do pagamento".[278]

Acórdão relatado pelo Conselheiro Nilton Pêss, da 4ª Câmara do 1º CC sintetiza a matéria:

> PRELIMINAR DE DECADÊNCIA – HOMOLOGAÇÃO – ART. 45 DA LEI Nº 8.212/91 – INAPLICABILIDADE – PREVALÊNCIA DO ART. 150, § 4º DO CTN, COM RESPALDO NO ART. 146 B, DA CONSTITUIÇÃO FEDERAL – A regra de incidência da cada tributo é que define a sistemática de seu lançamento. Os tributos cuja legislação atribui ao sujeito passivo o dever de antecipar o pagamento sem prévio exame da autoridade administrativa, pelo que amolda-se à sistemática de lançamento denominada de homologação, onde a contagem do prazo decadencial desloca-se da regra geral (art. 173 do CTN) para encontrar respaldo no § 4º do artigo 150, do mesmo Código, hipótese em que os cinco anos têm como termo inicial a data da ocorrência do fato gerador. É inaplicável ao caso o artigo 45, da Lei nº 8.212/91, que prevê o prazo de 10 anos como sendo o lapso decadencial, já que a natureza tributária dos tributos sujeitos ao lançamento por homologação, assegura a aplicação do § 4º do artigo 150 do CTN, em estrita obediência ao disposto no artigo 146, III, b, da Constituição Federal.[279]

11.4. O lançamento preventivo da decadência na vigência de medida liminar ou após depósito judicial

Matéria objeto de outro debate, concernente à decadência e sua "prevenção" quando o crédito tributário está suspenso em virtude de medida liminar ou de depósito judicial, está praticamente solucionada pela jurisprudência, embora não se tenha firmado ainda em todas as instâncias um entendimento pacífico, especialmente no que tange à aplicação de multa de ofício e de juros de mora.

O problema que afligia a Secretaria da Receita Federal era a inexistência de causas interruptivas ou suspensivas do prazo decadencial.[280] Nem

---

[277] 1º CC – Proc. 10940.000354/2001-87 – Rec. 131.462 – (Ac. 108-07.382) – 8ª C. – Rel. José Carlos Teixeira da Fonseca – DOU 16.07.2003 – p. 43.

[278] Idem.

[279] 1º CC – Proc. 10218.000370/2001-44 – Rec. 133.945 – (Ac. 105-14.070) – 4ª C. – Rel. Nilton Pêss – DOU 26.05.2003 – p. 44.

[280] "TRIBUTÁRIO – CONSTITUIÇÃO CRÉDITO TRIBUTÁRIO – PRAZO DECADENCIAL – SUSPENSÃO EXIGIBILIDADE CRÉDITO TRIBUTÁRIO POR MEIO DE CONCESSÃO DE MEDIDA LIMINAR – ARTS. 151, III E 173, I – CTN – ART. 63 – LEI 9.430/96 – 1. Ocorrido o fato gerador da obrigação tributária, a Administração tem o prazo de cinco anos para constituir o crédito tributário. 2. O prazo da decadência não se interrompe e não se suspende, porquanto o lançamento deverá ser efetuado no interregno estabelecido no art. 173, I, do CTN. 3. Ocorrência do prazo decadencial. Lei 9.430/96. 4. Doutrina e jurisprudência. 5. Recurso improvido". (STJ – REsp 106.593 – SP – 1ª T. – Rel. Min. Milton Luiz Pereira – DJU 31.08.1998 – p. 16)

mesmo a concessão de medida liminar ou a realização de depósitos judiciais têm o condão de impedir a fluência do prazo decadencial.

Para nós, cada caso merece tratamento distinto.

No caso de depósito judicial, que suspende a exigibilidade do crédito tributário, a jurisprudência já está sedimentada nas instâncias superiores no sentido de impedir o seu levantamento antes do trânsito em julgado de decisão. Transitada em julgado a decisão judicial, se ela for favorável ao contribuinte, o mesmo poderá então levantar os valores, pois, nesse caso, não haverá débito. Na hipótese de decisão favorável à Fazenda Nacional, o juízo determinará a conversão em renda da União Federal, quitando os depósitos os débitos com efeitos desde a efetivação dos depósitos, e o crédito tributário será extinto.

Na hipótese de depósitos judiciais, portanto, não há risco para a Fazenda e, assim, não há necessidade de se efetuar o lançamento, não havendo o que precaver. Assim, afigura-se-nos descabido o ato administrativo do lançamento que, na prática, não terá nenhum efeito. A exigência que nos parece, porém, inadmissível,[281] no lançamento "preventivo da decadência", havendo depósito, são os juros moratórios e a multa de ofício, cabendo a indagação: onde estaria a mora, quando o depósito for integral e tempestivo?![282]

---

[281] "CONTRIBUIÇÃO PARA O FINANCIAMENTO DA SEGURIDADE SOCIAL – COFINS – MANDADO DE SEGURANÇA/MEDIDA LIMINAR – Não constituído o crédito tributário haverá a autoridade fiscal que preservar a obrigação tributária do efeito decadencial. Incumbe-lhe, como dever de diligência no trato da coisa pública, constituir o crédito tributário pelo lançamento. Essa medida se impõe, pela falta de outro meio que possa evitar a decadência do direito da Fazenda Nacional. A autoridade fiscal em seguida à constituição do crédito tributário, deverá dá-lo como suspenso em razão da concessão da medida liminar. Recurso parcialmente provido. Acordam os Membros da Terceira Câmara do Primeiro Conselho de Contribuintes, por unanimidade de votos, em DAR provimento parcial ao recurso, para excluir a incidência da multa de lançamento ex-oficio sobre a parcela de contribuição depositada em juízo e a incidência dos juros de mora sobre a mesma verba a partir do depósito". (1º CC – Ac. 103-16.674 – 3ª C. – Rel. Maria Ilca Castro Lemos Diniz – DOU 27.08.1996 – p. 16488); "COFINS – DEPÓSITO JUDICIAL – CONSTITUIÇÃO DO CRÉDITO TRIBUTÁRIO – Apesar de o depósito judicial suspender a exigibilidade do crédito tributário, é legítima a sua constituição pela autoridade administrativa, para prevenção da decadência. JUROS DE MORA – Os depósitos judiciais integralmente efetuados excluem a exigência dos juros de mora no lançamento realizado para prevenção da decadência. Recurso parcialmente provido. Por unanimidade de votos, deu-se provimento parcial ao recurso, nos termos do voto do Relator. Ausente, justificadamente, o Conselheiro Renato Scalco Isquierdo". (2º CC – Proc. 10980.001702/2001-67 – Rec. 119555 – (Ac. 203-08545) – 3ª C. – Rel. Otacílio Dantas Cartaxo – DOU 03.12.2003 – p. 28).

[282] "NORMAS PROCESSUAIS – OPÇÃO PELA VIA JUDICIAL – Ação judicial proposta pelo contribuinte contra a Fazenda Nacional – antes ou após o lançamento do crédito tributário – com idêntico objeto, impõe renúncia às instâncias administrativas, determinando o encerramento do processo fiscal nessa via, sem apreciação do mérito. Recurso não conhecido nesta parte. IPI – DEPÓSITO JUDICIAL – CONSTITUIÇÃO DO CRÉDITO TRIBUTÁRIO – Apesar de o depósito judicial suspender a exigibilidade do crédito tributário, é legítima a sua constituição pela autoridade administrativa, para prevenir a decadência. JUROS DE MORA – Os depósitos judiciais efetuados integralmente antes do vencimento do tributo, ou se após e antes do lançamento de ofício, com os acréscimos moratórios pertinentes, excluem a exigência dos juros de mora no lançamento realizado para prevenção da decadência. Entretanto, são devidos os respectivos encargos moratórios em relação aos créditos não acobertados por depósitos judiciais. Recurso negado". (2º CC – Ac. 203-07592 – 3ª C. – Rel. Otacílio Dantas Cartaxo – DOU 13.11.2001 – p. 18)

No caso de concessão de medida liminar, a solução dependerá da ordem específica que for dada. Dependendo da ordem judicial contida na liminar, fica a autoridade fiscal impedida de lançar, não restando outra alternativa senão a intervenção da Fazenda Nacional para a obtenção de sua reforma pelas instâncias judiciais superiores, sob pena de desobediência. Por outro lado, se o teor da ordem permitir o lançamento de ofício e apenas impedir a cobrança, estaria então permitido o lançamento[283] (tratamos aqui da hipótese de inexistência de depósito judicial). Não, porém, segundo entendemos, da multa de ofício.[284] Ademais, revogada a liminar, o § 2º do art. 63 da Lei nº 9.430/96[285] permite o pagamento do principal acrescido apenas de juros SELIC, sem a incidência sequer de multa moratória.

---

[283] "TRIBUTÁRIO – MEDIDA LIMINAR – SUSPENSÃO – LANÇAMENTO – CRÉDITO – POSSIBILIDADE – DECADÊNCIA CONFIGURADA – 1. A ordem judicial que suspende a exigibilidade do crédito tributário não tem o condão de impedir a Fazenda Pública de efetuar seu lançamento. 2. Com a liminar fica a Administração tolhida de praticar qualquer ato contra o devedor visando ao recebimento do seu crédito, mas não de efetuar os procedimentos necessários à regular constituição dele. Precedentes. 3. Recurso não conhecido". (STJ – RESP 119156 – SP – 2ª T. – Rel. Min. Laurita Vaz – DJU 30.09.2002)

[284] "RENÚNCIA A VIA ADMINISTRATIVA – Por unanimidade de votos, em não conhecer do recurso quanto ao mérito e em dar provimento parcial quanto as penalidades, para excluir a multas de ofício. 'A opção pela via judicial, implica a renúncia pela via administrativa'. 'Ocorrendo, no curso da ação Fiscal, impetração de Mandado de Segurança, mantém-se o lançamento para prevenção da decadência do direito da Fazenda Nacional. Assim exclui-se a multa constante do inciso I artigo 4º da Lei 8.218/91, conforme artigo 63 da Lei 9.430/96'. Não conheço do recurso quanto ao mérito. Dado provimento parcial ao recurso quanto ao lançamento preventivo". (3º CC – Ac. 301-28.574 – 1ªC – DOU 29.07.1998 – p. 32)

[285] O § 2º dispõe que "A interposição da ação judicial favorecida com a medida liminar interrompe a incidência da multa de mora, desde a concessão da medida judicial, até 30 dias após a data da publicação da decisão judicial que considerar devido o tributo ou contribuição".

12. Prescrição do direito de cobrar

Como antes referido, a prescrição consiste na perda do direito de a Fazenda cobrar os créditos devidamente lançados pelo decurso do prazo hábil para tanto.[286] O Código Tributário Nacional, diploma legal apto a ditar regras gerais de Direito Tributário, disciplina a prescrição em seu artigo 174, estabelecendo prazo e termo inicial:

> Art. 174. A ação para a cobrança do crédito tributário prescreve em 5 (cinco) anos, contados da data da sua constituição definitiva.
> Parágrafo único. A prescrição se interrompe:
> I – pela citação pessoal feita ao devedor;
> II – pelo protesto judicial;
> III – por qualquer ato judicial que constitua em mora o devedor;
> IV – por qualquer ato inequívoco ainda que extrajudicial, que importe em reconhecimento do débito pelo devedor.

No silêncio da Lei Complementar nº 70 sobre a disciplina da prescrição, de todo aplicáveis as disposições contidas no CTN. A respeito da prescrição regulada pelo Código Tributário Nacional, leciona Leandro Paulsen:

> Por força do artigo 156, V do CTN, a prescrição, no Direito Tributário, atinge não apenas a ação, como o próprio direito material, eis que extingue o crédito tributário. Em razão disso, e.g., o pagamento de crédito prescrito é indevido, ensejando repetição, conforme se pode ver de nota ao art. 165, inciso I, do CTN.

A questão do pagamento indevido é pormenorizado logo a seguir no item 13, *infra*.

12.1. Prazo Qüinqüenal

O prazo prescricional para cobrança judicial da COFINS não adimplida espontaneamente pelo contribuinte é de cinco anos. Vale dizer, a partir do lançamento, ato de constituição do crédito tributário, a Fazenda disporá de cinco anos para cobrar os créditos provenientes da COFINS.

Ocorre que na hipótese da COFINS, o lançamento se dá por homologação, isto é, o contribuinte *sponte suo* identifica a base de cálculo, aplica a alíquota pertinente, declara o débito através da DCTF (Declaração de Débito e Crédito Tributários Federais) e procede o recolhimento do valor devido com o pagamento da DARF.

---

[286] Sobre prescrição é o escólio de Hugo de Brito Machado: "Na Teoria Geral do Direito a prescrição é a morte da ação que tutela o direito, pelo decurso do tempo previsto em lei para esse fim. O *direito* sobrevive, mas sem a proteção. Distingue-se, neste ponto, da decadência, que atinge o próprio *direito*. (MACHADO, Hugo de Brito. *Curso de Direito Tributário*. 22 ed., p. 195).

Logo, a partir da entrega da DCTF começará a fluir o prazo prescricional, devendo a Fazenda providenciar a execução do débito fiscal. Esta orientação se coaduna com posicionamento do Superior Tribunal de Justiça, segundo o qual o termo inicial de contagem se opera com a entrega da DCTF, mormente porque nestes casos o Fisco está desincumbido de efetuar lançamento para ajuizar execução.

A problemática é bem diagnosticada em voto do Min. Luiz Fux proferido em Recurso Especial para elucidar controvérsia semelhante que por ora transcrevemos:[287]

> Acerca dessa modalidade de lançamento, determina o artigo 150, § 4º, do CTN, *in verbis*:
> Art. 150. O lançamento por homologação, que ocorre quanto aos tributos cuja legislação atribua ao sujeito passivo o dever de antecipar o pagamento sem prévio exame da autoridade administrativa, opera-se pelo ato em que a referida autoridade, tomando conhecimento da atividade assim exercida pelo obrigado, expressamente a homologa.
> *omissis*
> § 4º Se a lei não fixar prazo a homologação, será ele de cinco anos, a contar da ocorrência do fato gerador; expirado esse prazo sem que a Fazenda Pública se tenha pronunciado, considera-se homologado o lançamento e definitivamente extinto o crédito, salvo se comprovada a ocorrência de dolo, fraude ou simulação.
> Quanto à decadência, disciplina o Código Tributário Nacional, em seu artigo 173:
> Art. 173. O direito de a Fazenda Pública constituir o crédito tributário extingue-se após 5 (cinco) anos, contados:
> I – do primeiro dia do exercício seguinte àquele em que o lançamento poderia ter sido efetuado;
> II – da data em que se tornar definitiva a decisão que houver anulado, por vício formal, o lançamento anteriormente efetuado.
> Parágrafo único. O direito a que se refere este artigo extingue-se definitivamente com o decurso do prazo nele previsto, contado da data em que tenha sido iniciada a constituição do crédito tributário pela notificação, ao sujeito passivo, de qualquer medida preparatória indispensável ao lançamento.
> No caso em debate, o débito em questão origina-se de IPI, apresentado mediante Declaração de Contribuição de Tributos Federais – DCTF, prevista pelo Decreto-lei nº 2.124/84.
> Dispõe o artigo 5º, §§ 1º e 2º do Decreto-Lei nº 2.124, de 13 de junho de 1984:
> Art 5º O Ministro da Fazenda poderá eliminar ou instituir obrigações acessórias relativas a tributos federais administrados pela Secretaria da Receita Federal.
> § 1º O documento que formalizar o cumprimento de obrigação acessória, comunicando a existência de crédito tributário, constituirá confissão de dívida e instrumento hábil e suficiente para a exigência do referido crédito.
> § 2º Não pago no prazo estabelecido pela legislação o crédito, corrigido monetariamente e acrescido da multa de vinte por cento e dos juros de mora devidos, poderá

---
[287] Excerto de voto lançado no RESP 500.191/SP – Rel. Min. Luiz Fux – 1º Turma – j. 05.06.2003 – DJ 23.06.2003 – p. 279.

ser imediatamente inscrito em dívida ativa, para efeito de cobrança executiva, observado o disposto no § 2º do artigo 7º do Decreto-lei nº 2.065, de 26 de outubro de 1983.

§ 3º Sem prejuízo das penalidades aplicáveis pela inobservância da obrigação principal, o não cumprimento da obrigação acessória na forma da legislação sujeitará o infrator à multa de que tratam os §§ 2º, 3º e 4º do artigo 11 do Decreto-lei nº 1.968, de 23 de novembro de 1982, com a redação que lhe foi dada pelo Decreto-lei nº 2.065, de 26 de outubro de 1983.

É cediço que o crédito proveniente do IPI, está sujeito à lançamento por homologação, de acordo com o artigo 150, do CTN. Todavia a hipótese vertente, reveste-se de peculiaridades.

Isto porque, *in casu,* trata-se de Declaração de Contribuições de Tributos Federais (DCTF) impago pelo contribuinte. A confissão do próprio contribuinte ao firmar a DCTF torna prescindível a homologação formal, passando o crédito a ser exigível independentemente de prévia notificação ou da instauração de procedimento administrativo fiscal.

Sob esse ângulo é cediço que com a formalização da entrega da Declaração de Contribuições e Tributos Federais – DCTF, o débito declarado iguala-se a uma confissão de dívida, podendo, inclusive, ser imediatamente inscrito em dívida ativa, uma vez que dotado de exigibilidade. Assim sendo, a imediata exigibilidade do crédito torna desnecessária a homologação.

Nesse sentido a elucidativa lição do jurista Hugo de Brito Machado, *in* Curso de Direito Tributário, 20ª Edição, Malheiros Editores, pág. 182:

(...) Quando a legislação tributária não obrigava o sujeito passivo a prestar informações sobre o valor do tributo, por ele apurado, a autoridade administrativa só tomava conhecimento de sua atividade de apuração através do pagamento. Talvez por isto que a doutrina chegou a sustentar ser este o objeto da homologação, quando na verdade o objeto da homologação é a atividade de apuração.

Existindo, como atualmente existe para a maioria dos impostos, o dever de prestar as informações ao Fisco sobre o montante do tributo a ser antecipado, tais informações levam ao conhecimento da autoridade a apuração, tendo havido, ou não, o pagamento correspondente. Antes, o pagamento era o meio pelo qual a autoridade tomava conhecimento da apuração, podendo haver então a homologação, expressa ou tácita. Agora, o conhecimento da apuração chega à autoridade administrativa com a informação que o sujeito passivo lhe presta nos termos da legislação que a tanto o obriga. A mudança na legislação favoreceu o Fisco, obrigando o contribuinte a dar-lhe conhecimento, antes do pagamento do tributo, da apuração do valor respectivo. O tomar conhecimento da apuração, porém, tem uma significativa conseqüência. Obriga o Fisco a movimentar-se, seja para recusar a apuração feita pelo sujeito passivo e lançar possível diferença, seja para homologar a atividade de apuração e cobrar o tributo apurado e não pago. Se não age, se fica inerte diante da informação prestada pelo sujeito passivo, suportará os efeitos do decurso do prazo decadencial, que a partir do fato gerador do tributo começa a correr, nos termos do artigo 150, § 4º, do Código Tributário Nacional...

Tendo sido prestadas as informações e feito o pagamento antecipado, o decurso do prazo de cinco anos a partir do fato gerador da respectiva obrigação tributária implica homologação tácita. O crédito tributário estará constituído pelo lançamento e extinto pelo pagamento antecipado. Tendo sido prestadas as informações e não efetuado o pagamento antecipado não se opera a homologação tácita, porque esta tem apenas a finalidade de afirmar a exatidão do valor apurado, para emprestar ao pagamento antecipado o efeito extintivo do crédito.

Sobre o tema, oportuna se faz a transcrição de trecho de voto proferido pelo Ministro Ari Pargendler no RESP nº 62.446-0/SP, *in verbis:*

No lançamento por homologação, o sujeito passivo da obrigação tributária apura o montante do tributo devido e antecipa o respectivo pagamento "sem prévio exame da autoridade administrativa (CTN, art. 150, § 4º).

O objeto da homologação é o pagamento antecipado, sem ele, não há lançamento fiscal nessa modalidade.

Bem por isso, para os efeitos do prazo de decadência para a constituição do crédito tributário, o Tribunal Federal de Recursos distinguiu duas hipóteses nos tributos em que a lei prevê sejam lançados por homologação: a) aquela em que o sujeito passivo da obrigação tributária antecipa o pagamento; b) aquela em que, não obstante obrigado a isso, deixa de fazê-lo.

Não havendo antecipação do pagamento – diz a Súmula nº 219 daquela Corte – "o direito de constituir o crédito previdenciário extingue-se decorridos 5 (cinco) anos do primeiro dia do exercício seguinte àquele em que ocorreu o fato gerador".

Vale dizer, sem a antecipação de pagamento, a Fazenda Pública deve fazer o lançamento "ex officio", para cuja atividade tem o prazo do artigo 173, I, do Código Tributário Nacional, e não o do artigo 150, § 4º, que é específico daqueles casos em que a finalidade é a de exigir diferenças de crédito tributário pago parcialmente.

Tudo conforme a lição de Baleeiro, no clássico *Direito Tributário Brasileiro, verbis*: "Pelo art. 150, o pagamento é aceito antecipadamente, fazendo-se o lançamento *a posteriori*: – a autoridade homologa-o, se exato, ou faz o lançamento suplementar, para haver a diferença acaso verificada a favor do erário. É o que se torna mais nítido no § 1º desse dispositivo, que imprime ao pagamento antecipado o efeito de extinção do crédito, sob condição resolutória de ulterior homologação. Negada essa homologação, anula-se a extinção e abre-se oportunidade a lançamento de ofício. Sobrevive a obrigação tributária, na qual não influem os atos anteriores à homologação praticados pelo sujeito passivo ou por terceiro, com o propósito de extinção total ou parcial do crédito. Do crédito e não da obrigação tributária (art. 139, do CTN). Tais atos são, evidentemente, o pagamento. Mesmo que esse tenha ocorrido, fica de pé a obrigação. Outro lançamento poderá surgir à base da mesma obrigação, complementando o primeiro, se este não for homologado, isto é, reconhecido exato. Nesta última hipótese, a da homologação, extingue-se também a obrigação tributária" (Forense, Rio, 1970, 2ª Edição, p. 462).

Feitas essas considerações, conclui-se que se o crédito tributário encontra-se constituído a partir do momento da declaração realizada mediante a entrega da DCTF, não há cogitar-se da incidência do instituto da decadência, que seria o prazo destinado à constituição do crédito tributário, posto já constituído e reconhecido na DCTF.

Neste sentido confira-se, à guisa de exemplo, os julgados *in verbis*:

PROCESSUAL CIVIL E TRIBUTÁRIO – RECURSO ESPECIAL – ADMISSIBILIDADE – INDICAÇÃO DE DISPOSITIVO DE LEI VIOLADO – DEMONSTRAÇÃO DE DIVER-

GÊNCIA JURISPRUDENCIAL – EXECUÇÃO FISCAL – EMPRESA EM CONCORDATA – MULTA FISCAL – EXIGIBILIDADE – CRÉDITO – CONSTITUIÇÃO – AUSÊNCIA DE PROCEDIMENTO ADMINISTRATIVO – CUMULAÇÃO DE JUROS DE MORA E MULTA.

Não se conhece do recurso especial se ausente a demonstração de violação a dispositivo de lei federal, bem como se nenhum paradigma jurisprudencial foi trazido à colação para comprovação do dissídio pretoriano.

A multa decorrente de infração fiscal é exigível da empresa em regime de concordata, não se lhe aplicando a regra contida no artigo 23, parágrafo único, inciso III, da Lei de Falências. Orientação jurisprudencial firmada pela Egrégia Primeira Seção do STJ (EREsp nº 111.926-PR, julgado em 24/08/2.000).

A constituição definitiva do crédito tributário ocorre com o lançamento regularmente notificado ao sujeito passivo. Em se tratando de débito declarado pelo próprio contribuinte e não pago, não tem lugar a homologação formal, sendo o mesmo exigível independentemente de notificação prévia ou instauração de procedimento administrativo.

A exigência cumulativa de juros de mora com a multa é prevista pelo artigo 161, *caput*, do CTN.

Recurso especial parcialmente conhecido, e, nesta parte, improvido. REsp nº 297.885/SC, Relator Ministro Garcia Vieira, DJ de 11.06.2001.

TRIBUTÁRIO – ICMS – EXECUÇÃO FISCAL – DÉBITO DECLARADO E NÃO PAGO – AUTO-LANÇAMENTO – PRÉVIO PROCESSO ADMINISTRATIVO – DESNECESSIDADE – VIOLAÇÃO À LEI FEDERAL NÃO CONFIGURADA – CORREÇÃO MONETÁRIA – UFESP – IPC/FIPE – LEI ESTADUAL 6.374/89 – DECRETOS ESTADUAIS REGULAMENTARES – PRECEDENTES JURISPRUDENCIAIS.

Tratando-se de débito declarado e não pago (CTN, art. 150), caso típico de autolançamento, não tem lugar a homologação formal,dispensado o prévio procedimento administrativo.

É legítima a aplicação da UFESP, reconhecida a competência estadual para legislar sobre a forma de atualização dos seus créditos/débitos fiscais.

A aplicação do IPC/FIPE como índice de atualização da UFESP na correção monetária dos créditos fiscais já é pacífico, a partir do entendimento assentado na Eg. 1ª Seção desta Corte (EDREsp.85.080/SC, D.J. de 24.11.97).

(Recurso não conhecido. RESP Nº 120.699/SP, Relator Ministro Francisco Peçanha Martins, DJ de 23.08.1999)

Importante esclarecer que, não sendo o caso de homologação tácita, não se opera a incidência do instituto da decadência (artigo 150, § 4º, do CTN), incidindo a prescrição nos termos em que delineados no artigo 174, do CTN, vale dizer: no qüinqüênio subseqüente à constituição do crédito tributário, que, *in casu,* tem seu termo inicial contado a partir do momento da declaração realizada mediante a entrega da DCTF.

O artigo 174, do CTN, que regula a prescrição dispõe:

A ação para cobrança do crédito tributário prescreve em 5 (cinco) anos, contados da data da constituição definitiva.

Acerca dos prazos extintivos do direito do credor da obrigação tributária, oportuno ressaltar esclarecedora posição do jurista Luciano Amaro, *in Direito Tributário Brasileiro,* 4ª Edição, Editora Saraiva, p. 380:

(...) o Código Tributário Nacional optou por cindir a problemática dos prazos extintivos do direito do credor da obrigação tributária, fixando dois prazos sendo o primeiro o lapso de tempo dentro do qual deve ser constituído o crédito tributário, mediante a consecução do lançamento, e o segundo, o período no qual o sujeito ativo, se não satisfeita a obrigação tributária, deve ajuizar a ação de cobrança.
Prosseguindo, conclui:
O Código chamou de decadência o primeiro prazo e designou o segundo como prescrição. Assim sendo, se se esgota o prazo dentro do qual o sujeito ativo deve lançar, diz-se que decaiu de seu direito; este se extingue pela decadência (ou caducidade). Se, em tempo oportuno, o lançamento é feito, mas o sujeito ativo deixa transcorrer o lapso de tempo que tem para ajuizar a ação de cobrança, sem promovê-la, dá-se a prescrição.
Advirta-se, por fim, que poder-se-ia objetar que ao contribuinte que paga antecipadamente, a fazenda tem 5 anos para homologar e mais 5 para cobrar e, *in casu,* sem pagamento o erário dispõe de prazo menor. O argumento somente seduz conquanto sofismático. Isto porque à homologação em 5 (–) anos corresponde a DCTF que a dispensa liberando o erário da atividade vinculada. A exigibilidade que o lançamento encerra é oferecida voluntariamente pelo sujeito passivo da obrigação. Assim, subjaz o (+5) da cobrança, cuja natureza é prescricional e que *in casu* transcorreu.[288]

---

[288] Voto com grifos nos originais, tirado do RESP 389089 / RS; Rel. Min. LUIZ FUX, 1ª Turma – j. 26/11/2002 – DJ 16.12.2002 p. 252 – LEXSTJ v.:163 p.92 – RDDT 93/225 – REVFOR 367/274 – RSTJ 169/200. Cf. julgados do Superior Tribunal de Justiça que indicam a desnecessidade de lançamento por parte do Fisco nas hipóteses de declaração via DCTF não paga: "TRIBUTÁRIO. TRIBUTOS DECLARADOS EM DCTF. DÉBITO DECLARADO E NÃO PAGO. AUTO-LANÇAMENTO. PRÉVIO PROCESSO ADMINISTRATIVO. DESNECESSIDADE. AÇÃO DE EXECUÇÃO FISCAL. PRESCRIÇÃO. 1. O débito objeto da presente demanda, referente ao PIS, foi declarado pelo contribuinte mediante DCTF. Nestes casos, prestando o contribuinte informação acerca da efetiva existência do débito, porém não adimplindo o crédito fazendário reconhecido, dispõe o Fisco do prazo para realizar o lançamento suplementar, prazo este decadencial, porquanto constitutivo da dívida. 2. O fato de a declaração de débito provir do contribuinte não significa preclusão administrativa para o Fisco impugnar o quantum desconhecido. 3. Impõe-se distinguir a possibilidade de execução imediata pelo reconhecimento da legalidade do crédito com a situação de o Fisco concordar (homologar) com a declaração unilateral do particular, prestada. 4. A única declaração unilateral constitutiva *ipso jure* do crédito tributário é a do Fisco, por força do lançamento compulsório (art. 142 do CTN que assim dispõe: "Compete privativamente à autoridade administrativa constituir o crédito tributário pelo lançamento, assim entendido o procedimento administrativo tendente a verificar a ocorrência do fato gerador da obrigação tributária correspondente, determinar a matéria tributável, calcular o montante do tributo devido, identificar o sujeito passivo e, sendo o caso, propor a aplicação da penalidade cabível". 5. Prestando o contribuinte informação acerca da efetiva existência do débito, porém não adimplindo o crédito fazendário reconhecido, dispõe o Fisco do prazo para realizar o lançamento suplementar, prazo este decadencial, porquanto constitutivo da dívida. 6. Findo este prazo, para o qual a Fazenda dispõe de cinco anos, inaugura-se o lapso de prescrição para o ajuizamento do respectivo executivo fiscal, visando a cobrança do montante declarado e não pago, que também obedece ao qüinqüênio. 7. Assim é porque decorrido o prazo de cinco anos da data da declaração, se não havendo qualquer lançamento de ofício, considera-se que houve aquiescência tácita do Fisco com relação ao montante declarado pelo contribuinte, fixando-se o termo a quo, do qual inicia-se, então, o prazo para a cobrança judicial, mediante prévia inscrição do débito em dívida ativa. 8. A ausência da notificação revela que o fisco, "em potência" está analisando o quantum indicado pelo contribuinte, cujo montante resta incontroverso com a homologação tácita. Diversa é a situação do contribuinte que paga e o fisco notifica aceitando o valor declarado, iniciando-se, *a fortiori,* desse termo, a prescrição da ação. 9. Recurso especial desprovido. (STJ – RESP 597126/SC ; Rel.Min. LUIZ FUX 1ª Turma – j. 08/06/2004 – DJ 02.08.2004 p. 324); "PROCESSUAL CIVIL E TRIBUTÁRIO. AGRAVO REGIMENTAL. DCTF. AUTOLANÇA-

12.2. Possibilidade de interrupção ou suspensão

O prazo prescricional pode ser interrompido ou suspenso, dependendo da causa a ensejar a parada na fluência do qüinqüídio. No primeiro caso, após superada a circunstância que obstaculizava a fluência do prazo, este recomeça desde o início. Já no segundo caso, ultrapassado o obstáculo, o prazo continua a ser contado a partir do momento em que foi suspenso.

Segundo dicção do artigo 174 do Código Tributário Nacional, ocorrerá interrupção pela citação pessoal feita ao devedor, pelo protesto judicial, por qualquer ato judicial que constitua o devedor em mora, por qualquer ato inequívoco ainda que extrajudicial, que importe em reconhecimento do débito pelo devedor, ou por qualquer ato inequívoco ainda que extrajudicial, que importe em reconhecimento do débito pelo devedor.[289]

A suspensão, de seu turno, é prevista no artigo 40 da Lei nº 6.830/80 – Lei de Execução Fiscal. No dispositivo legal é autorizado à Fazenda Nacional requisitar a suspensão do processo, e por conseqüência, a suspensão do prazo prescricional aparentemente de forma indefinida até que seja encontrado o devedor ou bens capazes de satisfazer o crédito exeqüendo.

A aplicação do dispositivo legal supra-referido pode conduzir para uma imprescritibilidade do crédito tributário. Surge, pois, um conflito entre a norma que determina a prescrição do crédito em cinco anos com a regra que faculta ao Estado suspender a execução, sem riscos quando do pereci-

---

MENTO. PRESCRIÇÃO. DESPACHO CITATÓRIO. ARTS. 2º, § 3º, E 8º, § 2º, DA LEI Nº 6830/80. ART. 219, § 4º, DO CPC. ART. 174, DO CTN. INTERPRETAÇÃO SISTEMÁTICA. PRECEDENTES. 1. Agravo Regimental interposto contra decisão que negou seguimento ao recurso especial ofertado pela parte agravante, por reconhecer caracterizada a prescrição intercorrente. 2. Nos tributos sujeitos a lançamento por homologação, a declaração do contribuinte por meio da Declaração de Contribuições e Tributos Federais – DCTF – elide a necessidade da constituição formal do débito pelo Fisco. 3 Caso não ocorra o pagamento no prazo, poderá efetivar-se imediatamente a inscrição na dívida ativa, sendo exigível independentemente de qualquer procedimento administrativo ou de notificação ao contribuinte 4. O prazo prescricional para o ajuizamento da ação executiva fiscal tem seu termo inicial na data do autolançamento. 5. O art. 40, da Lei nº 6.830/80, nos termos em que foi admitido em nosso ordenamento jurídico, não tem prevalência. A sua aplicação há de sofrer os limites impostos pelo art. 174, do Código Tributário Nacional. Repugna aos princípios informadores do nosso sistema tributário a prescrição indefinida. 6. Após o decurso de determinado tempo sem promoção da parte interessada, deve-se estabilizar o conflito, pela via da prescrição, impondo segurança jurídica aos litigantes. 7. Os casos de interrupção do prazo prescricional estão previstos no art. 174, do CTN, nele não incluídos os do artigo 40, da Lei nº 6.830/80. Há de ser sempre lembrado que o art. 174, do CTN, tem natureza de Lei Complementar. 8. A mera prolação do despacho que ordena a citação do executado não produz, por si só, o efeito de interromper a prescrição, impondo-se a interpretação sistemática do art. 8º, § 2º, da Lei nº 6.830/80, em combinação com o art. 219, § 4º, do CPC e com o art. 174 e seu parágrafo único do CTN. Precedentes desta Corte de Justiça e do colendo STF. 9. Agravo regimental não provido. (STJ – AGRESP 443971/PR; Rel. Min. JOSÉ DELGADO – 1ª Turma – j. 01/10/2002 – DJ 28.10.2002 p.00254)

[289] "Art. 174. A ação para a cobrança do crédito tributário prescreve em 5 (cinco) anos, contados da data da sua constituição definitiva. Parágrafo único. A prescrição se interrompe: I – pela citação pessoal feita ao devedor; II – pelo protesto judicial; III – por qualquer ato judicial que constitua em mora o devedor; IV – por qualquer ato inequívoco ainda que extrajudicial, que importe em reconhecimento do débito pelo devedor".

mento de seu crédito. A antinomia é solucionada pelo Superior Tribunal de Justiça através da interpretação sistemática das normas que orientam o ordenamento jurídico:

PROCESSUAL CIVIL. EXECUÇÃO FISCAL. PRESCRIÇÃO. ARTS. 40, DA LEI 6.830/80 E 174 DO CTN. PRECEDENTES. 1. O art. 40 da Lei 6.830/80 está em consonância com o art. 174 do Código Tributário Nacional, devendo ser interpretados harmonicamente. 2. Inadmissível estender-se o prazo prescricional por prazo indeterminado, devido à suspensão do processo por período superior a cinco anos. 3. Orientação consagrada pela Eg. 1ª Seção corroborando o entendimento das Turmas que a integram. 4. Recurso especial conhecido, porém, improvido. (Resp 194296/SC, 2ª Turma, 23/11/1999, p. 235, JC v. 90, p. 543)[290]

12.3. Interpretação sistemática e Prescrição intercorrente

A tese da prescrição intercorrente é decorrência da interpretação sistemática levada a efeito pelos Tribunais. Procede-se a uma leitura do ordenamento jurídico como um todo a fim de evitar antinomias.

No caso específico da prescrição dos créditos tributários, a jurisprudência sinaliza para utilização do prazo qüinqüenal do Código Tributário Nacional por se tratar de matéria reservada pela Constituição Federal à disciplina de Lei Complementar.

Assim, tem-se que, acaso não encontrado o devedor ou bens capazes de satisfazer o crédito, a Fazenda disporá de cinco anos para diligenciar em

---

[290] No mesmo sentido: "PROCESSUAL CIVIL. AGRAVO REGIMENTAL. TRIBUTÁRIO. PRESCRIÇÃO INTERCORRENTE. EXECUÇÃO FISCAL. ART. 40, DA LEF. ART. 174 DO CTN. PREVALÊNCIA DAS DISPOSIÇÕES RECEPCIONADAS COM *STATUS* DE LEI COMPLEMENTAR. PRECEDENTES. 1. O artigo 40 da Lei de Execução Fiscal deve ser interpretado harmonicamente com o disposto no artigo 174 do CTN, que prevalece em caso de colidência entre as referidas leis. Isto porque é princípio de Direito Público que a prescrição e a decadência tributárias são matérias reservadas à lei complementar, segundo prescreve o artigo 146, III, *b* da CF. 2. Em conseqüência, o artigo 40 da Lei nº 6.830/80, por não prevalecer sobre o CTN, sofre os limites impostos pelo artigo 174 do referido Ordenamento Tributário. Precedentes jurisprudenciais. 3. A suspensão decretada com suporte no art. 40 da Lei de Execuções Fiscais não pode perdurar por mais de 05 (cinco) anos porque a ação para cobrança do crédito tributário prescreve em cinco anos, contados da data da sua constituição definitiva (art. 174, *caput*, do CTN). 4. Agravo regimental improvido". (REsp 571254/MG – 1ª Turma – Rel. Min. Luiz Fux – DJ 28.06.2004, p. 199); "PROCESSUAL CIVIL E TRIBUTÁRIO. EXECUÇÃO FISCAL. SUSPENSÃO. CURADOR ESPECIAL. NOMEAÇÃO. SÚMULA 196/STJ. LEI Nº 6.830/80. PRESCRIÇÃO. APLICAÇÃO. ART. 174 DO CTN. PREVALÊNCIA. I – É legítima a nomeação de curador especial para opor embargos de devedor se o réu, citado por edital, permanece revel. Inteligência da Súmula nº 196 do STJ. II – As hipóteses contidas no art. 40 da Lei nº 6.830/80 não são passíveis, por si sós, de interromper o prazo prescricional, estando sua aplicação sujeita aos limites impostos pelo art. 174, do CTN, norma hierarquicamente superior. III – "Inadmissível estender-se o prazo prescricional por prazo indeterminado, devido à suspensão do processo por período superior a cinco anos. Orientação consagrada pela Eg. 1ª seção corroborando o entendimento das Turmas que integram". (REsp nº 194.296/SC, Relator Ministro FRANCISCO PEÇANHA MARTINS, DJ de 01/08/2000). IV- Agravo regimental improvido. (AGResp 621422/MG – 1ª Turma – Rel. Min. Francisco Falcão – DJ 28/06/2004, p. 210)

prol do andamento da execução fiscal, pois como assevera o Min. José Delgado:

(...) Repugna aos princípios informadores do nosso sistema tributário a prescrição indefinida. Após o decurso de determinado tempo sem promoção da parte interessada, deve-se estabilizar o conflito, pela via da prescrição, impondo segurança jurídica aos litigantes. 7. A mera prolação do despacho que ordena a citação do executado não produz, por si só, o efeito de interromper a prescrição, impondo-se a interpretação sistemática do art. 8º, § 2º, da Lei nº 6.830/80, em combinação com o art. 219, § 4º, do CPC, e com o art. 174 e seu parágrafo único, do CTN (...).[291]

No mesmo sentido:

TRIBUTÁRIO. EXECUÇÃO FISCAL. PARALISAÇÃO POR MAIS DE CINCO ANOS. PRESCRIÇÃO INTERCORRENTE. ART. 40 DA LEF. ART 174 DO CTN. 1. Se a execução fiscal, ante a inércia do credor, permanece paralisada por mais de cinco anos, a partir do despacho que ordena a suspensão do feito, deve ser decretada a prescrição intercorrente suscitada pelo devedor. 2. Interrompida a prescrição, com a citação pessoal, e não havendo bens a penhorar, pode o exeqüente valer-se do art. 40 da LEF (Lei nº 6.830/80), requerendo a suspensão do processo e, conseqüentemente, do prazo prescricional por um ano, ao término do qual recomeça a fluir a contagem até que se complete o lustro. 3. A regra do art. 40 da LEF não tem o condão de tornar imprescritível a dívida fiscal, já que não resiste ao confronto com o art. 174 do CTN. 4. Recurso especial improvido. (Resp 442.599/RO – 2ª Turma – DJ 28.09.2004, p. 233).[292]

---

[291] Excerto de voto proferido no RESP 388.000/RS – Rel. Min. José Delgado – 1º Turma –J. 21.02.2002 – DJ 18.03.2002, p. 192 – RJTAMG 85/386.

[292] "TRIBUTÁRIO – EXECUÇÃO FISCAL – PRESCRIÇÃO INTERCORRENTE – LEI DE EXECUÇÕES FISCAIS – CÓDIGO TRIBUTÁRIO NACIONAL – PREVALÊNCIA DAS DISPOSIÇÕES RECEPCIONADAS COM *STATUS* DE LEI COMPLEMENTAR – PRECEDENTES. DESPACHO CITATÓRIO. ART. 8º, § 2º, DA LEI Nº 6.830/80. ART. 219, § 5º, DO CPC. ART. 174, DO CTN. INTERPRETAÇÃO SISTEMÁTICA. JURISPRUDÊNCIA PREDOMINANTE. RESSALVA DO ENTENDIMENTO DO RELATOR. PRECEDENTES. 1. O artigo 40 da Lei de Execução Fiscal deve ser interpretado harmonicamente com o disposto no artigo 174 do CTN, que deve prevalecer em caso de colidência entre as referidas leis. Isto porque é princípio de Direito Público que a prescrição e a decadência tributárias são matérias reservadas à lei complementar, segundo prescreve o artigo 146, III, *b* da CF. 2. A mera prolação do despacho que ordena a citação do executado não produz, por si só, o efeito de interromper a prescrição, impondo-se a interpretação sistemática do art. 8º, § 2º, da Lei nº 6.830/80, em combinação com o art. 219, § 4º, do CPC e com o art. 174 e seu parágrafo único do CTN. 3. Paralisado o processo por mais de 5 (cinco) anos impõe-se o reconhecimento da prescrição, desde que argüida pelo curador, se o executado não foi citado, em tempo hábil, não tem oportunidade de suscitar a questão prescricional. Isto porque, a regra do art. 219, § 5º, do CPC pressupõe a convocação do demandado que, apesar de presente à ação pode pretender adimplir à obrigação natural. 4. Ressalva do ponto de vista do Relator, no sentido de que após o decurso de determinado tempo, sem promoção da parte interessada, deve-se estabilizar o conflito, pela via da prescrição, impondo segurança jurídica aos litigantes, uma vez que afronta aos princípios informadores do sistema tributário a prescrição indefinida. 5. É inaplicável o referido dispositivo se a prescrição se opera sem que tenha havido a convocação do executado, hipótese em que se lhe apresenta impossível suscitar a questão prescricional. 6. Permitir à Fazenda manter latente relação processual inócua, sem citação e com prescrição intercorrente evidente é conspirar contra os princípios gerais de direito, segundo os quais as obrigações nascerem para serem extintas e o processo deve representar um instrumento de realização da justiça. 7. A prescrição, tornando o crédito inexigível, faz exsurgir, por força de sua intercorrência no processo, a falta de interesse

TRIBUTÁRIO. EXECUÇÃO FISCAL. PARALISAÇÃO POR MAIS DE CINCO ANOS. PRESCRIÇÃO INTERCORRENTE. ART. 40 DA LEF. ART 174 DO CTN. 1. Se a execução fiscal, ante a inércia do credor, permanece paralisada por mais de cinco anos, a partir do despacho que ordena a suspensão do feito, deve ser decretada a prescrição intercorrente suscitada pelo devedor. 2. Interrompida a prescrição, com a citação pessoal, e não havendo bens a penhorar, pode o exeqüente valer-se do art. 40 da LEF (Lei nº 6.830/80), requerendo a suspensão do processo e, conseqüentemente, do prazo prescricional por um ano, ao término do qual recomeça a fluir a contagem até que se complete o lustro. 3. A regra do art. 40 da LEF não tem o condão de tornar imprescritível a dívida fiscal, já que não resiste ao confronto com o art. 174 do CTN. 4. Recurso especial improvido. (Resp 442.599/RO – 2ª Turma – Rel. Min. Castro Meira – DJ 28.06.2004, p. 233)

---

processual superveniente, matéria conhecível pelo Juiz, a qualquer tempo, à luz do § 3º do art. 267 do CPC. 8. Artigo 9º, II do CPC. O Agravante inovou na petição de agravo regimental ao alegar aplicação do artigo em referência à questão em análise. Preclusão. 9. Agravo regimental desprovido, ressalvado o entendimento deste Relator, porquanto a jurisprudência predominante do Superior Tribunal de Justiça entende pela impossibilidade de o juiz declarar ex officio a prescrição de direitos patrimoniais. (AGA 568522/MG, 1ª Turma, Rel. Min. Luiz Fux, DJ 01/06/2004, p. 197)

13. Pagamento indevido e restituição

Não pretendemos neste capítulo aprofundar considerações gerais sobre o instituto da restituição, contudo, necessário se faz tecer alguns comentários, mesmo que breves, acerca da forma de restituição dos pagamentos indevidos regulada pelo CTN.
O Código Tributário Nacional prescreve:

Art. 165. O sujeito passivo tem direito, independentemente de prévio protesto, à restituição total ou parcial do tributo, seja qual for a modalidade do seu pagamento, ressalvado o disposto no § 4º do artigo 162, nos seguintes casos:
I – cobrança ou pagamento espontâneo de tributo indevido ou maior que o devido em face da legislação tributária aplicável, ou da natureza ou circunstâncias materiais do fato gerador efetivamente ocorrido;
II – erro na edificação do sujeito passivo, na determinação da alíquota aplicável, no cálculo do montante do débito ou na elaboração ou conferência de qualquer documento relativo ao pagamento;
III – reforma, anulação, revogação ou rescisão de decisão condenatória.

Assim, quando preenchida uma das hipóteses acima descritas, o contribuinte fará jus à restituição da quantia paga indevidamente. Vale lembrar que se extingue em cinco anos o prazo para pleitear a restituição.[293]

Recentemente foram exaradas algumas normas para regular a restituição de valores pagos indevidamente. Dentre elas, pode-se destacar a Lei nº 10.833 (pagamentos indevidos no REFIS),[294] a Lei nº 10.147 (regime espe-

---

[293] "Art. 168. O direito de pleitear a restituição extingue-se com o decurso do prazo de 5 (cinco) anos, contados: I – nas hipótese dos incisos I e II do artigo 165, da data da extinção do crédito tributário; II – na hipótese do inciso III do artigo 165, da data em que se tornar definitiva a decisão administrativa ou passar em julgado a decisão judicial que tenha reformado, anulado, revogado ou rescindido a decisão condenatória".

[294] "Art. 38. O pagamento indevido ou maior que o devido efetuado no âmbito do Programa de Recuperação Fiscal – REFIS, ou do parcelamento a ele alternativo será restituído a pedido do sujeito passivo. § 1º Na hipótese de existência de débitos do sujeito passivo relativos a tributos e contribuições perante a Secretaria da Receita Federal, a Procuradoria-Geral da Fazenda Nacional ou o Instituto Nacional do Seguro Social – INSS, inclusive inscritos em dívida ativa, o valor da restituição deverá ser utilizado para quitá-los, mediante compensação em procedimento de ofício. § 2º A restituição e a compensação de que trata este artigo serão efetuadas pela Secretaria da Receita Federal, aplicando-se o disposto no art. 39 da Lei 9.250, de 26 de dezembro de 1995, alterado pelo art. 73 da Lei 9.532, de 10 de dezembro de 1997, observadas as normas estabelecidas pelo Comitê Gestor do REFIS".

cial de crédito presumido),[295] Lei nº 9.430/96 (restituição),[296] Medida Provisória nº 66 (Restituição e compensação de crédito administrado pela Receita Federal);[297] Decreto nº 4.524 (Produtos Farmacêuticos – Dedução do

---

[295] "Art. 3º Será concedido regime especial de utilização de crédito presumido da contribuição para o PIS/Pasep e da COFINS às pessoas jurídicas que procedam à industrialização ou à importação dos produtos classificados na posição 30.03, exceto no código 3003.90.56, nos itens 3002.10.1, 3002.10.2, 3002.10.3, 3002.20.1, 3002.20.2, 3006.30.1 e 3006.30.2 e nos códigos 3001.20.90, 3001.90.10, 3001.90.90, 3002.90.20, 3002.90.92, 3002.90.99, 3005.10.10 e 3006.60.00, todos da TIPI, tributados na forma do inciso I do art. 1º, e na posição 30.04, exceto no código 3004.90.46, da TIPI, e que, visando assegurar a repercussão nos preços da redução da carga tributária em virtude do disposto neste artigo: I – tenham firmado, com a União, compromisso de ajustamento de conduta, nos termos do § 6º do art. 5º da Lei nº 7.347, de 24 de julho de 1985; ou II – cumpram a sistemática estabelecida pela Câmara de Medicamentos para utilização do crédito presumido, na forma determinada pela Lei nº 10.213, de 27 de março de 2001. § 1º O crédito presumido a que se refere este artigo será: I – determinado mediante a aplicação das alíquotas estabelecidas na alínea a do inciso I do art. 1o desta Lei sobre a receita bruta decorrente da venda de medicamentos, sujeitas a prescrição médica e identificados por tarja vermelha ou preta, relacionados pelo Poder Executivo; II – deduzido do montante devido a título de contribuição para o PIS/Pasep e da COFINS no período em que a pessoa jurídica estiver submetida ao regime especial. § 2º O crédito presumido somente será concedido na hipótese em que o compromisso de ajustamento de conduta ou a sistemática estabelecida pela Câmara de Medicamentos, de que tratam, respectivamente, os incisos I e II deste artigo, inclua todos os produtos constantes da relação referida no inciso I do § 1º, industrializados ou importados pela pessoa jurídica. § 3º É vedada qualquer outra forma de utilização ou compensação do crédito presumido de que trata este artigo, bem como sua restituição".

[296] Restituição e Compensação de Tributos e Contribuições Art. 73. Para efeito do disposto no art. 7º do Decreto-lei nº 2.287, de 23 de julho de 1986, a utilização dos créditos do contribuinte e a quitação de seus débitos serão efetuadas em procedimentos internos à Secretaria da Receita Federal, observado o seguinte: I – o valor bruto da restituição ou do ressarcimento será debitado à conta do tributo ou da contribuição a que se referir; II – a parcela utilizada para a quitação de débitos do contribuinte ou responsável será creditada à conta do respectivo tributo ou da respectiva contribuição. Art. 74. Observado o disposto no artigo anterior, a Secretaria da Receita Federal, atendendo a requerimento do contribuinte, poderá autorizar a utilização de créditos a serem a ele restituídos ou ressarcidos para a quitação de quaisquer tributos e contribuições sob sua administração.

[297] Disciplina da restituição introduzida Medida Provisória nº 66 – "Art. 74. O sujeito passivo que apurar crédito, inclusive os judiciais com trânsito em julgado, relativo a tributo ou contribuição administrado pela Secretaria da Receita Federal, passível de restituição ou de ressarcimento, poderá utilizá-lo na compensação de débitos próprios relativos a quaisquer tributos e contribuições administrados por aquele Órgão. § 1º A compensação de que trata o caput será efetuada mediante a entrega, pelo sujeito passivo, de declaração na qual constarão informações relativas aos créditos utilizados e aos respectivos débitos compensados. § 2º A compensação declarada à Secretaria da Receita Federal extingue o crédito tributário, sob condição resolutória de sua ulterior homologação § 3º Além das hipóteses previstas nas leis específicas de cada tributo ou contribuição, não poderão ser objeto de compensação: § 3º Além das hipóteses previstas nas leis específicas de cada tributo ou contribuição, não poderão ser objeto de compensação mediante entrega, pelo sujeito passivo, da declaração referida no § 1º: I – o saldo a restituir apurado na Declaração de Ajuste Anual do Imposto de Renda da Pessoa Física; II – os débitos relativos a tributos e contribuições devidos no registro da Declaração de Importação. III – os débitos relativos a tributos e contribuições administrados pela Secretaria da Receita Federal que já tenham sido encaminhados à Procuradoria-Geral da Fazenda Nacional para inscrição em Dívida Ativa da União; IV – os créditos relativos a tributos e contribuições administrados pela Secretaria da Receita Federal com o débito consolidado no âmbito do Programa de Recuperação Fiscal – Refis, ou do parcelamento a ele alternativo; e V – os débitos que já tenham sido objeto de compensação não homologada pela Secretaria da Receita Federal. § 4º Os pedidos de compensação pendentes de apreciação pela autoridade administrativa serão considerados declaração de compensação, desde o seu protocolo, para os efeitos previstos neste artigo § 5º A Secretaria da Receita Federal disciplinará o disposto neste artigo § 5º O prazo para homologação da compensação declarada pelo sujeito passivo será de 5 (cinco) anos, contado da data da entrega da declaração de compensação. § 6º A declaração

Crédito Presumido)[298] e Instrução Normativa SRF n° 247/2002[299] (restituição e compensação).

13.1. Prescrição do direito à restituição do indébito

A COFINS é tributo sujeito ao lançamento por homologação. Para essa espécie de lançamento, a legislação prevê que o direito de pleitear a restituição é de cinco anos.[300] Quanto a esses dois aspectos, nunca existiu debate doutrinário ou jurisprudencial relevante.

A discussão que tem aquecido as prateleiras da Justiça Federal diz respeito ao início da contagem, ou seja, ao termo *a quo* do prazo ao universal princípio da *actio nata* (na terminologia utilizada pelo Min. Peçanha Martins, no voto proferido no autos do ERESP 423.99/SC). A divergência é, portanto, o início do prazo qüinqüenal.

---

de compensação constitui confissão de dívida e instrumento hábil e suficiente para a exigência dos débitos indevidamente compensados. § 7° Não homologada a compensação, a autoridade administrativa deverá cientificar o sujeito passivo e intimá-lo a efetuar, no prazo de 30 (trinta) dias, contado da ciência do ato que não a homologou, o pagamento dos débitos indevidamente compensados. § 8° Não efetuado o pagamento no prazo previsto no § 7°, o débito será encaminhado à Procuradoria-Geral da Fazenda Nacional para inscrição em Dívida Ativa da União, ressalvado o disposto no § 9° É facultado ao sujeito passivo, no prazo referido no § 7°, apresentar manifestação de inconformidade contra a não-homologação da compensação. § 10. Da decisão que julgar improcedente a manifestação de inconformidade caberá recurso ao Conselho de Contribuintes § 11. A manifestação de inconformidade e o recurso de que tratam os §§ 9° e 10 obedecerão ao rito processual do Decreto no 70.235, de 6 de março de 1972, e enquadram-se no disposto no inciso III do art. 151 da Lei no 5.172, de 25 de outubro de 1966 – Código Tributário Nacional, relativamente ao débito objeto da compensação. § 12. A Secretaria da Receita Federal disciplinará o disposto neste artigo, podendo, para fins de apreciação das declarações de compensação e dos pedidos de restituição e de ressarcimento, fixar critérios de prioridade em função do valor compensado ou a ser restituído ou ressarcido e dos prazos de prescrição.

[298] "Art. 78. O crédito presumido apurado na forma do art. 61 será deduzido do montante devido a título de PIS/Pasep e de COFINS, no período em que a pessoa jurídica estiver submetida ao regime especial (Lei n° 10.147, de 2000, art. 3°, inciso II e § 3°). § 1° É vedada qualquer outra forma de utilização ou compensação do crédito presumido, inclusive sua restituição. § 2° Na hipótese de o valor do crédito presumido apurado ser superior ao montante devido de PIS/Pasep e de COFINS, num mesmo período de apuração, o saldo remanescente deve ser transferido para o período seguinte."; "Art. 85. Na hipótese da não-incidência de que trata o art. 44, a pessoa jurídica vendedora pode utilizar os créditos, apurados na forma dos arts. 63, 65 e 66, para fins de compensação com débitos próprios, vencidos ou vincendos, relativos a tributos e contribuições administrados pela SRF, observada a legislação específica aplicável à matéria (Medida Provisória n° 66, de 2002, art. 5°, § 1°, inciso II, e § 2°). Parágrafo único. A pessoa jurídica que, até o final de cada trimestre do ano calendário, não conseguir utilizar o crédito por qualquer das formas previstas no art. 79 e no caput deste artigo, poderá solicitar o seu ressarcimento em dinheiro, observada a legislação específica aplicável à matéria."

[299] "Art. 81. Na hipótese da não-incidência de que trata o art. 45, a pessoa jurídica vendedora pode utilizar os créditos, apurados na forma dos arts. 66, 68 e 69, para fins de compensação com débitos próprios, vencidos ou vincendos, relativos a tributos e contribuições administrados pela SRF, observada a legislação específica aplicável à matéria. Parágrafo único. A pessoa jurídica que, até o final de cada trimestre do ano calendário, não conseguir utilizar o crédito por qualquer das formas previstas no art. 79 e no caput deste artigo, poderá solicitar o seu ressarcimento em dinheiro, observada a legislação específica aplicável à matéria".

[300] V. capítulo 13 sobre Prescrição.

A Primeira Seção do STJ recentemente pacificou o seu entendimento acerca do assunto,[301] afirmando que o prazo se inicia com a homologação do lançamento, que, se for tácita, ocorre após cinco anos da realização do fato gerador.

Declarou a 1ª Seção, também, revertendo orientação anterior em sentido contrário, que é irrelevante a causa[302] do indébito (se decorrente de

---

[301] "TRIBUTÁRIO. REPETIÇÃO DE INDÉBITO. TRIBUTO SUJEITO A LANÇAMENTO POR HOMOLOGAÇÃO. PRESCRIÇÃO. NOVA ORIENTAÇÃO FIRMADA PELA 1ª SEÇÃO DO STJ, NA APRECIAÇÃO DO ERESP 435.835/SC. VIOLAÇÃO AO ART. 535 DO CPC. EXISTÊNCIA DE CONTRADIÇÃO. COMPENSAÇÃO ENTRE TRIBUTOS DIFERENTES. CORREÇÃO MONETÁRIA. ÍNDICES. 1. A 1ª Seção do STJ, no julgamento do ERESP 435.835/SC, Rel. p/ o acórdão Min. José Delgado, sessão de 24.03.2004, consagrou o entendimento segundo o qual o prazo prescricional para pleitear a restituição de tributos sujeitos a lançamento por homologação é de cinco anos, contados da data da homologação do lançamento, que, se for tácita, ocorre após cinco anos da realização do fato gerador – sendo irrelevante, para fins de cômputo do prazo prescricional, a causa do indébito. Adota-se o entendimento firmado pela Seção, com ressalva do ponto de vista pessoal, no sentido da subordinação do termo a quo do prazo ao universal princípio da actio nata (voto-vista proferido nos autos do ERESP 423.994/SC, 1ª Seção, Min. Peçanha Martins, sessão de 08.10.2003). 2. No regime da Lei 9.430/96, a compensação dependia de requerimento à autoridade fazendária, que, após a análise de cada caso, efetuaria ou não o encontro de débitos e créditos. Essa situação somente foi modificada com a edição da Lei 10.637/02, que deu nova redação ao art. 74 da Lei 9.430/96, autorizando, para os tributos administrados pela Secretaria da Receita Federal, a compensação de iniciativa do contribuinte, mediante entrega de declaração contendo as informações sobre os créditos e débitos utilizados, cujo efeito é o de extinguir o crédito tributário, sob condição resolutória de sua ulterior homologação. 3. À época da propositura da demanda (2001), não havia autorização legal para a realização da compensação pelo próprio contribuinte, sendo indispensável o seu requerimento à Secretaria da Receita Federal, razão pela qual o pedido veiculado na inicial não poderia, com base no direito então vigente, ser atendido. 4. No caso concreto, por força do princípio da vedação da *reformatio in pejus*, deve prevalecer o entendimento consubstanciado no acórdão recorrido, no sentido de possibilitar a compensação do FINSOCIAL com valores relativos ao próprio FINSOCIAL e à COFINS. Ressalva-se, por fim, o direito da autora de proceder à compensação dos créditos na conformidade com as normas supervenientes. 5. Está assentada nesta Corte a orientação segundo a qual são os seguintes os índices a serem utilizados na atualização das parcelas, na compensação de indébito tributário: (a) IPC, de março/1990 a janeiro/1991; (b) INPC, de fevereiro a dezembro/1991; (c) UFIR, a partir de janeiro/1992; (d) taxa SELIC, exclusivamente, a partir de janeiro/1996. 6. Recurso especial da Fazenda Nacional a que se nega provimento. 7. Recurso especial da autora parcialmente provido". (STJ – 1ª Turma – Rel. Min. Teori Albino Zavascki – j. 17.06.2004 – DJ 01.07.2004, p. 184)

[302] Aparentemente, abandonou a Seção o entendimento anterior de que, se a causa de o pagamento indevido for a inconstitucionalidade do dispositivo legal com base no qual foi feita a cobrança, o prazo somente teria início com a declaração de inconstitucionalidade, ou, mais precisamente, na data da publicação da Resolução do Senado Federal que tenha suspendido a vigência dos dispositivos legais. O fundamento, acolhido por boa parte da Doutrina, fundado nos seguintes argumentos, muito bem sintetizados na ementa que segue: "A declaração de inconstitucionalidade da lei instituidora de um tributo altera a natureza jurídica dessa prestação pecuniária, que, retirada do âmbito tributário, passa a ser de indébito para com o Poder Público, e não de indébito tributário. Com efeito, a lei declarada inconstitucional desaparece do mundo jurídico, como se nunca tivesse existido. Afastada a contagem do prazo prescricional/decadencial para repetição do indébito tributário previsto no Código Tributário Nacional, tendo em vista que a prestação pecuniária exigida por lei inconstitucional não é tributo, mas um indébito genérico contra a Fazenda Pública, aplica-se a regra geral de prescrição de indébito contra a Fazenda Pública, prevista no artigo 1º do Decreto 20.910/32. A declaração de inconstitucionalidade pelo Supremo Tribunal Federal não elide a presunção de constitucionalidade das normas, razão pela qual não estava o contribuinte obrigado a suscitar a sua inconstitucionalidade sem o pronunciamento da Excelsa Corte, cabendo-lhe, pelo contrário, o dever de cumprir a determinação nela contida. A tese que fixa como termo a quo para a repetição do indébito o reconhecimento da inconstitucionalidade da lei que instituiu o tributo deverá prevalecer, pois, não é justo ou razoável permitir que o contribuinte,

simples erro no pagamento, de inconstitucionalidade ou ilegalidade da cobrança, etc.) para fins da regra de início da contagem.

A tese atualmente vigente no STJ, portanto, é a dos "cinco mais cinco". Reproduzimos a decisão da Min. Denise Arruda, que sintetiza a evolução do entendimento no STJ e a atual doutrina da nova orientação da Primeira Seção:

RECURSO ESPECIAL Nº 620.664 - SP (DJ 04.08.2004)
RELATORA: MINISTRA DENISE ARRUDA
DECISÃO
Tributário. Recurso Especial. Repetição de indébito. PIS. Prescrição. Tese dos "cinco mais cinco". Nova orientação firmada pela 1ª Seção no julgamento do EREsp 435.835/SC. Recurso especial a que se nega seguimento (art. 557, caput, do CPC).
1. Trata-se de recurso especial interposto por União (Fazenda Nacional), com base nas alíneas a e c do permissivo constitucional, contra acórdão do Tribunal Regional Federal da 3ª Região, que, dentre outros pontos, entendeu ser decenal o prazo para pleitear a compensação/restituição dos tributos indevidamente recolhidos a título de PIS, prazo esse que ocorre cinco anos após o fato gerador, acrescido de mais cinco, a contar da homologação tácita. Nas razões do especial, alega a recorrente violação do art. 168, I, do CTN, sustentando, em síntese, que o prazo prescricional para propositura da ação de repetição de indébito é de cinco anos, contado do recolhimento indevido, de forma que, no caso dos autos, a ação estaria atingida pelos efeitos da prescrição. Em contra-razões, pugna a contribuinte pela manutenção do acórdão recorrido. É o relatório.

---

até então desconhecedor da inconstitucionalidade da exação recolhida, seja lesado pelo Fisco. Ainda que não previsto expressamente em lei que o prazo prescricional/decadencial para restituição de tributos declarados inconstitucionais pelo Supremo Tribunal Federal é contado após cinco anos do trânsito em julgado daquela decisão, a interpretação sistemática do ordenamento jurídico pátrio leva a essa conclusão. Cabível a restituição do indébito contra a Fazenda, sendo o prazo de decadência/prescrição de cinco anos para pleitear a devolução, contado do trânsito em julgado da decisão do Supremo Tribunal Federal que declarou inconstitucional o suposto tributo." (STJ – AGRESP 429.413/RJ – 2ª Turma – Rel. Min. Franciulli Netto – j. 19.09.2002 – DJ 13.10.2003, p. 326). Essa orientação vinha sendo adotada até recentemente, e por uniformização de jurisprudência da própria primeira Seção: "CONSTITUCIONAL. TRIBUTÁRIO E PROCESSUAL CIVIL. AGRAVO REGIMENTAL. COMPENSAÇÃO. PIS. PRESCRIÇÃO. TERMO INICIAL DO PRAZO. INOCORRÊNCIA. JUROS DE MORA. LEI Nº 9.250/95. AUSÊNCIA DE PREQUESTIONAMENTO. CORREÇÃO MONETÁRIA. PRECEDENTES. 1. A Primeira Seção do Superior Tribunal de Justiça firmou entendimento de que o prazo prescricional inicia-se a partir da data em que foi declarada inconstitucional a lei na qual se fundou a exação (REsp nº 69233/RN, Rel. Min. César Asfor; REsp nº 68292-4/SC, Rel. Min. Pádua Ribeiro; REsp nº 75006/PR, Rel. Min. Pádua Ribeiro). 2. A decisão do colendo STF, proferida no RE nº 148754/RJ, que declarou inconstitucionais os Decretos-Leis nºs 2.445 e 2.449, de 1988, foi publicada no DJ de 04/03/1994. Perfazendo o lapso de 5 (cinco) anos para efetivar-se a prescrição, seu término se deu em 03/03/1999. In casu, a pretensão da parte autora não se encontra atingida pela prescrição, pois a ação foi ajuizada em 12/08/1997. 3. A jurisprudência sobre a decadência e a prescrição, nos casos de compensação e repetição de indébito tributário, a qual tive a honra de ser um dos precursores quando ainda juiz no Tribunal Regional Federal da 5ª Região, demorou a se consolidar com a tese que há mais de dez anos venho defendendo e que ora encontra-se esposada no decisório objurgado. 4. Firme estou na convicção externada, desenvolvida após longo e detalhado estudo elaborado sobre o assunto, não me configurando o momento como apto a alterar o meu posicionamento. (...)." (STJ – AGRESP 493035/MG – 1ª Turma – Rel. Min. José Delgado – j. 13.05.2003 – DJ 09.06.2003 p. 189)

2. Após acentuada divergência sobre o exato termo inicial para a contagem do prazo prescricional nas ações de repetição de indébito de tributos declarados inconstitucionais pelo Pretório Excelso, a Primeira Seção, no julgamento do EREsp 423.994/MG, Rel. Min. Peçanha Martins, sessão de 8/10/2003, havia consagrado o seguinte entendimento: (a) se a declaração de inconstitucionalidade ocorreu em sede de ação de controle concentrado, o prazo de cinco anos se inicia na data da publicação do respectivo acórdão; (b) se a inconstitucionalidade foi declarada pela via do controle difuso, o prazo qüinqüenal terá início na data da publicação da Resolução do Senado Federal, suspensiva da execução da norma (CF, art. 52, X); (c) se não existir resolução do Senado, aplica-se a regra geral adotada para a repetição de tributos sujeitos a lançamento por homologação, qual seja, prevalece a tese dos 5 (cinco) mais 5 (cinco), vale dizer, nos tributos sujeitos a lançamento por homologação, o prazo prescricional é de 5 (cinco) anos, contado a partir da ocorrência do fato gerador, acrescido de mais um qüinqüênio, computado do termo final do prazo atribuído ao Fisco para verificar o quantum do tributo devido. O entendimento acima foi adotado por esta relatora em incontáveis julgados. Contudo, buscando evitar a situação de insegurança jurídica diante da adoção das teses acima indicadas, a Primeira Seção, no EREsp 435.835/SC, Rel. para o acórdão o Ministro José Delgado, julgado em 24/3/2004, adotou novamente o critério único dos "cinco mais cinco", independentemente de se tratar de tributo cuja inconstitucionalidade tenha sido declarada pela via do controle difuso – com Resolução do Senado suspensiva da execução da norma – ou do concentrado. É importante destacar trecho do voto-vista proferido pelo Exmo. Ministro Teori Albino Zavascki, REsp 422.704/BA, ao enunciar as incertezas provocadas pela submissão do termo inicial da prescrição à declaração de inconstitucionalidade pelo Supremo Tribunal Federal ou à Resolução do Senado, porquanto tal prazo se tornaria incerto, eventual e aleatório. Confira-se:
"Por tais razões, não se pode justificar, do ponto de vista constitucional, a orientação segundo a qual, relativamente à repetição de tributos inconstitucionais, o prazo prescricional somente corre a partir da data da decisão do STF que declara a sua inconstitucionalidade. Isso significaria, conforme já se disse, atribuir eficácia constitutiva àquela declaração. Significaria, também, atrelar o início do prazo prescricional não a um termo (= fato futuro e certo), mas a uma condição (= fato futuro e incerto). Não haveria termo a quo do prazo, e sim condição suspensiva. Isso equivale a eliminar a própria existência do prazo prescricional de cinco anos previsto no art. 168 do CTN, já que, sem termo *a quo*, o termo *ad quem* será indeterminado. O prazo prescricional será incerto, aleatório e eventual, já que, se ninguém tomar a iniciativa de provocar jurisdicionalmente a declaração de inconstitucionalidade, não estará em curso prazo prescricional algum, mesmo que o recolhimento do tributo indevido tenha ocorrido há cinco, dez ou vinte anos.
Saliente-se que o crédito tributário se constitui pelo lançamento (CTN, art. 142) e se extingue pelo pagamento (CTN, art. 156, I e VII). No entanto, quando se trata de lançamento por homologação, como é o caso do PIS, o pagamento antecipado pelo obrigado extingue o crédito, sob condição resolutória da ulterior homologação do lançamento, na forma do art. 150, § 1º, do CTN. Conforme leciona Hugo de Brito Machado, isso significa que tal extinção não é definitiva. Ao sobrevir o ato homologatório do lançamento, o crédito se considerará extinto por força do estipulado no art. 156, VI, do CTN. Se a lei fixar um prazo para a homologação e a autoridade não

a praticar expressamente, ter-se-á a homologação tácita no momento em que se expirar esse prazo (Curso de Direito Tributário, 19ª ed., São Paulo: Malheiros Editores, 2001, p. 147). Assim, somente a partir dessa homologação é que se tem início o prazo previsto no art. 168, I, do CTN, razão pela qual, totalizam-se dez anos a contar do fato gerador. Desse modo, em respeito à função uniformizadora desta Corte, passa-se a adotar o mais recente posicionamento firmado, para declarar que nos tributos sujeitos a homologação, o prazo para se pleitear a compensação ou a restituição do que foi indevidamente pago somente se opera quando decorridos cinco anos da ocorrência do fato gerador, acrescido de mais cinco, contado a partir da homologação tácita. Confira-se trecho do que restou decidido naquele julgamento, divulgado no Informativo nº 203 deste Superior Tribunal de Justiça:
"Na hipótese, houve a declaração de inconstitucionalidade da exação, ao fundamento de violação ao princípio da anterioridade, razão pela qual não se fez publicar resolução pelo Senado Federal. Diante disso, a Seção, por maioria, ao prosseguir o julgamento entendeu não adotar o posicionamento de se contar o prazo prescricional a partir do trânsito em julgado da ADIn, no controle de constitucionalidade concentrado, ou da resolução do Senado, no controle difuso, para novamente adotar o que coloquialmente se conhece pela teoria do 'cinco mais cinco'".
Segue ainda trecho do voto-vencedor, a reforçar tal posicionamento:
"Na espécie, não há que se falar em prazo prescricional a contar da declaração de inconstitucionalidade pelo STF ou da Resolução do Senado. A pretensão foi formulada no prazo concebido pela jurisprudência desta Seção como admissível, haja vista que a ação não está alcançada pela prescrição, nem o direito pela decadência. Aplica-se, assim, o prazo prescricional nos moldes em que pacificado pelo STJ, *id est*, a corrente dos cinco mais cinco".
No mesmo sentido, vale também conferir os seguintes julgados desta Corte:
"PROCESSUAL CIVIL. EMBARGOS DE DECLARAÇÃO. FINSOCIAL. PRESCRIÇÃO/DECADÊNCIA. CONTAGEM DO PRAZO. EXISTÊNCIA DE ERRO.
1. Ocorrência de erro no cálculo na contagem do prazo prescricional/decadencial.
2. Está uniforme na 1ª Seção do STJ que, no caso de lançamento tributário por homologação e havendo silêncio do Fisco, o prazo decadencial só se inicia após decorridos 5 (cinco) anos da ocorrência do fato gerador, acrescidos de mais um qüinqüênio, a partir da homologação tácita do lançamento. Estando o tributo em tela sujeito a lançamento por homologação, aplicam-se a decadência e a prescrição nos moldes acima delineados.
3. Não há que se falar em prazo prescricional a contar da declaração de inconstitucionalidade pelo STF ou da Resolução do Senado. A pretensão foi formulada no prazo concebido pela jurisprudência desta Casa Julgadora como admissível, visto que a ação não está alcançada pela prescrição, nem o direito pela decadência. Não está consumado o prazo de 10 (dez) anos (5+ 5), a partir de cada fato gerador da exação tributária.
4. Valores foram recolhidos, a título de FINSOCIAL, no período de 10/89 a 02/92. Mandado de segurança impetrado contra o ato que denegou a devolução, em 17/11/1998. Não transcorreu, entre o prazo do recolhimento (contado a partir de 10/89 até 02/92) e o do ingresso do *mandamus* em juízo, o prazo de 10 (dez) anos.
5. Embargos acolhidos e recebidos com efeitos modificativos para, com base na jurisprudência predominante da Corte, afastar, em parte, a prescrição, negando-se

provimento ao recurso especial da Fazenda Nacional, nos termos do voto" (EEREsp 543.840/PE, Rel. Min. José Delgado, DJU de 10/05/2004, p. 00180).
"TRIBUTÁRIO. REPETIÇÃO DE INDÉBITO. TRIBUTO DECLARADO INCONSTITUCIONAL PELO STF. PIS. DECRETOS-LEIS 2.445/88 E 2.449/88. PRESCRIÇÃO. DUAS ORIENTAÇÕES DO STJ, INCOMPATÍVEIS NO CASO DE TRIBUTO SUJEITO A LANÇAMENTO POR HOMOLOGAÇÃO: (A) O PRAZO PARA A REPETIÇÃO É DE CINCO ANOS, CONTADOS A PARTIR DA HOMOLOGAÇÃO, EXPRESSA OU TÁCITA, OCORRENDO ESSA ÚLTIMA CINCO ANOS APÓS O FATO GERADOR; (B) O PRAZO É DE CINCO ANOS, TENDO POR TERMO INICIAL A DECLARAÇÃO DA INCONSTITUCIONALIDADE DA EXAÇÃO PELO STF. OPÇÃO PELO PRIMEIRO ENTENDIMENTO, COM RESSALVA DO POSICIONAMENTO PESSOAL. CORREÇÃO MONETÁRIA DA BASE DE CÁLCULO. IMPOSSIBILIDADE.
1. As duas orientações firmadas nesta Corte sobre o prazo para repetição de tributo cuja cobrança foi declarada inconstitucional pelo STF – a) dez anos a partir do fato gerador; b) cinco anos a partir da declaração – são inconciliáveis, nos casos de tributos sujeitos a lançamento por homologação. Adota-se o primeiro entendimento, com ressalva do entendimento pessoal, no sentido da subordinação do termo a quo do prazo ao universal princípio da actio nata (voto-vista proferido nos autos do RESP 422.704/BA).
2. *Omissis*" (REsp 549.813/RS, 1ª Turma, Rel. Min. Teori Albino Zavascki, DJU de 25/2/2004, p. 00118).
"AGRAVO REGIMENTAL – TRIBUTÁRIO – PIS – COMPENSAÇÃO DE INDÉBITO – PRESCRIÇÃO.
– Não ocorrendo homologação expressa, o direito de se pleitear a repetição de indébito se dá após o prazo de cinco anos contados do fato gerador, acrescidos de mais cinco anos a partir da homologação tácita" (AGREsp 450.059/RS, 1ª Turma, Rel. Min. Humberto Gomes de Barros, DJU de 22/9/2003, p. 00264).
"PROCESSO CIVIL E TRIBUTÁRIO – PIS – COMPENSAÇÃO E PRESCRIÇÃO – NOVA LEGISLAÇÃO: LEI 10.637, de 30/12/2002 – INAPLICABILIDADE.
1. *Omissis*
2. *Omissis*
3. Não ocorrendo a homologação expressa, o direito de se pleitear a repetição de indébito se dá após o prazo de cinco anos, contados do fato gerador, acrescidos de mais cinco anos, a partir da homologação tácita. Precedentes.
4. Agravos regimentais improvidos. (AGREsp 488.992/MG, Rel. Min. Eliana Calmon, DJU de 3/11/2003, p. 00303).
A questão também já vem sendo julgada por meio de decisões monocráticas, a exemplo das que se seguem: REsp 614.396/SC, Rel. Min. Eliana Calmon, DJU de 7/5/2004; REsp 628.246/SP, Rel. Min. Francisco Falcão, DJU de 10/5/2004; REsp 624.966/BA, Rel. Min. Teori Albino Zavascki, DJU de 10/5/2004; EREsp 496.487/PR, Rel. Min. João Otávio de Noronha, DJU de 14/5/2004.
3. Por todo o exposto, estando o acórdão recorrido em conformidade com a atual jurisprudência deste Superior Tribunal de Justiça, com fulcro no art. 557, *caput*, do CPC, nega-se seguimento ao recurso especial.
4. Publique-se e Intimem-se.
Brasília (DF), 30 de junho de 2004.
MINISTRA DENISE ARRUDA, Relatora.

13.2. Irrelevância da prova de transferência de encargos

A COFINS é contribuição social que não comporta a transferência do encargo, e, portanto, não lhe é aplicável o disposto no artigo 166 do CTN.[303] Trata-se de tributo em que a pessoa jurídica é contribuinte de fato e de direito. É tributo *direto*.

A tão clara e cristalina inaplicabilidade do dispositivo à COFINS, todavia, não impediu a Fazenda Nacional de laborar na tentativa de apropriar-se indevidamente dos valores recolhidos a maior ou indevidamente, sob a alegação da referida e pretensa necessidade.

A pretensão fazendária foi fulminada em inúmeros acórdãos[304] de Tribunais Regionais Federais e, finalmente, do Superior Tribunal de Justiça ("A contribuição previdenciária da responsabilidade do empregador é tributo direto. Não se lhe aplica, para fins de repetição de indébito ou compensação, as regras do art. 166, do CTN.").[305]

13.3. Compensação

Uma das formas de repetição do indébito é a compensação, mecanismo que propicia a quitação de débito presente com crédito passado. O instituto da compensação sofreu diversas alterações nos últimos anos, e boa parte do debate dizia respeito à compensação de créditos de FINSOCIAL com débito de COFINS. O propósito deste capítulo é dar ao leitor uma perspectiva histórica e a situação atual.

A possibilidade de compensação de tributos federais passou a ser possível a partir da Lei nº 8.383/91, cujo artigo 66 dispôs *verbis*:

---

[303] "Art. 166. A restituição de tributos que comportem, por sua natureza, transferência do respectivo encargo financeiro somente será feita a quem prove haver assumido o referido encargo, ou, no caso de tê-lo transferido a terceiro, estar por este expressamente autorizado a recebê-la".

[304] São exemplos dessa orientação jurisprudencial os seguintes arestos, reproduzidos nos seus trechos relevantes: "4. A restituição ou compensação dos valores pagos indevidamente a título da exação em comento, independe de prova da transferência do encargo, por isso que, na espécie, a empresa é contribuinte de fato e de direito.". (TRF 1ª R. – AC 34000475011 – DF – 4ª T. – Rel. Des. Fed. Mário César Ribeiro – DJU 09.04.2003 – p. 57); "8. A contribuição destinada ao FINSOCIAL não é considerada como tributo indireto, sendo possível, dessa forma, a restituição ou compensação dos valores indevidamente recolhidos, independentemente da prova de não ter ocorrido a transferência do encargo do recolhimento, não se lhes aplicando, por conseguinte, a vedação dos arts. 166 do Código Tributário Nacional e 89, § 1º, da Lei nº 8.212/91, com a redação da Lei nº 9.129/95. Precedentes deste Tribunal Regional Federal da 1ª Região." (TRF 1ª R. – AMS 34000392109 – DF – 4ª T. – Rel. Juíza Conv. Ivani Silva da Luz – DJU 06.03.2003 – p. 166); "TRIBUTÁRIO – PIS E COFINS – (...) 6. A exigência de prova de não-transferência do encargo financeiro do tributo ao custo de bem ou serviço oferecido à sociedade não se aplica às contribuições em tela, visto que, juridicamente, não comportam o fenômeno da repercussão". (TRF 4ª R. – AP-MS 2002.71.08.001186-0 – RS – 1ª T. – Rel. Des. Fed. Wellington M. de Almeida – DJU 04.02.2004 – p. 330).

[305] STJ – RESP 167.535/CE – 1ª Turma – Rel. Min. José Delgado – j. 06.08.1998 – DJ 21.09.1998, p. 66. No mesmo sentido: RESP 143.201/SP, DJ 24.08.1998, p. 14.

> Nos casos de pagamento indevido ou a maior de tributos, contribuições federais, inclusive previdenciárias, e receitas patrimoniais, mesmo quando resultante de reforma, anulação, revogação ou rescisão de decisão condenatória, o contribuinte poderá efetuar a compensação desse valor no recolhimento de importância correspondente a períodos subseqüentes.

Nessa etapa inicial, a compensação era feita pelo próprio contribuinte, sujeito à posterior averiguação pela autoridade fiscal. Havia limitações:

> § 1º. A compensação só poderá ser efetuada entre tributos, contribuições e receitas da mesma espécie.

O art. 66 foi alterado pela Lei nº 9.069/95, passando a ter a seguinte redação:

> Art. 66. Nos casos de pagamento indevido ou a maior de tributos, contribuições federais, inclusive previdenciárias, e receitas patrimoniais, mesmo quando resultante de reforma, anulação, revogação ou rescisão de decisão condenatória, o contribuinte poderá efetuar a compensação desse valor no recolhimento de importância correspondente a período subseqüente.

Na segunda etapa, foi adicionado um novo requisito pelo art. 39 da Lei nº 9.250/95, que passou a exigir que:

> A compensação de que trata o art. 66 da Lei nº 8.383, de 30 de dezembro de 1991, com a redação dada pelo art. 58 da Lei nº 9.069, de 29 de junho de 1995, somente poderá ser efetuada com o recolhimento de importância correspondente a imposto, taxa, contribuição federal ou receitas patrimoniais de mesma espécie e destinação constitucional, apurado em períodos subseqüentes.[306]

Na terceira etapa, a Lei nº 9.430/96 trouxe alteração relevante, abrindo o leque de possibilidades de compensação:

> Art. 74. Observado o disposto no artigo anterior, a Secretaria da Receita Federal, atendendo a requerimento do contribuinte, poderá autorizar a utilização de créditos a serem a ele restituídos ou ressarcidos para a quitação de quaisquer tributos e contribuições sob sua administração.

Deixaram de existir as restrições pertinentes à mesma espécie e referente à mesma destinação constitucional, e a Secretaria da Receita Federal, por meio do Decreto nº 2.138/97 e das Instruções Normativas nºs 21 e seguintes, que trataram da matéria, autorizou as compensações.

Durante longo período, foi permitida inclusive a compensação de créditos de terceiros com débitos próprios. Essa permissão, que havia sido instituída por instrução normativa, foi revogada por outra instrução normativa.

---

[306] O § 4º do art. 39 introduziu, a partir de 01.01.1996, a atualização pela taxa SELIC.

Esse histórico é importante para que se compreenda a diversidade das decisões da jurisprudência de nossos tribunais ao longo do tempo. Foram superadas praticamente todas as matérias litigiosas.[307] O artigo 74 da Lei 9.430/1996, que ainda trata da matéria, foi alterado posteriormente por diversos dispositivos legais, tendo hoje redação[308] que contém resumidamente as seguintes regras: (a) possível a compensação de crédito de COFINS com débitos de outros tributos e de créditos de outros tributos com débitos de COFINS, além da compensação de COFINS com COFINS; (b) a compensação depende de declaração de compensação entregue à SRF; (c) a declaração de compensação extingue o débito, sob condição resolutória ulterior.

De ressaltar, finalmente, que, sendo a compensação uma das modalidades de repetição do indébito, são aplicáveis os mesmos princípios e pra-

---

[307] Por exemplo: possibilidade de compensação de CSLL, PIS e COFINS entre si; índices de correção monetária aplicáveis (expurgos inflacionários), definição do que seja tributo de mesma espécie e destinação constitucional.

[308] "Art. 74. O sujeito passivo que apurar crédito, inclusive os judiciais com trânsito em julgado, relativo a tributo ou contribuição administrado pela Secretaria da Receita Federal, passível de restituição ou de ressarcimento, poderá utilizá-lo na compensação de débitos próprios relativos a quaisquer tributos e contribuições administrados por aquele Órgão. § 1º A compensação de que trata o *caput* será efetuada mediante a entrega, pelo sujeito passivo, de declaração na qual constarão informações relativas aos créditos utilizados e aos respectivos débitos compensados. § 2º A compensação declarada à Secretaria da Receita Federal extingue o crédito tributário, sob condição resolutória de sua ulterior homologação. § 3º Além das hipóteses previstas nas leis específicas de cada tributo ou contribuição, não poderão ser objeto de compensação mediante entrega, pelo sujeito passivo, da declaração referida no § 1º: I – o saldo a restituir apurado na Declaração de Ajuste Anual do Imposto de Renda da Pessoa Física; II – os débitos relativos a tributos e contribuições devidos no registro da Declaração de Importação; III – os débitos relativos a tributos e contribuições administrados pela Secretaria da Receita Federal que já tenham sido encaminhados à Procuradoria-Geral da Fazenda Nacional para inscrição em Dívida Ativa da União; IV – os créditos relativos a tributos e contribuições administrados pela Secretaria da Receita Federal com o débito consolidado no âmbito do Programa de Recuperação Fiscal – Refis, ou do parcelamento a ele alternativo; e V – os débitos que já tenham sido objeto de compensação não homologada pela Secretaria da Receita Federal. § 4º Os pedidos de compensação pendentes de apreciação pela autoridade administrativa serão considerados declaração de compensação, desde o seu protocolo, para os efeitos previstos neste artigo. § 5º O prazo para homologação da compensação declarada pelo sujeito passivo será de 5 (cinco) anos, contado da data da entrega da declaração de compensação. § 6º A declaração de compensação constitui confissão de dívida e instrumento hábil e suficiente para a exigência dos débitos indevidamente compensados. § 7º Não homologada a compensação, a autoridade administrativa deverá cientificar o sujeito passivo e intimá-lo a efetuar, no prazo de 30 (trinta) dias, contado da ciência do ato que não a homologou, o pagamento dos débitos indevidamente compensados. § 8º Não efetuado o pagamento no prazo previsto no § 7º, o débito será encaminhado à Procuradoria-Geral da Fazenda Nacional para inscrição em Dívida Ativa da União, ressalvado o disposto no § 9º. § 9º É facultado ao sujeito passivo, no prazo referido no § 7º, apresentar manifestação de inconformidade contra a não-homologação da compensação. § 10. Da decisão que julgar improcedente a manifestação de inconformidade caberá recurso ao Conselho de Contribuintes. § 11. A manifestação de inconformidade e o recurso de que tratam os §§ 9º e 10 obedecerão ao rito processual do Decreto nº 70.235, de 6 de março de 1972, e enquadram-se no disposto no inciso III do art. 151 da Lei nº 5.172, de 25 de outubro de 1966 – Código Tributário Nacional, relativamente ao débito objeto da compensação. § 12. A Secretaria da Receita Federal disciplinará o disposto neste artigo, podendo, para fins de apreciação das declarações de compensação e dos pedidos de restituição e de ressarcimento, fixar critérios de prioridade em função do valor compensado ou a ser restituído ou ressarcido e dos prazos de prescrição.

zos pertinentes à restituição do indébito. Nesse particular, o pedido eletrônico elaborado pela Secretaria da Receita Federal peca pelo desrespeito ao prazo prescricional ("cinco mais cinco") para a restituição, pois não permite o preenchimento de pedido de compensação ou restituição que contenha DARF pago há mais de cinco anos, contados da data do pedido de restituição ou declaração de compensação. A dificuldade que aflige os contribuintes consiste na inexistência de outro procedimento administrativo de compensação em que se possibilite o protocolo da declaração de compensação, o que – não sendo possível alterar o programa gerador da declaração[309] – imporá aos contribuintes a necessidade de recorrer ao Poder Judiciário para declarar a inexistência de prescrição e o conseqüente direito à compensação.

---

[309] O mais recente aprovado pela Instrução Normativa SRF nº 414, de 30.03.2004.

14. Temas polêmicos

14.1. COFINS na compra e venda de imóveis[310]

Quando de sua criação, a COFINS teve por suporte constitucional a redação original do inciso I do art. 195 da CF/88, que previa a cobrança da contribuição sobre o faturamento.[311] Partindo-se da premissa de que o conceito jurídico de direito privado da expressão *faturamento* abrangeria apenas a venda de mercadorias, parte da Doutrina passou a afirmar e muitos contribuintes[312] a pleitear administrativa e judicialmente a não-incidência da COFINS sobre a vendas de imóveis, justamente pelo fundamento primeiro de que *imóveis* não são *mercadorias*.

Dentre os especialistas que opinaram sobre o tema, contra a cobrança, temos os seguintes:

– Gustavo Miguez de Mello: "Pelas razões acima concluímos que não incide a COFINS nem sobre o faturamento nem sobre a receita bruta decorrente das operações de compra e venda de imóveis".[313]

---

[310] Sobre o regime especial criado pela Lei nº 10.931/04, vide item 7.8.

[311] A alteração constitucional alterando a base de cálculo somente veio em 1998, para dar suporte à legislação publicada após a EC 20/98. A partir de então, embora não convalidando a legislação anteriormente editada, possível a tributação de receita bruta.

[312] É importante destacar que o debate acima reportado não abrange a venda de imóveis por empresas que não tenham por objeto a construção, incorporação e compra e venda de imóveis. Nesses casos, os imóveis não fazem parte do ativo circulante, integrando o ativo fixo ou permanente, e não sofrem a incidência de COFINS, conforme, aliás, vem sendo acolhido pela Receita Federal: "DECISÃO Nº 393 (DRJ/Campinas), DE 29 DE MARÇO DE 2001 – Assunto: Contribuição para o Financiamento da Seguridade Social – COFINS. Ementa: BASE DE CÁLCULO – INCIDÊNCIA E ISENÇÃO – A COFINS incide sobre a receita bruta das vendas de mercadorias, de mercadorias e serviços e de serviços de qualquer natureza, mas são isentas as vendas de mercadorias e serviços diretamente ao exterior pelo exportador e pelas empresas comerciais exportadoras ou empresas exclusivamente exportadoras – Contudo, é necessário, para a fruição do benefício, que fique evidenciado que a venda teve o fim único de exportação – Não estando comprovada a exportação, não há que se falar em gozo de benefício. – VENDAS DO ATIVO IMOBILIZADO – Não integram a base de cálculo da COFINS os valores referentes a vendas do ativo imobilizado. – Período de apuração: 01.04.1992 a 31.05.1992, 01.07.1992 a 30.07.1992, 01.12.1992 a 31.12.1992, 01.01.1993 a 31.05.1993, 01.10.1993 a 31.12.1993, 01.01.1994 a 31.01.1994 – Resultado do Julgamento: LANÇAMENTO PROCEDENTE EM PARTE". (DRJ/Campinas – Maria Ines Dearo Batista – AFRF – Delegação de Competência Portaria 32/1998 – DOU 22.05.2001 – p. 22)

[313] COFINS na Compra e Venda de Imóveis. *In* Contribuições Sociais – Questões Polêmicas. Dialética, 1995, p. 34.

– Hugo de Brito Machado: "Não pode haver dúvida, portanto, de que a contribuição para o financiamento da seguridade social, instituída pela Lei Complementar nº 70/91, não incide sobre a receita decorrente da venda de imóveis".[314]

– José Eduardo Soares de Melo: "Destarte, concluo que as atividades imobiliárias não se subsumem à hipótese de incidência do PIS e do COFINS".[315]

Dentre os que opinaram favoravelmente à cobrança, tem-se a posição de Fernando Netto Boiteux, que concluiu:

> Em conclusão, entendemos demonstrado pela nossa exposição que:
> a – a noção de mercancia, presente no artigo 4º do Código Comercial, não exclui, a priori, os negócios imobiliários;
> b – a comercialidade das operações imobiliárias decorre tanto da legislação em vigor quando do reconhecimento desta pelos nossos tribunais;
> c – alterado o conceito de comerciante pela legislação, para nele incluir o que realiza operações imobiliárias, fica o imóvel destinado à venda incluído no conceito de mercadoria para todos os efeitos, seja o imóvel construído ou incorporado pela própria empresa ou por terceiros;
> d – estas conclusões estão referendadas pela jurisprudência de nossos tribunais, especialmente do Superior Tribunal de Justiça.[316]

Nesse sentido, é possível encontrar na jurisprudência do Superior Tribunal de Justiça acórdãos contrários à incidência da COFINS sobre bens imóveis, como aresto da lavra do Min. Francisco Peçanha:

> Mercadoria é bem móvel. O COFINS não incide sobre bens imóveis. A lei tributária não pode ignorar ou desvirtuar os institutos de direito privado. Recurso conhecido e provido. (RESP 179723/MG, 2ª Turma, Rel. Min. Hélio Mosimann, rel. p/ acórdão Francisco Peçanha Martins, DJ 02.05.2000 p. 131; RDR v. 18 p. 256; RET v. 14 p. 60; RJADCOAS v. 9 p. 101)

A Segunda Turma chegou a possuir posicionamento claro a respeito da incidência na hipótese em estudo:

> TRIBUTÁRIO. COFINS. VENDA DE IMÓVEIS. As empresas que vendem imóveis não estão sujeitas ao recolhimento da COFINS, porquanto os imóveis estão excluídos do conceito legal de mercadorias – conceito que poderia ter sido alterado pela Lei Complementar nº 70, de 1991, e não o foi. Recurso especial conhecido e provido. (RESP 139074 / PR, 2ª Turma, Rel. Min. Helio Mosimann, rel. p/ acórdão Ari Pargendler, DJ 29.03.1999, p. 148)

---

[314] COFINS e Operações com Imóveis. *In* Contribuições Sociais – Questões Polêmicas. Dialética, 1995, p. 38.

[315] Contribuições Sociais. *In* Contribuições Sociais – Questões Polêmicas. Dialética, 1995, p. 53.

[316] A COFINS e os Chamados "Imóveis Próprios". RDDT 52/79. No mesmo sentido, é o estudo de Edílson Carlos Fernandes. Contudo, o autor estabelece um distinção referente ao período anterior à 1ª de fevereiro de 1.999. FERNANDES, Edílson Carlos. *Aspectos da Incidência da COFINS sobre a atividade imobiliária. In:* RDDT 74/16.

TRIBUTÁRIO – COFINS – NÃO INCIDÊNCIA – VENDA DE IMÓVEIS – L.C. 70/91, ART. 2º – A receita bruta das vendas de bens e prestações de serviços de qualquer natureza, não se insere na definição legal da base de cálculo para incidência da contribuição, limitada à venda de bens móveis e serviços. – Não se pode, portanto, ampliar a hipótese de incidência da COFINS, contrariando os conceitos de bem imóvel e mercadoria, estabelecidos pelo direito civil e comercial. – Recurso conhecido, mas improvido. (RESP 187514/PE, 2ª Turma, Rel. Min. Peçanha Martins, DJ 05/04/1998) TRIBUTÁRIO. CONTRIBUIÇÃO PARA O PIS. COMERCIALIZAÇÃO DE IMÓVEIS. A despeito de que os imóveis não se subsumam no conceito de mercadorias (art. 191 do Código Comercial c/c o artigo 109 do Código Tributário Nacional), o faturamento decorrente da respectiva comercialização está sujeito à Contribuição para o Programa de Integração Social, por expressa disposição do artigo 3º, *caput*, e § 2º da Lei Complementar nº 7, de 1970. Recurso especial conhecido e provido. (RESP 187745/PE, 2ª Turma, Rel. Min. Ari Pargendler, DJ 22/02/1999, p. 96) TRIBUTÁRIO. COFINS. VENDA DE IMÓVEIS. NÃO INCIDÊNCIA. LEI COMPLEMENTAR N. 70/91. CÓDIGO COMERCIAL, ART. 191. CTN, ART. 110. I. O art. 2º da Lei Complementar n. 70/91 prevê a incidência da COFINS sobre a receita bruta das vendas de mercadorias, situação em que não se enquadram os imóveis, em face da conceituação prevista no art. 191 do Código Comercial brasileiro, que não pode ser elastecida para efeitos tributários, em face dos comandos dos arts. 109 e 110 do CTN. II. Destarte, para que se pudesse aplicar a exação sobre a venda de imóveis, a determinação legal teria de se fazer expressa, do que não cuidou a LC nº 70/91. III. Recurso especial não conhecido. (RESP 191.466/PB, 2ª Turma, Rel. Min. Aldir Passarinho Junior, DJ 18.10.1999, p. 223)

A discussão é aguçada quando traz-se à baila o posicionamento do Supremo Tribunal Federal, que em julgado decidido pelo Tribunal Pleno, ficou assim ementado:

TRIBUTO – FIGURINO CONSTITUCIONAL. A supremacia da Carta Federal é conducente a glosar-se a cobrança de tributo discrepante daqueles nela previstos. IMPOSTO SOBRE SERVIÇOS – CONTRATO DE LOCAÇÃO. A terminologia constitucional do Imposto sobre Serviços revela o objeto da tributação. Conflita com a Lei Maior dispositivo que imponha o tributo considerado contrato de locação de bem móvel. Em Direito, os institutos, as expressões e os vocábulos têm sentido próprio, descabendo confundir a locação de serviços com a de móveis, práticas diversas regidas pelo Código Civil, cujas definições são de observância inafastável – artigo 110 do Código Tributário Nacional. (RE 116121/SP – Rel. Min. Octavio Gallotti – Rel. p/ o Acórdão Min. Marco Aurélio – j. 11.10.2000 – Tribunal Pleno – DJ 25.05.2001, p. 17)

No referido veredicto, restou decidido, por maioria, que as hipóteses de incidência dos tributos devem adequar-se ao "figurino constitucional", de modo que ao se verificar espécie que não veste o figurino, sua inconstitucionalidade é de rigor. Vale dizer, a Constituição fez opções por alguns fatos da vida como objeto de tributação, construindo um figurino onde os eventos tributáveis devem se encaixar. Acaso não exista previsão ou, na expressão do Supremo Tribunal Federal, o fato não vista o figurino, não haverá possibilidade de tributá-lo.

No entanto, com a edição da Emenda Constitucional n° 20/98, a jurisprudência do STJ passou cristalizar o seguinte entendimento:

> TRIBUTÁRIO. COFINS. INCIDÊNCIA. COMERCIALIZAÇÃO DE IMÓVEIS. – Artigo 195, inciso I, da Constituição Federal, conforme redação dada pela Emenda Constitucional n. 20/98. – A Lei n. 9.718, de 27.11.98, – a dispor que o faturamento corresponde à receita bruta da pessoa jurídica, foi recepcionada pela atual redação do artigo 195, inciso I, da Constituição Federal. – A Lei n. 9.718/98 "estendeu o conceito constitucional de faturamento em relação a todas as pessoas jurídicas de direito privado" (cf. Vittorio Cassone, "COFINS – Lei n. 9.718/98 – Validade e Alcance", in Repertório de Jurisprudência IOB, Tributário, Constitucional e Administrativo, n. 8/99, 1/13.411). – O Excelso Supremo Tribunal Federal, em várias oportunidades, no que se refere às empresas vendedoras de mercadorias e/ou prestadora de serviços, quanto ao campo de incidência da COFINS ou do extinto FINSOCIAL, equiparou faturamento à receita bruta, o que desautoriza a conclusão de que faturamento havia sido empregado em sentido restrito. – O imóvel é um bem suscetível de transação comercial, pelo que se insere no conceito de mercadoria. – Não se sustém, *data venia*, nos dias que correm a interpretação literal do disposto no artigo 191 do Código Comercial e do artigo 19, § 1º, do Regulamento nº 737. Em épocas de antanho, os imóveis não constituíam objeto de ato de comércio. Atualmente, tal não se dá, por força das Leis ns. 4.068/62 e 4.591/64. – Embargos de Divergência rejeitados. Decisão por maioria (ERESP 156384 / RS, 1ª Seção, Rel. Min. Franciulli Netto, DJ 26.03.2001, p. 361, RDDT, v. 71, p. 161).

O STF, por sua vez, em diversos julgados,[317] tem entendido que a matéria é de índole infraconstitucional, não cabendo sua apreciação em sede de recurso extraordinário.

Destarte, atualmente vigora o entendimento de que a venda de imóveis, mesmo não se enquadrando na linguagem técnico-jurídica na classificação de mercadorias ou serviços, são tributáveis pela COFINS.

A pacificação da matéria no âmbito da Primeira Seção do Superior Tribunal de Justiça veio em embargos de divergência, assim decididos:

> PROCESSUAL – EMBARGOS DE DIVERGÊNCIA – COFINS – INCIDÊNCIA – VENDA DE IMÓVEIS – A Primeira Seção do STJ entende que as atividades de construir, alienar, comprar, alugar e vender imóveis e intermediar negócios imobiliários, estão sujeitas a COFINS, posto caracterizarem compra e venda de mercadorias, em sentido amplo. (STJ – ERESP 149026/AL – 1ª S. – Rel. Min. Humberto Gomes de Barros – DJU 09.12.2002)

---

[317] "COFINS. INCORPORADORA IMOBILIÁRIA. LC Nº 70/91. ART. 2º. OFENSA INDIRETA. 1. O Tribunal a quo, para enquadrar a autora na condição de contribuinte da COFINS, interpretou o art. 2º da LC nº 70/91 com apoio na legislação que regulamenta a incorporação imobiliária. Cuidou-se, pois, apenas da exegese de normas de índole ordinária. 2. A análise de alegada ofensa à Constituição, portanto, depende do reexame de normas infraconstitucionais, o que se mostra inviável em sede extraordinária. 3. Agravo regimental improvido". (AgRg em RE 356.619/SP – 1ª Turma – Rel. Min. Ellen Northfleet – j. 11.03.2003 – DJ 28.03.2003)

Como se vê da ementa e da íntegra do acórdão, o STJ entendeu que a COFINS pode incidir sobre a receita decorrente da venda de imóveis, pois a definição de mercadoria seria um mero *conceito*, e não um *instituto*, e, por isso, não estaria inviabilizada e cobrança,[318] podendo a lei tributária *ampliar*[319] (ou, em outros termos, dar definição distinta ao) o conceito para abranger também o que não seja pela definição do Código Comercial *mercadoria*. Seria, segundo a orientação do STJ, possível à legislação de regência estabelecer ou empregar esse conceito "amplo".[320]

---

[318] Acórdão esclarecedor é o que segue: "TRIBUTÁRIO – AGRAVO REGIMENTAL – RECURSO ESPECIAL – COFINS – COMPRA E VENDA DE IMÓVEIS – INCIDÊNCIA – A compra e venda de imóveis por empresa de construção e incorporação imobiliária está sujeita à incidência da COFINS, porquanto caracteriza compra e venda de mercadorias, no sentido amplo empregado pela legislação de regência. Precedentes". (STJ – AGRESP 354478 – PE – 1ª T. – Rel. Min. Humberto Gomes de Barros – DJU 14.10.2002)

[319] Vemos como equivocada a decisão da 2ª Câmara do 2º Conselho de Contribuintes do Ministério da Fazenda ao afirmar que: "(...) COFINS – VENDA DE IMÓVEIS – Apesar de a receita da venda de bens imóveis não ser objeto de faturamento, o STJ pacificou a discussão acerca da matéria, para incluir na base de cálculo da COFINS as vendas de imóveis, quando for esse o objeto social da empresa, por se assemelhar à compra e venda de mercadorias. Recurso negado. Por unanimidade de votos, acolheu os Embargos de Declaração para retificar a Ementa do Acórdão nº 202-12.555, negando provimento ao recurso". (2º CC – Proc. 10783.008377/95-62 – Rec. 103666 – (Ac. 202-12821) – 2ª C. – Rel. Luiz Roberto Domingo – DOU 23.05.2002 – p. 20). O equívoco aqui reside na tentativa de estabelecer tributação por analogia, vez que imóvel não é mercadoria, de modo que não há como inseri-lo no figurino constitucional. Tal expediente é vedado no Sistema Tributário Nacional, seja pela legislação, seja pela jurisprudência.

[320] STJ – AGRESP 328319 – BA – 2ª T. – Rel. Min. Paulo Medina – DJU 13.05.2002; STJ – ERESP. 152369 – PE – 1ª S. – Rel. Min. Paulo Gallotti – DJU 08.04.2002; STJ – AGRESP 208913 – PB – 2ª T. – Rel. Min. Paulo Medina – DJU 18.03.2002; STJ – REsp 323.602 – (2001/0058914-8) – SC – 1ª T. – Rel. Min. José Delgado – DJU 18.02.2002 – p. 261; STJ – AGRESP 277772 – RS – 1ª T. – Rel. Min. Humberto Gomes de Barros – DJU 18.02.2002 – p. 00249; STJ – ERESP 197672 – PR – 1ª S. – Rel. Min. Paulo Medina – DJU 18.02.2002 – p. 00224; STJ – ED-REsp 179.723 – (2000/0050908-6) – MG – 1ª S. – Rel. Min. Garcia Vieira – DJU 18.06.2001 – p. 109; STJ – AGRESP 295563 – BA – 1ª T. – Rel. Min. Francisco Falcão – DJU 11.06.2001 – p. 134; STJ – REsp 143486 – PE – 1ª T. – Rel. Min. Humberto Gomes de Barros – DJU 04.06.2001 – p. 00061; STJ – ED-REsp 191.481 – (1999.0103059-5) – SP – 1ª S. – Rel. Min. Francisco Peçanha Martins – DJU 26.03.2001 – p. 361; STJ – REsp 257.545 – (2000.0042618-0) – PE – 1ª T. – Rel. Min. p/o Ac. Garcia Vieira – DJU 11.12.2000 – p. 179; STJ – REsp 207965 – CE – 1ª T. – Rel. Min. Garcia Vieira – DJU 18.10.1999 – p. 214; STJ – REsp 207991 – CE – 1ª T. – Rel. Min. Garcia Vieira – DJU 06.09.1999 – p. 56) (RET 9/65); STJ – REsp 203318 – RS – 1ª T. – Rel. Min. Demócrito Reinaldo – DJU 28.06.1999 – p. 64) (RET 8/81); STJ – EDcl-REsp 152.369 – PE – 1ª T. – Rel. Min. Humberto Gomes de Barros – DJU – 03.05.1999 – p. 99; STJ – REsp 193693 – PR – 1ª T. – Rel. Min. Garcia Vieira – DJU 03.05.1999 – p. 105; STJ – REsp 195.580 – RS – 98.0086224-2 – 1ª T. – Rel. Min. Garcia Vieira – DJU 05.04.1999 – p. 92; STJ – REsp 197.672 – PR – 1ª T. – Rel. Min. Garcia Vieira – DJU – 26.04.1999 – p. 63; STJ – REsp 197672 – PR – 1ª T. – Rel. Min. Garcia Vieira – DJU 26.04.1999 – p. 63) (RET 7/94); STJ – REsp 191432 – RS – 1ª T. – Rel. Min. Demócrito Reinaldo – DJU 29.03.1999 – p. 102; STJ – REsp 179.759-RS – 1ª T. – Rel. Min. Garcia Vieira – DJU 14.12.1998 – p. 144 (RET 5/88); STJ – REsp 177881 – CE – 1ª T. – Rel. Min. Garcia Vieira – DJU 14.12.1998 – p. 135; STJ – EDcl-REsp 162.553 – PE – 1ª T. – Rel. Min. Gomes de Barros – J. 17.12.1998; STJ – REsp 168.257 – DF – 1ª T – Rel. Min. Demócrito Reinaldo – DJU 26.10.1998 – p. 37; STJ – AgRg-AI 174.287 – CE – 1ª T. – Rel. Min. Humberto Gomes de Barros – DJU 17.08.1998 – p. 47; STJ – REsp 147.580 – SC – 1ª T. – Rel. Min. Humberto Gomes de Barros – DJU 24.08.1998 – p. 16 (RET 3/87); STJ – REsp 148.975 – CE – 1ª T. – Rel. Min. Demócrito Reinaldo – DJU 04.05.1998 – p. 91) (RET 2/105); STJ – ED-REsp – 149.094 – PB – 1ª T. – Rel. Min. Garcia Vieira – DJU 27.04.1998 – p. 00090) (RET 2/104).

Na seguinte decisão monocrática[321] do Min. José Delgado, que reproduzimos em seu inteiro teor, tem-se a síntese da fundamentação da 1ª Seção sobre o tema:

DECISÃO
TRIBUTÁRIO – COFINS – IMÓVEIS – INCIDÊNCIA.
1. A COFINS incide sobre o faturamento de empresas que, habitualmente, negociam com imóveis, em face de:
a) o imóvel ser um bem suscetível de transação comercial, pelo que se insere no conceito de mercadoria;
b) as empresas construtoras de imóveis efetuam negócios jurídicos com tais bens, de modo habitual, constituindo-se de mercadorias que são oferecidas aos clientes compradores;
c) a Lei nº 4.068, de 09.06.1962, determina que as empresas de construção de imóveis possuem natureza comercial, sendo-lhes facultada a emissão de duplicatas;
d) a Lei nº 4.591, de 16.12.1964, define como comerciais as atividades negociais praticadas pelo "incorporador, pessoa física ou jurídica, proprietário ou não, promotor ou não da construção, que aliene total ou parcialmente imóvel ainda em construção, e do vendedor, proprietário ou não, que habitualmente aliene o prédio, decorrente de obra já concluída, ou terreno fora do regime condominial, sendo que o que caracteriza esses atos como mercantis, em ambos os casos, e o que diferencia dos atos de natureza simplesmente civil, é a atividade empresarial com o intuito de lucro" (Oswaldo Othon de Pontes Saraiva Filho, ob. já citada);
e) o art. 195, I, da CF, não restringe o conceito de faturamento, para excluir do seu âmbito o decorrente da comercialização de imóveis;
f) faturamento é o produto resultante da soma de todas as vendas efetuadas pela empresa, quer com bens móveis, quer com bens imóveis;
g) o art. 2º, da LC nº 70/91, prevê, de modo bem claro, que a COFINS tem como base de cálculo não só a receita bruta das vendas de mercadorias objeto das negociações das empresas, mas, também, dos serviços prestados de qualquer natureza;
h) mesmo que o imóvel não seja considerado mercadoria, no contexto assinalado, a sua venda ou locação pela empresa seria, a prestação de um serviço de qualquer natureza, portanto, um negócio jurídico sujeito à COFINS.
2. Recurso provido (art. 557, § 1º, do CPC – redação dada pela Lei nº 9.756, de 17.12.1998, DOU de 18.12.1998).
Vistos, etc.
A FAZENDA NACIONAL interpõe o Recurso Especial com fulcro no art. 105, III, *a* e *c*, da Carta Magna, contra v. Acórdão assim ementado:
TRIBUTÁRIO – COFINS – NÃO-INCIDÊNCIA – VENDA DE IMÓVEIS
A Lei Complementar, no art. 2º, estabelece que a COFINS incidirá sobre o faturamento mensal, assim considerado a receita bruta das vendas de mercadorias, de mercadorias e serviços e de serviços de qualquer natureza.
Inexiste incidência da referida exação quando se tratar de vendas de imóveis, uma vez não terem eles natureza de mercadorias, não se enquadrando nas hipóteses elencadas pelo diploma legal mencionado.

---

[321] STJ – REsp 212.551 – CE – Rel. Min. José Delgado – DJU 28.06.1999 – p. 258.

Apelação e remessa desprovidas.
Irresigna-se a recorrente contra a decisão *a quo* que entendeu que a COFINS não incide sobre operações que abranjam a venda de imóveis, alegando com isso ofensa ao art. 2º, da LC nº 70/91, além de divergência jurisprudencial com aresto desta Colenda Corte.
Oferecidas contra-razões ao especial, subiram os autos a esta Corte por haver sido deferido o processamento do recurso através da decisão proferida pelo Exmº Sr. Juiz Presidente do Tribunal *a quo*.
Relatados, decido.
Tenho convencimento firmado, a respeito do tema discutido no recurso especial que se examina e que se harmoniza com a posição disposta no acórdão ora recorrido.
Certo é que, em se tratando da incidência da COFINS sobre transações com imóveis, há de se estabelecer a sua incidência quando os referidos bens são comercializados por empresas porque representam mercadorias componentes do seu ativo patrimonial.
Tenha-se em consideração que a contribuição em destaque incide sobre o faturamento das empresas, segundo o determinado pela Lei Complementar nº 70/90. Esse faturamento é definido como sendo a receita bruta das pessoas jurídicas e formado por todas as vendas de mercadorias, de mercadorias e serviços e de serviços de qualquer natureza.
Partindo-se dessa compreensão, não há substância jurídica, *data venia*, na compreensão defendida pela recorrida de excluir as empresas que comercializam imóveis do círculo de abrangência da COFINS.
Integro-me, portanto, à corrente que entende serem os imóveis, quando comercializados, em regime constante, por empresas, também, mercadorias.
Trago, na defesa dessa posição, em primeiro lugar, a doutrinação de VITÓRIO CASSONE, em artigo sob o título "COFINS e a Venda de Imóveis por Empresas Construtoras" (Rev. do TRF 1ª Região, Vol. 8, nº 2, 1996, p. 48/49) que, após interpretar sistematicamente a legislação sobre COFINS, concluiu (fls. 48/49):
Em face do exposto, resulta que, na interpretação da LC 70/91, devemos trazer à colação os princípios constitucionais a ela aplicáveis (do art. 195 já referido; da legalidade; da competência tributária; da anterioridade e outros, se pertinentes), e as demais normas, gerais ou ordinárias, que servem de modo contextual e sistemático ao caso em exame. Sopesadas criteriosamente, constatando que todos os elementos do fato gerador estão previstos na hipótese legal de incidência, concluo que a Cofins incide no faturamento objeto da venda de imóveis por empresas construtoras.
Ademais, partindo daquele princípio constitucional expresso no *caput* do art. 195 (no sentido de que a Seguridade Social será financiada por toda a sociedade, nos termos da lei), considerando que a sobrevinda lei estabelece, no seu principal artigo (1º), que será a COFINS devida pelas pessoas jurídicas, inclusive a elas equiparadas pela legislação do Imposto de Renda, considerando que as empresas de construção civil são pessoas jurídicas, e considerando a existência da Lei nº 4.068/62 ainda vigente (cuja eficácia é desencadeada no momento da interpretação da LC 70/91), que me leva a considerar o conceito amplo (e não restrito) do termo "mercadorias" a que se refere o art. 2º da LC 70/91 (em função ou em atrelamento ao art. 1º da mesma LC 70/91), chego à *mens legislatoris* (Savigny) pela incidência.
E, por fim, mais um argumento a favor da incidência: se a CF, embora de modo pragmático, mas enfaticamente (daí a potencialidade de sua eficácia no momento

oportuno) estabelece que toda a sociedade é chamada a contribuir com a Seguridade Social; se a LC 70/91 em função dessa premissa, estabelece no art. 1º, claro e expressamente, que são contribuintes da COFINS todas as pessoas jurídicas; e se a exclusão é operada de modo expresso (pela imunidade: CF, art. 195, § 7º, pela isenção: LC 70/91, art. 6º; pela exclusão na base de cálculo: LC 70/91, arts. 7º e 11), não vejo como interpretar a Lei Complementar em exame tão-somente sob o ângulo isolado do art. 2º, a meu ver com a agravante de desconsiderar a Lei nº 4.068/62.
Também os mestres Othon de Pontes Saraiva Filho (RJ-IOB, ementa 1/9270, bol. 22/95)e José Wilson Ferreira Sobrinho (RJ-IOB, ementa 1/9271, bol. 22/95) escreveram sobre o mesmo assunto, ambos entendendo que a COFINS incide sobre o faturamento pela venda de imóveis por empresas construtoras.
Por outro lado, se prevalecer o entendimento de que a análise do tão-somente art. 2º é suficiente para caracterizar a não-incidência, e que o conceito de "mercadoria" ali posto deve ser entendido de modo estrito – aí a não-incidência estará caracterizada. A questão é posta a debates. Quem descobrir a *mens legis* através de adequado critério jurídico, terá seguramente demonstrado a melhor das interpretações possíveis. E para o Direito, só uma delas será a correta."
Oswaldo Othon de Pontes Saraiva Filho, em trabalho denominado "COFINS nas Operações sobre Imóveis", Rev. de Direito Imobiliário, nº 1, págs. 62/67, expôs o que transcrevo:
É bem verdade que o art. 191 do Código Comercial de 1850, não por razão natural, mas por motivo de política legislativa, sob a influência do *Code Commercial Français*, de 1807, que estatuíra a vedação de mercadejar sobre imóveis, dispõe que é unicamente considerado mercantil compra e venda de efeitos móveis e semoventes, para os revender por grosso ou a retalho, na mesma espécie ou manufaturados, ou para alugar o seu uso.
Naquela época, eram levantados os seguintes empeços contra a idéia de um bem de raiz configurar mercadoria: a impossibilidade do consumo, a inviabilidade da deslocação ou do transporte, a inconveniência da especulação e o fato de aquisição de imóvel, em regra, se assentar na idéia de emprego estável de capital.
A palavra "consumo", como bem define De Plácido e Silva in "Vocabulário Jurídico", vol. I, 11ª ed., Rio de Janeiro, Forense, 1989, p. 533 e 534, não significa, tão-somente, o gasto, a ingestão e a destruição, mas, também, a utilização ou o uso do bem segundo seus fins ou o aproveitamento ou o gozo de sua utilidade, e, nesta acepção jurídica, o imóvel é, inegavelmente, susceptível de consumo.
A seu turno, embora, geralmente as coisas objeto de comércio sofram deslocamento ou transporte, esta característica não é indispensável, haja vista as vendas de mercadorias depositadas em armazéns gerais, nas quais sucedem deslocamento econômico, sem deslocamento físico.
De fato, a natureza imobiliária de um bem não se opõe a que ele seja objeto de especulação comercial.
Por fim, os dois últimos óbices – inconveniência da especulação sobre imóveis e a ausência de intenção de revenda – atentam contra a realidade, o que demonstra a nossa assertiva de que inexiste justificativa jurídica para a artificial exclusão dos imóveis do regime jurídico do Direito Comercial.

Hodiernamente, diante do surgimento das mega-metrópoles e da renovação da indústria da construção civil, os conceitos jurídicos se modificaram, de modo que as operações sobre imóveis não podem mais ser excluídas do regime jurídico dos atos de comércio, quando especula-se, e negocia-se ampla e habitualmente com imóveis, como uma atividade economicamente organizada com intuito de lucro, vale dizer, de natureza comercial e, portanto, regulada pelo Direito Comercial.

Aliás, é tal o vigor da verdade jurídica de que operações sobre imóveis, em certas circunstâncias, podem ser regidas pelo Direito Comercial, que, na própria França, o conceito formulado pelo Código de 1807 foi cedendo paulatinamente já a partir de 13 de julho de 1925, se bem que através da Lei Geral de Orçamento, a qual estatuiu: Art. 39. Será considerado comerciante, submetido, ao imposto sobre a cifra de negócios e ao imposto sobre beneficências industriais e comerciais, toda a pessoa ou sociedade que se entregue a operações de imóveis, ou de fundos de comércio, – ou que, habitualmente, compre em seu próprio nome os referidos bens, de que se torne proprietária, tendo em vista revendê-los. Antes, a Itália foi o primeiro País que, expressamente, se rendeu a essa emergente realidade econômico-jurídica, tendo o artigo 3º, alínea 3ª, do seu Código Comercial de 1882, reputado como atos objetivamente mercantis "as compras e vendas de bens imóveis quando feitas com o escopo de especulação comercial". No Brasil, o enunciado e o art. 1º da Lei nº 4.068, de 09.06.1962, explicitaram serem comerciais as empresas de construção, sendo-lhes facultada a emissão de duplicatas.

Por sua vez, a Lei nº 4.591, de 16.12.1964, admite, sem dúvida alguma, como comerciais, as atividades do incorporador, pessoa física ou jurídica, proprietário ou não, promotor ou não da construção, que aliene total ou parcialmente imóvel ainda em construção, e do vendedor, proprietário ou não, que habitualmente aliene prédio, decorrente de obra já concluída, ou terreno fora do regime condominial, sendo que o que caracteriza esses atos como mercantis, em ambos os casos, e o que diferencia dos atos de natureza simplesmente civil, é a atividade empresarial com o intuito de lucro. Corrobora esse entendimento o Acórdão unânime, de 14.11.1968, da Sexta Câmara Civil do Egrégio Tribunal de Justiça do Estado de São Paulo, cuja ementa transcrevo: "Falência – Sociedade de incorporação e administração imobiliária – Natureza comercial – Aplicação da Lei nº 4.068, de 1962" (Ag. Pet. 174.618, in RT 405/195, jul./69). Cumpre aduzir que são comerciais as sociedades anônimas, por força do § 1º do art. 2º, da Lei nº 6.404, de 15.12.1976, vale dizer, é mercantil e rege-se pelas leis e usos do comércio a companhia que especula com imóveis, e as sociedades por quotas da responsabilidade limitada, estas quando se organizarem para prática habitual de atividades, muitas vezes mistas, de incorporação, financiamento, venda, administração, empreitada ou construção e locação de imóveis, com o intuito de obtenção de lucro, nos termos dos arts. 311, 315, 317 e 325 do Código Comercial.

Ademais, a Constituição revogada, acolhendo a legislação retro mencionada, já admitia, no artigo 23, § 3º, com a redação dada pela Ementa Constitucional nº 1 de 1969, que os imóveis fossem reconhecidos como mercadorias, desde que o comércio ou a locação desses bens correspondessem ao objeto da atividade preponderante da empresa, o que foi mantido pela Carta Política vigente no seu artigo 156, § 2º, inciso I, parte final.

Aliás, nesse mesmo diapasão, é o teor do art. 37 do Código Tributário Nacional.

Insta citar a explicação no sentido de que o ICMS não incide sobre as operações de compra e venda de prédios já concluídos ou de terrenos pelo simples fato desse tributo exigir, para a configuração do seu fato gerador, além do contrato, com o fito precípuo de circulação econômica, ou seja, da mudança da propriedade, a própria circulação física da mercadoria da fonte produtora até o consumo.
Entende a empresa impetrante que a sua renda advém da comercialização de imóveis, que não constituem mercadoria. Por conseguinte, a contribuição – COFINS – não lhe poderia ser cobrada, dada a inexistência do fato gerador.
No julgamento do MS nº 94.01.31862-0/DF, relatado pelo Juiz NELSON GOMES DA SILVA, nesta Seção, o pedido foi denegado. Entendeu o Relator, com base em vasta pesquisa doutrinária, que imóvel não pode ser considerado mercadoria. Mas, ao comercializá-lo a empresa construtora presta um serviço, que, por sua vez, é fato gerador da contribuição.
A despeito da compreensão divergente, entendo que mercadoria é tudo aquilo que seja suscetível de compra e venda.
É tudo aquilo que, tendo valor econômico, constitui objeto da atividade de um comerciante ou de uma empresa comercial.
O conceito não fica restrito às coisas móveis que se vendem no atacado e no varejo. Todo bem que possa ser objeto da mercancia, que, estando no comércio, possa ser vendido ou locado, é mercadoria.
Portanto, nem mesmo se faz necessário o recurso de argumentação adotado pelo Relator, no precedente indicado, que considerou a venda de imóveis como sendo um tipo de serviço, para sujeitá-lo à Contribuição para o Financiamento da Seguridade Social – COFINS.
Não se nega que a comercialização de imóveis pelas empresas do ramo constitua um tipo de serviço. Mas, para o caso dos autos, a sujeição das empresas de construção civil ao pagamento da contribuição ocorre pelo fato, de comercializarem mercadorias – os imóveis.
Em conclusão:
a) o imóvel é um bem suscetível de transação comercial pelo que se insere no conceito de mercadoria;
b) as empresas construtoras de imóveis efetuam negócios jurídicos com tais bens, de modo habitual, constituindo-se de mercadorias que são oferecidas aos clientes compradores;
c) a Lei nº 4.068, de 09.06.1962, determina que as empresas de construção de imóveis possuem natureza comercial, sendo-lhes facultada a emissão de duplicatas;
d) a Lei nº 4.591, de 16.12.1964, define como comerciais as atividades negociais praticadas pelo "incorporador, pessoa física ou jurídica, proprietário ou não, promotor ou não da construção, que aliene total ou parcialmente imóvel ainda em construção, e do vendedor, proprietário ou não, que habitualmente aliene o prédio, decorrente de obra já concluída, ou terreno fora do regime condominial, sendo que o que caracteriza esses atos como mercantis, em ambos os casos, e o que os diferencia dos atos de natureza simplesmente civil, é a atividade empresarial com o intuito de lucro" (Oswaldo Othon de Pontes Saraiva Filho, ob. já citada).
e) o art. 195, I, da CF, não restringe o conceito de faturamento, para excluir do seu âmbito o decorrente da comercialização de imóveis;

f) faturamento é o produto resultante da soma de todas as vendas efetuadas pela empresa, quer com bens móveis, quer com bens imóveis;
g) o art. 2º, da LC nº 70/91, prevê, de modo bem claro, que a COFINS tem como base de cálculo não só a receita bruta das vendas de mercadorias, objeto das negociações das empresas, mas, também, dos serviços prestados de qualquer natureza;
h) mesmo que o imóvel não seja considerado mercadoria, no contexto assinalado, a sua venda ou locação pela empresa seria a prestação de um serviço de qualquer natureza, portanto, um negócio jurídico sujeito à COFINS.
Assim sendo, estando pacificado o assunto a respeito no seio jurisprudencial da Egrégia Primeira Turma do Superior Tribunal de Justiça, não havendo, portanto, mais dissídio a respeito da matéria, cabe-se permitir o prosseguimento de recurso especial visando a reabrir os debates sobre o tema.
Por tais fundamentações e amparado pelo art. 557, § 1º, do CPC (redação dada pela Lei nº 9.756, de 17.12.1998, DOU de 18.12.1998), dou provimento ao recurso. Ônus total da sucumbência pela parte recorrida.
Publique-se.
Intimem-se.
Brasília, 16 de junho de 1999.
Ministro JOSÉ DELGADO – Relator.

É importante notar que, antes de sua pacificação no STJ, cuja jurisprudência passou a ser acolhida como fundamento de decidir pelas instâncias ordinárias,[322] houve muitas decisões contrárias à incidência.[323]

14.2. Isenção nas exportações

As exportações estão isentas da COFINS desde a sua criação em 1991, em face do disposto no art. 7º da LC 70/91.[324]

---

[322] TRF 2ª R. – AMS 2001.02.01.021746-0 – ES – 1ª T. – Rel. Juíza Julieta Lidia Lunz – DJU 11.02.2003 – p. 49; TRF 2ª R. – AC 97.02.30370-2 – RJ – 3ª T. – Rel. Juiz Paulo Barata – DJU 13.11.2001; TRF 3ª R. – AMS 191432 – SP – 6ª T. – Rel. Desa. Fed. Diva Malerbi – DJU 19.06.2001 – p. 619; TRF 4ª R. – AC 2001.04.01.065529-7 – PR – 1ª T. – Rel. Juiz Sérgio Renato Tejada Garcia – DJU 11.06.2003 – p. 476; TRF 4ª R. – AMS 2001.71.04.002387-1 – RS – 2ª T. – Rel. Juiz Alcides Vettorazzi – DJU 24.04.2002 – p. 972; TRF 4ª R. – AC 2001.04.01.073639-0 – PR – 2ª T. – Rel. Juiz Alcides Vettorazzi – DJU 16.01.2002 – p. 612; TRF 4ª R. – AMS 1999.04.01.014369-1 – SC – 2ª T. – Rel. Juiz Élcio Pinheiro de Castro – DJU 20.10.1999 – p. 386; TRF 5ª R. – AC 210938 – (200005000151363) – CE – 4ª T. – Rel. Juiz Francisco Cavalcanti – DJU 02.09.2003 – p. 647; TRF 5ª R. – AC 183.822 – (99.05.45328-8) – CE – 1ª T. – Rel. Juiz Castro Meira – DJU 11.08.2000 – p. 440; TRF 5ª R. – EIAC 5119120-6 – (5213196) – CE – TP – Rel. p/o Ac. Juiz Nereu Santos – DJU 12.04.1999 – p. 390; TRF 5ª R. – AC 5129776-4 – (5010007) – CE – 2ª T. – Rel. Juiz Araken Mariz – DJU 18.12.1998 – p. 2275; TRF 5ª R. – AC 05119271 – (9705231303) – CE – 3ª T. – Rel. Juiz Geraldo Apoliano – DJU 14.12.1998 – p. 662.
[323] TRF 5ª R. – AMS 00558498 – (05054126) – PE – 1ª T. – Rel. Juiz Castro Meira – DJU 11.07.1997 – p. 53563; TRF 5ª R. – REO 05102227 – (05194485) – CE – 3ª T. – Rel. Juiz Ridalvo Costa – DJU 04.10.1996 – p. 74812.
[324] LC 70/91: "Art. 7º. É ainda isenta da contribuição a venda de mercadorias ou serviços, destinados ao exterior, nas condições estabelecidas pelo Poder Executivo."

A LC 85/96 alterou a redação do art. 7º, ampliando[325] os casos de isenção vinculados à exportação. É importante salientar o que dispõe o art. 2º:

Esta Lei Complementar entra em vigor na data de sua publicação, retroagindo seus efeitos a 1º de abril de 1992.

Desta forma, do nascedouro até o início da vigência da Medida Provisória nº 1.858-6, de 29 de junho de 1999, vigorou a redação da Lei Complementar nº 85, de 1996, que foi então revogada.[326]

Essa Medida Provisória, que cujo texto foi reeditado numa série de outras medidas provisórias até culminar na MP 2.158-35, de 24.08.2001, até hoje em vigor em decorrência do disposto no art. 2º da EC 32/2001,[327] tem a seguinte redação:

Art. 14. Em relação aos fatos geradores ocorridos a partir de 1º de fevereiro de 1999, são isentas da COFINS as receitas: (...)
II – da exportação de mercadorias para o exterior;
III – dos serviços prestados a pessoa física ou jurídica residente ou domiciliada no exterior, cujo pagamento represente ingresso de divisas;
IV – do fornecimento de mercadorias ou serviços para uso ou consumo de bordo em embarcações e aeronaves em tráfego internacional, quando o pagamento for efetuado em moeda conversível;
V – do transporte internacional de cargas ou passageiros;
VI – auferidas pelos estaleiros navais brasileiros nas atividades de construção, conservação modernização, conversão e reparo de embarcações pré-registradas ou registradas no Registro Especial Brasileiro – REB, instituído pela Lei nº 9.432, de 8 de janeiro de 1997;
VII – de frete de mercadorias transportadas entre o País e o exterior pelas embarcações registradas no REB, de que trata o art. 11 da Lei nº 9.432, de 1997;
VIII – de vendas realizadas pelo produtor-vendedor às empresas comerciais exportadoras nos termos do Decreto-Lei nº 1.248, de 29 de novembro de 1972, e alterações posteriores, desde que destinadas ao fim específico de exportação para o exterior;

---

[325] LC 70/91, na redação dada pelo art. 1º da LC 85/96: "Art. 7º São também isentas da contribuição as receitas decorrentes: I – de vendas de mercadorias ou serviços para o exterior, realizadas diretamente pelo exportador; II – de exportações realizadas por intermédio de cooperativas, consórcios ou entidades semelhantes; III – de vendas realizadas pelo produtor-vendedor às empresas comerciais exportadoras, nos termos do Decreto-lei nº 1.248, de 29 de novembro de 1972, e alterações posteriores, desde que destinadas ao fim específico de exportação para o exterior; IV – de vendas, com fim específico de exportação para o exterior, a empresas exportadoras registradas na Secretaria de Comércio Exterior do Ministério da Indústria, do Comércio e do Turismo; V – de fornecimentos de mercadorias ou serviços para uso ou consumo de bordo em embarcações ou aeronaves em tráfego internacional, quando o pagamento for efetuado em moeda conversível; VI – das demais vendas de mercadorias ou serviços para o exterior, nas condições estabelecidas pelo Poder Executivo".
[326] MP 1.858-6: "Art. 72. Ficam revogados: (...) b) o art. 7º da Lei Complementar nº 70, de 1991, e a Lei Complementar nº 85, de 15 de fevereiro de 1996; (...)".
[327] EC 32/2001: "Art. 2º As medidas provisórias editadas em data anterior à da publicação desta emenda continuam em vigor até que medida provisória ulterior as revogue explicitamente ou até deliberação definitiva do Congresso Nacional."

IX – de vendas, com fim específico de exportação para o exterior, a empresas exportadoras registradas na Secretaria de Comércio Exterior do Ministério do Desenvolvimento, Indústria e Comércio Exterior; (...)

A primeira observação que se faz é no sentido de que a Medida Provisória em questão foi publicada no final de junho de 1999, com vigência a partir de 1º de fevereiro de 1999, vigência essa que é valida haja vista que beneficiou os contribuintes, ampliando a abrangência da isenção, e não se aplica, nesse caso, o princípio constitucional da anterioridade nonagesimal.

Após, foi publicada a Emenda Constitucional nº 33, de 11.12.2001 (DOU 12.12.2001), que inseriu o § 2º ao art. 149 da Constituição Federal, alçando as exportações para o exterior à hipótese de *imunidade constitucional* às contribuições sociais.[328] A partir de sua vigência, as receitas decorrentes de exportação deixam de ser somente isentas, adquirindo a qualidade de imunes.

Algumas discussões paralelas se estabeleceram sobre a extensão dessa isenção posteriormente elevada a imunidade, especialmente no que se refere à Zona Franca de Manaus e à Amazônia Ocidental. Trataremos de cada uma delas nos itens seguintes.

14.3. Isenção nas vendas destinadas à zona franca de Manaus

Desde 1967, quando foi editado o Decreto-lei nº 288, as "exportações" para a ZFM estão equiparadas, para todos os efeitos fiscais, a exportações para o exterior:

Art 4º A exportação de mercadorias de origem nacional para consumo ou industrialização na Zona Franca de Manaus, ou reexportação para o estrangeiro, será para todos os efeitos fiscais, constantes da legislação em vigor, equivalente a uma exportação brasileira para o estrangeiro.

Em decorrência dessa disposição legal, há equiparação independentemente de leis posteriores que disponham sobre isenções ou imunidades fazerem menção à ZFM. Dessa lógica resulta que o tratamento dado à exportação para o exterior será aplicável também à exportação para a ZFM.

Sobre esse tema, debruçou-se Aroldo Gomes de Mattos (RDDT 85/8):

Colocou-se, desse modo, em absoluta paridade jurídico-fiscal, as exportações brasileiras para a Zona Franca de Manaus e para o exterior. Nesse preciso sentido averbaram os saudosos juristas Geraldo Ataliba e Cléber Giardino:[329]

---

[328] CF/88: "Art. 149. (...) § 2º As contribuições sociais e de intervenção no domínio econômico de que trata o caput deste artigo: I – não incidirão sobre as receitas decorrentes de exportação; (...)"

[329] Isenção para Vendas para a ZFM – Finsocial e Imposto sobre Transportes, *Revista de Direito Tributário* nº 41. São Paulo: RT, 1987, p. 207.

Resulta claro que a *intentio legislatoris*, aí, foi a de atribuir absoluta igualdade entre os regimes jurídicos das exportações para o exterior e das exportações para a Zona Franca de Manaus. Esse preceito legal equipara juridicamente (isto é, determina que se submetam às mesmas normas), a remessa de mercadorias para a Zona Franca de Manaus e a remessa de mercadorias para o estrangeiro.

Qualquer isenção ou incentivo fiscal, portanto, concedido às exportações para o estrangeiro são também extensíveis à Zona Franca de Manaus.[330]

Essa equiparação[331] não foi afetada pela promulgação da Constituição Federal de 1988, eis que o art. 40 do Ato das Disposições Constitucionais Transitórias manteve a ZFM. O STF, inclusive, já se manifestou sobre o tema na ADI 2.348-9 MC/DF, em que foi relator o Min. Marco Aurélio (STF – Tribunal Pleno – j. 07.12.2000 – DJU 07.11.2003, p. 81) e suspendeu dispositivos da Medida Provisória nº 2.037-24, de novembro de 2000.

No relatório, o Min. Marco Aurélio reporta um dos pleitos na ADI:

> A previsão estaria a conflitar com o artigo 40 do Ato das Disposições Transitórias, já que apanhara, projetando no tempo, ou seja, perpetuando-o por vinte anos, o preceito do artigo 4º do Decreto-lei nº 288/67, no que equipara a remessa de mercadorias de origem nacional para consumo ou industrialização na Zona Franca de Manaus ou reexportação à exportação para o estrangeiro. A Medida Provisória restringiria, assim, o alcance da norma constitucional. Alude-se a parecer de Celso Bastos, elaborado a propósito da Medida Provisória nº 1.602, bem como ao que decidido por esta Corte na Ação Direta de Inconstitucionalidade nº 310, quando se ressaltou a impossibilidade de diminuição dos incentivos próprios à citada Zona Franca. O Relator, Ministro Sepúlveda Pertence, ao votar pela concessão da liminar, teria proclamado que o artigo 40 do ADCT/88 recepcionou todo o conjunto normativo específico informador da Zona Franca de Manaus.

Sobre esse tema específico, o Min. Relator afirmou em seu voto:

> Quanto ao inciso I do § 2º do artigo 14 surge mais clara ainda a relevância da articulação de inconstitucionalidade. A isenção versada não contempla empresa estabelecida na Zona Franca de Manaus, na Amazônia Ocidental ou em área de livre comércio. Em primeiro lugar, o preceito é estranho à norma que veio a ser projetada no tempo e que se mostrou fruto das Leis nºs 8.191/91 e 8.248/91. Nelas não se procedeu à exclusão. Em segundo lugar, tendo em conta o desenvolvimento que se quis imprimir, com justas razões, à Região Amazônica, o dispositivo conflita com o sistema constitucional, voltado, sem dúvida alguma, à correção das desigualdades regionais e sociais. A razão de ser do artigo 40 do Ato das Disposições Transitórias direcionaria, isto sim, ao elastecimento dos benefícios próprios, sob o ângulo fiscal,

---

[330] "PIS/COFINS: Vendas Destinadas à Zona Franca de Manaus/Amazônia Ocidental/Imunidade", *RDDT 85/8*.

[331] Sobre o tema, à vista da decisão do STF, concluiu Marcelo Magalhães Peixoto: "O art. 40 do ADCT constitucionalizou os incentivos fiscais existentes outrora à Constituição de 1988, ou seja, o respectivo dispositivo constitucional recepcionou o Dec.-lei 288/67 – e qualquer tipo de venda para a Zona Franca será considerado como exportação". (PIS e COFINS. Isenções nas Vendas para a Zona Franca de Manaus. *Revista Tributária e de Finanças Públicas*, 48/29).

na região, e não ao afastamento, à exclusão. Ótica diversa, disciplina discrepante do fim visado, implica a revelação de visão míope. O artigo 40 do Ato das Disposições Transitórias constitucionalizou, de forma projetada no tempo, considerados os vinte e cinco anos a partir da promulgação da Constituição Federal, a legislação ordinária reveladora da outorga de benefícios a quem viesse a estabelecer-se na Amazônia. Por isso mesmo, ganhou envergadura e respeitabilidade maior o artigo 4º do Decreto-lei nº 288/67:

Art. 4º. A exportação de mercadorias de origem nacional para consumo ou industrialização na Zona Franca de Manaus ou reexportação para o estrangeiro será, para todos os efeitos fiscais constantes de legislação em vigor, equivalente a uma exportação brasileira para o estrangeiro.

Conforme asseverado na inicial, tal equiparação "integra o conjunto de estímulos que compõem a Zona Franca, tendo sido, portanto, mantida até 2013 nos termos do artigo 40 do ADCT". Há de concluir-se que legislação a revelar trato diferente da matéria, a exclusão inibidora de novos investimentos, conflita com a manutenção projetada no tempo da Zona Franca de Manaus. A incongruência é flagrante, no que, em relação a uma das áreas que maior atenção necessita, quer sob o ângulo da segurança nacional, quer internacional, tenha afastado a isenção em análise, em que pese o alargamento geográfico que lhe foi atribuído. Perceba-se a fidelidade das palavras do constitucionalista aos termos da Carta de 1988:

Diante deste estudo hermenêutico, fica certo que a Zona Franca de Manaus ganhou status constitucional, o que significou dizer, tornou-se um direito consagrado com força própria da supremacia constitucional, o que repele qualquer normatividade que a ofenda e até mesmo a interpretação que não leve em conta as diretrizes básicas da hermenêutica.

Ao afirmar que é mantida a Zona Franca de Manaus, o texto conferiu-lhe uma duração imodificável, ao menos por lei infraconstitucional.

Mais adiante, é certo, o texto constitucional vai definir a duração mínima da instituição, a partir de sua promulgação: optou pelo prazo certo de vinte e cinco anos.

Ao proceder assim, o artigo 40 não beneficiou a Zona Franca de Manaus com uma mera formalidade, o que aconteceria se estendesse que o que não se pode é expressamente suprimir a Zona Franca de Manaus. É que seria possível, na linha desse entendimento, suprimir os incentivos fiscais e a própria área de livre comércio. Isto seria a mais bárbara das interpretações constitucionais. Seria admitir que a Constituição brinca com as palavras ou adota pseudopreconceitos que na verdade nada obrigam de substancial. É, portanto, forçoso aceitar-se que a Zona Franca de Manaus é, na verdade, um nome que encabeça uma realidade normativa e material caracterizada pela manutenção da área de livre comércio com os seus incentivos fiscais (trecho de parecer transcrito nas razões que compõem a inicial, a propósito da Medida Provisória nº 1.502.

A jurisprudência tem-se mostrado harmônica com essa ótica. No julgamento da Ação Direta de Inconstitucionalidade nº 310, o Relator, Ministro Sepúlveda Pertence, entendeu pelo conflito, com a Carta da República, de toda e qualquer norma que, noprazo de vinte e cinco anos, restrinja, reduza ou elimine favores fiscais existentes, como veio a ocorrer com a edição da Medida Provisória nº 2.037/24. Ao acompanhar sua Excelência, considerado o conflito com a Constituição Federal de convênio que

acabava por reduzir o *statu quo* fiscal da Zona Franca de Manaus, tive oportunidade de ressaltar:
Quando alude incentivo fiscal, estabelece-se a necessidade de preservação da prática fiscal tal como operada à época da promulgação da Carta.
Assim, creio que procede a argumentação do nobre Relator no que aponta que há relevância jurídica para deferir-se a liminar, suspendendo-se os convênios, no que esses convênios implicaram modificação, repito, do statu quo existente no campo dos incentivos fiscais à época da promulgação da Carta.
Assim o é. Há que se vislumbrar, além do aspecto meramente econômico, a faceta sócio política da questão. Em última instância, qual a razão de ser da zona Franda de Manaus? Por que tanto se investiu em região tão longínqua se próximo fervilham problemas e mais problemas? Porque, além do atendimento a comando no sentido da correção das desigualdades em todo o território brasileiro, o legislador sensibilizou-se pela necessidade de uma política demográfica mais eficaz, visando à proteção das nacionais. É como se o legislador dissesse: fomos agraciados com esse imenso tesouro desguardado, exposto a toda sorte de cobiça; precisamos defendê-lo e não há maior proteção, de acordo com a velha máxima popular – que o "olho de dono". Decidiu-se, então criar empregos – o melhor chamariz para assentar populações de uma maneira responsável, ou, no dizer dos economistas, "de forma sustentada". Dando-se-lhes meios de se sustentarem, ao tempo em que guardariam a floresta amazônica – a maior reserva biológica do mundo –, também preservariam, não sendo necessário dela se valerem para sobreviver. Mesmo em se considerando esse enorme esforço, cujos resultados hoje ninguém ignora, convivemos, os brasileiros, todos os dias, com as notícias das incontáveis agressões às nossas fronteiras promovidas por aeronaves e embarcações a serviço do contrabando e do narcotráfico internacional de drogas, sem falar nas guerrilhas quase corriqueira que assolam os países limítrofes, nem no famoso plano americano de combate ao narcotráfico, com suporte específico à Colômbia, lembrando que também o Peru e o Equador já contam com bases americanas de apoio. Parece insofismável a conclusão de que se afigura um verdadeiro contra-senso abandonar a região à própria sorte e isso ocorrerá caso as vantagens previstas no campo fiscal tornem-se comuns a todo o País.
Portanto, não é sequer razoável, sob o ângulo constitucional, a vinda à baila de dispositivos, como o do inciso I do § 2º do artigo 14 e o do artigo 32 da Medida Provisória nº 2.037/24, que estabeleçam justamente o contrário do pretendido com o texto do artigo 40 do Ato das Disposições Transitórias. Defiro a liminar e suspendo, com eficácia *ex nunc*, o dispositivo atacado, ou seja, o inciso I do § 2º do artigo 14 e o artigo 32 da Medida Provisória nº 2.037/23.
Em seu voto, o Min. Nelson Jobim afirma:
Isso mostra que o sistema legal do Decreto-lei nº 288 foi congelado pela Constituição, por força do art. 40 do ADCT, pelo período referido, não podendo, portanto, ser alterado porque é mantida a Zona Franca com a modelagem vigente à época da Constituição. A modelagem era a do Decreto-lei nº 288/67, com eventuais alterações posteriores em outros dispositivos.
O Min. Sepúlveda Pertence, por sua vez, vota acompanhando também o relator, nos seguintes termos:

Senhor Presidente, fui relator da ADIn 310 (25/10/90, RTJ 146/21) e me parece que a equação jurídica do problema é substancialmente a mesma. Disse, então, para assentar a densa plausibilidade da argüição de inconstitucionalidade – à luz do art. 40 do ADCT – de diplomas que afetavam os incentivos vigentes à data da Constituição:

De fato, constituída essencialmente a Zona Franca pelo conjunto de incentivos fiscais indutores do desenvolvimento regional e mantida, com esse caráter, pelas Disposições Constitucionais Transitórias, pelo prazo de vinte e cinco anos, admitir-se que preceitos infraconstitucionais reduzam ou eliminem os favores fiscais existentes parece, à primeira vista, interpretação que esvazia de eficácia real o preceito constitucional.

É precisamente o que sucede no caso, porque um desses incentivos é a consideração da venda de mercadorias de outros Estados para estabelecimentos da Zona Franca de Manaus, como exportação propriamente dita, exportação para o estrangeiro com todas as conseqüências fiscais daí decorrentes. E uma delas, com relação a essas contribuições, foi subtraída da incidência do Decreto-lei nº 288/67". Por isso, acompanho o eminente Relator.

Ao final, portanto, ficou decidido por unanimidade pelo Plenário do STF que apenas a Zona Franca de Manaus foi contemplada pelo artigo 40 do ADCT, não sendo possível a supressão do benefício por norma infraconstitucional.

Talvez com a finalidade de acabar com o litígio, foi editado do art. 2º da Medida Provisória nº 202, de 23 de julho de 2004 (DOU 26/07/2004, p. 6), que dispõe que:

Art. 2º Ficam reduzidas a zero as alíquotas da Contribuição para o PIS/PASEP e da Contribuição para o Financiamento da Seguridade Social (COFINS) incidentes sobre as receitas de vendas de mercadorias destinadas ao consumo ou à industrialização na Zona Franca de Manaus (ZFM), por pessoa jurídica estabelecida fora da ZFM.
Parágrafo único. Aplicam-se às operações de que trata o *caput* as disposições do inciso II do § 2º do art. 3º da Lei nº 10.637, de 20 de dezembro de 2002, e do inciso II do § 2º do art. 3º da Lei nº 10.833, de 29 de dezembro de 2003.

14.4. Isenção nas vendas destinadas à Amazônia Ocidental

O Decreto-Lei nº 356, de 15 de agosto de 1968 estendeu o tratamento concedido à ZFM também à região denominada Amazônia Ocidental:

Art. 1º – Ficam estendidos às áreas pioneiras, zonas de fronteira e outras localidades da Amazônia Ocidental favores fiscais concedidos pelo Decreto-Lei nº 288, de 28 de fevereiro de 1967 e seu regulamento, aos bens e mercadorias recebidos, oriundos, beneficiados ou fabricados na Zona Franca de Manaus, para utilização e consumo interno naquelas áreas.

§ 1º – A Amazônia Ocidental é constituída pela área abrangida pelos Estados do Amazonas e Acre e os Territórios Federais de Rondônia e Roraima, consoante o estabelecido no § 4 do art. 1º do Decreto-Lei nº 291, de 28 de fevereiro de 1967.

§ 2º – As áreas, zonas e localidades de que trata este artigo serão fixadas por Decreto, mediante proposição conjunta dos Ministérios do Interior, Fazenda e Planejamento e Coordenação Geral.

Por essa equiparação, valem para a Amazônia Ocidental todas as considerações feitas acima relativamente à Zona Franca de Manaus, com exceção das ponderações que seguem.

Com efeito, nas folhas 350 e seguintes do acórdão do STF na ADI 2.348-MC/DF, o Plenário estabeleceu distinção importante entre o "congelamento" ou constitucionalização dos benefícios concedidos à Zona Franca de Manaus e a inexistência desse congelamento relativamente à Amazônia Ocidental, à qual não se refere o art. 40 do ADCT/88. Merece destaque o seguinte trecho do voto do Min. Nelson Jobim:

Ou seja, a Zona Franca de Manaus tem esse privilégio; outras ZPE's, outras áreas de livre comércio não poderão ter, porque foi escolhido por essa forma e não têm o parâmetro constitucional, o que quer dizer que as outras ZPE's não gozaram desse benefício.

Ao final, portanto, ficou decidido por unanimidade pelo Plenário do STF que apenas a Zona Franca de Manaus foi contemplada, constando no Extrato de Ata do julgamento:

Decisão: Prosseguindo no julgamento, o Tribunal, por unanimidade, após o Senhor Ministro Marco Aurélio (Relator) ter reajustado a extensão de seu voto, limitando-se à Zona Franca de Manaus, deferiu a cautelar com eficácia *ex nunc*, quanto ao inciso I do § 2º do artigo 14 da Medida Provisória nº 2.037-24, de 23 de novembro de 2000, para suspender a eficácia da expressão "na Zona Franca de Manaus".

Após essa decisão do Plenário, conseqüências advém: (a) a equiparação da ZFM a território estrangeiro para fins fiscais não pode ser alterada por se tratar de regra infraconstitucional; (b) toda a regra que disponha sobre isenção ou imunidade a tributos tendo como pressuposto a *exportação para o exterior* abrangerá, também, a ZFM, mesmo que não o diga expressamente, ou, até, que disponha em sentido contrário (no que será inconstitucional); (c) não se aplica a equiparação às demais áreas (v.g. Amazônia Ocidental e outras ZPE's), para as quais as restrições impostas infraconstitucionalmente serão válidas.

14.5. Repasse ou transferência de valores a terceiros

Tema palpitante concernente à COFINS diz respeito aos valores que são transferidos a outras pessoas jurídicas e que, em regra, não podem ser enquadrados na rubrica receita, por tratarem-se de meros ingressos de capital, segundo distinção contábil. Tema conexo é o da possibilidade de dedução de valores que são receitas.

Invariavelmente a Fazenda empreende esforços para fazer constar tais valores na base de cálculo da COFINS. A seguir, procede-se análise de algumas questões polêmicas que, em comum, possuem o fato de haver transferências a outras pessoas jurídicas e discussão em torno da sua inclusão ou não na (ou de sua dedução da) base de cálculo da COFINS.[332]

14.5.1. A questão dos valores transferidos a outras pessoas jurídicas

Merece especial atenção a alteração introduzida na Lei nº 9.718/98, cujo art. 3º, em seu § 2º, estabeleceu que:

> excluem-se da receita bruta os valores que, computados como receita, tenham sido transferidos para outra pessoa jurídica, observadas normas regulamentadoras expedidas pelo Poder Executivo.

Diante desse dispositivo legal, ficou inerte o Poder Executivo, que não regulamentou o dispositivo, pretendendo, com a sua omissão, subtrair dos contribuintes o direito-dever de deduzir da base de cálculo os valores ali indicados. Firme em seu propósito, a SRF editou o Ato Declaratório SRF nº 56, de 20 de julho de 2000 (DOU 26.07.2000), que dispôs "sobre os efeitos do disposto no inciso III do § 2º do art. 3º da Lei nº 9.718, de 27 de novembro de 1998", nos seguintes termos:

> O Secretário da Receita Federal, no uso de suas atribuições, e considerando ser a regulamentação, pelo Poder Executivo, do disposto no inciso III do § 2º do art. 3º da Lei nº 9.718, de 27 de novembro de 1998, condição resolutória para sua eficácia; considerando que o referido dispositivo legal foi revogado pela alínea b do inciso IV do art. 47 da Medida Provisória nº 1.991-18, de 09 de junho de 2000; considerando, finalmente, que, durante sua vigência, o aludido dispositivo legal não foi regulamentado, *declara*:
> não produz eficácia, para fins de determinação da base de cálculo das contribuições para o PIS/PASEP e da COFINS, no período de 1º de fevereiro de 1999 a 09 de junho de 2000, eventual exclusão da receita bruta que tenha sido feita a título de valores que, computados como receita, hajam sido transferidos para outra pessoa jurídica.
> Everardo Maciel

Com a edição deste ato, a hierarquia administrativa vinculou os aplicadores da lei pertencentes ao Executivo e subordinados ao Secretário da

---

[332] Sobre o tema, consultar excelente trabalho que apresenta distinção entre ingresso de capital e receitas: BARRETO, Aires F. Trabalho temporário e base de cálculo do ISS. Atividades Comissionadas – Distinção entre ingressos e Receitas. *In: Revista Dialética de Direito Tributário* n. 90, p. 7-20.

Receita Federal (leia-se: fiscalização tributária federal) a não levar em consideração a exclusão determinada pelo dispositivo legal.[333]

Evidentemente, diante da recusa, os contribuintes recorreram ao Poder Judiciário, que, em muitas decisões,[334] confirmou a convicção de grande parte da Doutrina especializada, declarando que o direito/dever de exclusão independe de regulamentação.

O voto do Des. Federal Vilson Darós, nos autos da AMS 2001.71.00.026085-7/RS,[335] reúne a fundamentação central:

---

[333] São exemplo as seguintes decisões: DECISÃO N° 262 (8ª Região Fiscal), de 30 de novembro de 2000 (DT 8ª RF – Paulo Jackson S. Lucas – Chefe – DOU 12.02.2001 – p. 07); Decisão n° 310 (8ª Região Fiscal), de 20 de dezembro de 2000 (DT 8ª RF – Paulo Jackson S. Lucas – Chefe – DOU 20.03.2001 – p. 15); Decisão n° 325 (8ª Região Fiscal), de 28 de dezembro de 2000 (DT 8ª RF – Paulo Jackson S. Lucas – Chefe – DOU 20.03.2001 – p. 16); Decisão n° 326 (8ª Região Fiscal), de 28 de dezembro de 2000 (DT 8ª RF – Paulo Jackson S. Lucas – Chefe – DOU 20.03.2001 – p. 16); Decisão n° 327 (8ª Região Fiscal), de 28 de dezembro de 2000 (DT 8ª RF – Paulo Jackson S. Lucas – Chefe – DOU 20.03.2001 – p. 16); Decisão n° 328 (8ª Região Fiscal), de 28 de dezembro de 2000 (DT 8ª RF – Paulo Jackson S. Lucas – Chefe – DOU 20.03.2001 – p. 17).

[334] Reproduzimos, das ementas, apenas os trechos essenciais: "(...) A legislação aplicável à hipótese vertente é a Lei n° 9.718/98, que fixa a receita bruta como base de cálculo das exações em tela permitindo, no entanto, excluir os valores transferidos para outra pessoa jurídica e prevendo expressamente ser irrelevante o tipo de atividade exercida pela empresa contribuinte e a classificação contábil das receitas (...)" (TRF 2ª R. – AMS 2000.02.01.053596-9 – RJ – 1ª T. – Rel. Juiz Ney Fonseca – DJU 24.01.2003 – p. 246); "(...) O regulamento a ser expedido pelo Poder Executivo para possibilitar a aplicação do art. 3°, § 2°, III, da Lei n° 9.718, de 1998, não poderá contrariar o referido dispositivo, apenas explicitá-lo. O contribuinte não pode sofrer prejuízos em face da ausência de regulamentação do dispositivo em questão, razão pela qual é possível deduzir da receita bruta, para fins de determinação da base de cálculo da contribuição, os valores que computados como receita, foram transferidos a outras pessoas jurídicas. (...) a partir de 08.09.2000 é defesa a dedução, para fins de determinação da base de cálculo da contribuição, dos valores que computados como receita, foram transferidos a outras pessoas jurídicas. 3. Não são passíveis de exclusão da base de cálculo do PIS e da COFINS os valores repassados a outras pessoas jurídicas, decorrentes de pagamentos de custos operacionais diretos e indiretos da empresa. (...)" (TRF 4ª R. – AP-MS 2003.72.00.007932-3 – SC – 2ª T. – Rel. Des. Fed. Dirceu de Almeida Soares – DJU 04.02.2004 – p. 454); "(...) 1. O regulamento a ser expedido pelo Poder Executivo para possibilitar a aplicação do art. 3°, § 2°, III, da Lei n° 9.718, de 1998, não poderá contrariar o referido dispositivo, apenas explicitá-lo. O contribuinte não pode sofrer prejuízos em face da ausência de regulamentação do dispositivo em questão, razão pela qual é possível deduzir da receita bruta, para fins de determinação da base de cálculo da contribuição, os valores que computados como receita, foram transferidos a outras pessoas jurídicas. (...)" (TRF 4ª R. – AC 2002.72.09.002359-9 – SC – 2ª T. – Rel. Des. Fed. Dirceu de Almeida Soares – DJU 14.01.2004 – p. 256/257); "(...) Os valores que, computados como receita, foram transferidos a outra pessoa jurídica, podem ser excluídos da base de cálculo do PIS e da COFINS, nos termos do inc. III do § 2° do art. 3° da Lei n° 9.718/98, independentemente de regulamentação da norma. A possibilidade de exclusão perdurou entre 1° de fevereiro de 2000, nos termos do art. 17 da citada lei, e o início da vigência da MP n° 1991-18-2000, que revogou o benefício. Agravo desprovido." (TRF 4ª R. – AI 2002.04.01.052798-6 – PR – 2ª T. – Rel. Des. Fed. João Surreaux Chagas – DJU 16.07.2003 – p. 131).

[335] "PIS. COFINS. BASE DE CÁLCULO. EXCLUSÕES. LEI N° 9.718/98. MEDIDA PROVISÓRIA N° 1.991-18/00. A omissão do Poder Executivo em regulamentar o inc. III do § 2° do art. 3° da Lei n° 9.718/98 não tem o condão de restringir o direito do contribuinte de excluir da base de cálculo das contribuições do PIS e da COFINS valores que, computados como receitas, tenham sido transferidos para outra pessoa jurídica. A possibilidade de ser realizada a exclusão perdurou até ser derrogado o inc. III do § 2° do art. 3° da Lei n° 9.718/98 pelo art. 47, inc. IV, da Medida Provisória n° 1991-18, de 09 de junho de 2000 (publicada no DOU de 10.06.2000). Não é da data da publicação da medida provisória que surge o obstáculo à exclusão pretendida, mas apenas com o transcurso do prazo de noventa dias a contar da publicação da lei/medida provisória. Impositiva a observância do princípio da

O inc. III do § 2º do art. 3º da Lei nº 9.718/98 estabelece que para a exclusão dos valores transferidos para outra pessoa jurídica deve haver observância a normas regulamentadoras expedidas pelo Poder Executivo. Tal regulamentação, todavia, não foi efetivada.

Penso que a omissão do Poder Executivo não tem o condão de restringir o direito do contribuinte de excluir da base de cálculo das contribuições do PIS e da COFINS valores que, computados como receitas, tenham sido transferidos para outra pessoa jurídica. Ademais, é sabido que o poder regulamentar de que dispõe o Poder Executivo, como o próprio nome indica, tem o mero papel de regulamentar o que está posto na lei, não podendo extrapolar seus limites, tampouco contrariá-la, sob pena de ilegalidade. Desta forma, decreto algum poderá alterar essencialmente o que foi disposto através de lei.

Cito, por oportuna, a lição da professora administrativista Odete Medauar, no seu livro Direito Administrativo Moderno, editora RT, p. 129:

No ordenamento brasileiro, entende-se que, em princípio, a ausência de regulamentação impede a eficácia da lei. No entanto, essa orientação não pode prevalecer de maneira absoluta, em especial ante a inércia do Executivo.

No caso em tela, resta claro o conteúdo da norma, motivo por que a exclusão reclamada pode ser efetuada. Todavia, a possibilidade de ser realizada a exclusão perdurou até ser derrogado o inc. III do § 2º do art. 2º da Lei nº 9.718/98 pelo art. 47, inc. IV, da Medida Provisória nº 1991-18, de 09 de junho de 2000 (publicada no DOU de 10.06.2000).

Considerando que Lei nº 9.718/98, em seu art. 17, estabelece que "Esta lei entra em vigor na data de sua publicação, produzindo efeitos: I – em relação aos arts. 2º a 8º, para os fatos geradores ocorridos a partir de 1º de fevereiro de 1999; e que a medida Provisória nº 1991-18 foi publicada em 10 de junho de 2000, a exclusão produziu efeitos no período de 1º de fevereiro de 1999 a 7 de setembro de 2000". (fl. 4 do acórdão)

Essa orientação veio a prevalecer no Superior Tribunal de Justiça, conforme o seguinte acórdão (não obstante tenha se limitado a negar seguimento ao recurso por ausência de prequestionamento):

PROCESSUAL CIVIL – AGRAVO REGIMENTAL – INEXISTÊNCIA DE PREQUESTIONAMENTO – OMISSÃO NO TRIBUNAL A QUO NÃO SANADA POR EMBARGOS DE DECLARAÇÃO – ADUÇÃO DE VIOLAÇÃO A DISPOSITIVOS LEGAIS AUSENTES NA DECISÃO RECORRIDA – SÚMULA Nº 211/STJ – 1. Agravo Regimental contra decisão que negou seguimento ao Recurso Especial intentado pela parte agravante, ante a ausência de prequestionamento. 2. Acórdão *a quo* segundo o qual: A) não há como restringir o direito de não computar na base de cálculo da contribui-

---

anterioridade mitigada, uma vez que a exclusão de parcela da base de cálculo das contribuições em questão (PIS e COFINS) implicou majoração da carga tributária. O legislador, ao estabelecer no inc. I do § 2º do art. 3º da Lei nº 9.718/98 (norma especial em relação ao inc. III do mesmo dispositivo) a possibilidade de exclusão do IPI e do ICMS da base de cálculo do PIS e da COFINS restringiu o benefício às situações em que cobrados aqueles tributos (IPI e ICMS) pelo vendedor dos bens ou prestador dos serviços na condição de substituto tributário. Ou seja, nas demais hipóteses está vedada a exclusão". (TRF 4ª Região – AMS 2001.71.00.026085-7/RS – 2ª Turma – j. 14/05/2002 –DJU 29/05/2002 p, 369 – Relator JUIZ VILSON DARÓS)

ção para o PIS e a COFINS os valores transferidos para outra pessoa jurídica, nos termos do art. 3º, § 2º, da Lei nº 9.718/98, em face da omissão do Poder Executivo, prejudicando o contribuinte; b) Decreto algum poderá alterar essencialmente o que foi disposto através de Lei, sendo que, no caso em tela, resta claro o conteúdo da norma, no sentido de que se proceda a referida exclusão; c) para que haja a exclusão dos valores que tenham sido transferidos para outra pessoa, deve haver observância a normas regulamentadoras expedidas pelo Poder Executivo e tal regulamentação, todavia, não foi efetivada. 3. Ausência do necessário preqüestionamento. Dispositivos legais indicados como afrontados não abordados, em nenhum momento, no âmbito do voto-condutor do aresto hostilizado. 4. Não basta apenas que o acórdão dos embargos declaratórios afirme que, para não causar eventuais prejuízos na interposição de recursos para as instâncias superiores, tenham-se por preqüestionados dispositivos legais e/ou constitucionais, sem que, de fato, tal haja ocorrido. 5. Estabelece a Súmula nº 211/STJ: Inadmissível Recurso Especial quanto à questão que, a despeito da oposição de embargos declaratórios, não foi apreciada pelo tribunal a *quo*. 6. Agravo regimental não provido. (STJ – AGRESP 456301 – RS – 1ª T. – Rel. Min. José Delgado – DJU 10.03.2003)

Na esfera administrativa, o 2º Conselho de Contribuintes, até o momento, não uniformizou sua jurisprudência, havendo acórdãos[336] fiéis ao entendimento da SRF, proferindo decisões em prol da necessidade de regulamentação como requisito para gozo do direito, e outros em sentido contrário.[337]

---

[336] "PROCESSO ADMINISTRATIVO FISCAL – PRELIMINAR DE NULIDADE – As alegações de incorreção material dever ser acompanhadas das provas documentais que as demonstrem. NORMAS PROCESSUAIS – ALEGAÇÃO DE INCONSTITUCIONALIDADE – As autoridades julgadoras administrativas não têm competência para apreciar alegação de inconstitucionalidade de Lei, por se tratar de matéria de competência privativa do Poder Judiciário. Preliminares rejeitadas. PIS – BASE DE CÁLCULO – EXCLUSÃO DE VALORES TRANSFERIDOS – NORMA DE EFICÁCIA CONDICIONADA À REGULAMENTAÇÃO – A vigência de Lei cuja execução depende de regulamento, inicia-se a partir da publicação do regulamento. Recurso negado. Por unanimidade de votos, I) rejeitou as preliminares de nulidade do lançamento e de inconstitucionalidade; e, II) no mérito, negou-se provimento ao recurso. Ausente, justificadamente, o Conselheiro Renato Scalco Isquierdo". (2º CC – Ac. 203-08876 – 3ª C. – Rel. Antônio Augusto Borges Torres – DOU 12.04.2004 – p. 26); "COFINS – AUTO DE INFRAÇÃO – INSUFICIÊNCIA DE RECOLHIMENTO – NULIDADE – Serão considerados nulos apenas os Autos de Infração que se enquadrem nas condições do art. 59, I e II, do Decreto nº 70.235/72. CONSTITUCIONALIDADE – Falta à esfera administrativa competência para julgar a inconstitucionalidade de Lei, sendo esta função privativa do Poder Judiciário. TAXA SELIC – Há previsão legal para sua aplicação, matéria já pacificada neste Conselho de Contribuintes. BASE DE CÁLCULO – Não se exclui da base de cálculo da COFINS os valores transferidos para outras pessoas jurídicas, devendo ser considerada a totalidade das receitas auferidas pela pessoa jurídica. COMPENSAÇÃO – A compensação tributária foi acatada pela fiscalização, nos termos da IN nº 32/1997. Recurso negado. Por unanimidade de votos, negou-se provimento ao recurso". (2º CC – Proc. 11080.004533/00-90 – Rec. 117588 – (201-76173) – 1ª C. – Rel. Antônio Mário de Abreu Pinto – DOU 18.10.2002 – p. 31)

[337] "PIS – BASE DE CÁLCULO – RECEITA BRUTA – VALORES TRANSFERIDOS A TERCEIROS – EXCLUSÃO – LEGALIDADE – Até a edição da MP nº 1991-18-2000, que revogou o inciso III do § 2º do art. 3º da Lei nº 9.718/98, era lícita a exclusão da receita bruta (base de cálculo) dos valores computados como receita que foram transferidos a outra pessoa jurídica (subempreiteiras e subcontratantes). Recurso parcialmente provido. Por maioria de votos, deu-se provimento parcial ao recurso, nos termos do voto do Relator. Vencidos os Conselheiros Renato Scalco Isquierdo, Maria Cristina Roza da Costa e Otacílio Dantas Cartaxo". (2º CC – Proc. 10380.016296/00-62 – Rec. 118732 – (Ac. 203-08283) – 3ª C. – Rel. Mauro Wasilewski – DOU 04.08.2003 – p. 13)

Todavia, a questão restou pacificada no Superior Tribunal de Justiça no sentido de negar eficácia ao permissivo legal. A jurisprudência iterativa da Corte Superior entende que a norma suscitada tinha a sua eficácia contida, vez que necessitava de regulamentação:

TRIBUTÁRIO. PIS. COFINS. BASE DE CÁLCULO. FATURAMENTO. ART. 3º, § 2º, III, DA LEI 9.718/98. NORMA CUJA EFICÁCIA DEPENDIA DE EDIÇÃO DE REGULAMENTAÇÃO PELO PODER EXECUTIVO. 1. A 1ª Turma desta Corte pacificou o entendimento de que o art. 3º, § 2º, III, da Lei 9.718/98 jamais teve eficácia, por se tratar de norma cuja aplicação dependia de regulamentação pelo Poder Executivo, a qual não se editou, todavia, até sua revogação pela MP 1.991/00. 2. Recurso especial provido (STJ, Resp 615118/RS, 1ª Turma, Rel. Min. Teori Albino Zavascki, DJ 24/05/2004, p. 206).[338]

---

[338] No mesmo sentido, são os seguintes julgados: "PROCESSUAL CIVIL E TRIBUTÁRIO. AGRAVO REGIMENTAL. AGRAVO DE INSTRUMENTO. EMBARGOS INFRINGENTES. ART. 530 DO CPC. LEI N. 10.352/2001. INCIDÊNCIA DA NOVA REDAÇÃO. PIS. COFINS. BASE DE CÁLCULO. ART. 3º, § 2º, INCISO III, DA LEI N. 9.718/98. NORMA DEPENDENTE DE REGULAMENTAÇÃO. MP N. 1.991-18/2000. PRECEDENTES. 1. Incidência da nova redação do art. 530 do CPC à espécie, tendo em vista que o acórdão recorrido negou provimento à apelação, não havendo reforma da sentença de mérito, requisito para a interposição dos embargos infringentes nos termos da novel lei processual. 2. O art. 3º, § 2º, inciso III, da Lei n. 9.718/98 estabeleceu regra de exclusão da base de cálculo do PIS e da COFINS condicionada a regulamento do Poder Executivo. 3. A Medida Provisória n. 1.991-18/2000 revogou a mencionada regra de exclusão. 4. Agravo regimental a que se nega provimento". (STJ, AGA 539877/SC, 2ª Turma, Rel. Min. João Otávio de Noronha, DJ 10/05/2004, p. 240); "RECURSO ESPECIAL – ALÍNEAS *A* E *C* – TRIBUTÁRIO – PIS E COFINS – RECEITA BRUTA – PRETENDIDA COMPENSAÇÃO DE VALORES TRANSFERIDOS A OUTRA PESSOA JURÍDICA – ART. 3º, § 2º, INCISO III DA LEI N. 9.718/98 – AUSÊNCIA DE REGULAMENTAÇÃO POR DECRETO DO PODER EXECUTIVO – POSTERIOR REVOGAÇÃO DO FAVOR FISCAL PELA MEDIDA PROVISÓRIA N. 1991-18/2000 – PRECEDENTES – SÚMULA N. 83 DO STJ. Sabem-no todos, ocioso rememorar, que a lei tributária concessiva de qualquer favor ao contribuinte, a exemplo da isenção concedida pelo art. 3º, § 2º, inciso III da Lei n. 9.718/98, sujeita-se às regras estabelecidas pelo Fisco para o gozo do benefício. Dispõe o artigo 3º, § 2º, inciso III da Lei n. 9.718 que poderiam ser excluídos da base de cálculo da contribuição devida a título de PIS e COFINS 'os valores que, computados como receita, tenha sido transferidos para outra pessoa jurídica, observadas as normas regulamentadoras expedidas pelo Poder Executivo'. A aplicabilidade da referida norma esteve condicionada, até sua revogação pela Medida Provisória 1991-18/2000, à edição de decreto pelo Poder Executivo Federal. Dessa forma, a exclusão da base de cálculo do PIS e da COFINS dos valores que, ao constituírem a receita da empresa, fossem transferidos para outra pessoa jurídica, somente poderia ocorrer após a devida regulamentação. Se tal não se deu, inviável o deferimento da pretensão do contribuinte. Precedentes: REsp 502.263/RS, Rel. Min. Eliana Calmon, DJU 13.10.2003; REsp 445.452/RS, Rel. Min. José Delgado, DJU 10.03.2003; REsp 512.232/RS, Rel. Min. Francisco Falcão, DJU 20.10.2003. Recurso especial não provido". (STJ, Resp 529745/RS, 2ª Turma, DJ 10/05/2004, p. 238); "TRIBUTÁRIO. PIS. COFINS. BASE DE CÁLCULO. FATURAMENTO. REVENDEDORA DE VEÍCULOS. CARACTERIZAÇÃO DE DOIS CONTRATOS DE COMPRA E VENDA: MONTADORA-CONCESSIONÁRIA E CONCESSIONÁRIA-CONSUMIDOR. ABATIMENTO DO VALOR ENVOLVIDO NA PRIMEIRA OPERAÇÃO DO PREÇO DE REVENDA AO CONSUMIDOR. IMPOSSIBILIDADE. ART. 3º, § 2º, III, DA LEI 9.718/98. NORMA CUJA EFICÁCIA DEPENDIA DE EDIÇÃO DE REGULAMENTAÇÃO PELO PODER EXECUTIVO. 1. A base de cálculo das contribuições para o PIS e para a COFINS é o faturamento, ou seja, a receita bruta da pessoa jurídica. 2. As empresas concessionárias, que compram veículos automotores das montadoras e os revendem a consumidores finais, devem recolher as contribuições sobre sua receita bruta, não sendo viável o desconto do preço de aquisição pago à montadora. Tem-se, no caso, duas operações sucessivas de compra e venda (montadora-concessionária e concessionária-consumidor), não servindo para descaracterizar a primeira a circunstância de se lhe agregar operação de financiamento, que sujeita a revendedora à alienação do

Em seu voto, o Ministro Teori Zavascki traz à colação inúmeros precedentes do Superior Tribunal de Justiça com a mesma linha de orientação:

A jurisprudência de ambas as Turmas da 1ª Seção do STJ é no sentido de que o art. 3º, § 2º, III, da Lei 9.718/98 jamais teve eficácia, por se tratar de norma cuja aplicação dependia de regulamentação pelo Poder Executivo, jamais editada, até sua revogação expressa pela Medida Provisória 1.991/00. Confiram-se, a propósito, os julgados RESP 518.473/RS, 1ª Turma, Min. Luiz Fux, DJ de 19.12.2003; RESP 445.452/RS, 1ª Turma, Min. José Delgado, DJ 10.03.2003; RESP 502.263/RS, Min. Eliana Calmon, DJ 13.10.2003 e RESP 512.232/RS, 1ª Turma, Min. Francisco Falcão, DJ de

---

bem a instituição financeira. 3. Recurso especial a que se nega provimento". (STJ, Resp 438797/RS, Teori Albino Zavaski, DJ 03.05.2004, p. 96); "TRIBUTÁRIO. PIS E COFINS. INCIDÊNCIA SOBRE RECEITAS TRANSFERIDAS PARA OUTRAS PESSOAS JURÍDICAS. LEI 9.718/91, ART. 3º, § 2º, III. NORMA DE EFICÁCIA LIMITADA. AUSÊNCIA DE REGULAMENTAÇÃO. 1.É de sabença que na dicotomia das normas jurídico-tributárias, há as cognominadas leis de eficácia limitada ou condicionada. Consoante a doutrina do tema, 'as normas de eficácia limitada são de aplicabilidade indireta, mediata e reduzida, porque somente incidem totalmente sobre esses interesses após uma normatividade ulterior que lhes desenvolva a eficácia'. Isto porque, 'não revestem dos meios de ação essenciais ao seu exercício os direitos, que outorgam, ou os encargos, que impõem: estabelecem competências, atribuições, poderes, cujo uso tem de aguardar que a Legislatura, segundo o seu critério, os habilite a se exercerem'. 2. A Lei 9.718/91, art. 3º, § 2º, III, optou por delegar ao Poder Executivo a missão de regulamentar a aplicabilidade desta norma. Destarte, o Poder Executivo, competente para a expedição do respectivo decreto, quedou-se inerte, sendo certo que, exercendo sua atividade legislativa constitucional, houve por bem retirar a referida disposição do universo jurídico, através da Medida Provisória 1991-18/2000, numa manifestação inequívoca de aferição de sua inconveniência tributária. 3. Conquanto o art. 3º, § 2º, III, da Lei supracitada tenha ostentado vigência, careceu de eficácia, ante a ausência de sua imprescindível regulamentação. Assim, é cediço na Turma que 'se o comando legal inserto no artigo 3º, § 2º, III, da Lei nº 9.718/98 previa que a exclusão de crédito tributário ali prevista dependia de normas regulamentares a serem expedidas pelo Executivo, é certo que, embora vigente, não teve eficácia no mundo jurídico, já que não editado o decreto regulamentador, a citada norma foi expressamente revogada com a edição de MP 1991-18/2000'. 4. Deveras, é lícito ao legislador, ao outorgar qualquer benefício tributário, condicionar o seu gozo. Tendo o legislador optado por delegar ao Poder Executivo a tarefa de estabelecer os contornos da isenção concedida, também essa decisão encontra amparo na sua autonomia legislativa. 5. Conseqüentemente, 'não comete violação ao artigo 97, IV, do Código Tributário Nacional o decisório que em decorrência deste fato, não reconhece o direito de o recorrente proceder à compensação dos valores que entende ter pago a mais a título de contribuição para o PIS e a COFINS. *In casu*, o legislador não pretendeu a aplicação imediata e genérica da lei, sem que lhe fossem dados outros contornos como pretende a recorrente, caso contrário, não teria limitado seu poder de abrangência.' 6. Recurso Especial provido". (STJ – Resp 507876/RS – 2ª Turma – Rel. Min. Luiz Fux – DJ 15.03.2004, p. 171); "RECURSO ESPECIAL. ADMINISTRATIVO E TRIBUTÁRIO. PIS E COFINS. LEI Nº 9.718/98, ARTIGO 3º, § 2º, INCISO III. NORMA DEPENDENTE DE REGULAMENTAÇÃO. REVOGAÇÃO PELA MEDIDA PROVISÓRIA Nº 1991-18/2000. AUSÊNCIA DE VIOLAÇÃO AO ARTIGO 97, IV, DO CÓDIGO TRIBUTÁRIO NACIONAL. DESPROVIMENTO. 1. Se o comando legal inserto no artigo 3º, § 2º, III, da Lei nº 9718/98 previa que a exclusão de crédito tributário ali prevista dependia de normas regulamentares a serem expedidas pelo Executivo, é certo que, embora vigente, não teve eficácia no mundo jurídico, já que não editado o decreto regulamentador, a citada norma foi expressamente revogada com a edição de MP 1991-18/2000. Não comete violação ao artigo 97, IV, do Código Tributário Nacional o decisório que em decorrência deste fato, não reconhece o direito de o recorrente proceder à compensação dos valores que entende ter pago a mais a título de contribuição para o PIS e a COFINS. 2. *In casu*, o legislador não pretendeu a aplicação imediata e genérica da lei, sem que lhe fossem dados outros contornos como pretende a recorrente, caso contrário, não teria limitado seu poder de abrangência. 3. Recurso Especial desprovido". (STJ, Resp 445452/RS, 1ª Turma, Rel. Min. José Delgado, DJ 10.03.2003, p. 109, RDDT v. 94, p. 167)

> 20.10.2003, esse último assim ementado: TRIBUTÁRIO. RECURSO ESPECIAL. PIS E COFINS. BASE DE CÁLCULO. ARTIGO 3º, § 2º, INCISO III, DA LEI Nº 9.718/98. NORMA DEPENDENTE DE REGULAMENTAÇÃO. REVOGAÇÃO PELA MEDIDA PROVISÓRIA Nº 1991-18/2000. I – O comando legal inserto no artigo 3º, § 2º, III, da Lei nº 9.718/98 estabelecia a exclusão da base de cálculo do PIS e da COFINS, das receitas transferidas a outras pessoas jurídicas, a depender de normas regulamentares do Poder Executivo. II – Com a edição da Medida Provisória nº 1.991-18/2000, o dispositivo em comento foi retirado do mundo jurídico, antes mesmo de produzir os efeitos pretendidos. Portanto, embora vigente, não teve eficácia, já que não editado o decreto regulamentador. III – Recurso especial improvido.

Vale-se, portanto, o nobre pretório da discutível classificação entre normas auto-executáveis e não-auto-executáveis colhidas do constitucionalismo norte-americano e importada pela doutrina brasileira sem os devidos cuidados. A exposição retro delimita o tratamento que vem sendo dado pelos tribunais administrativos e judiciais ao tema.

Não obstante a orientação firmada no Superior Tribunal de Justiça, filiamo-nos à Doutrina que prega a validade da lei e sua auto-aplicabilidade independentemente da regulamentação. Primeiro, porque a regulamentação não poderia e não pode interferir no direito, mas apenas regular a forma de seu exercício; segundo, porque não se pode vincular direito subjetivo garantido ao contribuinte por lei a ato administrativo da autoridade arrecadadora. Neste sentido, pertinente a lição de Oswaldo Aranha Bandeira de Mello:

> O poder regulamentar conferido constitucionalmente ao Executivo é um direito, e, ao mesmo tempo, um dever. Corresponde ao chamado direito-função, porquanto atribuído ao órgão para que o desempenhe sempre que se fizer mister. Assim, não se configura lícito possa o Executivo protelar injustificadamente a ação de legislação do legislativo. Do contrário, assistir-se-á à ab-rogação da lei pelo Executivo, através de seu silêncio.[339]

A questão dos valores transferidos para outras pessoas jurídicas envolve ainda diversas discussões que pretenderemos sintetizá-las para melhor apreensão da discussão.

Primeiramente, cumpre estabelecer algumas precisões conceituais. Durante muito tempo a discussão a respeito do alcance do vocábulo faturamento tomou conta dos pretórios, culminando com a modificação da Constituição Federal para que fossem atendidos os desígnios da União Federal.

No caso em tela, discute-se se o valor que ingressa na contabilidade da empresa e, incontinenti, é repassado para outra pessoa jurídica poderia ser considerado receita e, por decorrência, estar sujeita a tributação da COFINS. A questão é fulcral e pode ser travada paralelamente a constitucionalidade

---

[339] Citado por Maria Ednalva de Lima, em estudo específico sobre o tema, na RDDT 75/150.

ou inconstitucionalidade da revogação do artigo 3º, § 2º da Lei nº 9.718/98 pela Medida Provisória nº 1991-18.

Vozes da doutrina apontam para a classificação dos valores transferidos a outras pessoas jurídicas como receita bruta, conceito este mais amplo que a expressão *faturamento*. Dessa forma, os valores repassados não integrariam a receita propriamente dita, pois do ponto de vista contábil não são propriamente receitas, mas tão somente ingressos de capital que não importam em aumento no patrimônio da sociedade.

Flavio Augusto Dumont Prado investiga o fim da norma que institui a dedução dos repasses a outras pessoas jurídicas, dizendo:

> Mas, considerando-se o aspecto teleológico da norma ora comentada, vê-se que o legislador quis tributar, a título de PIS e COFINS, o que fosse efetivamente receita da empresa, e não receita de outras pessoas jurídicas que estivessem circulando pelo seu caixa apenas por circunstâncias operacionais de mercado.[340]

No mesmo sentido, ressalta Aroldo Gomes de Mattos:

> É precisamente o que visou o inc. III supra, excluindo valores transferidos de uma pessoa jurídica para outra e que só transitaram em sua contabilidade por circunstâncias operacionais ou negociais de mercado.[341]

Adiante, arremata, referindo que:

> Note-se que o vocábulo "receita" nele empregado só pode ser entendido, a todas as luzes, como receita alheia (ingresso) – e não como receita própria (resultado), porque somente a primeira e não a segunda é transferível para terceiros.

A defesa do abatimento previsto na Lei nº 9.718/98 é secundada pela professora Maria Ednalva de Lima:

> O abatimento prescrito pelo artigo 3º, § 2º, inciso III da Lei nº 9.718/98, mostra-se acertado, uma vez que a base de cálculo do PIS e da COFINS é a receita ou o faturamento e os valores repassados a terceiros constituem receitas suas e não de quem os recebe e deve repassá-los. Assim ocorre que porque receita corresponde aos valores que ingressam no caixa de uma determinada pessoa integrando-se a seu patrimônio de modo a acrescê-lo.[342]

Feito o resumo do tratamento jurisprudencial e exposta a visão doutrinária, resta a análise da revogação da norma concessiva do direito. No caso, se admitida – *como admitimos* – a validade da dedução independentemente da regulamentação que nunca veio a ser editada, deve ser perquirida a validade da revogação desse direito, que, a nosso ver, encontra óbice formal.

---

[340] PRADO, Flavio Augusto Dumont. Da inconstitucional exigência do PIS e da COFINS das cooperativas de Crédito. In: *Revista Dialética de Direito Tributário* n. 58, p. 43.

[341] MATTOS, Aroldo Gomes de. A cumulatividade das Contribuições PIS/PASEP/COFINS e a desigualdade de tratamento entre seus contribuintes. In: *Revista Dialética de Direito Tributário* n. 63, p. 9.

[342] LIMA, Maria Ednalva de. PIS e COFINS – Base de cálculo: exclusão dos valores transferidos para outras pessoas jurídicas. In: *Revista Dialética de Direito Tributário* n. 75, p. 152.

Como visto, ao invés de cumprir a Lei e regulamentá-la, o Chefe do Poder Executivo revogou o direito lá garantido, e essa medida provisória, desde que convertida em lei, passou a produzir efeitos após o decurso do prazo nonagesimal. Logo, no período compreendido entre a entrada em vigor da Lei n° 9.718/98, isto é, em 1° de fevereiro de 1999,[343] até a entrada em vigor da Medida Provisória que revogou o artigo da lei em comento, em 8 de setembro de 2000, verifica-se um largo espaço de tempo em que se admitiria a dedução dos valores transferidos a outras pessoas jurídicas.

A revogação da dedução do repasse a outras pessoas jurídicas, contudo, enfrenta problemas de ordem formal, conquanto que a Constituição veda, através do artigo 246,[344] a adoção de Medida Provisória para regulamentar artigo que tenha sua redação alterada por Emenda Constitucional a partir de 1995. Na hipótese em exame, a artigo 195 foi alterado pela Emenda Constitucional n° 20 de 1998, logo a medida provisória n° 1991-18, que alterava dispositivo regulamentador do artigo 195 não produz efeito jurídico em face da evidente infringência formal à Constituição.

14.5.2. Incidência sobre o valor total da nota nos casos de trabalho temporário

Outro tema polêmico diz respeito à contratação de mão-de-obra com base na Lei n° 6.019/74, que disciplina as empresas de trabalho temporário. A irresignação reside no argumento de que os valores, incluídos nas notas fiscais de prestação de serviços, relativos aos salários e encargos dos empregados postos à disposição dos tomadores da mão-de-obra, não consistiriam em receitas tributáveis pela COFINS, mas em meros reembolsos ou repasses; desse raciocínio resultaria que o único valor tributável nesses casos seria a *taxa de administração*, considerada, ainda nessa mesma linha, como o único *faturamento* ou a única *receita*.

Faz-se necessária uma pequena digressão à sistemática dos contratos de locação de serviços para melhor compreensão da controvérsia.

Em estudo sobre o tema, Alessandra Machado Brandão Teixeira (RDDT 94/11) faz distinção entre o caso específico e outras prestações de serviços:

> Observa-se que no caso de empresas de prestação de serviços a terceiros a tônica da atividade encontra-se no serviço, não importando quem o executa – essas em-

---

[343] Se superada a questão debatida no início deste trabalho, referente à não-conversão e à entrada em vigor apenas em março de 1999.

[344] "Art. 246. É vedada a adoção de medida provisória na regulamentação de artigo da Constituição cuja redação tenha sido alterada por meio de emenda promulgada a partir de 1995". Atualmente vigora a seguinte redação do artigo, modificado pela Emenda Constitucional n° 32: "Art. 246. É vedada a adoção de medida provisória na regulamentação de artigo da Constituição cuja redação tenha sido alterada por meio de emenda promulgada entre 1° de janeiro de 1995 até a promulgação desta emenda, inclusive".

presas são contratadas para prestarem um dado serviço. Sendo assim, o salário e os encargos de que executa devem compor a base de cálculo das contribuições em tela, visto que eles compõem o preço do serviço.

Entretanto, o mesmo não acontece no caso das empresas locadoras de mão-de-obra temporária, que são contratadas para colocar à disposição de outras empresas, temporariamente, trabalhadores devidamente qualificados. Neste caso, os salários dos empregados locados não estão relacionados com a natureza do serviço prestado, que se restringe ao recrutamento, seleção e encaminhamento de empregados temporários. Os serviços a serem executados por esses últimos não dizem respeito às empresas de locação de mão-de-obra.

Valendo-se da classificação da professora mineira, têm-se dois grupos de empresas locadoras de serviço: no primeiro grupo estão as empresas que possuem quadro de funcionários fixo, atividade-fim definida e locam o trabalho de seus funcionários para terceiros. Exemplo ilustrativo desta classificação são as empresas de limpeza e conservação, empresas de vigilância, entre outras. No segundo grupo, têm-se sociedades que recrutam mão-de-obra especializada, comprometem-se com a seleção e disponibilizam a mão-de-obra para terceiros. Poder-se-ia exemplificar com empresas de seleção de modelos ou, ainda, com empresas que locam serviço de assistência informática. Nota-se que há uma distinção entre as duas formas de locação de serviços, o que, por certo, deve repercutir na tributação, em especial, na incidência da COFINS.

A questão que se põe nesse caso é saber se é possível a exclusão dos valores *repassados* aos empregados da base de cálculo da COFINS.

Pode-se dizer que no primeiro grupo, antes destacado, os funcionários constituem patrimônio da empresa, vez que possuem vínculo empregatício com a locadora de serviços, de modo que os encargos trabalhistas constituem insumos deste tipo de sociedade. Ademais por exigência legal, estas empresas são obrigadas a fazer o pagamento dos salários e demais parcelas trabalhistas, o que nos leva a concluir que a COFINS incide sobre o valor global, nele incluídos os encargos trabalhistas.

De outra banda, o segundo grupo apresenta uma distinção sutil em relação ao primeiro, mas que sem dúvida importa em tratamento diferenciado com relação à incidência da COFINS. Ocorre que nesta classe de empresas locadoras de serviços, a atividade central é o recrutamento e seleção de empregados que prestarão, no mais das vezes, labor técnico e especializado. Diferentemente da outra espécie de locadora de serviço, a atividade-fim deste grupo não está relacionada com os serviços prestados. A empresa pode recrutar modelos, mas nunca ter participado de qualquer desfile. É possível que a empresa selecione técnicos em informática, mas sequer possua computador. Nestes casos, a receita da empresa resume-se à taxa de serviço ou honorários de administração e sobre esta parcela deve incidir a COFINS.

O que se deve ressaltar é a forma de contratação da prestação de serviços, pois quando a empresa locadora estiver cobrando um valor fechado, onde se incluem os salários, parcelas trabalhistas, margem de lucro e tributos, tem-se que haverá incidência da COFINS sobre o valor total da fatura. Diferentemente é o tratamento quando a contratação é feita fixando-se os honorários de administração, e os demais encargos são pagos separadamente. Nesta hipótese, pouco importa se o valor correspondente ao salário passará pelo caixa da empresa locatária ou não. O que importa é que tais encargos não dizem respeito à empresa que simplesmente recrutou, selecionou e disponibilizou a mão-de-obra, pois a mesma não poderá fazer uso destes valores para futuras deduções tributárias. Dessa forma, a base de cálculo da COFINS será tão-somente as receitas provenientes da taxa de serviço ou honorários de administração.

A matéria foi objeto de exame pelo Tribunal Regional Federal da 4ª Região que, em voto da lavra do Des. João Surreaux, assim decidiu a questão:

> Dessas características exsurge a natureza especial da empresa de trabalho temporário de mera intermediação entre a empresa tomadora e o trabalhador temporário. Com efeito, o vínculo do trabalhador com a empresa de trabalho temporário está indissociavelmente relacionado com o vínculo entre as empresas. Não há vínculo entre trabalhador temporário e empresa de trabalhado temporário que não esteja calcado direta e explicitamente em prévio contrato entre a empresa de trabalho temporário e a empresa tomadora. De fato, não há "estoque" de mão-de-obra formada por trabalhadores temporários contratados pela empresa de trabalho temporário no aguardo de contratos a serem eventualmente firmados com empresas tomadoras: cada contrato individual de trabalho é firmado em exata correspondência com um contrato de fornecimento de trabalho temporário entre as empresas. Nesta perspectiva, há que se reconhecer que a empresa de trabalho temporário reveste-se de natureza especialíssima (e por isso regulada em lei especial), não podendo esta natureza ser desconsiderada quando se a analisa no âmbito do Direito Tributário. Por ter em sua essência a intermediação de mão-de-obra, sua atividade faz com que circule por sua contabilidade um grande volume de valores que não constituem receita, mas meros repasses. Esse numerário ingressa na contabilidade da empresa com valor e destinação previamente determinados, "blindados": o valor é "x", conforme acertado nos contratos com a empresa prestadora e com o trabalhador "y", e se destina ao pagamento do salário do referido trabalhador e dos respectivos encargos sociais. *Data venia*, o valor que assim transita pela contabilidade da empresa não pode ser tomado como receita, pois, apesar de poderem ser vultosos, em nada influenciam na situação patrimonial da empresa. A desconsideração deste fator pode distorcer completamente a percepção da real capacidade contributiva da empresa, na qual uma circulação de vultosas somas mensais pode conviver com uma apertada receita.[345]

[345] TRF 4ª Região, AI nº 2003.04.01.059704-0/PR, 2ª Turma, Rel. Des. Dirceu de Almeida Soares, Rel. p. acórdão Des. João Surreaux Chagas, DJU 23.06.2004, p. 390 a 392.

Em situação análoga, entretanto referente ao ISSQN, o Superior Tribunal de Justiça já teve oportunidade de se manifestar no mesmo sentido:

> TRIBUTÁRIO. IMPOSTO SOBRE SERVIÇOS DE QUALQUER NATUREZA – ISSQN. EMPRESA PRESTADORA DE SERVIÇOS DE AGENCIAMENTO DE MÃO-DE-OBRA TEMPORÁRIA. 1. A empresa que agencia mão-de-obra temporária age como intermediária entre o contratante da mão-de-obra e o terceiro que é colocado no mercado de trabalho 2. A intermediação implica o preço do serviço que é a comissão, base de cálculo do fato gerador consistente nessas "intermediações". 3. O implemento do tributo em face da remuneração efetivamente percebida conspira em prol dos princípios da legalidade, justiça tributária e capacidade contributiva. 4. O ISS incide, apenas, sobre a taxa de agenciamento, que é o preço do serviço pago ao agenciador, sua comissão e sua receita, excluídas as importâncias voltadas para o pagamento dos salários e encargos sociais dos trabalhadores. Distinção de valores pertencentes a terceiros (os empregados) e despesas, que pressupõem o reembolso. Distinção necessária entre receita e entrada par fins financeiro-tributários. Precedentes do E STJ acerca da distinção. 5. A equalização, para fins de tributação, entre o preço do serviço e a comissão induz à uma exação excessiva, lindeira à vedação ao confisco. 3. Recurso especial provido. (STJ – RESP 411580/SP – 1ª Turma – Rel. Min. Luiz Fux – DJ 16.12.2002, p. 253 – LEXSTJ v. 163, p. 137 – RDDT v. 89, p. 237)

Como destacado alhures, há diferença fundamental entre receita e ingresso, o que acaba por determinar se haverá incidência ou não da COFINS sobre empresas de trabalho temporário. Aires Barreto apresenta, de forma breve e concisa, a distinção, dizendo:

> As receitas são entradas que modificam o patrimônio da empresa, incrementando-o. Os ingressos envolvem tanto as receitas quanto as somas pertencentes a terceiros (valores que integram o patrimônio de outrem); são aqueles valores que não importam modificação no patrimônio de quem os recebe, porém mero trânsito para posterior entrega a quem pertencerem.[346]

Prossegue o ilustre tributarista, referindo com relação ao ISS, mas que aplicável à COFINS que:

> Corolário desses desvios, o terceiro e mais grave ângulo consiste – na hipótese formulada, que nada mais é do que adoção do modelo de demonstração pelo absurdo – em o Fisco exigir imposto igual (ou tendente a igualar) ao preço do serviço, a comissão. Esse procedimento fiscal configura confisco, vedado pelo Constituição Federal, art. 150, inciso IV. Considerando receita o que é apenas ingresso importa efeito de confisco tributário, afrontando, mais uma vez, a Constituição Federal, neste caso relativamente ao art. 150, inciso IV, porque a base de cálculo ficticiamente majorada pode conduzir a um imposto tendente a aproximar-se da efetiva receita (a taxa de administração), igualar-se ou até superá-la, em função de despesas exclusivamente referentes a terceiros, cujos valores sejam meras entradas transeuntes no caixa do prestador serviço.[347]

---

[346] BARRETO, Ayres F. Trabalho temporário e Base de Cálculo do ISS. Atividade comissionadas – Distinção entre Ingressos e Receitas. *In: RDDT*, v. 90, p. 20.
[347] *Op. cit.*, p. 20.

Fazendo coro ao exposto, em voto retrocitado, o Desembargador Federal João Surreaux afirma que pensar diferente seria onerar excessivamente as empresas prestadoras de serviço, incidindo pois em tributação com efeitos confiscatórios o que é vedado pela Constituição Federal. O trecho do voto do Des. Surreaux no Agravo de Instrumento nº 200304010597040/PR contém os seus argumentos:

> Os valores referentes ao pagamento dos salários e respectivos encargos sociais, que são repassados pelas empresa tomadoras, não constituem receita da empresa de trabalho temporário. São meras entradas, pertencentes a terceiros, que transitam momentaneamente pela contabilidade da empresa, sem qualquer efeito patrimonial. Não sendo receitas, não integram a base de cálculo da COFINS e do PIS, mesmo que consideradas a conceituação de receita bruta contida no art. 3º da Lei 9.718/98 Ademais, o entendimento no sentido de que os valores discutidos constituem receita da empresa colocaria o tributo em questão em rota de colisão com princípios constitucionais que informam o sistema tributário nacional. Com efeito, a consideração desses valores como receita para fins tributários violaria o princípio da capacidade contributiva (CF/88, art. 145, § 1º), pois, em regra, constituem a maior parte das entradas na contabilidade da empresa de trabalho temporário, sem terem qualquer efeito no patrimônio da empresa. Outrossim, a incidência de contribuições sobre estes valores, em alíquotas elevadas como é o caso atual da COFINS (7,6%) aproximaria a tributação do confisco. De fato, levando em conta os demais tributos incidentes no caso (PIS, CSLL, IR, ISS) podem-se vislumbrar situações em que todo o resultado econômico da atividade empresarial seria açambarcado pelo fisco, ou talvez até insuficiente para cobrir as exigências fiscais, se considerarmos que as empresas de trabalho temporário trabalham com taxas de administração de 10 a 20%. A norma tributária não pode ser interpretada de tal forma que de sua aplicação resultem efeitos confiscatórios. A propósito, transcrevo as ponderações bem lançadas pelo Ministro Celso de Mello sobre este princípio no julgamento da ADIn 2.010-2, ocorrido em 30/09/99: "Como observei anteriormente, não há uma definição constitucional de confisco em matéria tributária. Trata-se, em realidade, de um conceito aberto, a ser formulado pelo juiz, com apoio em seu prudente critério, quando chamado a resolver conflitos entre o Poder Público e os contribuintes. A proibição constitucional do confisco em matéria tributária nada mais representa senão a interdição, pela Carta Política, de qualquer pretensão governamental que possa conduzir, no campo da fiscalidade – trate-se de tributos não-vinculados ou cuide-se de tributos vinculados –, à injusta apropriação estatal, no todo ou em parte, do patrimônio ou dos rendimentos dos contribuintes, comprometendo-lhes, pela insuportabilidade da carga tributária, o exercício do direito a uma existência digna, a prática de atividade profissional lícita e a regular satisfação de sua necessidades vitais (educação, saúde e habitação, por exemplo). Inteiro Teor (166020)" 4. *Data venia*, no caso dos autos, vislumbro o efetivo comprometimento do direito da empresa autora ao exercício de atividade econômica lícita, se predominar o entendimento sustentado pelo fisco. Os encargos fiscais, assim entendidos, inviabilizam a atividade econômica, destruindo no nascedouro a própria atividade que, ao ser tributada, gera recursos para o Estado. Vem à calha a lição de Luiz Emygdio F. da Rosa Jr., referida no voto do Ministro

Celso de Mello acima mencionado: "A vedação do tributo confiscatório decorre de outro princípio: o poder de tributar deve ser compatível com o de conservar e não com o de destruir. Assim, tem efeito confiscatório o tributo que não apresenta as características de razoabilidade e justiça, sendo, assim, igualmente atentatório ao princípio da capacidade contributiva. (*Manual de Direito Financeiro e Direito Tributário*. 10ª ed. Renovar, 1995, p. 320)" Portanto, entendo que os valores repassados à empresa de trabalho temporário pelas empresa tomadoras do serviço, destinados ao pagamento dos salários e encargos sociais dos trabalhadores temporários, não integram a base de cálculo da COFINS e do PIS da empresa intermediadora de mão-de-obra.

Não é outra a conclusão de Aires F. Barreto, quando assevera que:

A base de cálculo, no caso de trabalho temporário, só pode ser o valor de comissão auferida pelo agenciador. Nela não se inclui o montante de meros ingressos que, embora transeuntes pelo seu caixa, não são receitas dele (agenciador).
Além da desnaturação da base de cálculo ou, visto por outro ângulo, exigência de imposto com alíquota majorada, sem lei que o autorize. Em qualquer das duas hipóteses, tem-se imposto tendente a se tornar equivalente ao próprio preço do serviço (a comissão), aproximando, igualando ou até mesmo superando a receita, hipótese em que se tem confisco, vedado pela Constituição Federal, art. 150, IV.[348]

14.5.3. Agências de Publicidade e Propaganda

O art. 13 da Lei nº 10.925/2004 esclarece que a base de cálculo das agências de propaganda e publicidade não inclui as importâncias pagas diretamente ou repassadas a empresas de rádio, televisão, jornais e revistas, atribuída à pessoa jurídica pagadora e à beneficiária responsabilidade solidária pela comprovação da efetiva prestação dos serviços.

Esse "benefício" (que benefício não é!), já previsto para fins de apuração do imposto de renda (mais precisamente, da retenção do imposto de renda nos pagamentos às ditas empresas), nada mais é do que o reconhecimento legal, de caráter *interpretativo*, de que os valores pagos ou repassados aos veículos de informação (rádios, televisões, jornais, revistas, etc.) são receitas desses, e não das agências.

Fica também evidente, na espécie, que é irrelevante a via utilizada no trânsito financeiro dos recursos. Se transitarem pelo caixa ou contas bancárias das agências, não se transformam, por isso, em algo que não são; noutras palavras, não passam a ser receitas das agências simplesmente porque os recursos lhes foram entregues para repasse aos titulares das receitas, que são os veículos. No momento em que a agência recebe do cliente, nesta hipótese, os recursos para entrega posterior ou imediata ao veículo, passa a existir uma obrigação da agência de repassar ao veículo; a agência, por-

---

[348] BARRETO, Aires F. Trabalho temporário e base de cálculo do ISS. Atividades Comissionadas – Distinção entre ingressos e Receitas. *In: Revista Dialética de Direito Tributário* n. 90, p. 7-20.

tanto, quanto ao valor a ser repassado, recebe não uma receita sua, mas uma obrigação de entregar os recursos financeiros recebidos ao veículo.

14.6. Imunidade dos combustíveis, energia e telecomunicações à COFINS (CF/88: art. 155, § 3º)

O § 3º do art. 155 da Constituição Federal teve três redações, cronologicamente, *verbis:*

§ 3º À exceção dos impostos de que tratam o inciso I, b, do *caput* deste artigo e o art. 153, I e II, nenhum outro tributo incidirá sobre operações relativas a energia elétrica, combustíveis líquidos e gasosos, lubrificantes e minerais do País.
§ 3º. À exceção dos impostos de que tratam o inciso II do caput deste artigo e o artigo 153, I e II, nenhum outro tributo poderá incidir sobre operações relativas a energia elétrica, serviços de telecomunicações, derivados de petróleo, combustíveis e minerais do País. (Redação dada ao parágrafo pela Emenda Constitucional nº 03/1993, DOU 18.03.1993)
§ 3º À exceção dos impostos de que tratam o inciso II do caput deste artigo e o art. 153, I e II, nenhum outro imposto poderá incidir sobre operações relativas a energia elétrica, serviços de telecomunicações, derivados de petróleo, combustíveis e minerais do País. (Redação dada ao parágrafo pela Emenda Constitucional nº 33/2001, DOU 12.12.2001)

Nota-se pela leitura dos dispositivos que o § 3º, fundamento dos contribuintes para pleitear a imunidade, sofreu diversas alterações.

Na primeira redação (original), a vedação abrangia *nenhum outro tributo*, e as operações *protegidas* seriam de (1) energia elétrica, (2) combustíveis líquidos e gasosos, (3) lubrificantes e (4) minerais do País.

Na segunda redação (após EC 3/93), a vedação continuou a abranger *nenhum outro tributo*, e as operações *protegidas* seriam de (1) energia elétrica, (2) *serviços de telecomunicações* (nova proteção), (3) *derivados de petróleo* (nova proteção), (4) combustíveis (omitida a expressão *líquidos e gasosos*) e (5) minerais do País.

Na terceira redação (após EC 33/01), a vedação foi restringida e passou a abranger *nenhum outro imposto,* e as operações *protegidas* continuaram a ser de (1) energia elétrica, (2) serviços de telecomunicações, (3) derivados de petróleo, (4) combustíveis e (5) minerais do País.

A indicação das operações protegidas tem relevância apenas para o caso de a imunidade abranger o faturamento desses produtos e/ou serviços, pois, caso não se admita essa abrangência, é irrelevante a relação das operações protegidas pelo manto da imunidade. Assim também relativamente à vedação (*imposto* ou *tributo*).

A reprodução acima, portanto, é relevante para o caso de se entender que as operações com os produtos/serviços estão abrangidas pela imunidade, e, nesse caso, para se determinar em quais períodos de apuração há imunidade e, nesses, se a imunidade é restrita à vedação de incidência de outro imposto (espécie, que não abrange a COFINS) ou de outro tributo (gênero, que abrange a COFINS).

Os argumentos que chegaram ao Plenário do STF no precedente que tratou do tema são, do lado dos contribuintes, a ofensa ao artigo 155, § 3º, que inviabilizaria a incidência, e, do lado do Fisco, a falta de diversidade de fatos geradores (operações *versus* faturamento).

Merece leitura a íntegra do AgR-RE 205.355, *leading case* sobre a matéria. Nos votos vencedores ficou claro que, para a maioria dos ministros, muito embora a expressão *tributo* abranja a COFINS (que é espécie de tributo, fato reafirmado pelo Corte),[349] a imunidade não existe porque há diversidade de fatos geradores.[350] Essa *pedra de toque* na definição do STF consta no voto do Min. Sepúlveda Pertence, merecendo reprodução os seguintes trechos:

> Não me logrei convencer é de que uma regra de imunidade objetiva qual a do art. 155, § 3º, destinada a cobrir operações com determinadas mercadorias – seja tão mais amplo quanto se queira o significado a emprestar ao conceito de operações ali utilizado – possa alcançar tributos incidentes sobre o faturamento, como tal se entendendo a receita bruta das empresas, como igualmente assentou no Recurso Extraordinário 150.755, de que fui Relator, em 19 de novembro de 1992;[351]
>
> É o que sucede nos tributos que incidem sobre o faturamento, como tal se entendendo a receita bruta de um determinado período de tempo. Antes do termo desse período de tempo, nada existe. Basta recordar que, revogada a lei, num átimo de tempo antes de encerrado o período de apuração do faturamento que a norma revogada tornara tributariamente relevante, não haverá incidência, por mais operações que haja ocorrido tendentes a compor parcelas do que no momento adequado, se a ele se chegasse, constituiria o faturamento.
>
> Essa primeira impressão a que me referia do *dejá vu* se reforçou quando, num dos notáveis memoriais que nos foram entregues, se invoca, como precedentes adequa-

---

[349] "Não tenho dúvidas de que as contribuições sociais questionadas são tributos e, por isso, em tese, subsumíveis no campo normativo do art. 155, § 3º, cujo alcance se discute nestes casos", "Isso ficou, ao meu ver, definitivamente assentado nesta sala, no julgamento do RE 146.733, do Ministro Moreira Alves, e do RE 138.284, do Ministro Carlos Velloso" (voto Min. Sepúlveda Pertence, p. 695). Na mesma linha também todos os votos vencidos.

[350] Para alguns ministros, seria relevante (pelo menos como argumento subsidiário, de conforto) a aplicação do princípio de que a seguridade social deve ser custeada por todos, como consta no seguinte trecho: "O que precisa ser salientado é que o § 3º do art. 155, CF, há de ser interpretado em consonância com princípios constitucionais outros, principalmente com o que está disposto no art. 195, *caput*, da mesma Carta, que estabelece que "a seguridade social será financiada por toda a sociedade, de forma direta e indireta, nos termos da lei". Ora, no raciocínio das recorridas, as empresas de mineração, as distribuidoras de derivados de petróleo (postos de gasolina), distribuidoras de eletricidade e que executam serviços de telecomunicações estariam isentas da obrigação de contribuir para a seguridade social, assim com aplicação de tratos mortais no princípio isonômico – geral e tributário – que a Constituição consagra: C.F., art. 5º; art. 150, II". (Min. Carlos Velloso, p. 648).

[351] Voto Min. Sepúlveda Pertence, p. 696.

dos à solução do caso dois recursos extraordinários da 2º Turma: os RREE 109.484 e 116.492, sobre imunidade tributária dos livros, ambos da relatoria do Ministro Célio Borja.

A recordação desses dois precedentes confortou-me a convicção que ia formando, porque fui relator, na 1ª Turma, de decisão que, sem desconhecer esses precedentes, tomou posição diametralmente oposta à tese neles consagrada.

É certo que há semelhança da equação jurídica deste problema, do alcance da imunidade do art. 155, § 3º, e o que se então discutia – a incidência do PIS sobre a receita bruta ou o faturamento das empresas que comercializam livros.[352]

Ao fim do debate e após diversos outros julgamentos,[353] o Supremo Tribunal Federal, por seu Tribunal Pleno, firmou precedente pela possibilidade de incidência de COFINS sobre operações relativas a energia elétrica, telecomunicações, derivados de petróleo, combustíveis e minerais, editando a Súmula nº 659/STF, que diz:

> Súmula 659 – É legítima a cobrança da COFINS, do PIS e do FINSOCIAL sobre as operações relativas a energia elétrica, serviços de telecomunicações, derivados de petróleo, combustíveis e minerais do País.[354]

14.7. Imunidade de papel e livros (CF/88: art. 150, inciso VI, "d")

A letra *d* do inciso VI do art. 150 da CF/88 prevê a imunidade a impostos dos livros e papéis destinados à sua impressão.

Diante dessa norma, alguns contribuintes pleitearam judicialmente a declaração de inexigibilidade da COFINS, sob o argumento de que a cobrança da mesma (nos casos de venda de papel e livros) violaria a norma constitucional.

A argumentação foi repelida, acertadamente, pelo Supremo Tribunal Federal,[355] que decidiu que a imunidade da letra "d" é restrita a impostos, espécie de tributo que não inclui a COFINS, esta contribuição social.

---

[352] Voto do Min. Sepúlveda Pertence, p. 697/698.

[353] "IMUNIDADE – COMBUSTÍVEIS E DERIVADOS DE PETRÓLEO. Na dicção da ilustrada maioria, entendimento em relação ao qual guardo reservas, a imunidade prevista no § 3º do artigo 155 da Constituição Federal não alcança a COFINS. Precedentes: Recursos Extraordinários nºs 205.355-7/DF, 230.337-4/RN e 233.807-4/RN, relatados pelos Ministros Carlos Velloso, no Plenário". (STF – RE 259.954/RS – Rel. Min. Marco Aurélio – 2ª Turma – j. 22.05.2001 – DJ 29.06.2001, p. 57). No mesmo sentido o RE 227.789/RS (2ª Turma, Rel. Min. Marco Aurélio, j. 14.03.2000, DJ 04.08.2000, p. 39).

[354] Legislação: CF, art. 155, § 3º, art. 195, *caput* e § 7º LC 70/91 LC 7/70 DL 1.940/82 Julgados: RE (AgRg) 205.355, CV, Plenário, 01.07.1999, DJU de 25.04.2003 RE 227.832, CV, Plenário, 01.07.1999, DJU de 28.06.2002 RE 230.337, CV, Plenário, 01.07.1999, DJU de 28.06.2002 RE 233.807, CV, Plenário, 01.07.1999, DJU de 28.06.2002 RE 238.110, MA, 1ª T., 29.02.2000, DJU de 31.03.2000 RE 259.541, IG, 1ª T., 21.03.2000, DJU de 28.04.2000 RE (AgRg) 224.957, 2ª T., 24.10.2000, DJU de 16.03.2001 RE 225.140, 2ª T., 16.11.1999, DJU de 05.05.2000 (DJU 09.10.2003, rep. DJU 10.10.2003 e rep. DJU 13.10.2003)

[355] Recurso extraordinário. Contribuição Social. COFINS. Incidência. Inconstitucionalidade. 2. A imunidade tributária prevista no artigo 150, VI, alínea "d", da Constituição Federal, refere-se exclusi-

14.8. Não-incidência da COFINS nas indenizações

Os valores recebidos a título de indenização também ensejou embates entre contribuintes e Fisco acerca da incidência da COFINS. Na primeira fase, quando cobrada exclusivamente sobre o faturamento, não pode haver dúvida de que os valores recebidos a título de indenização não integram a base de cálculo da COFINS.

O debate passa a existir no momento em que se entra na segunda fase, na qual a cobrança se torna legítima sobre nova base de cálculo, mais abrangente que faturamento.

A partir do momento em que passa a ser cobrada legitimamente sobre a *receita*, passa a legislação a determinar que o tributo incidirá sobre todas as receitas independentemente da classificação contábil.[356]

Nesse momento, surge o novo debate sobre o enquadramento das indenizações no conceito de *receita*.

A indenização, como o próprio vocábulo deixa transparecer, tem a finalidade de tornar indene. Como destaca Hugo de Brito Machado:

> Indenizar é tornar inteiro, *Indene* é o que não sofreu dano. Vem do latim, *indenis*. Derivou de *in + damnum, sem dano*. Indenização é a ação de tornar inteiro, vale dizer, de tornar sem dano. Da linguagem comum à linguagem técnica, jurídica, o sentido é pacífico. Indenização é "ressarcimento, reparação, compensação. É "a reparação do prejuízo de uma pessoa, em razão da inexecução ou da deficiente execução de uma obrigação ou da violação de um direito absoluto". A indenização, em última análise, "consiste em o ofensor colocar materialmente o patrimônio do ofendido no estado em que se encontrava se não fora a lesão.[357]

Logo, sendo a verba indenizatória apenas valor destinado a recompor o *status quo ante* em face de dano material, não pode ser considerado como receita, por mais amplo que se possa atribuir a este conceito. Em interpretação mais fiscalista, o máximo que se pode afirmar é que o patrimônio se recompõe, no recebimento da indenização, ao estado em que se encontrava antes do dano; e assim é, a COFINS já incidira anteriormente na formação daquele patrimônio, sem que se possa afirmar que a recomposição seja

---

vamente a impostos e não a contribuição social sobre o faturamento. 3. Espécie contributiva filiada ao art. 195, I, da CF/88, inconfundível com o gênero dos impostos e das taxas. Precedentes. 4. Recurso extraordinário não conhecido. (STF – RE 211.782/PR – 2ª turma – Rel. Min. Néri da Silveira – j. 28.08.1998 – DJ 24.03.2000, p. 66)

[356] Definição estatuída pela Lei nº 9.718/98 com "chancela" posterior da Emenda Constitucional nº 20 que alterou a redação do artigo 195, I da Constituição Federal. Remetemos o leitor para a análise da inconstitucionalidade dessa convalidação, em outras partes dessa obra, em especial na "transição da primeira para a segunda fase".

[357] MACHADO, Hugo de Brito. Âmbito Constitucional e Fato Gerador do Tributo. Imposto de Renda, Contribuição social sobre o Lucro e COFINS. Indenização por Perdas e Danos Materiais Hipótese de Não-Incidência. *In: Revista Dialética de Direito Tributário* n. 53, p. 105/118.

receita. Na verdade, é o recebimento de um crédito (conta patrimonial), e não ingresso de riqueza nova ensejadora da incidência.

Nessa linha, há inúmeros precedentes judiciais, mormente do Superior Tribunal de Justiça, todos relativos à impossibilidade de incidência do imposto de renda sobre quaisquer verbas indenizatórias:

> RECURSO ESPECIAL. RESPONSABILIDADE CIVIL. AÇÃO DE REPARAÇÃO POR DANO MORAL. SENTENÇA CONDENATÓRIA TRANSITADA EM JULGADO. RETENÇÃO DE IMPOSTO DE RENDA NA FONTE PELA ENTIDADE PAGADORA. IMPOSSIBILIDADE. PARCELA CUJA NATUREZA É INDENIZATÓRIA. NÃO-INCIDÊNCIA DO TRIBUTO. RECURSO IMPROVIDO. A incidência de tributação deve obediência estrita ao princípio constitucional da legalidade (artigo 150, inciso I). O Código Tributário Nacional, com a autoridade de lei complementar que o caracteriza, recepcionado pela atual Carta Magna (artigo 34, § 5º, dos Atos das Disposições Constitucionais Transitórias), define o conceito de renda e o de proventos de qualquer natureza (artigo 43, incisos I e II). Não há como equiparar indenizações com renda, esta entendida como o fruto oriundo do capital e/ou do trabalho, tampouco com proventos, estes tidos como os demais acréscimos patrimoniais, uma vez que a indenização torna o patrimônio lesado indene, mas não maior do que era antes da ofensa ao direito. Não verificada a hipótese de incidência do imposto de renda prevista no art. 43 do CTN. Reconhecida a alegada não-incidência do tributo em debate sobre as verbas da reparação de danos morais, por sua natureza indenizatória, não há falar em rendimento tributável, o que afasta a aplicação do art. 718 do RIR/99 na espécie em comento. Recurso especial ao qual se nega provimento. (RESP 402.035/RN; Rel. Min. Franciulli Netto, 2ª Turma, DJ 17.05.2004 p. 171)

> TRIBUTÁRIO – INDENIZAÇÃO POR DANO MORAL – INCIDÊNCIA DO IMPOSTO DE RENDA – IMPOSSIBILIDADE – CARÁTER INDENIZATÓRIO DA VERBA RECEBIDA. 1. As verbas indenizatórias que apenas recompõem o patrimônio do indenizado, físico ou moral, tornam infensas à incidência do imposto de renda. Aplicação do brocardo *ubi eadem ratio ibi eadem dispositio*. 2. Precedentes. 3. Recurso improvido. (RESP 410.347/SC; Rel. Min. Luiz Fux, 1ª Turma, DJ 17.02.2003 p. 227)

Note-se que é irrelevante se o crédito estava ou não contabilizado. Essa distinção é importante, pois nem todo o bem juridicamente relevante de uma pessoa jurídica está necessariamente lançado em sua escrita fiscal. A prática contábil, muitas vezes, não impõe que direitos, muitas vezes de difícil aferição monetária, sejam lançados em conta patrimonial como ativo da empresa. Quando esse é o caso, para "fechar" a contabilidade após o recebimento de uma indenização em moeda, impõe-se o lançamento de valor que, por *aparentemente não corresponder contabilmente a uma recomposição patrimonial*, é tido por muitos como se receita fosse.

Neste sentido, afirmam Luís Eduardo Schoueri e José Gomes Jardim Neto:

> Entretanto, nem sempre ocorre aumento de patrimônio quando o sujeito passivo recebe quantia em dinheiro. Com efeito, o recebimento de dinheiro pode ser mero

reembolso ou *indenização*, que nada mais fazem que recompor o patrimônio anteriormente existente.[358]

Citamos um exemplo: a pessoa jurídica tem um ativo (qualquer bem), cujo valor esteja lançado em sua escrita por R$ 100,00. Um terceiro, por decorrência de ato ilícito, destrói o referido bem. Neste instante, em substituição ao bem, surge, no patrimônio da pessoa jurídica, crédito contra o terceiro praticante do ilícito. Sai o bem e entra o crédito, que será ou não recebido. No pagamento, porém, não haverá inclusão de qualquer valor em conta de resultado, porque os R$ 100,00 recebidos, ou o bem substituído por aquele que foi destruído, passará a integrar o patrimônio líquido sem qualquer possibilidade de, sequer contabilmente, se argumentar que o valor recomposto seja receita. A inserção de um elemento novo no mesmo exemplo traz complicador contábil: suponhamos que o bem lançado na escrita fiscal por R$ 100,00 (decorrente ou não de depreciação) tenha valor de mercado de R$ 120,00, e que a indenização recebida, por isso, seja no valor de R$ 120,00. Se tomarmos o valor nominal pelo qual o bem estava lançado, haverá uma diferença de R$ 20,00. Essa diferença, juridicamente, é mera recomposição do *status quo ante*; contabilmente, porém, é preciso que se faça o lançamento da diferença, para "fechar" as contas. Esse lançamento, porém, não corresponde a uma receita tributável pela COFINS.

Noutro exemplo, tomemos um bem jurídico não lançado contabilmente: por exemplo, o nome comercial. Imagine-se que de ato ilícito resulta dano moral contra a pessoa jurídica, a afetar-lhe a fama, prejudicar-lhe os negócios e o nome, geralmente correspondente a uma marca comercial. Essa marca, normalmente, não está contabilizada como um ativo. Porém, se houver dano à imagem, e houver recebimento de valor indenizatório, questiona-se da possibilidade de tributação pela COFINS, e a solução decorre da mesma conceituação jurídica do que seja receita.

Há debate acerca da possibilidade de a pessoa jurídica sofrer dano moral. Reproduzimos, primeiro, a opinião do Min. José Delgado, e, a seguir, de Luís Eduardo Schoueri e José Gomes Jardim Neto, no intuito de posicionar o leitor sobre a celeuma:

> Em conclusão: as pessoas jurídicas podem sofrer dano moral quando atingidas em sua honra objetiva, gerando, portanto, direito de indenização, quer haja ou não repercussão econômica.[359]

O Min. José Delgado, após longa exposição, conclui:[360]

---

[358] A Indenização por Dano Moral e o Imposto de Renda. *In Regime Tributário das Indenizações*. Coord. Hugo de Brito Machado. São Paulo: Dialética, 1998, p. 234.
[359] DELGADO, José. Reflexões sobre o Regime Tributário das Indenizações. *In Regime Tributário das Indenizações*. Coord. Hugo de Brito Machado. São Paulo: Dialética, 1998, p. 157.
[360] Ibidem.

As observações bem assentadas do autor supra referido são suficientes para demonstrar, com nitidez, o divisor conceitual das duas entidades. O dano patrimonial não se confunde com o dano moral. Aquele visa recompor o patrimônio material atingido pela ação danosa do agente; esse é uma retribuição em dinheiro pela dor sofrida, pela angústia provocada, pela honra atingida, pela tristeza instalada no ser humano, tudo em decorrência de uma ação ilícita do agente provocador do ato. O dano patrimonial, na fase de execução, é apurado por via de elementos concretos: o dano moral tem o seu *quantum* fixado por dados subjetivos que atribuem um valor compensatório pela ação indevida do agente. Entendo, contudo, que ambos não se constituem em renda. Em lucro, em aumento patrimonial. Tanto o patrimonial, como o moral, quando indenizados, recompõem prejuízos sofridos pela vítima.

Linhas adiante (p. 163), afirma o ilustre Ministro:

Já foi afirmado que o dano moral pode ter repercussão econômica. A dificuldade que se apresenta é de se distinguir a natureza dessa repercussão econômica. Se ele provocar, imediatamente, diminuição patrimonial, tomando ares de dano material, o dano moral passa a conviver, cumulativamente, com o dano material. Incide, no caso, a Súmula nº 37, do Superior Tribunal de Justiça: "São cumuláveis as indenizações por dano material e moral oriundos do mesmo fato". Em caso de dano moral puro, a indenização não tem efeito de recompor patrimônio material. Ela atua como um recompensa pela dor sofrida, pela humilhação, pelo ataque à honra.
Ocorrendo repercussão econômica sem diminuição efetiva e concreta do patrimônio, tem-se duas situações: se o credor provar que, em face da ofensa sofrida, do ataque que houve a sua imagem, à sua honra, ao seu crédito, deixou, realmente, de concretizar lucros até então certos e rotineiros no exercício de suas atividades, tem-se a figura dos lucros cessantes. Há uma situação concreta demonstrada de que, em face do dano moral, alguém passou a não materializar aqueles lucros que, de modo normal, percebia, tudo em decorrência das atividades profissionais exercidas.
Se essa prova não for feita, não há que se falar em lucros cessante. A repercussão econômica pode ocorrer, porém, em outro patamar a ser apurado com vista à prova depositada nos autos.

Luís Eduardo Schoueri e José Gomes Jardim Neto, por sua vez, asseveram:

Havendo o objetivo, podemos concluir que o dano a pessoa jurídica pode ser direto ao seu patrimônio, mas também pode ser um dano que a prejudique no exercício desse objetivo social. Nesse caso, devemos analisar se óbices ao exercício de seu objeto social somente pode trazer-lhe danos materiais ou se pode existir realmente um dano que não tenha direta representação econômica. Vejamos.
Pode-se cogitar de dano moral à pessoa jurídica quando ligado a sua reputação e bom nome, sua imagem perante terceiros, ou seja, a sua honra. Mas é imprescindível que se separe a honra dos danos materiais decorrente de sua lesão. A perda de clientes no futuro, por exemplo, nada mais é do que dano material, visto pelo ângulo do prejuízo final que é, como já nos referimos anteriormente, o que vai caracterizar a indenização. Então, devemos nos ater aos danos que a honra em si mesma pode

provocar à pessoa jurídica, mas de forma independente daqueles danos de caráter claramente econômico, embora de difícil avaliação.[361]

Em nossa visão particular, não acompanhada pela unanimidade da doutrina, essa discussão, porém, é secundária para a análise, porquanto, se houve condenação, e for efetivamente pago o valor da indenização, o debate acadêmico perderá relevância no caso concreto, pois somos de opinião de que toda a indenização não é tributável, independentemente da natureza do dano que seja reparado. Há, no entanto, divergências.

Após a alteração introduzida pela Lei nº 9.718/98, a Secretaria da Receita Federal vem se manifestando pela incidência[362] nos dois exemplos expostos linhas atrás. Anotamos que a posição de algumas autoridades fiscais vai além da preocupação trazida à baila por Luís Eduardo Schoueri e José Gomes Jardim Neto, quando mencionam:

> A incidência do imposto de renda sobre as indenizações judiciais já foi tema de muitas discussões doutrinária e jurisprudenciais. No que tange às indenizações por dano material, a doutrina e a jurisprudência caminham no sentido de essas indenizações não serem tributáveis.
> Quando a indenização é decorrente de danos morais, a questão ganha uma complexidade muitíssimo maior. Isso porque o dano moral não afeta o patrimônio do indivíduo enquanto conjunto de direitos reais e pessoas sobre bens que não sejam ligados à personalidade da pessoa, mas exige uma indenização que se acrescenta a ele.
> Em outras palavras, o dano moral, em si mesmo, não corresponde a decréscimo de capital, nem significa perda monetária por parte do ofendido, mas a indenização se dá pelo pagamento em dinheiro. Para algumas autoridades fiscais, essa característica especial é o motivo pelo qual seriam tributáveis as indenizações de tal índole.[363]

A posição fiscal, portanto, pelo menos nos casos conhecidos, é no sentido de que há incidência de COFINS nos casos de reposição patrimonial de bem lançado na escrita contábil da pessoa e também nos casos de indenização para reparo de dano moral (relativo ou não a bem constante da escrita).

---

[361] A Indenização por Dano Moral e o Imposto de Renda. *In Regime Tributário das Indenizações*. Coord. Hugo de Brito Machado. São Paulo: Dialética, 1998, p. 231.

[362] Inclusive, em alguns casos, sobre o valor total recebido, como é exemplo a seguinte solução de consulta formulada por contribuinte: "SOLUÇÃO DE CONSULTA Nº 11 (7ª Região Fiscal), DE 24 DE JANEIRO DE 2002. Assunto: Contribuição para o Financiamento da Seguridade Social – COFINS. Ementa: INDENIZAÇÃO DE SEGURO. Integra a receita bruta para efeito do cálculo da contribuição para a COFINS o valor recebido, pela pessoa jurídica, a título de indenização de seguro pela perda ou sinistro de seus bens do Ativo Permanente ou do Circulante. Dispositivos Legais: Lei nº 9718, de 1998, artigos 2º e 3º, §§ 1º e 2º, incisos I/IV. Assunto: Contribuição para o PIS/Pasep. Ementa: INDENIZAÇÃO DE SEGURO. Integra a receita bruta para efeito do cálculo da contribuição para o PIS o valor recebido, pela pessoa jurídica, a título de indenização de seguro pela perda ou sinistro de seus bens do Ativo Permanente e do Circulante. Dispositivos Legais: Lei nº 9718, de 1998, artigos 2º e 3º, §§ 1º e 2º, incisos I/IV". (DT 7ª RF – Paulo Orlando Guilhon de Albuquerque – Chefe Substituto – DOU 12.03.2002)

[363] A Indenização por Dano Moral e o Imposto de Renda. *In Regime Tributário das Indenizações*. Coord. Hugo de Brito Machado. São Paulo: Dialética, 1998, p. 234.

Acompanhados de autores renomados, temos posição contrária à manifestada pelas autoridades fiscais, pelas razões que seguem. Iniciamos por reproduzir a posição do Min. José Delgado, em estudo específico sobre o assunto:

> 25. Indenização Recebida por Pessoa Jurídica. Receita ou Faturamento para Fins Tributários?
> A indenização recebida por pessoa jurídica por dano que lhe foi provocado não é receita, nem faturamento. É recomposição patrimonial ou compensação por ataque a sua honra objetivo, portanto, sem qualquer incidência de imposto de renda. Não é receita porque não origina-se das atividades normais da empresa. Não são valores recebidos, de modo direto ou indireto, em decorrência dos seus objetivos. Não é faturamento porque não tem qualquer característica comercial, não é transação comum da empresa. O fato da indenização ser recebida pela pessoa jurídica não muda a sua característica. Ela é a mesma quando tal indenização é recebida por pessoa física.
> Lança-se a indenização na escrita contábil da empresa a título de recomposição patrimonial ou de compensação, tão-somente, explicitando-se a sua origem e os motivos que a geraram. Cabe ao fisco, apenas, comprovar a sua existência, compatibilizando-a com a realidade e aceitá-la como fora do campo de tributação.[364]

A opinião reproduzida é secundada[365] por José Eduardo Soares de Melo e Márcia Soares de Melo, Rafael Marcílio Xerez e Tiziane Machado.[366]

A doutrina não é uníssona sobre o tema. Muitos autores vinculam a incidência tributária à natureza do dano. Nesse sentido, afirmam Natanael Martins e Ana Paula Bonini Tararam, tratando do imposto de renda:

> À luz desses ensinamentos, a incidência do imposto de renda depende da natureza do dano.
> O valor da indenização, enquanto reposição de um dano material, não pode ser considerado base de cálculo do tributo, pois significa mera reposição de patrimônio, no estado em que o mesmo anteriormente se encontrava, e não um acréscimo patrimonial. Tratando-se de recuperação de perda patrimonial sofrida, não há qualquer sentido em se tributar o valor recebido pela vítima do dano.
> Por outro lado, a indenização por dano moral diz respeito à lesão de bem sem caráter econômico. Sendo o patrimônio um conceito rigorosamente econômico, ao contrário do que ocorre na indenização por danos materiais, os valores que objetivam indenizar a pessoa física ou jurídica de dano moral sofrido não tem o condão de repará-lo e, por isso, constituem verdadeiro acréscimo patrimonial, tributável pelo imposto de renda.

---

[364] Reflexões sobre o Regime Tributário das Indenizações. *In Regime Tributário das Indenizações*. Coord. Hugo de Brito Machado. São Paulo: Dialética, 1998, p. 157.
[365] *In Regime Tributário das Indenizações*. Coord. Hugo de Brito Machado. São Paulo: Dialética, 1998.
[366] Tiziane Machado leciona (p. 372-373 da obra citada): "Concluímos, assim, que as indenizações não são passíveis de tributação, quer sob a alegativa de subsumirem-se ao conceito de receitas, ou de faturamento, para fins de tributação da COFINS e do PIS."

Com efeito, por se tratar de indenização de cunho meramente compensatório, o dano moral não enseja o restabelecimento do *status quo ante*, auferimento de renda no sentido que lhe atribui o Direito Tributário. Apesar de não se confundir com faturamento, tal ganho representa uma receita (no sentido genérico) auferida pela pessoa jurídica, de acordo com a legislação contábil e fiscal em vigor.[367]

Da exposição acima, podemos compreender o pensamento de parte da doutrina, qual seja, o da impossibilidade de incidência tributária na indenização por dano material e na possibilidade no dano moral e nas indenizações por lucros cessantes. É a posição de Schubert de Farias Machado, autor que ressalta a distinção de tratamento antes e após a Lei 9.718/98:

Conforme a Lei Complementar nº 70, de 31.12.91, a base de cálculo da COFINS é a receita bruta das vendas de mercadorias, de mercadorias e serviços e de serviços de qualquer natureza (art. 2º). Isso basta para afirmarmos a não-incidência dessa contribuição sobre o recebimento de indenizações, de qualquer natureza.

Eivada de vício formal, uma vez que uma lei ordinária não pode alterar uma lei complementar, norma de superior hierarquia, a Lei Ordinária nº 9.718/98, de 27.11.98, alterou a LC 70, alargando a base de incidência da COFINS, que passou a envolver *a totalidade das receitas auferidas pela pessoa jurídica, sendo irrelevante o tipo de atividade por ela exercida e a classificação contábil adotada para as receitas*. Essa mesma lei, entretanto, exclui expressamente da incidência da contribuição *a receita decorrente da venda de bens do ativo permanente*. Assim, é da maior evidência que, se excluída está a receita da venda dos bens que compõem o *ativo permanente*, com muito mais razão há de ser excluída a indenização que simplesmente repõe o valor do patrimônio diminuído.

As indenizações por lucros cessantes, assim como aquelas por dano moral, que, como vimos acima, implicam em *riqueza nova*, depois do alargamento da base de cálculo introduzido pela Lei 9.718/988, estariam sujeitas à incidência da COFINS.[368]

Nesse debate, como já adiantado, nossa posição é no sentido da impossibilidade de tributação pela COFINS de qualquer indenização recebida pela pessoa jurídica.

---

[367] O Regime Tributário das Indenizações. *In Regime Tributário das Indenizações*. Coord. Hugo de Brito Machado. São Paulo: Dialética, 1998, p. 287-288.
[368] Regime Tributário das Indenizações. *In Regime Tributário das Indenizações*. Coord. Hugo de Brito Machado. São Paulo: Dialética, 1998, p. 345-346.

15. COFINS sobre importações

15.1. Criação e constitucionalidade formal

A validade constitucional da *COFINS-Importação* depende da releitura de diversos dispositivos insertos na Constituição Federal. Segue a síntese dessas regras, e, após, uma análise das mesmas.

A partir da Emenda Constitucional nº 42, de 19 de dezembro de 2003, com efeitos a partir de 45 dias contados da publicação em 31.12.2003, o inciso II do § 2º do art. 149 passou a dispor que: "as contribuições sociais e de intervenção no domínio econômico de que trata o *caput* deste artigo incidirão também sobre a importação de produtos estrangeiros ou serviços".

O inciso III previu possibilidade de alíquotas *ad valorem* ou específicas, e base de cálculo sobre o valor aduaneiro. A mesma Emenda Constitucional: (a) acrescentou ao *caput* do art. 195 da CF/88 o inciso IV, que inseriu na competência tributária federal contribuição social *do importador de bens ou serviços do exterior, ou de quem a lei a ele equiparar*; (b) acrescentou o § 12, segundo o qual a lei definirá os setores de atividade econômica para os quais a contribuição incidente sobre importação será não-cumulativa.

Diante dessas disposições normativas, acrescentados aos preexistentes dispositivos constitucionais, foi editado o art. 1º da Lei nº 10.865, de 30 de abril de 2004. Ficou instituída a COFINS-Importação, "devida pelo importador de bens estrangeiros ou serviços do exterior", "com base nos arts. 149, § 2º, inciso II, e 195, inciso IV, da Constituição Federal, observado o disposto no seu art. 195, § 6º".

Não pretendemos, neste capítulo, esgotar a abordagem de todos os detalhes concernentes à nova contribuição, mas, apenas, tecer comentários iniciais para os aspectos que entendemos possam trazer maior controvérsia.

A primeira indagação que surge é sobre a constitucionalidade da via eleita, ou seja, a constitucionalidade *formal* da lei ordinária. Já decidiu o STF que as contribuições listadas no *caput* do art. 195 da CF/88 não exigem, para a sua instituição, lei complementar (RE 138.284/CE – Plenário – Rel. Min. Carlos Velloso – DJU 28.08.1992; e ADIn nº 1). No caso concreto, a contribuição criada tem como base constitucional o inciso IV do art. 195, pelo que se depreende não haver inconstitucionalidade formal: a lei ordinária seria instrumento legislativo hábil à criação da contribuição. Há, contudo, autores que divergem desse entendimento, chegando à conclusão oposta.[369]

Superado o aspecto formal, pode ser constatado também que o inciso IV dá validade constitucional à cobrança, ou seja, há possibilidade de cobrança contra o importador da *COFINS-Importação*.

É, portanto, tributo inteiramente novo, com base constitucional e fato gerador totalmente diversos da COFINS até então existente. Repetimos: COFINS e COFINS-Importação são tributos distintos, apesar da quase identidade de nomenclatura e de alguns pontos específicos que as identificam.

A cobrança da COFINS sobre importações, que passou a ser intitulada "COFINS-Importação" foi instituída pela Lei n° 10.865, de 30 de abril de 2004. Em se tratando de contribuição social a que aplicável o princípio da anterioridade nonagesimal, a nova exigência com base no dispositivo legal deve respeitar o prazo de noventa dias (§ 6° do art. 195 da CF/88). Não há divergência quanto ao tema, vez que a própria lei instituidora é expressa nesse sentido.

15.2. Sujeito Ativo e Sujeito Passivo

O sujeito ativo da COFINS-Importação é a União Federal, competindo à Secretaria da Receita Federal a administração e a fiscalização da contribuição (art. 20 da Lei n° 10.865/2004). O sujeito passivo é o importador de bens estrangeiros ou serviços do exterior (art. 1° da Lei n° 10.865/2004).

15.3. Regras processuais aplicáveis

No âmbito do processo administrativo fiscal, sujeita-se às normas relativas ao processo administrativo fiscal de determinação e exigência do crédito tributário e de consulta de que trata o Decreto n° 70.235, de 6 de março de 1972, bem como, no que couber, às disposições da legislação do imposto de renda, do imposto de importação, especialmente quanto à valoração aduaneira, e da contribuição para o PIS/PASEP e da COFINS.

---

[369] "Diante do exposto, conclui-se serem inconstitucionais a medida Provisória 164/2004 e a Lei 10.865/2004, no que se referem à instituição da COFINS-importação, cujo fundamento de validade específico, qual seja o artigo 195, inciso IV, da Constituição Federal, não a autoriza mediante lei ordinária, devendo essa figura jurídico-tributária ter sido veiculada por lei complementar, o que lhe atribuiria compatibilidade com o texto constitucional". (BORGES, Ciro Cardoso Brasileiro. *Fundamentos de Validade e Regimes Jurídico-tributários da Constituição para o PIS/Pasep-importação e da COFINS-importação, Veiculadas pela Lei 10.865/2004*. RDDT 108/42).

15.4. Base de Cálculo

Um dos elementos componentes do tributo, que certamente trará controvérsias, é a base de cálculo, que, numa primeira análise, apresenta alguns problemas já conhecidos: (a) inclusão do ICMS (mesmo quando diferido) ou do ISSQN; (b) inclusão da própria contribuição; (c) inclusão do PIS-Importação; (d) inclusão do custo do transporte internacional e de outros serviços, que tiverem sido computados no valor aduaneiro que serviu de base de cálculo da contribuição e a base que servir ou serviria de base de cálculo para o imposto de importação. A solução está na definição do que seja *valor aduaneiro*.

É preciso confrontar a disposição legal prevendo a base de cálculo da COFINS-Importação com as premissas fixadas no texto constitucional. A primeira indagação, para se determinar a constitucionalidade da inclusão das parcelas acima identificadas, está em saber se lhe é aplicável o § 2º do art. 149 da CF/88. A resposta é dada pelo próprio preâmbulo da Lei 10.865/04, que menciona a aplicação do referido parágrafo.

Ora, o § 2º dispõe, expressamente, que, no caso de importação, as contribuições sociais terão por base de cálculo o *valor aduaneiro*.

Ora, o *valor aduaneiro* está vinculado aos tratados internacionais. Daí porque, antes da instituição do tributo de que agora tratamos, a legislação referente às demais exações pátrias faz sempre referência a ditos tratados. A legislação pertinente ao imposto de importação, por exemplo, remete a fixação do *valor aduaneiro* ao artigo VI do Acordo Geral sobre Tarifas e Comércio – GATT 1994.[370]

---

[370] Nos atos administrativos expedidos pela Secretaria da Receita Federal há diversas referências ao valor aduaneiro, sendo que as mais recentes são os arts. 4º e 5º da IN SRF 327, de 2003, que dispõem: "Art. 4º Na determinação do valor aduaneiro, independentemente do método de valoração aduaneira utilizado, serão incluídos os seguintes elementos: I – o custo de transporte das mercadorias importadas até o porto ou aeroporto alfandegado de descarga ou o ponto de fronteira alfandegado onde devam ser cumpridas as formalidades de entrada no território aduaneiro; II – os gastos relativos a carga, descarga e manuseio, associados ao transporte das mercadorias importadas, até a chegada aos locais referidos no inciso anterior; e III – o custo do seguro das mercadorias durante as operações referidas nos incisos I e II. § 1º Quando o transporte for executado pelo próprio importador, o custo de que trata o inciso I deve ser incluído no valor aduaneiro, tomando-se por base os custos normalmente incorridos, na modalidade de transporte utilizada, para o mesmo percurso. § 2º No caso de mercadoria objeto de remessa postal internacional, para determinação do custo que trata o inciso I, será considerado o valor total da tarifa postal até o local de destino no território aduaneiro. § 3º Para os efeitos do inciso II, os gastos relativos à descarga da mercadoria do veículo de transporte internacional no território nacional serão incluídos no valor aduaneiro, independentemente da responsabilidade pelo ônus financeiro e da denominação adotada. Art. 5º No valor aduaneiro não serão incluídos os seguintes encargos ou custos, desde que estejam destacados do preço efetivamente pago ou a pagar pelas mercadorias importadas, na respectiva documentação comprobatória: I – custos de transporte e seguro, bem assim os gastos associados a esse transporte, incorridos no território aduaneiro, a partir dos locais referidos no inciso I do artigo anterior; e II – encargos relativos a construção, instalação, montagem, manutenção ou assistência técnica da mercadoria importada, executadas após a importação." Essa mesma IN refere a existência de seis métodos distintos de apuração do valor aduaneiro.

Se assim é, a fixação da base de cálculo da COFINS-Importação em *figurino* distinto do resultante da aplicação do Tratado Internacional torna-a inconstitucional.

Vozes da Doutrina já se manifestam pela inconstitucionalidade da base de cálculo, pelos seguintes fundamentos:

> Entendemos, porém, que tal dispositivo fere o art. 5º, § 2º, da Constituição Federal, segundo o qual os direitos e garantias expressos naquele código não excluem outros decorrentes do regime e dos princípios por ela adotados, *ou dos tratados internacionais em que a República Federativa do Brasil seja parte*. Dessume-se, portanto, que está o país obrigado a cumprir os acordos por ele firmados com outros Estados, pois deles também emanam regras a serem por nós fielmente observadas.
>
> É fato notório que o Brasil é signatário do Acordo de Implementação do artigo VII do Acordo Geral sobre Tarifas e Comércio – GAT 1994, também conhecido, simplesmente, como "Acordo de Valoração Aduaneira". Este foi promulgado pelo Decreto nº 1.355, de 30 de dezembro de 1994, que definia o valor aduaneiro como o preço efetivamente pago ou a pagar numa venda de exportação para o país de importação. Além disso, era regulamentado pelo Decreto nº 2.498, de 13 de fevereiro de 1998, diploma que foi posteriormente revogado pelo atual Regulamento Aduaneiro (Decreto nº 4.543, de 26 de dezembro de 2992), cujo art. 77 dispõe que integram o valor aduaneiro: a) o custo de transporte da mercadoria importada até o porto ou aeroporto alfandegado de descarga ou o ponto de fronteira alfandegado onde devam ser cumpridas as formalidades de entrada no território aduaneiro; b) os gastos relativos à carga, à descarga e ao manuseio, associados ao transporte da mercadoria importada, até a chegada aos locais referidos no inciso I; e c) o custo do seguro da mercadoria durante as operações de carga, descarga e transporte. De idêntico teor é o art. 4º da Instrução Normativa nº 327, de 9 de maio de 2003, da Secretaria da Receita Federal, que estabelece normas e procedimentos para o controle do valor aduaneiro da mercadoria importada.
>
> Destarte, o conceito legal de valor aduaneiro, que, como vimos, tem origem em acordo internacional firmado pelo Brasil, não compreende os valores pagos pelo importador a título de tributo. Portanto, a Lei nº 10.865/04, ao nele incluir o ICMS e o valor das próprias contribuições incidentes sobre a importação (PIS e COFINS), contraria o tratado de que o país é parte, o que se revela juridicamente inadmissível, e choca-se com o art. 110 do Código Tributário Nacional, que proíbe a lei tributária de alterar a definição, o conteúdo e o alcance de institutos, conceitos e formas de direito privado, utilizados, expressa ou implicitamente, pela Constituição Federal, para definir ou limitar competências tributárias.[371]

---

[371] PRADE, André Porto. *PIS e COFINS sobre Importação: Aspectos Controversos da Lei nº 10.865/04*. RDDT 108/14. Além da inconstitucionalidade apontada no trecho acima reproduzido, André Porto Prade ressalta um problema de ordem prática, linhas adiante: "Por último, questionamos a viabilidade prática da adoção do conceito de valor aduaneiro previsto na Lei nº 10.865/04, pois, se a base de cálculo do ICMS deverá incluir o valor do PIS e da COFINS e estas contribuições terão de incidir sobre o valor da mercadoria, acrescido do ICMS, estar-se-á diante de um impasse." No mesmo sentido, citando as lições de Helenilson Cunha Pontes e Alberto Xavier, opinam Hugo de Brito Machado Segundo e Raquel Cavalcanti Ramos Machado (*Breves Anotações sobre a Incidência do PIS e da COFINS na Importação*. RDDT 108/84-85), que, com propriedade, defendem que as contribuições sob exame constituem *gravame*, conforme definido no Tratado de Assunção, art. 3º, letra "a".

Hugo de Brito Machado Segundo e Raquel Cavalcanti Ramos Machado também ressaltam a ampliação do *valor aduaneiro* pela lei em comento:

> Em relação ao inciso I, é de se observar que o termo "valor aduaneiro" foi invalidamente elastecido pela norma em questão. O legislador ordinário não pode "espertamente" empregar termo utilizado pela Constituição para dar um certo aspecto de respeito à norma superior, e, ao mesmo tempo, conceituá-lo de modo tão abrangente que extrapole o significado que esse termo possui nos limites constitucionais.
>
> Ora, como afirmado acima, o termo "valor aduaneiro", da maneira como empregado pela Constituição, significa valor do bem no momento em que adentra o país, pois somente se assim for compreendido é que guardará relação com a hipótese de incidência da contribuição, respeitando a necessária correlação que deve existir entre base de cálculo e fato gerador.
>
> Assim, do mesmo modo que o inciso I do art. 7º da Lei nº 10.865/2004 é inválido por considerar, na base de cálculo da contribuição valor além daquele que possui o bem quando adentra o país, inválido também é o inciso II por considerar valor além daquele efetivamente pago pelo serviço prestado.
>
> No caso, a impropriedade dessa base de cálculo "extra" está em que o valor a mais considerado é valor que não guarda relação com nenhuma atividade realizado pelo contribuinte, ou com qualquer serviço que o Estado venha a prestar-lhe Em verdade, com tal norma, o importador não só tem um mesma realidade onerada por mais de um tributo (ICMS, II, IE, COFINS, PIS), como ainda tem de recolher tributo porque recolheu tributo (na base de cálculo da COFINS, como visto, considera-se o valore recolhido a título de ICMS ou ISS). Tributa-se, a própria tributação, em clara violação ao princípio da capacidade contributiva. Diante dessa norma, pode-se afirmar que, agora, até pagar tributo é fato gerador de obrigação tributária principal, o que é teratológico. Sim, pois se o pagamento de tributo puder ser considerado realidade tributável por revelar capacidade contributiva, criar-se-á uma cadeia infindável de fatos tributáveis, o que levará certamente ao esmagamento do poder econômico do contribuinte, que sempre pagará algum tributo, porque já pagou outro tributo.[372]

Apesar de recente e ainda controvertida, a definição sobre o que seja valor aduaneiro para fins de incidência tributária já motivou manifestação da jurisprudência, reconhecendo a aplicação do GATT:

> Entendo que a Lei nº 10.865/04 ampliou, indevidamente, o conceito de valor aduaneiro constante do GATT e Decreto nº 1.355/94, extrapolando o legislador infraconstitucional os limites impostos pela Constituição Federal.[373]

15.5. Aspecto Temporal

Outra discussão refere-se ao aspecto temporal da hipótese de incidência. O debate, que já foi dirimido relativamente a outros tributos, em espe-

---

[372] Breves Anotações sobre a Incidência do PIS e da COFINS na Importação. *RDDT* 108/88-89.
[373] Decisão da Desembargadora Federal Consuelo Yoshida (TRF 3ª Região – AG 2004.03.00.034931-0/SP –DJU-II 14.07.2004, P. 122)

cial o imposto sobre importação, cingi-se a determinar em que momento ocorre o fato gerador da COFINS-Importação. Temos que é a data do desembaraço aduaneiro o momento em que ocorre o fato gerador.

Essa determinação é essencial para determinar a lei aplicável a cada importação, tanto na fase inicial de sua cobrança, quanto nas incidências futuras.

Sobre o início da vigência, a descrição do problema é feita, em decisão monocrática, pelo Desembargador Petruccio Ferreira, do Tribunal Regional Federal da 5º Região, sustenta que:

> Na hipótese, verifica-se que a mercadoria importada embarcou em 10/02/04, conforme documentos de fl. 59, tendo sido registrada a mercadoria pelo Siscomex – Sistema de Comércio Exterior, no Porto de Fortaleza, datado de 12/05/2004, conforme documento de fls. 60/61.
> Ocorre que, entre a saída da mercadoria do exterior e seu registro no Porto de Fortaleza entrou em vigor a Lei 10.865, de 30 de abril de 2004 que instituiu a tributação das contribuições PIS – importação e COFINS- importação para importação de bens e serviços, produzindo efeitos a partir do dia 1º de maio do corrente ano.
> É de se observar que a supracitada lei tem como fato gerador conforme art. 3º, inciso I, a entrada de bens estrangeiros no território nacional.
> Para verificação da incidência ou não da Lei 10.865/2004 a importação do material referido no presente agravo, importa por primeiro verificar que a leitura do art. 1º da Lei 10.865 de 30.04.04, referida contribuição tem inegável natureza de seguridade social, donde concluir-se aplicar-se a hipótese em termo de vigência da mesma o dispositivo no art. 195, § 6º da CF/88, como assim, por sinal, dispõe o artigo 1º do mesmo diploma legal, sendo forçoso concluir-se que referida lei só passou a viger respeitado o prazo nonagesimal a partir de 30 de junho do ano em curso e, dando-se o desembaraço da mercadoria antes de tal data, tem-se que à hipótese não se aplica a contribuição tratada na referida lei, pura e simplesmente em face de assim entender-se seria permitir que a mesma operasse retroativamente, efeito.
> Tais observações as faço, para, identificando o *fumus boni iuris* a embasar o pedido, conceder o efeito suspensivo ativo requerido. (...).[374]

No que respeita aos eventos futuros, a definição do momento da ocorrência do fato gerador é essencial para o esclarecimento das alíquotas e das isenções que venham a ser introduzidas ou suprimidas.

15.6. Regime cumulativo e COFINS-Importação

Uma das incongruências decorrentes da criação da COFINS-Importação é a sua incidência também para as pessoas jurídicas tributadas pelo regime cumulativo. Enquanto as demais, tributadas de forma não-cumula-

---

[374] TRF 5ª Região, AGTR – 55.804/CE – 2004.05.00.012928-4, Rel. Des. Federal Petrucio Ferreira, DJU 16/06/2004, p. 1329/1330, RDDT n 107, p. 178/179.

tiva, podem compensar o valor pago na entrada com o valor devido na saída, no regime cumulativo tal compensação não é possível.

Esse tratamento diferenciado tem levado os contribuintes sujeitos ao regime cumulativo a duas linhas de argumentação. A primeira, de que o tratamento seria anti-isonômico, gerando o direito ao crédito; a segunda, de que o regime não lhes é aplicável, restringindo-se às pessoas jurídicas sujeitas à não-cumulatividade.

Adotando a segunda linha, Júlio de Castilhos Ferreira,[375] traz a lição de Hugo de Brito Machado:

> Sobre as complexidades que "ornamentam" a não-cumulatividade do PIS/PASEP e da COFINS, e as celeumas que este assunto está fadado a provocar no mundo jurídico, assim se manifestou o insigne Professor Hugo de Brito Machado, no seu precioso livro – Os Princípios Jurídicos da Tributação na Constituição de 1988:
> (...) Agora mesmo estamos diante de um problema muito sério criado pela introdução do regime da não-cumulatividade na COFINS. É que a lei erigiu a importação de bens como hipótese de incidência dessa contribuição, antes incidente apenas sobre a receita, e fixou para o caso a alíquota de 7,6% (sete virgula seis por cento) que, como se sabe, foi fixada em virtude da implantação da não-cumulatividade.
> Ocorre que algumas empresas permanecem submetidas à COFINS cumulativa, que tem alíquota de 3% (três por cento). Entendemos que a estas não se aplica a nova hipótese de incidência, vale dizer, para elas não é devida a COFINS na importação. A razão é simples. Temos dois regimes jurídicos diferentes, isto é, o regime da cumulatividade, e o da não-cumulatividade. No primeiro, a alíquota é de 3% (três por cento). No segundo, a alíquota é de 7,6% (sete vírgula seis por cento). Considerando o elemento sistêmico na interpretação da lei que institui a nova hipótese de incidência e para a mesma fixou a alíquota de 7,6% (sete virgula seis por cento), tem-se de concluir que essa nova hipótese de incidência é concernente apenas à COFINS submetida ao regime da não-cumulatividade. (Dialética, São Paulo – SP, 5º edição, 2004, p. 126).

---

[375] Não-Cumulatividade do PIS/PASEP e da COFINS. Coord. Leandro Paulsen. São Paulo: IOB, 2004.

Bibliografia

ALVES, Marcos Joaquim Gonçalves. Contribuição ao PIS e COFINS: impossibilidade de tributação no que se refere às receitas auferidas com as vendas (operações) realizadas a empresas estabelecidas na Zona Franca de Manaus. *In: Revista dialética de direito tributário*, n. 86, p. 77-90, nov. 2002.

AMARO, Luciano. *Direito Tributário Brasileiro*. 8ª ed. São Paulo: Saraiva, 2002.

ANCELES, Pedro Einstein dos Santos. Pressuposto material de incidência do PIS/Pasep e COFINS nas sociedades cooperativas. *In: Revista Forum de Direito Tributário*, v. 1, n. 3, p. 119-159, maio/jun. 2003.

ATALIBA, Geraldo. Eficácia jurídica das normas constitucionais e leis complementares. *In: Revista de Direito Público* n. 13, p. 35-44.

ÁVILA, René Bergmann. *ICMS – Lei Complementar nº 87, de 1996, comentada e anotada*. 2 ed. Porto Alegre: Síntese, 1997.

BALEEIRO, Aliomar. *Direito Tributário Brasileiro*. 11 ed. atualizado por Misabel Derzi. Rio de Janeiro: Forense, 2003.

BARRETO, Aires F. Trabalho temporário e base de cálculo do ISS. Atividades Comissionadas – Distinção entre ingressos e Receitas. *In: Revista Dialética de Direito Tributário* n. 90, p. 7-20.

BASTOS, Celso Ribeiro. Do Estudo da Inconstitucionalidade no campo específico da Lei Complementar. *In: Revista de Direito Constitucional e Internacional* n. 37, p. 55-63.

———. Do processo legislativo da Lei Complementar. *In: Revista de Direito Constitucional e Internacional* n. 38, p. 87-104.

BECHO, Renato Lopes. *Elementos de Direito Cooperativo*. São Paulo: Dialética, 2002.

BELLINI JÚNIOR, João. *Sociedades Cooperativas. Regime Jurídico e Aspectos Tributários*. *In:* Revista de Estudos Tributários n. 4, p. 9.

BOITEUX, Fernando Netto. A COFINS e os Chamados "Imóveis Próprios". *In: Revista Dialética de Direito Tributário* n. 52, p. 71-79.

BORGES, Ciro Cardoso Brasileiro. Fundamentos de validade e regimes jurídico-tributários da contribuição para o PIS/Pasep-importação e da COFINS-importação, veiculadas pela Lei nº 10.865/2004. *In: Revista Dialética de Direito Tributário* n. 108, set/2004, p. 29-43.

BORGES, José Souto Maior. Eficácia e hierarquia da lei complementar. *In: Revista de Direito Público* n. 25, jul/set 1973, p. 93.

BOTALLO, Eduardo. Base imponível do ISS e das contribuições para o PIS e a COFINS. In: *Revista de Estudos Tributários* – nº 10 – Nov-Dez/99, p. 6-26.

CARAM, Danilo Theml. COFINS sobre empresas sem empregados. *In: Repertório IOB de Jurisprudência: tributário, constitucional e administrativo*, n.10, p.340-335, 2 quinz. maio 2003.

CARRAZA, Roque Antonio. *Curso de Direito Constitucional Tributário*. 16 ed. São Paulo: Malheiros, 2002.

CARVALHO, Paulo de Barros. *Curso de Direito Tributário*. 14 ed. São Paulo: Saraiva, 2002.

COELHO, Fabio Ulhoa. *Manual de Direito Comercial*. 9 ed. São Paulo: Saraiva, 2003.

COELHO, Sacha Calmon Navarro. Inconstitucionalidade da Lei nº 9.718/98, na parte em que alargou a base de cálculo da COFINS: uma abordagem de direito intertemporal. *In: Revista dialética de direito tributário*, n. 73, p. 126-135, out. 2001.

——; SANTIAGO, Igor Mauler e MANEIRA, Eduardo. Inconstitucionalidade da Lei nº 9.718/98, na parte em que alargou a Base de Cálculo da COFINS – uma abordagem de Direito intertemporal. *In: Revista Dialética de Direito Tributário* n. 73, p. 126/135.

COMUNELLO, Luigi. Considerações sobre a substituição tributária – De fato gerador futuro. *In: Revista Tributária e de Finanças Públicas* n. 43, p. 64/91.

DIAS, Roberto Moreira. A MP nº 41/2002 e as inconstitucionalidades da majoração das alíquotas do PIS e COFINS. *In: Revista dialética de direito tributário*, n. 90, p. 103-113, mar. 2003.

FERNANDES, Edison Carlos. Aspectos da incidência da COFINS sobre a atividade imobiliária. *In: Revista dialética de direito tributário*, n. 74, p. 16-24, nov. 2001.

FERREIRA, Dâmares. A COFINS incide sobre as instituições particulares de ensino sem fins lucrativos? *In: Revista Tributária e de Finanças Públicas*, v. 9, n. 38, p. 79-94, maio/jun. 2001.

FERREIRA, Eloá Alves. COFINS: considerações sobre sua constitucionalidade à luz das alterações introduzidas pela Lei. 9.718/98. *In: Revista dialética de direito tributário*, n. 57, p. 37-49, jun. 2000.

FERREIRA SOBRINHO, José Wilson. Exclusão do IPI da base de cálculo da COFINS e de PIS. *In: Repertório IOB de jurisprudência: tributário constitucional e administrativo*, n. 24, p. 714-713, 2. quinz. dez. 2001.

——. Recorrência da imunidade tributária: pagamento da COFINS por empresa exploradora de minerais. *In: Repertório IOB jurisprudência: tributário, constitucional e administrativo*, n. 7, p. 180-179, abr. 2000.

FRANCO, Adonilson. Empresas sem empregados: indevida contribuição ao PIS, COFINS e CSLL. *In: Revista dialética de direito tributário*, n.52, p.7-18, jan. 2000.

GRECO, Marco Aurélio. *Contribuições: uma figura "sui generis"*. São Paulo: Dialética, 2000.

GOMES, Marco Aurélio Carvalho. A sistemática de cálculo da contribuição destinada ao PIS e à COFINS instituída pela lei nº 10.684/03 e a questão relacionada ao custo agregado à produção. *In: Repertório IOB de Jurisprudência: Tributário, Constitucional e Administrativo*, n. 23, p. 856-852, 1. quinz. dez. 2003.

HARADA, Kiyoshi. *COFINS: a farsa da tributação não-cumulativa*. *In: Consulex: Revista jurídica*, v. 8, n. 168, p. 40-41, jan. 2004.

KEPPLER, Roberto Carlos. Da inconstitucionalidade da inclusão do ICMS na base de cálculo da COFINS. *In: Revista dialética de Direito Tributário*, n. 75, p. 169-178, dez. 2001.

KRAKOWIAK, Leo. A Contribuição para o Finsocial e as Instituições Financeiras. *In: Revista Dialética de Direito Tributário* n. 24, p. 78/82.

LAPA, Jane de Oliveira. Isenção da COFINS para as sociedades civis. *In: Informativo jurídico Consulex*, v. 14, n. 45, p. 13, 6 nov. 2000.

LEITE, Fábio Barbalho. Contrato administrativo: majoração de CPMF e COFINS e reequilíbrio econômico: interpretação do âmbito temporal do dever de reajuste em face dos fundamentos da proteção da equação econômico-financeira dos contratos administrativos. *In: Boletim de licitações e contratos*, v. 15, n. 11, p. 721-731, nov. 2002.

LIMA, Maria Ednalva de. PIS e COFINS – base de cálculo: exclusão dos valores transferidos para outras pessoas jurídicas. *In: Revista dialética de direito tributário*, n. 75, p. 144-153, dez. 2001.

MACHADO, Hugo de Brito. Fraude à Constituição em matéria de PIS e COFINS. *In: Revista dialética de direito tributário*, n. 60, p. 85, set. 2000.

―――. O regime tributário dos descontos. *In: Repertório IOB de Jurisprudência: tributário constitucional e administrativo*, n. 3, p. 87-84, 1. quinz. fev. 2001.

―――. Âmbito Constitucional e Fato Gerador do Tributo. Imposto de Redá, Contribuição social sobre o Lucro e COFINS. Indenização por Perdas e Danos Materiais Hipótese de Não-Incidência. *In: Revista Dialética de Direito Tributário* n. 53, p. 105/118.

―――. Sociedades de profissionais e isenção da COFINS. *In: Correio Braziliense, Brasília, caderno Direito e Justiça*, n.13554 26/06/ 2000, p. 2.

MACHADO SEGUNDO, Hugo de e MACHADO, Raquel Cavalcanti Ramos. Breves anotações sobre a incidência do PIS e da COFINS na importação. *In: Revista Dialética de Direito Tributário* n. 108, set/2004, p. 78-90.

MARREY JUNIOR, Pedro Luciano e CAMANO, Fernanda Donnabella. Não incidência de Tributos (ISS, PIS e COFINS) sobre a Remuneração obtida por Empresa Administradora de Cartão de Crédito, em Decorrência de Prestação de Garantia (Carta de Fiança) às Instituições Financeiras. *In: Revista Dialética de Direito Tributário* n. 31, p. 92/99.

MATTOS, Aroldo Gomes de. A cobrança excessiva do PIS: COFINS do PIS e COFINS das refinarias, distribuidores e postos de derivados de petróleo. *In: Revista dialética de direito tributário*, n. 57, p. 19-36, jun. 2000.

―――. A cumulatividade das contribuições PIS / Pasep / COFINS e a desigualdade de tratamento entre seus contribuintes. *In: Revista dialética de direito tributário*, n. 63, p. 7-19, dez. 2000.

―――. PIS / COFINS: vendas destinada à Zona Franca de Manaus / Amazônia Ocidental. isenção / imunidade. *In: Revista dialética de direito tributário*, n. 85, p. 7-15, out. 2002.

―――. Uma burla a CF: o caso PIS / COFINS das transportadoras de combustíveis derivados do petróleo. *In: Revista dialética de direito tributário*, n. 71, p. 41-50, ago. 2001.

―――. Vendas canceladas: dedução das bases de cálculo das contribuições PIS / COFINS. *In: Revista dialética de direito tributário*, n. 78, p. 7-14, mar. 2002.

MELO, José Eduardo Soares de. *Contribuições sociais no sistema tributário*. 4. ed., rev. atual. e ampl. São Paulo: Malheiros, 2003.

MENDES, Frana Elizabeth. Lei nº 9.718: alguns aspectos constitucionais. *In: Revista de direito tributário*, n. 78, p. 226-243, 1999 n. 78.

MONTEIRO NETO, Nelson. COFINS e PIS: vendas de produtos nacionais para o consumo ou industrialização na zona franca de Manaus e estímulos fiscais. *In: Revista dialética de direito tributário*, n. 86, p. 91-96, nov. 2002.

NERY JUNIOR, Nelson e NERY, Rosa Maria de Andrade. *Novo Código Civil*. São Paulo: RT, 2003.

NEVES, Aloysio Tadeu de Oliveira. A incidência da cofins sobre a receita das instituições federais de ensino: aspectos jurídicos. *In: Estudos jurídicos: revista da Procuradoria Geral da Universidade Federal Fluminense*, n. 1, p. 45-54, 2002.

NEVES, Luís Fernando de Souza. *COFINS. Contribuição Social sobre o faturamento – L.C. 70/91.* São Paulo: Max Limonad, 1997.

PASTORELLO, Dirceu Antonio. Anotações sobre o regime de substituição Tributária para frente, introduzido pela Lei 9.718/98: aplicável às contribuições para o Programa de Integração Social (PIS) e Contribuição ao Fundo de Investimento Social (COFINS). A introdução da incidência unifásica com alíquotas zero nas fases subseqüentes. *In: Revista Tributária e de Finanças Públicas* n. 51, p. 150/168.

PAULSEN, Leandro. *Direito Tributário. Constituição e Código Tributário à luz da doutrina e jurisprudência.* 3 ed. Porto Alegre: Livraria do Advogado, 2001.

PEIXOTO, Marcelo Magalhães. PIS e COFINS: isenções nas vendas para a zona franca de Manaus. *In: Revista Tributária e de Finanças Públicas*, v.11, n.48, p.9-29, jan./fev. 2003.

——. PIS e COFINS: isenções nas vendas para a zona franca de Manaus. *In: Revista Tributária e de Finanças Públicas*, v. 11, n. 48, p. 9-29, jan./fev. 2003.

PETRY, Rodrigo. Retenção das Contribuições COFINS, PIS/PASEP e CSSL na Fonte: as Leis nºs 10.833/03 e 9.430/96. *In: RET* Nº 35 – Jan-Fev/2004, p. 5-16.

PISTORI, Milena Inês Sivieri. Incidência de PIS e COFINS: obrigatoriedade da emissão de nota fiscal. *In: Informativo Jurídico Consulex*, v. 15, n. 18, p. 9-10, 30 abr. 2001.

PRADE, André Porto. PIS e COFINS sobre importação: aspectos controversos da Lei nº 10.865/04. *In: Revista Dialética de Direito Tributário* n. 108, set/2004, p. 7-15

PRADO, Flávio Augusto Dumont. Da inconstitucional exigência do PIS e da COFINS das cooperativas de crédito. *In: Revista Dialética de Direito Tributário*, n. 58, p.31-44, jul. 2000.

PRUDENTE, Antônio Souza. Reserva absoluta da lei complementar na constituição da COFINS e do PIS/PASEP. *In: Revista de Estudos Tributários* – nº 10 – Nov-Dez/99, p. 5-7.

RECKTENVALD, Gervásio e ÁVILA, René Bergmann. *Pacote Fiscal para 1999: Aspectos Jurídicos e Contábeis – Teoria e Prática.* Porto Alegre: Síntese, 1999.

REQUIÃO, Rubens. *Curso de Direito Comercial.* v. II. 22 ed. São Paulo: Saraiva, 2000.

RIBEIRO, Ricardo Lodi. A constitucionalidade das alterações na COFINS pela Lei nº 9.718/98. *In: Revista dialética de direito tributário*, n. 53, p. 67-76, fev. 2000.

ROCHA, João Luiz Coelho da. COFINS, contribuintes, cumulatividade, elisão ilícita. *In: Revista dialética de direito tributário*, n. 88, p. 46-51, jan. 2003.

ROCHA, Valdir de Oliveira. *Contribuições Sociais. Problemas Jurídicos.* São Paulo: Dialética, 1996.

——. *Contribuições Sociais. Problemas Jurídicos.* São Paulo: Dialética, 1999.

RODRIGUES, José Roberto Pernomian. A inconstitucionalidade da lei 9.718/98 e a edição da Emenda constitucional 20/98 como tentativa de validar as alterações relativas à COFINS. *In: Revista do Instituto dos Advogados de São Paulo*: Nova Série, v. 3, n. 5, p. 274-286, jan./jun. 2000.

ROSA, Fábio Bittencourt da. Cooperativas: Direito à Isenção? *In: Revista de Estudos Tributários* nº 34 – Nov-Dez/2003, p. 27-50.

SANTIAGO, Igor Mauler. Repasse do ônus econômico de tributos direitos: a controvérsia sobre o PIS e a COFINS das companhias telefônicas. *In: Revista Dialética de Direito Tributário*, n. 96, p. 36-41, set. 2003.

SCAFF, Fernando Facury. As contribuições e o princípio da afetação. *In: Revista Dialética de Direito Tributário*, n. 98, p. 44-62, nov. 2003.

SILVA, Paulo Roberto Coimbra. Inconstitucionalidades das majorações da COFINS promovidas pela lei 9.718/98. *In: Revista de Estudos Tributários* nº 8 – Jul-Ago/99, p. 141-151.

SILVA, Ricardo Micheloni da. Inexistência de sujeição passiva da indústria veterinária em face da lei nº 10.147/00 que majorou a COFINS e o PIS. *In: Repertório IOB de jurisprudência: tributário e constitucional*, n. 8, p. 286-282, 2. quinz. abr. 2002.

SILVA, Rogério Pires da. A COFINS e a lei nº 9.718/98. *In: Repertório IOB Jurisprudência: tributário, constitucional e administrativo*, n. 7, p. 181-180, abr. 2000.

SILVA, Yves Cassius. Empresas de construção civil: venda de imóveis ; não-incidência da COFINS. *In: Informativo jurídico consulex*, v. 16, n. 15, p. 17-20, 15 abr. 2002.

SOUZA, Sérgio Augusto G. Pereira de. A Contribuição Social sobre o Lucro das Instituições Financeiras nos termos da Emenda Constitucional nº 10/96. *In:Revista Dialética de Direito Tributário* n. 32, p. 86-96.

TAVARES, Alexandre Macedo. A relação de causalidade e a natureza jurídica do acréscimo compensável" da COFINS: aspectos oponíveis à pretensa revogação implementada pela Medida provisória nº 1.858-10/99 e sucessivas reedições. *In: Revista dialética de direito tributário*, n. 61, p. 7-18, out. 2000.

TEIXEIRA, Alessandra Machado Brandão. PIS e COFINS: locação de mão-de-obra temporária. *In: Revista Dialética de Direito Tributário*, n. 94, p. 7-17, jul. 2003.

TEIXEIRA, Geraldo Bemfica. Considerações sobre as alterações do PIS e da COFINS Introduzidas pela Lei Nº 9.718/98. *In: Revista de Estudos Tributários* nº 8 – Jul-Ago/99, p. 124-132.

TÔRRES, Heleno Taveira. Funções das leis complementares no Sistema Tributário Nacional – hierarquia de normas – papel do CTN no ordenamento. *In: Revista Diálogo Jurídico, Salvador, CAJ – Centro de Atualização Jurídica*, n. 10, janeiro, 2002, disponível em: www.direitopublico.com.br. Acessado em 20 de outubro de 2003.

TROIANELLI, Gabriel Lacerda. A Não-incidência de COFINS e PIS sobre a Mera Variação Cambial Positiva. *In: Revista Dialética de Direito Tributário* n. 78, p. 100-107.

VIDIGAL, Geraldo de Camargo. Incidência da COFINS sobre Receitas de sindicatos, associações, federações, confederações de classe e instituições culturais de ensino e educação. *In: Revista Tributária e de Finanças Públicas* n. 35/210.

VILLELA, Gilberto Etchaluz. A constitucionalidade da lei nº 9.718/98. *In: Revista de Estudos Tributários* nº 8 – Jul-Ago/99, p. 133-140.

──────. A incidência da COFINS nas operações de compra e venda de direitos creditórios pelas empresas de fomento mercantil ou de faturização (factoring). *In: Juris Síntese* nº 20, nov/dez de 1999.

WITT, Marcondes. A COFINS e as sociedades de advogados. *In: Revista Dialética de Direito Tributário*, n. 96, p. 42-48, set. 2003.

YAMASHITA, Douglas. COFINS e PIS: revogação da exclusão de valores transferidos para outra pessoa jurídica? *In: Repertório IOB Jurisprudência: tributário, constitucional e administrativo*, n. 13, p. 328-324, jul. 2000.

YOUNG, Lúcia Helena Briski. *Contribuições sociais: resumo prático: PIS/PASEP, COFINS, CSLL, CIDE.* 2. ed. Curitiba: Juruá, 2002.

Legislação sobre COFINS

Leis Complementares e Leis Ordinárias

Lei Complementar nº 70, de 30 de dezembro de 1991
Lei nº 8.850, de 28 de janeiro de 1994
Lei Complementar nº 85, de 15 de fevereiro de 1996
Lei nº 9.363, de 13 de dezembro de 1996
Lei nº 9.430, de 27 de dezembro de 1996
Lei nº 9.718, de 27 de novembro de 1998
Lei nº 10.147, de 21 de dezembro de 2000
Lei nº 10.276, de 10 de setembro de 2001
Lei nº 10.312, de 27 de novembro de 2001
Lei nº 10.485 – tratamento específico
Lei nº 10.548 – vendas de produtos específicos
Lei nº 10.560 de 14 de novembro de 2002
Lei nº 10.637 – COFINS não-cumulativa
Lei nº 10.676, de 23 de maio de 2003
Lei nº 10.833, de 29 de dezembro de 2003
Lei nº 10.865, de 30 de abril de 2004

Medidas Provisórias

Medida Provisória nº 1.724, de 29 de outubro de 1998. – convertida na Lei nº 9.718
Medida Provisória nº 1.807-5, de 17 de junho de 1999
Medida Provisória nº 1.858-11, de 25 de novembro de 1999
Medida Provisória nº 1.991-18, de 9 de junho de 2000
Medida Provisória nº 2.113-32, de 21 de junho de 2001
Medida Provisória nº 2.202-2, de 23 de agosto de 2001
Medida Provisória nº 2.037-25, de 21 de dezembro de 2000
Medida Provisória nº 2.158-35, de 24 de agosto de 2001
Medida Provisória nº 66, de 29 de agosto 2002. – convertida na Lei nº 10.637/2002
Medida Provisória nº 67, de 4 de setembro 2002. – convertida na Lei nº 10.560/2002
Medida Provisória nº 75, de 24 de outubro 2002 – revogada
Medida Provisória nº 101, de 30 de dezembro de 2002 – cooperativas – convertida na Lei nº 10.676/2003
Medida Provisória nº 107, de 10 de fevereiro de 2003 – convertida na Lei nº 10.684/2003
Medida Provisória nº 135, de 30 de outubro de 2003 – convertida na Lei nº 10.833

Medida Provisória nº 164, de 29 de janeiro 2004
Medida Provisória nº 183, de 30 de abril 2004
Medida Provisória nº 202, de 23 de julho 2004

Decretos

Decreto nº 3.803, de 24 de abril de 2001
Decreto nº 4.275, de 20 de junho de 2002
Decreto nº 4.524, de 17 de dezembro de 2002
Decreto nº 4.751, de 17 de junho de 2003
Decreto nº 4.965, de 29 de janeiro de 2004
Decreto nº 5.057, de 30 de abril de 2004
Decreto nº 5.059, de 30 de abril de 2004
Decreto nº 5.062, de 30 de abril de 2004
Decreto nº 5.171, de 6 de agosto de 2004

Instruções Normativas

Instrução Normativa SRF nº 198, de 12 de setembro de 2002
Instrução Normativa SRF nº 199, de 12 de setembro de 2002
Instrução Normativa SRF nº 209, de 27 de setembro de 2002
Instrução Normativa SRF nº 215, de 7 de outubro de 2002
Instrução Normativa SRF nº 237, de 5 de novembro de 2002
Instrução Normativa SRF nº 245, de 19 de novembro de 2002
Instrução Normativa SRF nº 247, de 21 de novembro de 2002
Instrução Normativa SRF nº 265, de 20 de dezembro de 2002
Instrução Normativa SRF nº 278, de 10 de janeiro de 2003
Instrução Normativa SRF nº 279, de 10 de janeiro de 2003
Instrução Normativa SRF nº 291, de 3 de fevereiro de 2003
Instrução Normativa SRF nº 306, de 12 de março de 2003
Instrução Normativa SRF nº 313, de 3 de abril de 2003
Instrução Normativa SRF nº 315, de 3 de abril de 2003
Instrução Normativa SRF nº 334, de 23 de junho de 2003
Instrução Normativa SRF nº 358, de 9 de setembro de 2003
Instrução Normativa SRF nº 379, de 30 de dezembro de 2003
Instrução Normativa SRF nº 381, de 30 de dezembro de 2003
Instrução Normativa SRF nº 387, de 20 de janeiro de 2004
Instrução Normativa SRF nº 388, de 28 de janeiro de 2004
Instrução Normativa SRF nº 389, de 29 de janeiro de 2004
Instrução Normativa SRF nº 404, de 12 de março de 2004
Instrução Normativa SRF nº 423, de 17 de maio de 2004
Instrução Normativa SRF nº 424, de 19 de maio de 2004
Instrução Normativa SRF nº 436, de 27 de julho de 2004
Instrução Normativa SRF nº 437, de 28 de julho de 2004

Impressão:
Editora Evangraf
Rua Waldomiro Schapke, 77 - P. Alegre, RS
Fone: (51) 3336.2466 - Fax: (51) 3336.0422
E-mail: evangraf@terra.com.br